学びとコンピュータ
ハンドブック

Learning and ICT Handbook
Yutaka Sayeki, Council for Improvement of Education through Computers

佐伯胖 監修　CIEC 編

東京電機大学出版局

本書中の製品名は，一般に各社の商標または登録商標です．

本書の全部または一部を無断で複写複製（コピー）することは，著作権法上での例外を除き，禁じられています．小局は，著者から複写に係る権利の管理につき委託を受けていますので，本書からの複写を希望される場合は，必ず小局（03-5280-3422）宛ご連絡ください．

はじめに

かつて，ソクラテスは教育を産婆術にたとえた。そのことの意味について，これまであまり考えたことがなかったのだが，最近，「赤ちゃんが生まれる」ということを身近に知る機会があったため，あらためて考えさせられた。

母親が産気づいてから実際の出産が始まるまでというのは，実に「長い」。待っている者にしてみれば，「本当に生まれてくるのか」と疑いをもちたくなるほどの長さである。何度も押し寄せる陣痛を通して，少しずつ，少しずつ，進行していくのだが，ある段階に至ると，ほとんど突然といっていいほど，急に出産が「はじまる」。それはあたかも，赤ちゃんが「よし，出るぞ」と決意を固めたかのようであり，赤ちゃんはみずから「身をよじって」出てくるのである。それは母体が「押し出す」というより，胎児の方から狭い産道をくぐりぬけて「出てくる」のだ。そのときの助産師さんは，身をよじってはい出てくる赤ちゃんを迎え，「歓迎する」。「ようこそ，いらっしゃい！」というわけだ。

ああ，これが「教育」という営みなのだ。「教育する（educate）」という言葉は，「引き出す（educe）」という言葉からきているとされることがあるが，それは違う。赤ちゃんは「引き出す」のではなく，決然として，身をよじって，苦しいもがきを通して，「出てくる」のだ。それを，「ようこそ，いらっしゃい！」と歓迎するとき，自然に赤ちゃんと母体を「支えて」いるのが「助産」ということであり，それこそが教育の本質なのだ。

本ハンドブックは，CIEC（コンピュータ利用教育協議会）創立10周年を記念して編纂された。

CIECは創設のときから，一貫して，コンピュータ利用教育を「教育」という視点から検討し，問い直し，構築していこうという考え方に立ち，たんに，コンピュータを教育で活用する技術を開発することのみを目指すものではないとしてきた。つまり，教育における「コンピュータ利用技術」の開発を目的とするので

はなく,「コンピュータ利用教育」という,まさしく「教育」は,どうあるべきかを考えようというのである。その場合,CIECが考える「教育」は,「教え込み」としての教育ではなく,あくまで,学習者自身の「学び」を支援するという意味での教育である。「教えるべきこと」を「習得」させて,「よくできました」とほめる(かくして,ますます教師依存を高める)のが教育ではない。知りたいとねがい,学ぼうとして,「身をよじって」もがいて出てくる「学び」を,大手をひろげて,「ようこそ,いらっしゃい!」と歓迎し,受け止めるのが教育なのだ。

ところが,世の中一般では,コンピュータ利用技術の発展とその普及にはすさまじいものがある。こういうハイテク・情報化に「ついていけない」ことになってはいけないからというので,「コンピュータ教育」,「情報教育」が必要だとされた。すべての学校のすべての教室にコンピュータを導入し,すべての教室にLAN(ローカル・エリア・ネットワーク)を敷設してインターネット接続を可能にしなければならないとされて,莫大な国家予算が投入された。それらがほぼ100パーセント実現した頃,実は,子どもたちを含めた一般市民は,ケータイ(携帯電話)を通して,いつでも,どこでも(むしろ,文字どおり「場所をわきまえず」どこででも)インターネット接続し,電子メール交換し,「とんでもないところ」を含めた広範囲のアクセスポイントと自由自在に交流してしまっているのだ。「ついていけない」のは,一世代前のオトナたちであり,子どもや「若い人たち」は,そういうオトナたちの知らないトンデモナイ世界で「ようこそ,いらっしゃい!」と(擬装的に)歓迎されるのだが,そのあとは完全に「浮遊」させられるのである。そこには,「身をよじって」もがいて生まれてくる「学び」などはない。いたるところにしかけられた「エサ」や「ワナ」におびき出され,振り回され,あげくのはてには,もはや「どうもがいても,はい出ることのできない」世界に陥れられるのである。

さあ,どうする。この発展し続け,普及し続ける「コンピュータ利用技術」の洪水のなかで,「コンピュータ利用教育」という「教育」はどうあるべきなのか。それを,「教育」とはそもそもどういう営みなのかを原点から問い直して,あるべきコンピュータ利用教育についての指針をさぐる,そういうときに考えるべき「問題群(issues)」をあつめたのが本ハンドブックである。

ここから,どのような指針や実践への示唆を読み取るかは,読者にまかされて

いる。本ハンドブックでは，何をどう考えてもよいが，ここで取り上げている知見，課題，論点は，「外してはならない」こと，「無視して通ってはならない」こと，「いつも，考慮しておかねばならないこと」などである。

　CIEC創立10周年を記念し，CIECのもてる知恵を結集して，この現代の世の中で「コンピュータ利用教育」という「教育」について考えるとき「はずしてはならない」項目を厳選した。各項目の執筆者も，「この項目ならこの人ならでは」という方々にお願いした。非常に濃い内容をコンパクトに，読みやすくまとめていただいたと確信するしだいである。

　この困難な時代に，本来の「教育」の視点に立って，コンピュータ利用教育を考える資源として活用していただければ幸いである。

　2008年7月

佐伯 胖

目次

1 学習観・教育観　　1

- 1.1 「学習・教育」観　2
- 1.2 状況的学習論　6
- 1.3 学習者中心主義　10
- 1.4 協調学習——拡張するソーシャルな学び　14
- 1.5 伝統芸能（わざ）の学び　18
- 1.6 学習環境デザイン　22
- 1.7 学習環境の構築と運用　26
- 1.8 教育実践研究　30
- 1.9 組織学習　34
- 1.10 教育評価の原理と課題　38
- 1.11 教育評価の機能と方法　42
- 1.12 教育データの量的分析　46
- 1.13 教育データの質的分析　50

2 コンピュータ，ネットワークの技術的・社会的展開　　55

- 2.1 インターネット　56
- 2.2 情報検索　60
- 2.3 Web2.0　64
- 2.4 ブログ炎上　68
- 2.5 オープンソース　72
- 2.6 ウィキペディア　76
- 2.7 携帯電話　80
- 2.8 iPod（アイポッド）　84

3 コンピュータ利用教育　89

- 3.1 コンピュータ利用教育とは　90
- 3.2 情報通信技術（ICT）と教育　94
- 3.3 コンピュータ利用教育はどこへ？　98
- 3.4 ユビキタス環境におけるコンピュータ利用教育　102
- 3.5 学びを支えるICT　106
- 3.6 コンピュータ利用教育を支えるもの　110

4 「情報」教育　115

- 4.1 情報技術の教育　116
- 4.2 タイピングとマウス操作——情報教育における身体性　120
- 4.3 プログラミング——情報教育における論理性　124
- 4.4 教育用スクリプト言語によるアルゴリズム教育　128
- 4.5 図解——情報教育における感性　132
- 4.6 指導設計（ID：インストラクショナル・デザイン）と情報システム構築　136
- 4.7 メディア・リテラシー　140
- 4.8 セキュリティ　144
- 4.9 情報倫理　148
- 4.10 教育におけるIT利用と著作権　152

5 小・中・高での「情報」教育　157

- 5.1 学習指導要領におけるコンピュータ教育の変遷　158
- 5.2 教科「情報」の現状と課題　162
- 5.3 総合的な学習の時間とコンピュータの活用のねらいとその視点　166
- 5.4 教科におけるコンピュータの活用のねらいとその視点
  ——事例：情報教育としての世界史B　170
- 5.5 「情報」と他教科のクロスカリキュラム　174
- 5.6 予習教材としてのeラーニング活用　178
- 5.7 米国における軽度発達障害児童・生徒に対する「技術支援」動向　182
- 5.8 学校の校務の情報化と教員研修　186

6 大学における「情報」教育環境　　191

- 6.1　大学における情報環境の変遷　192
- 6.2　情報教育支援体制　196
- 6.3　授業支援システム　200
- 6.4　CMSの変遷　204
- 6.5　大学におけるeラーニングシステム構築と運用　208
- 6.6　遠隔授業　212
- 6.7　授業のSNS支援　216
- 6.8　モバイルラーニング　220
- 6.9　情報環境を用いた学生支援　224
- 6.10　大学Webサイトの展開　228
- 6.11　大学におけるPC必携と諸課題　232

7 外国語教育・学習におけるコンピュータ利用　　237

- 7.1　外国語教育・学習モデル　238
- 7.2　CALL環境の構築と運用の実際　242
- 7.3　外国語学習デジタルコンテンツの制作　246
- 7.4　2Dアバター・チャット・システムを利用したコミュニケーション活動の活性化（事例1）　250
- 7.5　学びを豊かにするICT環境をどう構築するか（事例2）　254
- 7.6　多言語Web教材「長崎・言葉のちゃんぽん村」（事例3）　258
- 7.7　外国人への日本語教育（事例4）　262

8 各分野におけるコンピュータ利用　　267

- 8.1　数学教育におけるコンピュータ利用　268
- 8.2　化学教育における計算機の利用　272
- 8.3　科学教育におけるICT活用　276
- 8.4　理数教育における数式処理ソフトの活用　280
- 8.5　法律学とコンピュータ ── 法学教育の観点から　284
- 8.6　経済学教育と数式処理システム　288

- 8.7 会計教育におけるコンピュータ利用　292
- 8.8 ビジネス教育とコンピュータ統計　296
- 8.9 芸術教育におけるコンピュータ利用　300

9　社会人教育における授業法　305

- 9.1 「知識伝授」モデルの特質と限界　306
- 9.2 「講義」の可能性と限界──知識伝授・知識習得型の授業法　310
- 9.3 「学習支援型」モデルの授業法　314
- 9.4 「互学互習」モデルの概要と可能性　318
- 9.5 「互学互習」における講師の役割　322
- 9.6 プロジェクト型授業のメディア環境　326
- 9.7 プロジェクト型授業と支援者の役割　330
- 9.8 オンデマンド・ティーチングとプログラムド・ティーチング　334
- 9.9 コーチングとファシリテーション　338
- 9.10 授業法と知の獲得・習得
──「学びのピラミッド」に込められた知見　342
- 9.11 「目に見える議論」を生む「場と機会」を提供する
──コラジェクタ活用による議論の可視化　346
- 9.12 社会人教育研修におけるアドミニストレーション実務　350

10　社会とコンピュータ利用教育　355

- 10.1 世界情報社会サミット（WSIS）とインターネットガバナンス　356
- 10.2 デジタル・デバイドと国際社会　360
- 10.3 対話装置としてのWWWの実践　364
- 10.4 ネットと放送「融合論」の錯誤　368
- 10.5 市民メディアの発展と市民の情報発信の高まり　372
- 10.6 政治活動へのインターネット利用　376
- 10.7 マンガの新しい広がり──紙からケータイへ　380
- 10.8 ビジュアルリテラシー教育のために　384

索引　388
編集委員・執筆者一覧　397

1 学習観・教育観

　近年,学習観は大きく変わってきている。学習を「状況に埋め込まれた」ものとし,個人能力還元主義にもとづく学習から協調学習こそが本来であるとされてきている。教育についても,教師中心主義(「教え」主義)から学習者中心主義になり,学習環境を適切にデザインすることが重要視されてきた。これにともない教育実践研究も実験的研究からフィールドワーク研究,質的研究に変わってきている。
　これからのICT教育はこのような学習観・教育観の変化に対応しなければならない。

［佐伯　胖］

〔●…も見よ〕

1.1 「学習・教育」観

[佐伯 胖]

「教育はいかにあるべきか」という問いは,「学習とはどのようなことか」という学習観と密接な関連がある。この学習観は,20世紀初頭から今日まで,大きな変遷を経てきており,その変遷をふまえて,21世紀の学習観を展望し,そこから,教育のあり方,さらには教育におけるICTの活用の指針を導き出さねばならない。

キーワード 行動主義,認知主義,最近接発達領域,社会構成主義,状況論

教育界の動向

近年,教育界は「学力低下」問題に端を発して,大きく変わりつつある。1996年の学習指導要領の全面的改定によって,完全学校週5日制の実施,「総合的な学習の時間」の導入,学習内容,授業時間の削減が行われ,「ゆとり教育」が重視されてきたが,2つの国際的学力調査,PISA (Programme for International Student Assessment) 2003年調査およびTIMSS (Trends in International Mathematics and Science Study) 2003年調査の結果が発表されると,日本の生徒の学力低下が問題とされ,国民の世論はいっせいに「ゆとり教育」批判に傾いた。さらにPISA2006の報告ではいっそうの学力低下が示され,もはや「ゆとり教育」の見直しは必須の動向となっている。

「教育」の違いは「学習観」の違いから

ところが,一方,PISAテストでは常にトップレベルを維持しているフィンランドでは,以前から習熟度別学級が廃止されており,16歳までは他人と比較するような点数による成績評価が行われていない。評価は文章によるものであり,自己評価が重視されている。教室では「学び合い」中心の異質生徒集団方式がとられ,授業中,わからない子どもにわかる子が自由に教えに行ったりしているという。国の教育政策も格差是正,平等主義がうたわれ,学力テストは競争のため

ではなく，学力がふるわない学校に資金援助をして施策を講じるためである。

　このようなフィンランドとわが国が「教育」に対して，ほとんど正反対といえるほどの違いを生み出している原因は，両国の歴史の違い，国家政策の違いなどさまざまな違いが背後にあることはいうまでもない。しかし，「教育」にかかわる点で最も大きな違いは，「学習観」の違いである[1]。以下では，20世紀に入ってからの学習観の変遷をたどることにする。

「できること」だけを評価 ── 行動主義的学習観

　なんらかの「客観的」な評価基準を明確に設定し，学習者の反応がその評価基準を満たしたか否かによって「学習したか否か」を判定するという考え方は，「行動主義的学習観」と呼ばれる。この考え方は，学習されるべきことをすべて学習者が達成すべき行動の項目（行動目標）に細分化し，それらを系統的に並べて，一歩いっぽ，確実に習得させていくことが「教育」であるとする考え方につながるのである。常に「テスト」や「評価」で学習者を適性に「統制」し，「管理」することが「教育する側」の責任であるとするのである。

　行動主義心理学というのは，J.B.ワトソンが米国心理学会誌で「行動主義宣言」を行ったことに端を発する[2]。ワトソンはそこで心理学は「科学」でなければならないとし，「科学」は客観的尺度で測定できること，実験によって検証できることのみを対象とすべきであるとした。そのことから，心理学の対象は「行動」のみに焦点を当てるべきだという行動主義が提唱され，1960年代の後半まで，心理学の中心的な考え方であったため，学校教育にかかわる学習だけでなく，障害児教育や心理療法の世界にも，広く行き渡っている考え方となった。

「わかること」の支援 ── 認知主義的学習観

　行動主義心理学は，1960年代に入って人々が関心をもち始めた人間の記憶，問題解決，言語理解などの「知的」活動を研究するための理論構成をつくり得なかった。このようなことから，行動形成をすべて刺激と反応の「条件づけ」で説明するという行動主義の基本路線は崩壊し，変わって，人間，動物，さらに（コンピュータなどの）機械の「知的操作」をコンピュータのプログラミングのような「情報処理過程」とみなすという，認知心理学が1960年代の後半から台頭し，

またたく間に，心理学のあらゆる分野に浸透し始めてきた[3]。

認知心理学では，学習は「理解（わかること）」を通した「知識獲得」とされる。しかも，この「理解」が生まれるには，既有知識の枠組み（スキーマ）との関連づけや「心的モデル」構成など，積極的に「知識づくり」が行われなければならない。したがって，このような観点から教育においては，カリキュラムの系統性が「教科の論理」だけでなく子どもの「つまずき」や「誤信念（間違った知識）」との関連から考慮されることが必要となり，誤信念を反証する実験や観察が必須となる。また，学習においては，図書館やインターネットなどの情報サービス環境の重要性が浮かび上がってくる。

「学び合う共同体」づくり ── 社会構成主義的（状況論的）学習観

行動主義と認知主義にはひとつの共通点がある。それは「個人能力主義」である。つまり，学習者の「行動」を問題にするにせよ，学習者の「知識づくり」を問題にするにせよ，しょせんは，学習者個人の能力の向上が志向されているのである。このような「個人能力主義」に対し，学習や発達をもともと社会的な関係の中で生まれ，育まれるものであると主張したのがロシアのL.S.ヴィゴツキー（1896-1934）であった[4]。ヴィゴツキーは欧米諸国では長い間あまり知られていなかったが，1980年代に入って，急速に注目されるようになった。

ヴィゴツキー心理学で最も重要とされているのは最近接発達領域（ZPD：Zone of Proximal Development）の概念である〔● 1.3〕。ZPDというのは，子どもが他人の助けを得ずひとりでできることの範囲と，他人の助けを得てできることの範囲の差の領域のことであるが，それが含意していることは，人が常に外界のさまざまな「媒介」（道具，記号）の資源を利用しており，それらの資源の活用を他人との社会的相互交渉によって「内言化」していく，とするのである。このような考え方をベースとする研究は，近年「状況論（Situationism）」と呼ばれている。

ヴィゴツキー心理学の興隆に伴って，人々は「人は現実の社会の中で具体的な実践を通してどのように学習していくのか」に関心をもち始めた。とくに，J.レイヴとE.ウェンガーは西アフリカの仕立屋の徒弟制のフィールドワークをもとに，学習は人が実践共同体に参加すること──当初は周辺的参加から，次第に

十全的参加へ——を通して共同体の成員としてのアイデンティティを確立していく過程であるとした。そのような参加過程を「正統的周辺参加（LPP：Legitimate Peripheral Participation)」と呼んだ[5]〔● 1.2〕。また，フィンランドのY.エンゲストロームは，ヴィゴツキー心理学を発展させて，学習を共同体の分業，道具的環境，慣習などとの活動システムの変容と捉える「拡張された学習」論[6]を展開しており，フィンランド教育に多大の影響を与えている。このような考え方は総称して，「社会構成主義（Social Constructionism)」と呼ばれている。

社会構成主義に基づく教育は，フィンランド教育に見られるように，「学び合い」を重視することになる。近年の「協調学習」や「学習環境デザイン」への注目は，このような研究動向から生まれたものと考えられる。

「関係論革命」へ——教育・学習観の変革

今，世界の教育は，行動主義的学習観に基づく「教え主義（Instructionism)」からの脱却として，「学習者中心主義」〔● 1.3〕がうたわれており，状況論や社会構成主義に基づく教育・学習を支援する学習環境デザインの開発に力が注がれている。その根底にあるのは，ものごとを常に外界との相互作用の中で捉えようという「関係論（relationalism)」である。もはや，「個」というのは個別に存在しない。常に，周辺との「関係」が個を「個」たらしめているのである。これからの教育・学習の変革は，この「関係論」を軸として展開していくであろう。

［参考文献］
［1］福田誠治（2005）『競争やめたら学力世界一——フィンランド教育の成功』朝日新聞社.
［2］Watson, J. B. (1913) Psychology as the behaviorist views it. *Psychological Review*, 20, 158-177.
［3］ウルリック・ナイサー著，大羽蓁訳（1981）『認知心理学』誠信書房.
［4］レフ・セミョノヴィチ・ヴィゴツキー著，柴田義松訳（2001）『新訳版・思考と言語』新読書社.
［5］ジーン・レイヴ，エティエンヌ・ウェンガー著，佐伯胖訳（1993）『状況に埋め込まれた学習——正統的周辺参加』産業図書.
［6］ユーリア・エンゲストローム著，山住勝広ほか訳（1999）『拡張による学習——活動理論からのアプローチ』新曜社.

1.2 状況的学習論

[ソーヤーりえこ]

認知心理学によれば，学習とは，知識や技能の獲得による個人の内的な変化であると見なされてきた。これに対して状況的学習論（Situated Learning Theory）は，学習をより広い諸関係の変化やそれに伴う全人格的な問題として捉える。さらに，学習を可能にするのは，教えるという行為を超えた実践のコミュニティに埋め込まれた学習環境である。本節では，こうした状況的学習論による学習や学習環境の意味について見ていく。

キーワード 実践のコミュニティ，学習環境のデザイン，リソース，アクセス，アイデンティティ

教育のカリキュラムと学習のカリキュラム

レイヴとウェンガーによれば，カリキュラムには「学習のカリキュラム」と「教育のカリキュラム」という2つの明確に異なる観点がある[1]。「学習のカリキュラム」とは，学習者の観点から見た学習のリソースの布置のあり方および，活動やリソースへのアクセス可能性である。一方，「教育のカリキュラム」は，教育する側によって定義された「正しい実践はかくあるべき」という学習者への要求のリストから構成されている。教育のカリキュラムの観点からすると，デザインされるべきは「教授法」である。そして教授法のデザインとは「個人としての学習者」の技能や能力を向上させる方法を開発することである。他方，学習のカリキュラムにとっては，「学習環境のデザイン」〔→ 1.6〕にこそ焦点を当てるべきである。つまり，学習環境のデザインとは，学習を援助するリソース，社会的組織，実践のコミュニティへの参加の機会，そして実践におけるさまざまな活動や機会，人工物やメンバーへのアクセスをデザインすることである[2]。

レイヴとウェンガーに従い，学習環境のデザインについて具体的に見ていこう。例えば，リベリアの仕立屋の職場は仕切りがなく見通しがよいので，新参者でも先輩の服づくりの全工程を見ることができた。つまり，仕立屋の職場は，徒弟が実践にアクセスできるようにデザインされていた。他方，米国のスーパーマーケッ

トの肉屋の新入りは，隔離された部屋で特別な技能の不要な，肉の包装のみに従事させられていたために，古参者の熟練を要する作業を観察できなかった。部屋の物理的な壁が徒弟の実践へのアクセスを妨げていたのだ。こうした学習環境のデザインは，実践や社会組織のデザインのあり方と深く関係している。また，「教授法のデザイン」と「学習環境のデザイン」の違いは，学校対仕事場といった学習が行われる場の違いではなく，学習や学習の機会を見る際の観点の違いである。

実践と実践のコミュニティ

　学習環境は，それ自体としてデザインされているのではなく，実践のコミュニティに埋め込まれている。「実践のコミュニティ」とは，協同的に人工物を用いつつ何かを生産，創造するといった実践のために組織化された社会的グループである。つまり，実践のコミュニティとは隣近所とか，家族とか，会社の部署，学校のクラスといった制度的な社会組織のことではなく，むしろ，何らかの実践を共有し，実践によって組織化されているようなグループのことである。学習環境のデザイン，つまり学習環境としてのリソースの布置や活動やリソースへのアクセス可能性は，実践のコミュニティの中で，社会－道具的に組織化されている。メンバーに固有の空間を割りあてたり，ある形で分業を組織化したり，実践への参加を合法的（legitimate）に保障することでアクセスは組織化されているのである。

　また，実践へのアクセスは，実践のコミュニティへの参加のあり方と切り離すことはできない。例えば，親方が新参者を公式にメンバーとして受け入れることで，新参者は多様なリソースや活動へのアクセスが合法的に，あるいは周辺的（peripheral）に許されることになる。また，こうした観点からすれば，レイヴとウェンガーが以下に指摘するように，知識や技能は「親方（教授者）」といったような個人の中に存在するものではなく，実践のコミュニティの組織の中に存在する。「…熟練というものが親方の中にあるわけではなく，親方がその一部になっている実践共同体の組織の中にある…。」[3]。個人としての親方を権威の中心と考える観点は，学習を個人の中で生じる変化として考えるのと同様，学習についての伝統的な理論的観点といえる。同様に，教育者や親方を中心化しない観点をとることで，分析の焦点を教える行為から離れさせて，共同体の学習のリソースの複雑な構造化に向けさせることが可能になる。このようなことから，教える

行為にのみ着目するのではなく，さまざまなリソースの布置や活動やリソースへのアクセス可能性といった学習環境のデザインに焦点を当てる必要があるのである．

学習によってもたらされるもの

　伝統的な認知心理学は，学習を学習者が知識や技能を内化する過程だと見なしてきた[4]．これに対して，状況的学習論によれば，あるタスクをこなせたり，新たな知識を得ることは，技能や知識の内化に留まらず，より大きな関係のシステムのもとに位置づけられなければならない．これに関連して，レイヴとウェンガーは，次のように述べている．「十全的参加者になること，…なにがしかの一人前になることを意味している．この見方からすると，…新しい理解に習熟するとかというのは，学習の意味づけのほんの一部…にすぎない．活動，作業，機能，さらに理解は孤立して存在しているわけではない．…人間はこれらの関係によって定義づけられると同時に，これらの関係を定義づける．かくして学習は，これらの関係の体系によって可能になるものに関しては別の人格になる，ということを意味している．」[5]．このように 状況的学習論によると，実践のコミュニティで「何かができるようになる」というのは，参加のあり方や実践のコミュニティで，あるポジションを占める，ということと切り離すことができない．さらに，実践のコミュニティで，あるポジションを占めるということは，どのようにアイデンティティを形成するか，ということに関連している[6], [7]．つまり，何かができるようになることは，参加のあり方の変化や，あるポジションを獲得することを含んでいる．レイヴとウェンガーはこのことを「全人格」的問題と述べている[8]．

　実践のコミュニティのメンバーになるとか，あるポジションを占めることは同時に，アクセスの問題にかかわっている．例えば，実践のコミュニティで，ある活動やリソースにアクセスできることは，その人が実践のコミュニティの中で，どのようなポジションを占めているかも示している．逆に，あるポジションを占めることで，実践へのアクセス可能性も変化していくであろう[7], [9]．

状況的学習論とコンピュータ

　従来のコンピュータを用いた教育は，主にCAIやeラーニングという枠組みのもとで行われてきた．こうしたもので用いられている技術はさまざまであるが，

基本的な観点は「教育のカリキュラム」あるいは,「教授法のデザイン」に基づいている。状況的学習論による「学習のカリキュラム」あるいは「学習環境のデザイン」という観点からすれば,コンピュータシステムの使用やデザインは,上野ほかで示されているように,教授法のデザインの道具としてではなく,あくまで特定の実践における,リソースの布置,活動,リソース,メンバーへのアクセス可能性の再デザインという文脈の中でなされるのである[10]。

[参考文献]
- [1] ジーン・レイヴ,エティエンヌ・ウェンガー著,佐伯胖訳(1993)『状況に埋め込まれた学習——正統的周辺参加』産業図書, p. 79.
- [2] Wenger, E. (1998) *Communities of practice*. Cambridge: Cambridge University Press, pp. 263-277.
- [3] 前掲書[1], pp. 75-76.
- [4] 前掲書[1], p. 22.
- [5] 前掲書[1], pp. 29-30.
- [6] ソーヤーりえこ(2006)「科学実践におけるブローカリングによるアイデンティティー形成」,上野直樹,土橋臣吾編著『社会技術実践のフィールドワーク——ハイブリッドのデザイン』せりか書房, p. 177-193.
- [7] Sawyer, R. (2004) *International graduate students in science in Japan: An ethnographic approach from a situated learning theory perspective*. Ann Arbor, Michigan: UMI Press.
- [8] 前掲書[1], p. 30.
- [9] ソーヤーりえこ(2006)「大学院の理系研究室における装置へのアクセスの社会的組織化」,上野直樹,ソーヤーりえこ編著『文化と状況的学習——実践,言語,人工物へのアクセスのデザイン』凡人社, pp. 91-124.
- [10] 上野直樹,ソーヤーりえこ,永田周一(2006)「学習環境のデザインのためのネットワーク指向アプローチ」,上野直樹,土橋臣吾編著『社会技術実践のフィールドワーク——ハイブリッドのデザイン』せりか書房, pp. 56-74.

【ブックガイド】
- ジーン・レイヴ,エティエンヌ・ウェンガー著,佐伯胖訳(1993)『状況に埋め込まれた学習——正統的周辺参加』産業図書.
- 上野直樹,ソーヤーりえこ編著(2006)『文化と状況的学習——実践,言語,人工物へのアクセスのデザイン』凡人社.
- 上野直樹(1999)『仕事の中での学習』東京大学出版会.
- 上野直樹編著(2001)『状況のインターフェイス』金子書房.
- ソーヤーりえこ(2006)「科学実践におけるブローカリングによるアイデンティティー形成」,上野直樹,土橋臣吾編著『社会技術実践のフィールドワーク——ハイブリッドのデザイン』せりか書房, pp. 177-193.

1.3

[中原 淳]

学習者中心主義

学習者中心主義とは，コンピュータを活用して効果的な学習環境をデザインする際に，最も重要視しなければならない原則のひとつである。教育現場でのコンピュータの活用にあたっては，「人はいかに学ぶのか」という根源的な問いに立ち返る必要がある。

キーワード ソフトウェアデザイン　コンピュータ協調学習支援環境（CSCL），学習環境デザイン（Learning Environment Design）

学習者中心主義の多義性

　学習者中心主義（Learner Centered）は1990年代頃から，「コンピュータと教育のあり方を考える際」，あるいは「効果的な学習環境をデザインしようとする際」に，注目されはじめたキーコンセプトである。

　しかし，このコンセプトは「キー」でありながらもその含意は広く，識者によって定義の一致を見ていない。以下，典型的な定義を3つ紹介する。

第1の定義：コンピュータやソフトウェアのデザインを考える

　第1の意味は，「コンピュータやソフトウェアのデザインのあり方」を考えるうえで主張された定義である。この定義は，1996年米国計算機学会（Association for Computing Machinery）の学会誌「Communications of ACM」に学習者中心の教育（Learner-Centered Education）と呼ばれる特集が組まれ，新たなコンピュータソフトウェアのあり方が，主にCSCW（Computer Support for Cooperative Work）の研究者たちによって検討され始めたことに端を発する。

　この特集において，Soloway & Pryor（1996）らは，コンピュータと人間の関係（human-computer interaction）を「技術中心主義（technology-centered）」，「ユーザー中心主義（user-centered）」，「学習者中心主義（learner-centered）」の3つに区分している。

　これからのコンピュータ，ソフトウェアのデザインを考えるうえで重要なのは，

人間が「技術」の進展の恩恵を一方向的に享受する「技術中心主義」ではない。また，「技術」の「わかりやすさ」や「使いやすさ」を向上させることで，ユーザーに「技術」を使いこなしてもらうことをよしする「ユーザー中心主義」でもない。今後のコンピュータやソフトウェアのデザインは，「学習者の特性」を十分考慮してデザインされなければならないとの主張を行った。こうした考え方を「学習者中心」あるいは「学習者中心デザイン (Learner Centered Design)」と呼ぶ。

例えば，「ユーザー」と「学習者」を対比させて考えてみよう。既有知識の多寡とはかかわりなく，短期間にある特定のタスクを実行することを求められる「ユーザー」と比べて，学習者は専門性や知識レベルは多様であり，かつ長期間にわたってそれを「成長」させる存在である。ということは，彼の成長に応じて，必要となる支援のあり方も変わってくる。ゆえに，コンピュータ，ソフトウェアをデザインする際には，学習者の成長に応じて適切な「足場かけ（支援のこと。英語ではscaffolding）」を実装しなければならない（Quintana, Shin, Norris, Soloway 2006）。学習者中心のコンピュータソフトウェアには，学習者のレベルに応じた支援機能が実装されることが多い。

第2の定義：知識を構築する学習環境

第2の定義は，学習者中心主義を「学習者が自主的な探求活動」に求める考え方である。1990年代後半，コンピュータ協調学習支援システム (Computer Supported Collaborative Learning) が数多く提案されていくなかで，こうした考え方が主張されるようになった。

この考え方によれば，「知識とは，誰から与えられるものではなく，学習者が自分たちで吟味し，探求して，創り上げていくもの」であり，「どういう知識を，いつ，どのように学ぶかは，学習者の自主的な探求過程に即してそのつど決まるものだ」と考えられる（佐伯 1997）。

この学習者中心主義の用法は，CSCLの代表格であるCSILEの開発者であるスカーダマリア＆ベライターの「知識構築 (knowledge building)」という考え方に影響を受けていると思われる。知識構築とは，人間が概念的な人工物 (conceptual artifacts) をつくったり，検証したり，改善するプロセスのことをいう。

ここでいう学習者中心主義とは，「学習者が，自ら知識をつくりだしていくことを保証する学習環境」のことを指している。

第3の定義：効果的な学習環境のデザイン

　最後の定義は，学習者中心主義を「教育効果の高い学習環境を設計するためのデザイン原則のひとつ」として捉える用法である（以下，Bransford, Brown and cocking 2000を用いて説明）。
　ブランスフォードらによれば，効果的な学習環境のデザインには，
1）学習者中心
2）知識中心
3）評価中心
4）共同体中心

という4つの原則が存在する。

　「学習者中心主義」とは「学習環境をデザインする際には，学習者がそれまでにもっている知識，技能，学習スタイルを十分配慮しなければならない」という考え方である。

　例えば，学習者によって，自分の好きな学習スタイルは異なる。そして，自分の学習スタイルと，教育として提供される学習スタイルが合致したときに，人はより多くのことを学べる。

　また，学習者によって既有知識のレベルや量は異なっている。これに応じた課題が与えられなければ，学習者は適切に学ぶことができない。「学習者が自分ひとりでできること」と「他の人の助けを借りればできること」の心理的距離のことを俗に「最近接発達領域（Zone of Proximal Development）」と呼ぶ。この心理的距離に適した水準の課題を与えることが重要である。

　「知識中心」とは，「学習者には，教科内容を記銘することではなく，深い理解を伴ったかたちで教えなければならない」とする考え方である。深い理解を伴った学習は，獲得した知識を他文脈へ転移させることが可能になる。そのようなかたちで，知識を積極的に再利用していく学習環境を追求しなければならない。

　「評価中心」とは，学習目標に従って，適宜，形成的評価やモニタリングを行い，学習進捗状況を学習者にフィードバックしたり，考えの修正や改善の機会を

もたせることが重要だとする考え方である。

「共同体中心」とは，1)学習には協調的に学び合う仲間や規範が重要であること，また2)学校での学習が，地域社会の学校外の共同体に開かれていることをよしとする考え方である。

以上，効果的な学習環境の4つのデザイン原則を紹介してきたが，「学習者中心」は，「学習の成否」を分ける最も根本的な原則である。

学習者中心主義の多義性

以上，見てみたように「学習者中心」は，学習科学，教育工学において，非常に多様なコンテキストにおいて利用されるコンセプトである。しかし，細かい用法および理論的背景は異なっているものの，そのルーツは1)学習者あるいは学習の本質を知ること，2)それに準じたかたちで環境やソフトウェアをデザインすることにある。

ともすれば，コンピュータ教育の黎明期にあっては，コンピュータの機能や制約に隷属するかたちで人間が学習を行なわなければならならい傾向があった。「学習者中心」というキーコンセプトは，そうした過去の「コンピュータと人間のあり方」に警鐘を鳴らしている。

[参考文献]
[1] Bransford, J. B., Brown. A. L. & Cocking, R. R. (1999) *How people learn : brain, mind, experience and school.* National Academy Press.
[2] Quintana, C., Shin, N., Norris, C., *et al.* (2006) Learner-centered design : Reflection on the past and directions for the future. In R. K. Sawyer (Ed.), *The Cambridge handbook of the learning sciences.* New York : Cambridge University Press, pp. 119-134.
[3] 佐伯胖 (1997)『新・コンピュータと教育』岩波新書, 東京.
[4] Soloway, E. & Pryor, A. (1996) The next generation in human-computer interaction. *Communications of ACM*, 39 (4), 16-17.

[ブックガイド]
■ 三宅なほみ，白水始 (2004)『学習科学とテクノロジ』放送大学出版振興会, 東京.
■ 波多野誼余夫，大浦容子，大島純 (2004)『学習科学』放送大学教育振興会, 東京.

1.4

[鈴木真理子]

協調学習
拡張するソーシャルな学び

　協調学習とは，知識は学習者自身が構成していくとする構成主義の知識観に依拠し，複数のメンバーに分かちもたれた知識が，メンバー間のソーシャルなやりとりを介して，外化され，共有され，相互依存的に調整され，新たな知識を創生する過程そのものである。CSCLはじめICTなど今日的コンピュータ利用学習のベースになる概念である。

キーワード　分かちもたれた知能，相互作用，外化と共有，相互依存性，共同体

　協調学習の特徴は，1) それが依拠する構成主義的な知識観，2) 学習活動で生じる相互作用という概念，3) その相互作用によってもたらされる，複数のメンバーに分かちもたれた知識の外化や共有と新たな知識の創生，4) パフォーマンスの向上を目指すときに必要となるメンバー同士の相互依存性と課題の精選，5) 拡張した協調学習がもたらす共同体の生成をあげることができる。以下，それぞれについて北米での流れを中心に述べる。

「外から与えられる」のではなく「自ら構成していく」知識観

　協調学習の前提になるのが構成主義的知識観である。この知識観に立つとき，学習者は周囲とやりとりしながら知識を「自ら構成していく」能動的な存在となる。それ以前の知識観では，学習者は知識を「外から与えられる」受動的な存在として描かれていた。能動的な学習者像が台頭し，学習者個人と対象とのやりとりに注目したピアジェの時代を経て，ネオ・ピアジェシアンやヴィゴツキアンらは学習者と他者とのソーシャルなやりとりに学習論の焦点をシフトしていった。

相互作用という魅力的な概念

　歴史的に，学習におけるやりとり＝相互作用については，経験と思考の関係において相互作用を語ったデューイ，同化と調節の概念を使って1人の子どもと対

象との相互作用に注目したピアジェ，子どもたち同士の社会的な相互作用を強調したヴィゴツキーら，多くの先人が述べてきた。

近年の社会的な相互作用の魅力を示す考えとして「分散認知（distributed cognition）」という概念がある[1]。ここでは，人はその周りにある環境や協力できる他者の存在なくして，重要なことをなしとげることはほとんどできず，課題を解決するために必要な資源は，学習者と環境や他者の中に埋め込まれていることが示されている。ヴィゴツキーの最近接発達領域〔● 1.3〕の考えに影響を受けて研究を進めていたブラウンは，多様な発達水準にある学習者同士の社会的相互作用は，そこに参加する学習者に多様な最近接発達領域を提供できると述べた[2]。

複数のメンバーに分かちもたれた知識の外化や共有と新たな知識の創生

社会的相互作用を取り入れた教授学習法は，学習者の理解を助けることが示された[3]。例えば，2人の学習者がミシンのメカニズムについて課題解決する過程を記述した研究では，互いが分かちもっていた異質な知識がソーシャルな相互作用によって外化され，共有され，新たな知識の創られていく様子が描かれている[4]。

知識の外化と共有の道具としてコンピュータを使い，協調的に力学の課題を解決する過程を示した事例もある[5],[6]。科学者集団の活動をモデルにした仮説実験授業でも，参加する学習者が知識を外化し，共有するプロセスが見てとれる[7]。

いずれも協調学習の例だが，協調学習が成功すると，学習者の推論や高次の思考，情報を再現したり系統立てたり統合したりする認知過程，他者の考えに順応できる新たな視点の獲得，仲間との受容や励まし合いを育てるといわれている[8]。

メンバー同士の相互依存性と課題の精選

協調学習は，英語でcollaborative learningと表される。グループ学習の研究のメインストリームは，1980年代後半から1990年代にかけてcooperative learningからcollaborative learningに変遷した。Cooperative learningがメンバーによる分業と役割分担に注目するのに比べ，collaborative learningではメンバー同士の相互依存性に重きを置く。そして，共有された知識を調整し，新たな知識を創生する過程そのものがcollaborative learning（協調学習）である。

協調学習を保障するためには，メンバー同士のやりとりを介して多様な視点を

生み出しながらそれらを調和できるような「グループノルム（グループのメンバー間で共有される規範）」が必要である。そのようなグループでは，メンバーらが「助けを与えることと求めること」ができる。そして，一個人もグループも自分の学習に「責任」をもち，成績レベルや人種，民族，性別など多様な面を考慮した「グループ編成」が求められ，さらに，学習者が代替的な説明を考えられ，自分の類推を理由づけながら問題解決できる「課題」が必要になる[8]。

拡張する協調学習

　成功した協調学習が継続し，拡張すると共同体が生まれる[9]。視点を変えると，現実世界で実践している共同体での学びは，参加年数も経験知も異なるメンバーが相互依存しながら，互いの知識を共有し，調整し合い，アイデンティティを形成する協調学習の歴史ともいえる[10],[11]。さらに，協調学習はCSCLはじめICTなど今日的コンピュータ利用学習のベースになる概念である。

　例えば，科学についての協調学習をネットワーク支援するWISE（Web-based Inquiry Science Environment）プロジェクトでは，教師らはWISEを学び合う共同体を形成し，それがTELS（Technology Enhanced Learning in Science）プロジェクトに拡張した[12]。このほか，教師が学びの主体であることを前提にしたネットワーク支援の協調学習プロジェクトは多数存在する[13]。

　解法の見通しがつきやすい課題についての協調学習の研究は蓄積されてきている。だが，未知の課題について社会的背景が異なる（diverse）メンバー同士でやりとりし，時に葛藤を生じながら調整し合い，コンセンサスを得て，新たな知を創る協調学習の知見はそれほど多くない。今後はこのような領域での協調学習のあり方も研究されるべきであろうし，そのときコンピュータやネットワーク，モバイルという道具が学習の形態や可能性を拡張するであろう。

[参考文献]
[1]　Salomon, G. (Ed.) (1993) *Distributed cognitions : Psychological and educational considerations*. New York : Cambridge University Press.
[2]　Brown, A. L. (1994) The advancement of learning. *Educational Researcher*, 23 (8), 4-12.
[3]　Brown, A. L. & Palincsar, A. S. (1989) Guided, cooperative learning and individual knowledge acquisition. In L. B. Resnick, (Ed.), *Knowing, learning, and instruction*

: *Essays in honor of Robert Glaser*. Hillsdale, NJ: Lawrence Erlbaum Associates, pp. 393-451.
[4] 三宅なほみ (1985)「理解におけるインターアクションとは何か」, 佐伯胖編『認知科学選書4——理解とは何か』東京大学出版会, pp. 69-98.
[5] Roschelle, J. (1992) Learning by collaborating convergent conceptual change. *The Journal of the Learning Sciences*, 2 (3), 235-276.
[6] Suzuki, M. (2005) Social metaphorical mapping of the concept of force 'CHI-KA-RA' in Japanese. *International Journal of Science Education*, 27 (15), 1773-1804.
[7] 板倉聖宣 (1967)「仮説実験授業による力の概念の導入指導——小学校における科学教育の可能性に関する研究」国立教育研究所紀要, 52, pp. 1-121.
[8] Blumenfeld, P. C., Marx, R. W., Soloway, E. & Krajcik, J. (1996) Learning with peers: From small group cooperation to collaborative communities. *Educational Researcher*, 25 (8), 37-40.
[9] Brown, A.L. & Campione, J.C. (1994) Guided discovery in a community of learners. In K. McGilley (Ed.), *Classroom lessons: Integrating cognitive theory and classroom practice*. Cambridge, MA: MIT Press, pp. 229-270.
[10] ジーン・レイブ, エティエンヌ・ウェンガー著, 佐伯胖訳 (1993)『状況に埋め込まれた学習——正統的周辺参加』産業図書.
[11] ユーリア・エンゲストローム著, 山住勝広, 松下佳代ほか訳 (1999)『拡張による学習——活動理論からのアプローチ』新曜社.
[12] Slotta, J. D. (2004) The Web-based Inquiry Science Environment (WISE): Scaffolding knowledge integration in the science classroom. In M.C. Linn, P. Bell & E. Davis (Eds.), *Internet environments for science education*. Mahwah, NJ: Lawrence Erlbaum Associates, Inc, pp. 203-232.
WISE, http://wise.berkeley.edu/
TELS, http://telscenter.org/index.html
[13] 酒井俊典 (2007)「資料:明日の教師を育てる——国内外の先進事例」, 鈴木真理子, 永田智子編『明日の教師を育てる——インターネットを活用した新しい教員養成』ナカニシヤ出版, pp. 177-192.

[ブックガイド]
■ 植田一博, 岡田猛 (2000)『認知科学の探究 協同の知を探る——創造的コラボレーションの認知科学』共立出版. 認知科学のパースペクティブで協調学習を考察している.
■ 三宅なほみ, 白水始 (2003)『学習科学とテクノロジ』放送大学教育振興会. 学習科学のパースペクティブで協調学習を考察している.
■ 鈴木真理子 (2006)『科学領域における共同学習に関する研究』風間書房. 科学教育のパースペクティブで協調学習を考察している.
■ 佐伯胖, 藤田英典, 佐藤学編 (1996)『シリーズ学びと文化〈6〉学び合う共同体』東京大学出版会. 学びの共同体というパースペクティブで協調学習を考察している.

1.5 伝統芸能（わざ）の学び

［渡部信一］

テクノロジーの発展が，従来の教育を根本から問い直す契機になることがある。伝統芸能の「わざ」をモーションキャプチャを使ってデジタル化し，継承（教育）に役立てようとする試みは，正しい知識をひとつひとつ系統的に教えるというこれまでの教育とは異なった「しみ込み型の学び」の重要性を，改めて私たちに認識させてくれる。

キーワード 伝統芸能，わざ，モーションキャプチャ，教え込み型の教育，しみ込み型の学び

はじめに

テクノロジーの発展が，従来の教育を根本から問い直す契機になることがある。渡部ら（2007）は，伝統芸能の「わざ」をモーションキャプチャ〔●8.9〕を活用しデジタル化するという試みから，デジタル化してみてはじめてわかった師弟関係における「わざ」の教育について検討している。そこには，正しい知識をひとつひとつ系統的に教えるという「教え込み型の教育」ではなく，「学び」の場，「学び」の手続き，師匠と弟子との関係性などを大切にする「しみ込み型の学び」が浮き上がってきた。「しみ込み型の学び」は，認知科学の状況論に基づいた「学び」の考え方である。

最先端のテクノロジー「モーションキャプチャ」

モーションキャプチャは，身体の動きをコンピュータで計測するテクノロジーである。現在，一般には磁気式と光学式が広く普及している。磁気式モーションキャプチャは，磁界発生装置でスタジオ内に磁界をつくり，その中で身体に磁気センサーを付けた人間（もちろん人間でなくてもよい）が動くと，その動きのデータがコンピュータによって計測される。また，光学式モーションキャプチャは，身体に反射マーカーを付け，複数台のカメラのレンズの周りに備え付けられたストロボをマーカーに当て，その反射光を同期させた複数台のカメラで撮影し，そ

の動きをコンピュータによって計測する。

　これまで，コンピュータゲームやアニメ映画などで盛んに活用されてきたが，それ以外にもスポーツ指導やリハビリテーション医学など学術的な活用も行われている。このようなモーションキャプチャのデータをコンピュータグラフィクスのキャラクタに貼り付けることにより，例えば師匠や名人の身体の動きを正確にシミュレーションした3DCGアニメーションが作成できる。

　これは，ビデオによる記録と比較し，前後左右，上や斜めからの視点など，自由な視点から観察できるというメリットがある。また，例えば足の運びだけを取り出して観察したいというときには他の部分を消すことも可能であり，さまざまな教育分野にとって大きなメリットになると考えられる。

モーションキャプチャのもうひとつのメリット

　モーションキャプチャの活用は，伝統芸能の「わざ」を効果的に後世に継承（教育）するというほかに，もうひとつの大きなメリットがある。つまり，伝統芸能の「わざ」をモーションキャプチャを活用しデジタル化するという試みによって，逆にどれほどテクノロジーが進んだとしてもデジタル化することが不可能な要素，つまり記号化できない側面が浮き上がってくる。

　本プロジェクトでは，完成したアニメーションとデジタル教材を神楽の師匠や神楽会のメンバーに見ていただきインタビューを実施した（加えて，共同研究者同士でも検討を行った）。その結果，「再現性に優れている」，「子どもたちや若い人たちが取っつきやすい」，「大切な動きだけが表現され，ブレなどが削除されるのでスムーズでわかりやすい」，「衣装の中の動きがわかる」，「情報量を減らすことができるので，Web上で公開しやすい」などのメリットが明らかになった。

　一方，「何となくライブ観がない」，「迫力がない」など表現上のデメリットとともに，デジタル化によって抜け落ちてしまう側面が浮き上がってきた。例えば，「神社という‘学びの場’の雰囲気が全く感じられない」，「実際には稽古の始まる前と後にさまざまな儀式があり，それが学びに大きな影響を及ぼしている」，「その踊りをめぐるところの意味，あるいはその踊りをめぐるところの環境や状況についての意味が抜け落ちている」などが指摘された（詳しくは，渡部編著（2007）を参照のこと）。

図1 神楽のモーションキャプチャ　　図2 デジタルで再現された神楽　　図3 神楽を学ぶためのデジタル教材
　　（出典：渡部2007）　　　　　　　（出典：渡部2007）　　　　　　　（出典：渡部2007）

　伝統芸能の「わざ」をモーションキャプチャを使ってデジタル化し継承（教育）に役立てようとする試みは，図らずも師匠から弟子に何がどのように伝えられているのか，解明の手がかりを得ることになった。さらに，一般的に考えられているように「正しい知識をひとつひとつ系統的に教える」という「教え込み型の教育」とは異なったもうひとつの「しみ込み型の学び」の重要性を，私たちに認識させてくれる。

「教え込み型の教育」から「しみ込み型の学び」へ

　歴史を振り返ってみれば，テクノロジーが教育現場でひとつの大きなブームをつくり，その後さまざまな議論を巻き起こした例として「ティーチングマシン」があげられる。

　ティーチングマシンは，1920年から1950年に最盛期を迎えた行動主義心理学の「学習理論」を背景として生まれた。「学習理論」は，教育の現場に導入されると「プログラム学習」と呼ばれる学習方法に応用され発展していく。プログラム学習では，ひとつのテーマを教えようとしたときそれを丸ごと教えるのではなく，いくつかの細かな項目に分解する。そして，その項目を1組みの「問と答の対」にし，簡単なものから複雑なものへ構成し直す。それを学習者に1問ずつ提示して解答させ，そのつどその正誤をフィードバックするという学習方式である。このようなプログラム学習は，1960年代に工学研究と結びつき，「ティーチングマシン」と呼ばれる刺激提示装置の発明をもたらした。

　そして1980年代後半，パーソナルコンピュータが爆発的に普及すると，それまでは単純な電気回路を組み合わせただけのティーチングマシンがコンピュータに置き換えられていく。そして，「教育工学　Educational Technology」ではと

くに，教育をコンピュータの支援によって行うという試み，つまり「CAI：Computer-Aided Instruction」が中心的なテーマのひとつとして研究が盛んに行われた。CAIでは，「問と答の対」を簡単なものから複雑なものへ学習者に1問ずつ提示して解答させ，そのつどその正誤をフィードバックするというドリル形式の学習に適している。また，機械的に一歩一歩ステップを踏んで教師の意図や目的に即して学習をコントロールすることが可能である，というメリットをもつ。これは，学校教育における考え方，つまり「正しい知識をひとつひとつ系統的に教える」という「教え込み型の教育」に合致しており，多くの現場で採用されてきた。

このような「教え込み型の教育」に基づく大きな潮流に対し，渡部（2005）はそれとは異なった「教える―学ぶ」の考え方である「しみ込み型の学び」を提唱している。「しみ込み型の学び」は，認知科学における状況論を理論的背景としており，学習者自らが置かれた環境や状況と相互作用しながら能動的に学んでいくことに特徴がある。教師や指導者が「教え込む」ことよりも，学習者が「自ら学ぶ」ことを支援する教育である。

「しみ込み型の学び」では，「簡単なことから難しいことへ段階的に進む」ことや「明確な評価」というものがない。しかし，学習者自らが置かれた環境や状況がどのようなものであっても，そしてどのように変化しても，柔軟に対処し自らの学びを進めることができるという特徴がある（渡部 2005）。このような「しみ込み型の学び」こそ，想定外の事態が頻発する高度情報化時代に有効な「学び」のスタイルであると筆者は考えている。そして，非常に興味深いことに，そのような「学び」のスタイルが伝統芸能の継承（教育）に今でもイキイキと息づいていることを，そのデジタル化の試みを通して気づかされたのである。

[参考文献]
[1] 渡部信一（2005）『ロボット化する子どもたち――「学び」の認知科学』大修館書店.
[2] 渡部信一編著（2007）『日本の「わざ」をデジタルで伝える』大修館書店.

[ブックガイド]
■生田久美子（2007（初版1987））『「わざ」から知る』東京大学出版会.
■東洋（1994）『日本人のしつけと教育』東京大学出版会.
■渡部信一（1998）『鉄腕アトムと晋平君――ロボット研究の進化と自閉症の発達』ミネルヴァ書房.

1.6 学習環境デザイン

[美馬のゆり]

　学習を個人だけの問題とせず，そこにかかわる人々の活動を組織し，空間を用意し，共同体を構築していくことが，その組織や社会を継続させ，発展に導く鍵になる。学習環境を意識化してつくっていくこと，それが学習環境のデザインである。

キーワード 学習環境，デザイン，空間，活動，共同体

人は生涯を通して学び続ける

　人は生まれてから死ぬまで，日々学び続けている。ひとりひとり，すべての人が学習者であり，子どもだけが学習するのではない。したがって，学習が生起する環境とは，学校だけでなく，社会的な活動や，日常生活の中にも多く存在する。急速に変化する社会の中で，私たちはさまざまな問題に直面し，それを日々解決して前に向かっていかなければならない。ひとりひとりが学んで成長していくことはもちろん，個々の人が属する社会や組織自体も学び，成長していく必要がある。

学習環境をデザインするとは

　学習環境をデザインするとは，目的，対象，要因，そこへ至るまでのプロセスなどを意識した活動すべてをデザインすることを含んでいる。「デザインする」という活動には，必ずそこに目的があり，対象となる人がいる。デザインは人が媒介する活動であり，誰がやっても同じようにできる解の算出を目指す工学とは異なる性質をもっている。しかしながら，同時に芸術ほど属人的でもなく，一定の方法論は共有できる活動でもある。ここでは，その活動を始める3つの要素「空間」，「活動」，「共同体」を美馬・山内（2005）をもとに紹介する[1]。

どうやってデザインするか：活動

　空間・活動・共同体の3要素の中で，学習に直結する核になる概念は，「活動」

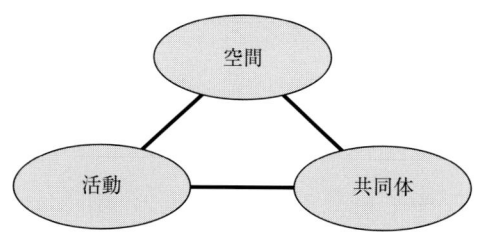

図1　学習環境デザインの3要素

である。学習環境のデザインの中で最初にするべきことは，学習が生起する可能性が高い濃密な活動のアイデアを考えることである。ここでいう活動は，短期集中型のプログラムから長い期間が必要なものまで含まれる。どのようなスケールの活動がよいのか，どのような内容がよいのかは，求めている学習の領域と対象に依存する。ただ，一般的には次の3点に気をつけておく必要がある。

(1) 活動の目標が明快であること：学習者の立場に立ち，この活動はどういう目標で行われており，それが学習者にとってどういう意味があるのかがすぐに理解できることが重要である。

(2) 活動そのものにおもしろさがあること：わかりやすい活動でも，活動そのものがおもしろくないと長続きしない。おもしろさとは，新しい知識を生み出すおもしろさや，問題を解決していくことのおもしろさを指す。

(3) 葛藤の要素が含まれていること：学習を生み出す最大の要素は，そこに葛藤が含まれていることである。大変で苦しいが，本質的にはおもしろいという一見矛盾した感情を上手に共存させることが重要である。

どうやってデザインするか：空間

　活動についてのアイデアが固まったら，その活動を支える空間と共同体のあり方について考える。空間のデザインは，学習者に最も直接的に「見える」部分になる。活動や共同体のような見ることができないものを，目に見える形で提示するという重要な役割を担っている。学習環境として空間を考える場合，以下の3点について考えておく必要がある。

(1) 参加者全員にとって居心地のよい空間であること：居心地のよさは，学習の基盤となる「私らしさ」の発露に深く関係する。安心していられるよ

うな雰囲気をつくることは，空間のデザインの基本として考えておく必要がある。
(2) 必要な情報やモノが適切なときに手に入ること：活動にヒントを与えてくれるような他者の作品や，学習の歩みを表した掲示物などがあること，作業に必要な道具や素材がいつでも手に入る空間を用意する必要がある。
(3) 仲間とのコミュニケーションが容易に行えること：葛藤を打ち破り，新しいアイデアを生み出すためには，異質なアイデアとのやりとりが必要不可欠である。他者とのやりとりが自然発生的に起こるための重要な要素となる。

どうやってデザインするか：共同体

共同体は，空間や活動に比べてコントロールしにくい対象である。人と人の間の関係であるため，予想外のことが起こることが多く，とくに長期にわたる共同体のデザインにはさまざまな困難が伴う。ここでは，共同体のデザインの中で基本になる3点をおさえておく。
(1) 目標を共有すること：興味や関心，問題を共有し，経験を共有するのが共同体である。新しく共同体を立ち上げる場合には，何を共有しようとしているのかについて合意すると同時に，意識化していく必要がある。
(2) 全員に参加の方法を保証すること：中核的に参加するメンバーとともに，周辺的ではあるが，共同体にとって重要な役割を果たすメンバーをたくさんもっていることが，共同体の力につながり，創発的な学びの基盤になる多様性を生み出すことになる。
(3) 共同体のライブラリーをつくること：共同体の多様性を維持するためには，常に新しい人が入ってくることが望まれる。新規参入者が昔起こったことを学べるように，さまざまな資料を整理したり，説明したりする活動が必要になる。

やりながら考える，振り返る，位置づける

学習環境をデザインする際，最初は活動から空間，共同体という順序で考えていったほうが考えやすい。しかし，基本的にこの3つの概念は有機的にからみ合っているので，最終的には一体のものとしてデザインしなければならない。学習

環境のデザインは，事前に完全に記述することができない，開放形のものだということを認識しておく必要がある．このような複雑な対象をデザインするために，以下の2つのやり方がよく使われる．

（1） 最初に試験的な実践を行い，改良する：ある程度までデザインができたら，小規模な実験的実践を行い，それを評価しながらデザインを改善していく．こうすることで，デザインに大きな欠陥や矛盾点が含まれている場合に，それを事前に修正することができる．
（2） 実践が終わるまで継続的にデザインを行う：実践が長期にわたる場合，実践の途中で，空間・活動・共同体が，当初期待していたような状況になっているかを評価し，それを改善していくために，デザインを微調整するやり方である．

すべての人に開放されたデザイン

これからの社会において，学習環境のデザインに関する専門性をもっている人は，学習環境デザイナーとして社会の中で重要な役割を担うことになる．学習環境デザイナーが行っていることは，多様で複雑なネットワークの結節点のコントロールである．共同体の中で同時多発的に生起する学習を，すべてを管理する存在ではない．実はすべての学習者は，自らの学びを形成しようとする際に，意図しないうちに学びのデザインを行っている．学習環境デザイナーは，それら学び手の動きを助け，組織化するという意味で，重要な役割を果たしているといえる．

[参考文献]
[1] 美馬のゆり，山内祐平 (2005)『未来の学びをデザインする』東京大学出版会．
[ブックガイド]
■ 小嶋一浩 (2000)『アクティビティを設計せよ！』彰国社．学校建築について，子どもたちの活動，動線から設計された事例を紹介．
■ ジーン・レイヴ，エティエンヌ・ウェンガー (1993)『状況に埋め込まれた学習』産業図書．状況的学習論のさきがけとなった記念碑的作品．
■ 佐伯胖ほか (1996)『学び合う共同体』東京大学出版会．学びの共同体を構築していくための基礎的な考え方や視点を紹介．

1.7

[美馬のゆり]

学習環境の構築と運用

学習環境の構築と運用とは，学習環境を継続的にデザインしていくことを意味する。ここでは前節の「学習環境デザイン」を受け，とくに企業や大学の中での学習環境の構築と運用を行っていく際に鍵となる概念を紹介する。

キーワード 動機づけ，メタ認知，共同的メタ認知，リフレクション，コンヴィヴィアル

個人から共同性へ

学習意欲を起こさせることを，心理学では「動機づけ」問題として扱ってきた。できればほめたり，報酬を与えたりし，できなければ罰を与えるという外発的動機づけも，活動そのものにおもしろさを見つけ，自ら学びたいと思うよう好奇心を引き出す内発的動機づけも，どちらのやり方も現代社会においては限界が見えてきている。このように，これまで個人の問題として考えてきた学習について，新たな視点として注目されるのが，「共同性」である。

メタ認知と共同的メタ認知

1980年代中ごろから企業経営や学校教育において，複数人でチームを作り仕事をする，共同的な活動が注目されてきている。一方，認知科学研究においては，知識や学習に対する考え方が個人から共同性へと大きく変化した。ここで提案する共同的メタ認知は，教育だけでなくビジネスや政治・行政，イノベーションにも適用可能な学習についての重要な概念のひとつとなる。

「メタ認知」とは，個別の認知，態度，行動を制御するより高次の認知能力のことである。何かを学ぼうとする際のそれより1つ上の階層，背後にある共通性を見い出す能力のことをいう。あることに有能な人は，違う分野にいっても飲み込みが速いことがある。ものごとを覚えたり学んだりするうえで，さまざまな分野や場面に適用できる一般的な学習方法を身に付けている人といない人とでは，

新しいものに向かうときの習得のスタイルや速さが異なる。

これまで研究されてきたメタ認知は，個人の活動に注目した概念である。この背後には学習とは知識の獲得であり，個人的な活動であるという考え方が存在する。このメタ認知の概念を共同的な活動に拡張したのが，共同的メタ認知である。共同的メタ認知という概念の導入により共同的に知識が生み出され，学習が起こるプロセスを理解し，それを支援し，促進させることが可能となる。

共同的メタ認知とリフレクション

メタ認知は，自分の心的過程をモニターしてコントロールする能力ともいわれる（図1参照）。自分が今どのような状態にいて，これから何をすべきかを見ているもうひとりの自分の存在である。料理をしている自分を考えてみよう。目の前のフライパンの上で起こっている状態を観察し，これまでの経験から得た知識と照らし合わせ，点検，評価する。そこから次にとる行動の計画を修正しつつ実行する。このプロセスがうまく機能するかどうかで，できあがりが変わってくる。

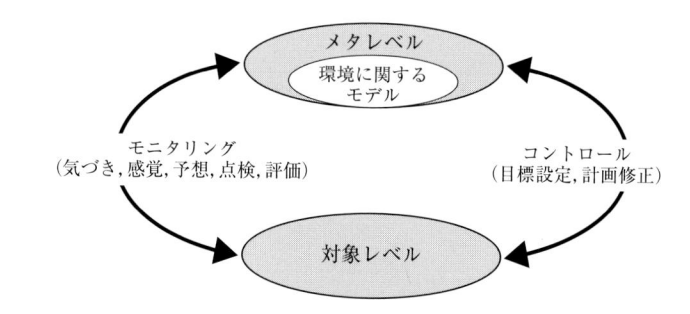

図1　メタ認知のモデル（松尾 2006）[1]をもとに作成

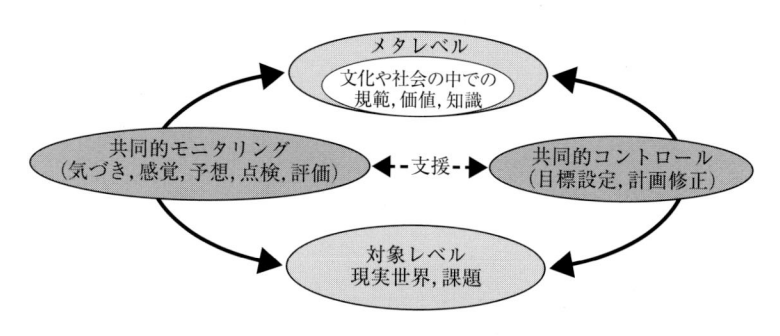

図2　共同的メタ認知のモデル

これに対し複数の人で料理をする場合，実行する人とモニターする人と自然に役割ができてくる。視点が複数存在することによって気づきも多くなり，修正の可能性も広がる。また相手に伝えるために必然的に言語化され，知識として整理されてくる。一般的に共同的メタ認知とは，自分たちが所属している社会や文化の中で知識の価値や必要性について認識し，自分や他者の心的過程をモニターしてコントロールする機能であるといえる（図2参照）。共同的メタ認知では，他者の存在が言語化や身体的表現などのコミュニケーション活動を促す。

　メタ認知は，「リフレクション（内省，省察）」といわれる学習を促進するプロセスとも一致する。共同的メタ認知では，必然的に起こるコミュニケーションによりリフレクション活動を促進させる機能をもつ。共同的メタ認知を支援し促進していくことこそが，共同的な学習環境に不可欠である。

空間，活動，共同体，そしてツール

　「1.6節 学習環境デザイン」で，デザインに必要なのは空間，活動，共同体という3つの要素であることを述べた。ここではさらに，共同的な活動を支援し，促進させるツールについて考えよう。

　高度にネットワーク化が進んだ社会において，ソフトウェアの利用環境も変化している。ワープロや表計算の基本的なソフトウェアは個人の利用を目的としている。しかしながら，組織や大学で共同的な活動にICTを利用するならば，情報の共有，知識の共同構築などのためのソフトウェアが必要となる。現在そういったものはいくつか存在するものの，さらなる進化が起こってくるに違いない。また，それらのツールの発達，普及によって問題解決や意思決定のプロセスが変化し，いわゆる縦割の組織の形態も変わっていくだろう。

　ここでいうツールとは，いわゆるソフトウェアだけではない。企業ではそれぞれの部門の横のつながりがあまりないため，実は目的が同じでも部門が異なると対話がまったく起こらず，無駄も多く存在する。大学の科目間についても同様のことが起こっている。一方，新たな問題に取り組む方法としても，職員に業務命令として上意下達でやらせる，学生に対し知識を一方的に与えることの限界はすでに明らかである。そういった中で，企業のプロジェクト制や大学のプロジェクト学習が高い評価を得ている理由は，これまで説明してきた共同性にある。組織

として共同的に知識が構築され問題を解決し，そのプロセスの中で学習が起こっていくよう，共同的メタ認知を支援し，促進させるツールのデザイン，組織づくり，仕組みづくりは急務である．

コンヴィヴィアルな活動の場を目指して

変化の激しい現代社会の中で，組織は常に学び続け変化していかねばならない．大学であれば，共同的に学ぶのは学生だけでなく教員も職員も含まれる．教員も日々学んでいく必要があり，共同的に活動する環境が必要である．また，その中に職員や地域，産業界の人々などを入れ，実践していくという仕組みを埋め込むことで，共同的なメタ認知活動を意識化し，学習する組織を構築することが可能となる．

「コンヴィヴィアル」とは，人々とツールと共同性が結び合った社会の状態を表すことばである[2]．「自立共生的」，「共愉的」と訳され，官僚，産業主義的社会に対し，個人の違いを認めつつ協調し，ともに豊かに生きていくという意味では，インターネット社会に通じるものである．

知識はどこかに存在するものであり，それを検索し，現実に適用させる「知識の再生産」では社会や組織は衰退していくだろう．これからの社会において，共同性によって新しい方向性が生まれてくるような共同体をつくること，そしてその実践をいかにコンヴィヴィアルなものにしていくかが，組織の発展の鍵となる．学習環境を構築し運用していくとは，実践の共同体をさらに肥沃な土壌になるよう耕していく仕組みを継続的にデザインしていくことである．

[参考文献]
［1］ 松尾睦（2006）『経験からの学習』同文舘出版．
［2］ イヴァン・イリイチ（1989）『コンヴィヴィアリティのための道具』日本エディタースクール出版部．

[ブックガイド]
■エティエンヌ・ウェンガーほか（2002）『コミュニティ・オブ・プラクティス』翔泳社．実践共同体の育成方法について，さまざまなモデルをもとに考察．
■デービッド・ガービン（2002）『アクション・ラーニング』ダイヤモンド社．「学習する組織」を構築するための企業，組織のあり方，実際の行動について解説．
■ピーター・センゲほか（2002）『学習する組織「5つの能力」』日本経済新聞出版．企業変革をチームで進めるための方法を具体的に提案．

1.8

[大谷 尚]

教育実践研究

教育実践に関する研究は，その主体も対象も方法も多様に存在する。ここではそれをふまえ，現在の教育実践研究の拡大の動向とその課題について述べる。

キーワード 授業研究，専門職的発達，質的研究，仮説検証

教師が主体となって学校で行う教育実践研究

教育実践研究という語が初等・中等学校で使われるとき，それは主に授業の改善と教員の力量形成を目的とし，学校を単位として行われるものを指す。その中心は授業研究であり，一定の研究目標を校内で共有し，それを目指して各教員が同学年・同教科担当などの同僚と授業を計画し，それを学習指導案とともに研究授業として校内に公開して，教員ほぼ全員がそれを観察・記録し，授業後に検討会を行うものである。日本ではほとんどの学校で行われ，「校内研」とも呼ばれる。教育委員会の指定で行われ，その成果が公開発表会で発表され，研究紀要としてまとめられることもある。これは日本固有の，職場をベースにした，職務に埋め込まれた協同的な専門職的発達（professional development）の機会であり，プログラムであると見なすこともできる。

それに対して，教師が子どもだけを残して教室を離れることができず，かつ教員の専門職的発達を基本的に個人的なものと考えてきた米国などでは，このような研究授業は行われず，教員の研修は放課後に行うワークショップのような形か，個々の教員の大学などでの講義の聴講や大学院入学によって個別に行われ，学校での子どもを前にしてのアプローチはなかった。しかし近年，授業研究がlesson studyとして北米でも行われるようになっている[1]。授業実践力を，授業を通して，かつ教師集団として高める必要が，北米でも認識されてきたためだと考えられる。

学習環境の変化と教育実践研究の多様化

　一方,学校や教師を主体とする教育実践を対象に,研究者も学校に赴いて研究を行う。従来は,学校の行う上記のような教育実践研究に継続的に関与し,そこからなんらかの知見をまとめることが多かった。しかし近年は,より多様な方法で,従来になかった研究もなされている。

　その背景には,教育実践の多様化がある。コンピュータやインターネットの導入は,学習環境や学習形態を変化させる。また,従来とは異なる原理や方法による教育実践がなされるようになる。そのため,まずそのような新たな形態の学習を分析するために,従来の授業研究とは異なる手法が必要であり,さらに,そのような教育実践の意味や意義や,問題や課題の解明というニーズに応えられる手法が必要になった。そこで,多様な研究アプローチ,とくに経験科学的で非実証的な「質的研究手法(qualitative research method)」が用いられるようになり[2],そのような手法としてエスノグラフィやグラウンデッド・セオリー*1などの,文化人類学や社会学の手法も,全体的あるいは部分的に採用されるようになってきた[3],[4]。また質的研究手法は,研究対象の拡大やその新たな組合わせをも可能にし,教員のライフストーリー研究[5]や,それを授業研究と統合した研究[6]も行われている。

教育実践研究における「研究仮説」の問題

　ところで現在,学校での教育実践研究で,「仮説」型の研究テーマ設定が全国的になされている。この「仮説」の設定方法を典型的に規定したA県B小学校の研究紀要(1993)では,「○において,△をすることで,□になるだろう」と記述するとし,○を「研究の対象」(研究の範囲や領域,学習内容,素材等),△を「研究方法」(研究の具体的方途),□を「研究結果の予測」(願う児童の姿)としている。そして,教育実践研究のテーマは必ず「仮説」で書くこととしている県もある。

　しかしこの「仮説」にはいくつもの問題が含まれている。第1に人間を対象とする教育の営みで,「△をすることで,□になるだろう」とはあまりに単純すぎる命題で,実践者自身もそう考えているとは思えないこと。第2に,多くの「仮説」では条件節と帰結節の一方の内容が他方に含まれたり,同値な内容を条件節

と帰結節の両方に記述していたりして，論理的な問題があること。第3に，本来「研究仮説」とは，研究において検証されて正当な理論になり，蓄積・体系化されるべきものであるのに，これらの仮説はほぼ例外なく検証されないこと。第4に，そもそもこれらの「仮説」は，実践の前ではなく，実践が終了し，研究紀要をまとめる頃に記述されることである。

　ところで，これらの「仮説」が検証されないのは当然である。なぜなら上記の「研究対象」，「研究方法」，「研究結果の予測」の枠組みがすでに矛盾しているからである。仮説研究を設定するのであれば，本来，「研究方法」として「仮説を検証する方法」が設定されなければならない。言い換えれば，「○において，△をすることで，□になるだろう」という「仮説」の全体を「☆によって」検証する，その「☆」が研究方法である。例えば，科学における単純な仮説，「酸性溶液とアルカリ性溶液を（○＝対象），適切に混ぜることで（△＝方法），どちらの性質ももたない液体ができるだろう（□＝結果の予測）」を考えてみれば，この仮説を検証する研究方法は，「適切に混ぜること」ではなく（それも一部だが），「リトマス試験紙を用いて調べる」などである。このように「研究方法」は「検証方法」として，仮説の外に記述されなければならない。つまり問題の「研究仮説」では，「研究対象」，「研究方法」，「研究結果の予測」の枠組みが論理的に間違っているため，「仮説」は検証できないのである。

　ではこの「仮説」とされている命題は全く無意味なのかというとそうではなく，これらは，むしろ「○において△することで□を達成したい」あるいは「○において□を達成するために△をしたい」という「教育実践課題」の記述と読むことができる。したがって，「研究対象」，「研究方法」，「研究結果の予測」としている3要素は，本当は「実践対象」，「実践方法」，「実践結果の予測あるいは期待」なのである。それにもかかわらずこのような命題が「仮説」と標榜されて普及して用いられ，上記のように使用を強制される場合さえあることの背景には，「科学的な研究とは仮説検証以外にない」という単純すぎる偏った研究観に学校が覆われているためであると考えられ，そのことこそが問題である[7]。

教育実践研究の課題そして展望

　このような問題の解決のためにも，学校ではまず，上のような不合理な研究記

述の枠組みによる拘束から解放されたうえで、質的研究を含む多様な研究のあり方と手法を理解して、今後の教育実践研究を柔軟にデザインしていくべきである。そのうえで、日本で現在ほとんど行われていない、部活動などを対象にした研究や、複数の学校にまたがる実践研究を行うことも、今後の課題であると考える。

なお、教室に導入された新たなメディアの作用を丹念に見ることで、かえって伝統的な教室や教授・学習過程の潜在的で本質的な特性を明るみに引き出す可能性がある。例えば、情報技術の教育利用に関する質的研究を通して、むしろ印刷技術や教科書という従来のテクノロジーが暗黙的に規定してきた学校での教授・学習の構造や、教師と学習者との不可視の関係性を解明する試みもある[8]。したがって、新たな形態の教育実践に関する研究は、教育実践全体の本質を照らし出す光としての役割をも担い得ると考えて、取り組んでいくことが可能である。

[注]
* 1 分析手法を「グラウンデッド・セオリー・アプローチ」と呼ぶ場合もあるが、個別研究的文脈では手法そのものをグラウンデッド・セオリーと呼んでいる。

[参考文献]
[1] ジェームズ・W.スティグラー、ジェームズ・ヒーバート著、湊三郎訳 (2002)『日本の算数・数学教育に学べ——米国が注目するjugyou kenkyuu』教育出版.
[2] 大谷尚 (1997)「教育工学からみた質的授業研究」、平山満義編『質的研究法による授業研究——教育学・教育工学・心理学からのアプローチ』北大路書房、pp. 123-181.
[3] 中原淳 (1999)「語りを誘発する学習環境のエスノグラフィー」、『日本教育工学会論文誌』23 (1), pp. 23-35.
[4] 山内祐平 (2003)「学校と専門家を結ぶ実践共同体のエスノグラフィー」、『日本教育工学雑誌』26, pp. 299-308.
[5] Takashi O. (2005) A life story study of technology specialist teachers in Japan: Latent significance of lack of human content in educational media and technologies. In P. Kommers & G. Richards (Eds.), *Proceedings of ED-MEIA 2005*: *Association for the Advancement of Computing in Education*, pp. 2932-2937. (CD-ROM)
[6] 木原俊行、堀田龍也ほか (2003)「メディア・リテラシー育成の実践を発展させるための方略——二人の教師のライフストーリーの比較から」、『日本教育メディア学会、第10回年会論文集』pp. 52-55.
[7] 大谷尚 (2000)「教育実践研究における『研究仮説』を考える」、『IMETS』財団法人才能開発教育研究財団、4-136, pp. 62-65.
[8] 大谷尚 (2006)「教育と情報テクノロジーに関する検討——ハイデッガーの『技術への問い』をてがかりとして」、『教育学研究』173-2別冊、pp. 14-28.

1.9 組織学習

[安田 順]

　組織と個人の成長には密接なつながりがある。例えば，学校の活動は個々の教師に支えられていると同時に，学校の活動状況によって個々の教師の成長が左右される。教師たちが共同して教育活動を推進する場合，集団圧力も働く一方で，予期せぬ個人的成長も起こり得る。こうした現象を，集合的な学習として捉えるのが組織学習である。

キーワード 組織的知識，組織ルーチン，ダブル・ループ学習，実践共同体，アイデンティティ

組織学習とは

　組織学習（organizational learning）には2つの理論系統がある。1つは知識や情報を処理する技術的プロセスを重視するものである。この系統では，個々人が活用できる知識が組織に蓄積されていると考える。これを組織的知識と呼ぶ。組織における活動の中で個人が知識を獲得すると組織的知識が更新され，組織はその置かれた環境の中で，より適応的になっていくものとされる。また，組織的知識は個々人の学習の基盤となる。

　もう1つの理論系統は，人々の相互交流といった社会的プロセスを重視するものである。知識や情報は単体で意味をもつものではなく，社会的な交渉によってその意味が構築されていくと考える。この系統の代表的な理論は，状況的学習論〔◎ 1.2〕を組織学習論へと応用したものである。実践共同体同士の動態的な相互作用によって組織学習が展開すると考える。知識は個人や組織が所有するのではなく，共同体による実践の中に存在するのだとされる。

　以下において，2つの理論系統の代表的理論を順次概説し，最後に組織学習論がもつ今後の課題に触れることとする。

技術的プロセスを重視する組織学習論

　技術的プロセスを重視する系統の起源は1950年代にさかのぼる。代表的理論

家のひとりであるマーチは，組織的知識は組織ルーチンとして保持されると主張している。組織ルーチンとは過去の経験から推測して符号化される行動指針であり，組織の規則，手続き，慣例などのことである。そして，この組織ルーチンが変化していくプロセスを組織学習だとしている[1]。マーチは個人が組織ルーチンに従うことを「活用」，個人が新たな組織ルーチンを生み出すことを「探索」と呼び，常時いずれかを選択することで両者のバランスをとることの重要性を訴えている[2]。

アージリスとショーンは，予期した結果と実際の結果との食い違いという問題の解決に際し，個人が組織のために行う探究から組織学習が起こり，組織的知識が変化するのだと主張している。組織ルーチン以外に，行動の仕方や価値観といった行動の背景にある考え方も組織的知識に含まれるとしている。そして，問題解決のために行動の仕方のみ変えることをシングル・ループ学習，行動の仕方のみならず価値観をも転換させることをダブル・ループ学習と呼んでいる。また，ダブル・ループ学習を実現するためには，外部からコンサルタントなどによる組織への介入が必要だとし，その方法論を事例とともに紹介している[3]。

こうした技術的プロセスを重視する組織学習論に関連する概念として，センゲが普及させた「学習する組織」がある[4]。組織学習が効果的に行われる理想の組織体という意味である。組織学習論が学習プロセスの究明を重視するのに対し，「学習する組織」では実践的な学習のツールや手法の開発に力点がある[5]。

社会的プロセスを重視する組織学習論

社会的プロセスを重視する系統は，状況的学習論が普及し始めた1990年代に現れた。ブラウンとデュギドは，組織を実践共同体の集合体と捉え，実践共同体同士の動態的な相互作用が組織学習だと主張している[6]。そして，この見地から技術的プロセスを重視する理論系統を批判している[7]。「活用」と「探索」の区分は静態的なバランスをとるための選択の問題ではなく，実践共同体同士の関係による動態的なバランスの調整だとしている。現場に密着する実践共同体同士の即時的な状況判断により調整が行われるという。また，ダブル・ループ学習についても，個人の価値観の転換ではなく，実践共同体同士のやり取りから生まれる共同体がもつ価値観の転換だとしている。

ウェンガーは，実践共同体は個人が現場の活動に携わる場であると同時に，組織に所属していることの意味に関する交渉と経験が生じる場でもあると指摘している[8]。また，個人は常に複数の実践共同体に同時に参加しており，複数の実践を自らのアイデンティティへと統合していく必要があるという。

　実践共同体に類似した概念として，組織的知識創造の理論における「場」がある。「場」とは，その場にいないとわからないような状況，その場にかかわる人々の関係性のことである。実践共同体が社会的実践への参加に重点を置くのに対し，「場」では知識の創造・活用・蓄積に力点がある。野中と竹内による組織的知識創造の理論は，暗黙知と形式知との相互作用による知識創造の技術的プロセスを説明するものである[9]。

組織学習論の課題

　これまで，2つの理論系統はそれぞれ別個に研究されてきた。技術的プロセスを重視する系統では，組織をシステムとして捉え，コンピュータシミュレーションによる学習プロセスの解明が進められている。一方，社会的プロセスを重視する系統では，実践共同体より流動性の高い「実践ネットワーク」という概念が検討されている。実践ネットワークにおいては，顔を合わせたこともない人同士が多くの知識を共有することが想定されている。両系統の理論の対話は，これからの課題である。これについては，社会的実践への参加のプロセスと，その経験を省察的思考により再構成するプロセスとの統一的な説明が模索されている[10]。

　また，組織学習プロセスと個人の成長とのつながりを解明することも課題であろう。状況的学習論においては，実践共同体が重視されるあまり，アイデンティティ形成プロセスについての理論構築が不十分である。前述のとおり，ウェンガーはアイデンティティ形成を個人の営為として説明しているが，社会的プロセスとの関係で説明する必要があるものと思われる。

［参考文献］
［1］ Levitt, B. & March, J. G. (1988) Organizational learning. *Annual Review of Sociology*, 14, 319-340.
［2］ March, J. G. (1991) Exploration and exploitation in organizational learning. *Organization Science*, 2(1), 71-87.
［3］ Argyris, C. & Schön, D. A. (1996) *Organizational learning II: Theory, method and*

practice. Addison-Wesley Pub. Co.
[4] ピーター・M・センゲ著, 守部信之ほか訳 (1995)『最強組織の法則——新時代のチームワークとは何か』徳間書店.
[5] Tsang, E. W. K. (1997) Organizational learning and the learning organization: A dichotomy between descriptive and prescriptive research. *Human Relations*, 50 (1), 73-89.
[6] Brown, J. S. & Duguid, P. (1991) Organizational learning and communities-of-practice: Toward a unified view of working, learning, and innovating. *Organization Science*, 2 (1), 40-57.
[7] Brown, J. S. & Duguid, P. (2001) Knowledge and organization: A social-practice perspective. *Organization Science*, 12 (2), 198-213.
[8] Wenger, E. (1996) Communities of practice: The social fabric of a learning organization. *The Healthcare Forum Journal*, 39 (4), 20-25.
[9] 野中郁次郎, 竹内弘高著, 梅本勝博訳 (1996)『知識創造企業』東洋経済新報社.
[10] Elkjaer, B. (2004) Organizational learning: The 'Third Way'. *Management Learning*, 35 (4), 419-434.

[ブックガイド]
■ 桑田耕太郎, 田尾雅夫 (1998)『組織論』有斐閣アルマ. 第14章で, マーチの理論を中心に組織学習論の簡潔な説明がされている.
■ 安藤史江 (2001)『組織学習と組織内地図』白桃書房. アージリスとショーンの組織学習論について詳細な紹介がされている.
■ エティエンヌ・ウェンガー, リチャード・マクダーモットほか著, 櫻井祐子訳 (2002)『コミュニティ・オブ・プラクティス——ナレッジ社会の新たな知識形態の実践』翔泳社. 社会的プロセスを重視する組織学習論について概説されている.

1.10
[田中耕治]

教育評価の原理と課題

　第二次世界大戦後に使用され始めた「教育評価」の考え方は，教師の教育活動の反省と子どもたちの学習への支援を行うことを目的とするものである。「目標に準拠した評価」は，子どもたちの評価への「参加」を重視することで，「教育評価」を実現しようとする。

キーワード 教育評価，相対評価，目標に準拠した評価，真正の評価

「教育評価」とは何か

　日本において，「教育評価」という用語が使用されるようになるのは，第二次世界大戦後のことである。1930年代に米国のタイラー（Tyler,R.W.）によって主張された「エバリュエーション（evaluation）」が翻訳されたものであった。

　当時の文部省が作成した『初等教育の原理』（1951）には，「教育評価」概念の特徴が次の5点にわたって明快に説明されている。①評価は，児童の生活全体を問題にし，その発展を図ろうとするものである。②評価は，教育の結果ばかりでなく，その過程を重視するものである。③評価は，教師の行う評価ばかりでなく，児童の自己評価をも大事なものとして取り上げる。④評価は，その結果をいっそう適切な教材の選択や，学習指導法の改善に利用し役立てるためにも行われる。⑤評価は，学習活動を有効ならしめるうえに欠くべからざるものである。

　すなわち，「教育評価」とは，まさしく教育活動を評価することであって，教師の指導と子どもたちの学習活動の改善を目指す行為であると規定されている。その際，望ましい価値（教育目標として具体化されているもの）が，どの程度子どもたちに実現しているのかを判定することが必要となってくる。しかし，ここで大切なことは，この判定の目的は，判定結果に基づいて教育活動に反省を加えて，より優れた成果を生み出そうとすることにある。例えば，テストで子どもたちのつまずきが発見された場合に，なぜそのようなつまずきが生まれたのかを反

省して，指導と学習活動を改善していくことこそ，「教育評価」の目的であり役割なのである。

　しかしながら，このような明確なメッセージを込めて紹介された「教育評価」ではあったが，その後の教育評価の歴史を見ると，その意味や意図が十分に定着したとは言い難い。例えば，「教育評価」ということばで，テストや試験で子どもたちを序列化すること，ネブミすることと捉えられている場合が多い。それこそ，タイラーが批判した「measurement（測定）」運動の問題点が，「教育評価」として理解（誤解）されているのである。この点を次に考えてみよう。

「相対評価」と「目標に準拠した評価」

　やや結論を先に述べると，高い見識をもってスタートした「教育評価」が，子どもたちのネブミ行為として把握されるようになった主たる理由は，戦後最初の指導要録から採用された，「measurement（測定）」運動に淵源をもつ「相対評価」の問題性にあったことは，その後の史実に照らしても明白である。ただし，注意しておきたいのは，導入された「相対評価」は，その最初から「悪役」を演じたのではない。むしろ，戦前の「考査」にあった主観性，恣意性を克服するものとして期待されていた。例えば，戦前の「考査」の場合には，教師の主観的な判断で「優，良，可」が付けられ，甘い教師と辛い教師では「優」を出す人数が異なっていた。これでは「優」の値打ちに違いが生まれてしまう。そこで，「5段階相対評価」のように，あらかじめ評点の配分率を「正規分布曲線」に従って決定しておけば（5－7％，4－24％，3－38％，2－24％，1－7％），公平感や解放感を伴う「客観性」が保証されると考えられたのである。

　しかしながら，高度経済成長に伴う学歴獲得競争が日本列島を席巻するようになると，「相対評価」はその露払いの役割を演じるようになる。そして，この事態は教育評価とは何よりも子どもたちのネブミ行為であるという捉え方を蔓延させることになった。そして，この「相対評価」の問題点が明らかになるに及んで，それに代わる教育評価の考え方として「目標に準拠した評価」が登場し，2001年に改訂された指導要録に採用されることになった。ここでは，「相対評価」の問題点と「目標に準拠した評価」の特徴について整理してみよう。

　まず第1は，「(5段階) 相対評価」にはどんなに指導しようとも必ず「1」や

「2」を付ける子どもたちが存在するという，教育を否定する素質決定論的な考え方が浸透している。これに対して，「目標に準拠した評価」はこの公共社会を生きるのに必要な学力をすべての子どもたちが身に付けることが望ましいという，学力保障論の立場に立っている。したがって，もしつまずいた子どもたちがいた場合には，積極的に回復学習が取り組まれることになる。

第2に，「相対評価」の下では「4」や「5」を取ろうとすると，もともと「4」や「5」をもっていた者を引きずり降さなければならないという，排他的な競争が常態化する。これに対して，「目標に準拠した評価」では，共通の目標に到達することが目指されることから，学習における共同の条件が生まれることになる。「目標に準拠した評価」はまさに子どもたちを励ます評価なのである。

第3に，「相対評価」では例え「5」や「4」を取ったとしても，その意味するところは集団で上位にいるということを示したものであって，学力がしっかり身に付いたかどうかという学力の実態は不明である。これに対して，「目標に準拠した評価」ではまさに学力内容としての「到達目標」を評価規準とすることによって，どのような学力が形成されたのか（されていないのか）を明らかにすることができる。

したがって，以上のことから「相対評価」で悪い成績を取った場合には，それは競争に負けた子どもたちの責任に帰せられるが，「目標に準拠した評価」では，評価結果をふまえて教師の教育活動の反省と子どもたちの学習への支援を通じて，学力の保障をは図ろうとする。「目標に準拠した評価」とはまさしくエバリュエーションとしての「教育評価」の復権を目指そうとしたものといってよいだろう。

「目標に準拠した評価」の課題

「目標に準拠した評価」は，子どもたちの学力保障を支える評価論として明確なメッセージを投げかけている。しかしながら，「目標に準拠した評価」の典型としての「到達度評価」に対しては疑問や批判が寄せられていた。ここでは，「到達度評価」をめぐってなされた論争を念頭に置きながら，「教育評価」の復権を真に果たすために「目標に準拠した評価」の課題を明示しておこう。

「目標に準拠した評価」は，教師による「目標」が規準となることから，それ

からはみ出す子どもたちの活動を見落とす危険性がある。それを防ぐためには，まずは子どもたちの，ひいては保護者や地域住民の教育評価への参加が保証されることによって，多面的に重層的に教育活動を眺めることが可能になってくる。このことが「目標に準拠した評価」に課せられている1つ目の課題である。

次に，同じく「目標に準拠した評価」は，子どもたちにとっては「外的な評価」であって，子どもたち自身による「内的な評価」を十分には位置づけてはいない。すると，子どもたちは自分の行う活動の値打ちづけを常に他者からの評価に依存することが習い性になって，いわゆる「指示待ち」の状態になってしまう。「目標に準拠した評価」において，子どもたちの自己評価をどのように活性化させるかが課題となっている。

第3点目として，「目標に準拠した評価」は子どもたちの学習の成果に着目するあまり，その成果や結果に至るプロセスを丁寧に読み取ることに課題が残されている。教師によってもたらされる「知識」が子どもたちの既有の知識体系とかけ離れていれば，そこに「葛藤」や「矛盾」が生じることになる。そして，この「葛藤」や「矛盾」を大切にすることで授業のダイナミズムが保証される。まさに，このプロセスの評価への方法論が問われている。

最後に，「目標に準拠した評価」では客観性を重んじるために，客観テストが多用される場合が多い。もちろん，客観テストといえども一様ではないが，それでも測定の範囲は自ずから限定されてしまう。いわゆる量的な評価にとらわれて，質的に高度な学力を評価するという目配りが弱くなる。ここでは，評価課題をもっとリアルなものにするとか，子どもたちの獲得した学力をさまざまな方法で表現させる工夫が求められている。

以上の「目標に準拠した評価」に対する課題は，詰まるところ教育評価に子どもたちの「参加」という視点をしっかりと位置づけるということである。そして，このような視点から，1980年代に米国で登場した「真正の評価（authentic assessment）」が注目されるようになっている。

[参考文献]
[1] 田中耕治編著（2003）『教育評価の未来を拓く――目標に準拠した評価の現状・課題・展望』ミネルヴァ書房．
[2] 田中耕治（2008）『教育評価』岩波書店．

1.11 教育評価の機能と方法

[田中耕治]

　教育評価の機能は，診断的評価，形成的評価，総括的評価に分化することで，学力と発達を保障することが可能となる。また，評価の方法は，カリキュラム適合性と比較可能性という2つの原理によって構築される。その新しい評価方法として，パフォーマンス評価とポートフォリオ評価が着目されている。

キーワード　診断的評価，形成的評価，総括的評価，妥当性，信頼性，カリキュラム適合性，比較可能性，パフォーマンス評価，ポートフォリオ評価

評価の機能分化

　教育評価の役割が，子どもたちを序列・選別することであれば，教育活動の最後に判定のための評価を行えばよいということになる。事実，「相対評価」〔◎1.10〕のもとでは，教育評価は教育活動が終了したときに実施されていた。しかし，教育評価が子どもたちの学力や発達を保障するために行われるのであれば，それだけでは不十分である。ブルーム（Bloom, B.S）は，スクリヴァン（Scriven, M）の提唱した形成的評価（formative evaluation）と総括的評価（summative evaluation）という着想に学んで，授業過程で実施される評価の機能を「診断的評価（diagnostic evaluation）」，「形成的評価」，「総括的評価」と分化させて，それぞれの役割に即して子どもたちと教師たちに有効な「フィードバック」を行うことが必要であると主張した。

　診断的評価の機能　　診断的評価とは，入学当初，学年当初，授業開始時において，学習の前提となる学力や生活経験の実態や有無を把握するために行う評価のことである。入学当初や学年当初に行われる診断的評価の情報は，子どもたちに対する長期的な指導計画やクラス編成，班編成などの学習形態を考慮するためにフィードバックされる。また，授業開始時に実施される診断的評価の情報は，不足している学力を回復したり，それに基づいて授業計画を修正・改善するためにフィードバックされることになる。

診断的評価を実践するためには大きくは2つのフィードバックの内容が考えられよう。

　その1つは，新しい教育内容を学ぶにあたって必要とされる学力や生活経験がどの程度形成，存在しているのかを確かめる場合である。例えば，割り算の意味を教える場合に，かけ算の意味をどの程度理解しているのかを事前に調べてみることなどである。そして，もし決定的な学力不足が確認されたときには，授業の開始前に回復指導が実施されることになる。

　もう1つは，新しい教育内容に対してどの程度の学力や生活経験があるのかを確かめる場合である。例えば，社会科で単元「あたたかい土地とくらし」を教える場合に，沖縄のことをどの程度知っているのかを事前に調べてみることなどがあげられよう。

　このようにして得た診断的評価の情報をもとにして，発問や探究課題を工夫したり，「つまずき」を組み込んだ授業計画が設計されることになる。

　形成的評価の機能　　形成的評価は，授業の過程で実施されるものである。そして，形成的評価の情報はフィードバックされ，授業がねらいどおりに展開していないと判断された場合には，授業計画の修正や子どもたちへの回復指導などが行われる。したがって，形成的評価は成績づけには使われない。この形成的評価の特質は，例えば東井義雄が「子どもはつまずきの天才である」として，つまずき分析を通じて「教科の論理」と「生活の論理」の析出を行おうとしたように（東井義雄『学習のつまずきと学力』明治図書，1958），優れた教師たちに内在していた教育技術の1つに合理的な自覚化を促そうとしたものである。

　その際，次の点にはぜひ留意しておくべきであろう。形成的評価を実施するところは，その単元のポイントになるところであったり，子どもたちの「つまずき」やすいところである。したがって，「評価を大切にする」ということと「評価をむやみに多用する」こととは区別すべきである。例えば，「乗法」を指導する際には，「単位あたり量」と「いくつ分」の区別がついているのかを確かめる形成的評価が必要となるだろう。また，「分数」指導であれば，計算問題をたくさん課すよりも，「量分数」と「割合分数」の違いを理解しているかどうかを明らかにする形成的評価が求められるだろう。

総括的評価の機能　　総括的評価とは単元終了時または学期末，学年末に実施される評価のことである。総括的評価の情報は，教師にとっては実践上の反省を行うために，子どもたちにとってはどれだけ学習の目当てを実現できたかを確認するためにフィードバックされる。また，この総括的評価の情報に基づいて評定（成績）が付けられる。そして，形成的評価は学力の基本性を主たる対象とするのに対して，総括的評価は学力の基本性のみならず発展性（応用力や総合力）を対象とする評価であり，この発展的な様相を把握する評価方法（次に説明するパフォーマンス評価法など）が開発される必要があるだろう。

評価の方法

　評価の方法を選択・確定する基本的な原理として，従来から「妥当性（validity）」と「信頼性（reliability）」があげられてきた。「妥当性」とは，評価対象をどれほどよく測れているのかを示す概念であり，「信頼性」とは評価対象をどの程度安定的に測れているのかを示す概念である。しかしながら，両者は親和的な関係ではなく，一方を重視すると他方を軽視するという相対立する関係として推移してきた。例えば，論文体テストは「妥当性」は高いが「信頼性」は低く，客観テストはその逆であるとも指摘されてきた。しかし，今日の教育評価研究においては，「妥当性」と「信頼性」は相対立する概念としてではなく，まさしく評価の客観性を担保する2つの契機として把握されるようになっている。

「カリキュラム適合性」と「比較可能性」　　この「妥当性」と「信頼性」を変革する概念として，ギップス（Gipps, C. V.）によって，「妥当性」に代わる「カリキュラム適合性（curriculum fidelity）」，「信頼性」に代わる「比較可能性（comparability）」が提起されている。「カリキュラム適合性」とは，評価方法とカリキュラムの領域やレベルとが整合しており，さらにはカリキュラム全体を評価方法がカバーしなくてはならないという概念である。例え高次の教育目標（例えば，「表現力」や「問題解決力」）を設定して実践しても，評価方法が低次の教育目標に対応するテストであれば，高次の目標が達成されたか否かが不分明であるばかりか，子どもたちはそれこそ低次のテストに馴化してしまうことになる。ギップスの提起は，このような問題点を指摘するとともに，より高次の教育目標に対応する評価方法の開発を促そうとするものである。

他方,「比較可能性」とは評価者間で評価基準が共通に理解され,評価対象であるパフォーマンスを同じルーブリック（評価指標）によって公平に評価することで,評価の一貫性が確保されているかどうかを検討する概念である。なお,ルーブリックとは「尺度」,評価基準を示す記述語,具体的なサンプル（アンカーとも呼称）によって構成されるものであり,それぞれの「尺度」にはそれを典型的に示すサンプルを付すことによって,ルーブリックの伝達可能性や検証可能性を高めることができるよう工夫されている。そして,この「比較可能性」を高める手法として,モデレーション（moderation-調整）が提起されている。

　「パフォーマンス評価」と「ポートフォリオ評価」　以上の評価原理をふまえて,とりわけ高次の学力を評価する新しい方法として提起されているのが,「パフォーマンス評価（performance assessment）」と「ポートフォリオ評価（portforio assessment）」である。「パフォーマンス評価」とは,それこそ五感で「表現」される学習の豊かな様相を把握すること,またそのような評価方法を創意工夫することを意味する。その方法としては,筆記による自由記述問題から完成作品や実技・実演による評価,日常的な対話や観察による評価までも含むものであって,とりわけ高次の学力の様相としての「思考力,判断力,表現力」を捉えようとするものである。

　また,「ポートフォリオ評価」とは,「ポートフォリオ」には「紙挟み」とか「書類かばん」とかの訳語があるように,子どもたちが創造した作品（日記,ビデオテープなどを含む）やさまざま評価記録（教師の観察記録,子どもの読書目録など）を収集したもので,その収集された中身やそれを入れる容器（ファイル,ボックス,棚など）を意味する。「ポートフォリオ評価」では,その「ポートフォリオ」を前にして,教師と子どもが「検討会（カンファレンス）」を行うことで,子どもたちの探究力に関する自己評価を促そうとするものである。

[参考文献]
[1]　ブルーム著,稲葉宏雄ほか監訳（1986）『すべての子どもにたしかな学力を』明治図書.
[2]　ギップス著,鈴木秀幸訳（2001）『新しい評価を求めて』論創社.

1.12

[宿久 洋]

教育データの量的分析

　物事を判断したり，決定を下す際には対象となる事項についてのデータの収集分析が重要である。ここでいうデータにはさまざまなものが含まれており，定量的なものも定性的なものもある。ここでは，定量的なデータ（量的データ）を統計手法を用いて分析し，知識発見を行うことを量的分析と呼び，その方法について説明する。本節は質的分析の項目と関連しているので，質的分析の節と相互参照されたい。

キーワード 量的データ，要約

量的データ

　量的データとは，測定あるいは評価された値の集合で連続値をとるものである。量的データにはさまざまなものがあり，教育の現場で考えても，試験の得点，成績評価など枚挙に暇はない。また，データ分析の手法も多種多様に存在するので分析目標とデータに対応した手法を選択する必要がある。表1は科目の得点と偏差値のデータである。以下の項においてはこのデータを用いてさまざまな分析を実践する。

　データの尺度　量的データは尺度の違いにより，間隔尺度データと比率尺度データに分類できる。間隔尺度データとは，その値が連続値を取るデータであり，値の順序，差に意味がある。原点の取り方には任意性がある。摂氏温度（C），華氏温度（F），偏差値などがその例である。摂氏温度と華氏温度にはF=9C/5+32という関係があり，摂氏で0度は華氏では32度である。教育現場ではなじみ深い偏差値であるが，偏差値60が偏差値30の倍の評価でないことはいうまでもない。比率尺度データとは，その値が連続値を取るデータであり，値の順序，差に加えて原点が定まるものである。身長，体重，得点などがその例である。これらの値には原点すなわち0に意味があり，原点を変更することはできない。得点と偏差値の違いに注意してほしい。60点は30点の2倍の評価である。

変量の数　分析対象となる変量の数によって，データの形式も異なり，情報取得の方法や適用される手法も異なる。1変量データとは，ある特定の1個の変量に関するデータであり，x_i $(i=1, 2, ..., n)$ で表される。2変量データとは，ある特定の2個の変量の組に関するデータであり，(x_{1i}, x_{2i}) $(i=1, 2, ..., n)$ で表される。p変量データは，ある特定のp個の変量の組に関するデータであり，$(x_{1i}, x_{2i}, ..., x_{pi})$ $(i=1, 2, ..., n)$ で表される。

1変量データには表1の特定の1列に対応する。例えば，「数学の得点」や「英語の偏差値」などがそれぞれ1変量データとなる。2変量データには表1の特定の2列が対応する。つまり，「数学の得点，英語の得点」などの組のデータが2変量データである。p変量データは表1すべてをデータとして考えるものであり，表1は7変量データである。クラスの列も変量であることに注意しておく。

表1　量的データの例（得点と偏差値）

対象	クラス	数学(得点)	英語(得点)	国語(得点)	数学(偏差値)	英語(偏差値)	国語(偏差値)
1	1	100	95	94	62.85	62.65	62.94
2	1	96	90	92	60.51	56.90	60.40
3	1	75	92	91	48.18	59.20	59.13
4	1	86	78	77	54.64	43.10	41.38
5	1	70	92	90	45.25	59.20	57.86
6	2	81	90	88	51.70	56.90	55.33
7	2	78	85	84	49.94	51.15	50.25
8	2	80	75	76	51.12	39.65	40.11
9	2	81	73	74	51.70	37.35	37.57
10	2	34	70	72	24.12	33.90	35.03

量的データの要約

ここでは，1変量データと2変量データに分けて，最も基本的なデータからの知識発見の方法であるデータの要約について説明する。

1変量データの要約　データのもつ特徴（情報）を数値を用いて表現することを要約と呼ぶ。1変量データの要約として用いられる主なものは代表値および散らばりの測度である。1変量データ x_i $(i=1, 2, ..., n)$ が与えられているとき，ある1つの値を用いて，データを何らかの意味で代表させることを考える。この値

を代表値という。代表値にはさまざまなものがあるが以下に主なものを述べる。

データの中心を表す指標として，算術平均 $\bar{x}_A = \sum_{i=1}^{n} x_i/n$，幾何平均 $\bar{x}_G = \left(\prod_{i=1}^{n} x_i\right)^{1/n}$，調和平均 $\bar{x}_H = \left(\sum_{i=1}^{n} (x_i)^{-1}/n\right)^{-1}$ がある。これらの間には $\bar{x}_H \leqq \bar{x}_G \leqq \bar{x}_A$ なる関係が成り立つ。算術平均は一般的に用いられる平均であり，統計科学で平均といえば，算術平均を指している。幾何平均はデータの対数値の算術平均であり，物価上昇率やばらつきの大きい濃度の平均などに用いられる。調和平均は正の値しか取らないデータに対してのみ定義され，平均速度の計算に用いられる。

データを大きさの順に並べ替えた $x_{(1)} \leqq x_{(2)} \leqq \cdots \leqq x_{(n)}$ のそれぞれを順序統計量と呼ぶ。順序統計量はそれぞれがデータの代表値であり，とくに，$x_{(1)}$ はデータの中で最も小さい値であり最小値と呼ばれる。また，$x_{(n)}$ は最大値と呼ばれる。順序統計量を用いたデータの中心を表す指標として中央値がある。データの数 n が奇数のとき中央値は $x_{\left(\frac{n+1}{2}\right)}$ で表され，奇数のとき $\left(x_{\left(\frac{n}{2}\right)} + x_{\left(\frac{n}{2}+1\right)}\right)/2$ で表される。データが偶数個の場合はちょうど中央の対象が存在しないので，中央の2つの対象の値の平均を中央値とする。最小値と中央値の中央値を第1四分位と呼び Q_1 で表す。中央値と最大値の中央値を第3四分位と呼び Q_3 で表す。最小値，中央値，最大値および四分位を用いることにより，データの大まかな分布を用いることができる。平均はデータに極端に大きな値や小さな値がある場合に影響を受けやすいので，中央値と併用して評価する必要がある。極端な値の影響を避けるその他の指標として，打ち切り平均がある。打ち切り平均はデータの中から大きい方と小さい方からいくつか同じ個数の対象を除いて取る平均である。大小それぞれ k 個除く打ち切り平均は，順序統計量を用いて $\bar{x}_t = \sum_{i=k+1}^{n-k} x_{(i)}$ で定義される。打ち切り平均は，フィギュアスケートの採点などで用いられている。

データのもつ情報を最も端的に表す指標は代表値であるが，代表値のみでデータを評価することは危険であり，データの散らばりにも注意を払う必要がある。散らばりの測度にも多くのものがあるが，ここでは最もよく用いられる分散と標準偏差を紹介する。分散は $S_x^2 = \sum_{i=1}^{n} (x_i - \bar{x})^2/n$ で定義される。分散は平均を中心としてデータがどの程度ばらついているかを表している。定義より，分散の単位はデータの単位の2乗となる。そのため，データと同じ単位をもつ散らばりの尺度として標準偏差が用いられる。標準偏差は分散の正の平方根である。順序統計量を用いた散らばりの測度としては，最大値から最小値を引いた範囲や第3四

分位から第1四分位を引いた四分位範囲などがある。範囲の中にはすべてのデータが含まれ，四分位範囲の中にデータの半分が含まれる。

表2に表1のデータの特性値をまとめておく。平均については3科目とも80点前後であるが，分散については数学が他の2科目に比べて大きいことがわかる。

表 2　データの特性値

	数 学 (素点)	英 語 (素点)	国 語 (素点)
平均	78.1	84.0	83.8
中央値	80.5	87.5	86
最小値	34	70	72
最大値	100	95	94
分散	290.29	75.60	62.16
範囲	66	25	22

2変量データの要約　ここでは，2変量データ $(x_i, y_i)(i=1,2,\ldots,n)$ で与えられたときの要約の測度を紹介する。2変量データの場合もひとつひとつの変量のデータを1変量データとして考えることができるので，上で定義した1変量データの測度を利用することができる。2変量データの場合はそれらに加えて，2つの変量の散らばりの測度として共分散が $S_{xy} = \sum_{i=1}^{n}(x_i - \bar{x})(y_i - \bar{y})/n$ で定義される。共分散は，データを $\bar{x}, \bar{y}$ をそれぞれ x 軸，y 軸とする座標平面で表したとき，第1象限，第3象限に入るデータが多いほど正の大きな値を取り，第2象限，第4象限に入るデータが多いほど負の大きな値を取る。すなわち，共分散は2つの変量の線形関係の強さを表す測度であり，$-\infty$ から ∞ の値を取る。このように，共分散はその取る値に制限がないので，共分散の値を絶対的に評価することはできない。そこで共分散を -1 から 1 の間の値を取るようにそれぞれの変量の標準偏差で補正した測度が相関係数であり，$r_{xy} = S_{xy}/\sqrt{S_x^2 S_y^2}$ で定義される。すべてのデータが右上がりの直線上に布置されるとき，相関係数は1となり，右下がりの直線上に布置されるとき -1 となる。相関係数が正のとき正の相関があるといい，相関係数が負のとき負の相関があるという。ここで注意しておきたいのは，相関係数が2つの変量間のすべての関係の測度ではないということである。相関係数はあくまでも線形関係の強さの測度であり，相関係数が0であるからといって，2つの変量の間にあらゆる関係が存在しないというわけではない。

1.13

[宿久 洋]

教育データの質的分析

データ分析を行うために対象についてデータを収集するとき，データは必ずしも観測あるいは測定された数値データであるとは限らない。アンケート調査によくある選択肢の回答は数値として量的に取り扱うことはできない。このようなデータは定性的（質的）なデータと呼ばれる。ここでは，質的データを統計手法を用いて分析し，知識発見を行うことを質的分析と呼び，その方法について説明する。本節は量的分析と関連しているので，量的分析の節と相互参照されたい。

キーワード 質的データ，要約

質的データ

質的データとは，値の区別のみが付けられるもの，あるいは値が区別でき，さらに順序がわかるものである。例えば，性別，YES-NO選択問題，選好順位などが質的データある。教育現場ではアンケート調査をよく行うが，その結果得られるデータのほとんどは質的データである。質的データ分析の手法も多種多様に存在するので分析目標とデータに対応した手法を選択する必要がある。データによって適用可能な分析手法が異なることは量的データの場合と同様である。

表1は科目についてのアンケート結果のデータである。クラス，性別，各科目の好き嫌い，理解度の5段階評価から構成されている。以下の項においてはこのデータを用いてさまざまな分析を実践する。

データの尺度　質的データは尺度の違いにより，名義尺度データと順序尺度データに分類できる。名義尺度データとは，その値が文字列，数字，記号などで表されており，値の区別のみが可能なデータである。なお，名義尺度データは数値で表されているとしても，値の順序，差には意味がない。順序尺度データは，その値が名義尺度同様，文字列，数字，記号などで表されているが，それらの間に何らかの順序が入るデータである。表1の理解度がその例である。そのほかに

表1 量的データの例（アンケート結果）

対象	クラス	性別	数学(好き嫌い)	英語(好き嫌い)	国語(好き嫌い)	数学(理解度)	英語(理解度)	国語(理解度)
1	理系	男性	好き	好き	好き	5	5	4
2	理系	女性	好き	好き	嫌い	4	2	2
3	理系	男性	好き	好き	好き	3	4	1
4	理系	女性	嫌い	嫌い	好き	3	3	4
5	理系	男性	好き	嫌い	嫌い	4	3	2
6	文系	男性	嫌い	好き	好き	4	4	4
7	文系	女性	好き	嫌い	好き	3	2	4
8	文系	女性	嫌い	好き	好き	2	4	3
9	文系	男性	嫌い	好き	好き	3	2	3
10	文系	女性	嫌い	嫌い	嫌い	1	3	2

も，「大嫌い，嫌い，普通，好き，大好き」なども好きな順あるいは嫌いな順という自然な順序を入れることが可能であるので，順序尺度データと考えることができる．なお，順序尺度データを名義尺度データと考えることも可能である．

一般にデータは，量的分析で述べた間隔尺度，比率尺度と上述の名義尺度，順序尺度のいずれかに位置づけられる．これらの尺度の間には満たすべき条件の強さにより，名義尺度＜順序尺度＜間隔尺度＜比率尺度という関係がある．つまり，名義尺度の条件が最も弱く，比率尺度の条件が最も強い．なお，条件の強い尺度に位置づけられたデータは，より弱い条件の尺度データとしても取り扱うことができることを注意しておく．

質的データの要約

ここでは，1変量データと2変量データに分けて，最も基本的なデータからの知識発見の方法であるデータの要約について説明する．

1 変量データの要約 質的データでは最頻値すなわち，最も多くの対象が取った値が代表値として用いられる．表1のデータでいえば，英語（好き嫌い）では嫌いが最頻値となり，数学（理解度）では4が最頻値となる．最も多くの対象が取る値が複数の場合はそれらすべてが最頻値となる．

質的データの場合の要約では集計が最もよく使われる．集計とは，同じ値ある

いは値の組をもつデータをまとめ，それらを数え上げることである．集計することにより，各値を取る対象の数や割合がわかり，頻度分布を求めることができる．

表2 集計

	数学		英語		国語
好き	5	好き	6	好き	7
嫌い	5	嫌い	4	嫌い	3

2 変量データの要約 ここでは，ともに質的な値を取る2つの変量の関係を表す測度をいくつか紹介する．まず，2つの変量がともに2値である場合について述べる．この場合は，それぞれの変量の値によって，表3で表される1-1, 1-0, 0-1, 0-0のいずれか4つに分類され計数される．このことをクロス集計と呼ぶ．クロス集計された値，つまり表3のa, b, c, dを用いて，変量xと変量yの関係を表す測度を定義することができる．表3は分割表と呼ばれることもある．

表3 2値質的データ（分割表）

		変量 y	
		1	0
変量 x	1	a	b
	0	c	d

単純一致係数は$s_{xy} = (a+d)/(a+b+c+d)$で定義される．これは，2つの変量で同じ値を取る対象の数を対象全体の数で割ったもので，$0 \leq s_{xy} \leq 1$を満たす．Russel-Rao係数は$s_{xy} = a/(a+b+c+d)$で定義され，$0 \leq s_{xy} \leq 1$を満たす．この係数の分子は一致した数の中で一方のみを数えるものである．Hamman係数は$s_{xy} = \{a+b-(b+c)\}/(a+b+c+d)$で定義され，$-1 \leq s_{xy} \leq 1$を満たす．この係数の分子は，一致した数から不一致の数を引いている．これら3つの測度は主に2つの変量の一致の関係を表しており，総称として一致係数と呼ばれる．このほかにもさまざまな一致係数があり，どれを用いるかは，何を意味のある量だと考えるかに依存しており，解析者の判断にゆだねられる．

表4は理系文系と科目の好き嫌いのクロス集計である．これより，単純一致係数を計算すると，理系文系と数学の好き嫌いの一致係数は0.8，英語のそれとは

表4 クロスの集計の例

クラス	数学		英語		国語	
	好き	嫌い	好き	嫌い	好き	嫌い
理系	4	1	3	2	3	2
文系	1	4	3	2	4	1

0.5,国語のそれとは0.4となる。これより,理系文系と科目の好き嫌いでは数学が最も関連が強いことがうかがえる。

次に,変量が多値の値を取る場合を考える。変量xがm通りの値を取り,変量yがn通りの値を取るとき分割表は表4で与えられる。この表において,f_{ij}は(x_i, y_j)を取る対象の個数を表し $f_{i\cdot}=\sum_{j=1}^{n}f_{ij}$,$f_{\cdot j}=\sum_{i=1}^{m}f_{ij}$,$f_{\cdot\cdot}=\sum_{i=1}^{n}f_{ij}$,である。

これらの値を用いて,変量と変量の関連の度合いを表すCramerの連関係数V_{xy}が,

$$V_{xy}=\sqrt{\frac{\chi_{xy}}{(\ell-1)f_{\cdot\cdot}}} \quad (0\leq V_{xy}\leq 1), \quad \left(\chi_{xy}=f_{\cdot\cdot}\left(\sum_{i=1}^{m}\sum_{j=1}^{n}\frac{f_{ij}^2}{f_{i\cdot}f_{\cdot j}}-1\right), \ell=\min(m,n)\right)$$

で定義される。

定義より,連関係数は0から1の値を取り,2つの変量の関連が強いほど1に近い値を取る。

表5 多値質的データ

		変量 y				
		y_1	y_2	$\cdots$	y_n	
変量 x	x_1	f_{11}	f_{12}	$\cdots$	f_{1n}	$f_{1\cdot}$
	x_2	f_{21}	f_{22}	$\cdots$	f_{2n}	$f_{2\cdot}$
	$\vdots$	$\vdots$	$\vdots$	$\ddots$	$\vdots$	$\vdots$
	x_m	f_{m1}	f_{m2}	$\cdots$	f_{mn}	$f_{m\cdot}$
		$f_{\cdot 1}$	$f_{\cdot 2}$	$\cdots$	$f_{\cdot n}$	$f_{\cdot\cdot}$

1.13 教育データの質的分析

2 コンピュータ，ネットワークの技術的・社会的展開

　ネットワーク型情報社会は，ひとりひとりがそれぞれの立場から情報を活用することが可能な社会である。情報技術と触れ合うことに対する興味を持ち，現実世界とデジタル化の接点をどこに求めるかで，コンピュータとの関わりはさまざまな側面を見せてくれる。ここでは，情報そのものの質の向上にも関わることのできる幅広い知識を有する創造的な人となるために，情報の創造，伝達，蓄積，管理，検索，利用のための仕組みなども含めて紹介する。

［鳥居隆司］

〔●…も見よ〕

2.1

[大岩 元]

インターネット

インターネットは軍用コンピュータネットワーク（LAN：Local Area Network）の間を接続するネットワークとして始まった。その利用はディスクやプリンタなどの情報処理資源の相互共有から始まり，電子メールが使われるようになって，コンピュータユーザーの間で郵便に代わる情報交換の手段となった。ところが，World Wide Webが使われるようになって，画像を含む情報交換を容易に行えるようになったことから，利用が一般人に広がり，今日の隆盛を見るようになった。

情報ネットワークは電話によって始まった。ネットワークとしての電話の仕組みを解説することから始めて，インターネットがこれとどう違うのかを示す。詳細については，参考文献[1]を参照してほしい。

キーワード 電話，交換機，コンピュータネットワーク，パケット通信，アドレス

電話の仕組み

電話は2組の筒の端に紙を張り，紙の間を糸でつないだ糸電話を拡張したものである。電話は紙の代わりに音声を電気信号に変える送話器と，電気信号を音に変換する受話器を電線でつなぐことで実現される。1本の回線では2人の間でしか話せないので，交換局を設けて交換手が話したい人の線と線をつなぐことで，電話システムが実現された。

昔の電話においては，交換手を呼び出すための制御信号が使われていた。今の電話は，個々の電話を識別するために電話番号が使われている。これを電気信号として送ることによって，交換手の呼出しは不要にすることができた。電気信号で自動的に交換作業を行う機械を交換機と呼ぶ。

交換局でつながる電話の間では，こうして会話ができるようになったが，遠くの交換局につながる電話には，これだけではつながらない。交換局間をつなぐ必要があり，この接続が行われるようになって，市外電話が可能になった。最初のころは，これを交換手が行っていたので，昭和20年代には，東京から大阪に電

話をかけるのに半日かかった。交換手が次々と線を接続していかなければならなかったからである。

インターネットの仕組み

インターネット〔● 6.1〕は，コンピュータ間の情報交換システムである。コンピュータは送りたい情報をパケットと呼ばれる部分データに分けて，それぞれのパケットに宛先や送り主の情報（ヘッダーと呼ばれる）を付けて送り出す。この情報を受け取ったコンピュータは，宛先の情報を読み取って，その方向にパケットを送り出す。このようなコンピュータ同士のリレーによって送り先のコンピュータに到着したパケットは，そこで全部つなげられて元の情報が復元される。

各パケットは独立に送られるので，同じ情報のパケットが同じ経路を通って宛先のコンピュータに到達するとは限らない。また，途中で中継処理が追いつかなくなってパケットが失われる場合も起こる。到達しないパケットは，受け取るコンピュータが送り出すコンピュータに要求して再送される。このような，最善を尽くすが，だめな場合はあきらめるという通信方式のことをベストエフォート方式と呼ぶ。

インターネット上のアドレス

電話の場合と同じく，発信コンピュータと受信コンピュータを識別するために，各コンピュータにはIPアドレスと呼ばれる番号が付いている。インターネット

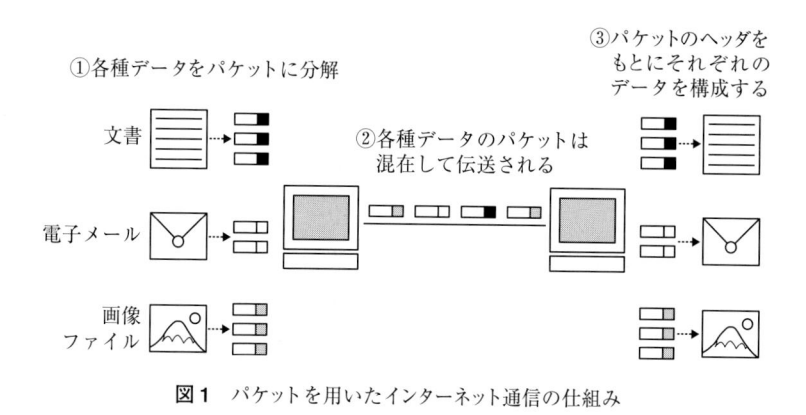

図1　パケットを用いたインターネット通信の仕組み

2.1 インターネット　57

に接続されているコンピュータすべてにアドレスが割り振られているので，パケットを正しく送ることができる．

しかし，数字の番号は人間が扱うのが面倒であるため，文字列でつくった名前をユーザーが使うのが一般的である．CIECのコンピュータネットワークを表すciec.or.jpという名前はドメイン名と呼ばれる．CIEC事務局へメールを出す場合に使われる office@ciec.or.jp というメールアドレスは，発信するコンピュータの属するコンピュータネットワークの中にあるDNS（Domain Name System）サーバーの中で，ciec.or.jp に対応する番号（IPアドレスと呼ばれる）に変換されて，パケットは送信されることになる．ciec.or.jpに到達したパケットは，その内部にあるメールサーバーによって送信されたメールに復元され，office に対応するメールユーザーのメールボックスに配信される．

パケット通信の利害得失

電話のように回線を接続して実現する情報伝達に比べると，パケット通信では回線を接続しておく必要がない．電話回線では，信号がないときでも接続を維持する必要があるが，パケット通信の場合は必要なときだけ情報を伝達すればよい．したがって，ネットワークの利用効率が格段に向上する．また，複数の宛先に送ることも容易に実現できる．ネットワーク上のすべてのコンピュータに送ることをブロードキャスト，特定のグループのコンピュータに送ることをマルチキャストと呼ぶ．

パケット通信の欠点として，まず速度が遅くなることがあげられる．中継するコンピュータごとに，宛先を解読し，適切と考えられる中継コンピュータに送り出す処理が必要となる．したがって，中継コンピュータの数が増えるに従って，遅れが大きくなるが，コンピュータの高速化によって，この問題は解決可能であり，実際問題として大きな障害にはなっていない．

深刻な問題となるのは，伝達する情報がネットワークの容量を越えるほど送られた場合である．処理するパケットが増えると，中継コンピュータの中で処理が追いつかなくなり，送るべきパケットが失われる場合が生じる．こうした場合も再送できるので問題が生じないように工夫されているが，ネットワーク全体に容量を越えて情報が送られると，これも機能しなくなる場合がある．最近は，動画

像を送ることが一般化したために，こうした状況が短時間（数秒程度）でかなり頻繁に起こって，あるはずのホームページに到達できない場合がある（blackoutと呼ばれる）。このまま送られる情報が増えると，インターネット全体が機能しなくなる事態も予想されている[2]。

インターネット電話

　文字情報を送ることで始まったコンピュータ間の情報ネットワークは，コンピュータの高速化によってデジタル化されたすべての情報を扱える。当然のこととして，音声情報の伝達が可能であり，電話もインターネット上で実現できるようになったので，声もパケット化されて送られるようになった。携帯電話はパケット通信によって行われているが，従来の電話も同様にパケット通信が使われるようになってきた。

　パケット通信のように，従来の電線を通じた信号伝達とはまったく違う伝達方法であっても，コンピュータの高速性によって，電話回線と同じ機能を果たすことができるようになったのである。コンピュータによって実現される仮想化技術の一例といえる。

　インターネットは，情報処理が行える高度の機能をもったコンピュータ同士をつなげる仕組みである。これに対して従来の電話システムは，音声と識別番号だけしか伝えられない単純な能力の電話をつなげる仕組みであった。このため，交換機は高度の機能を有する必要があり，多額の投資が必要であった。

　これに対して高度なコンピュータ同士をつなぐコンピュータネットワークの場合の情報交換の仕組みは，交換機に比べると単純な仕組みで十分機能するのである。経済合理性をもつインターネットは電話網を取り込み，さらに放送も包含する方向に進んでいる。

[参考文献]
[1]　戸根勤（2005）『ネットワークの考え方』オーム社.
[2]　Takefuji (2007) Can we survive an internet blackout?. *IEEE technology and society magazine*, 26(3) Fall, 8.

2.2 情報検索

[辻 靖彦・亀井美穂子]

「情報検索（information retrieval）」とは，あらかじめ蓄積された大量の情報の中から利用者の要求を満たす情報を適切に探し出すことおよびそのための技術である。ネットワーク上で膨大な情報やサービスが提供されるなか，コンピュータなどの機械を用いて情報検索を可能とする「検索システム」は，以前にも増して重要視されている。本節では，代表的な例として全文検索とメタデータを用いた検索システムの仕組みを中心に解説し，最後に検索システムが抱える課題について技術的・社会的側面から検討した。

キーワード 情報検索，検索エンジン，全文検索，メタデータ，NIME-glad

情報検索のプロセス

情報検索は一般に，情報をデータベースなどに蓄積する「収集」と，蓄積したデータを素早く検索するための「索引付け」，そして利用者が行う「検索」のプロセスから構成されている。例えば，Web検索エンジンでは，「収集」段階でクローラーと呼ばれる巡回プログラムを用いて世界中のWebページを自動的に収集する。「索引付け」では，全文検索型のシステムでは形態素解析やN-gramにより抽出した単語と単語の出現位置の対応表（転置ファイル）を作成する。

一方，メタデータ型のシステムでは，検索のために検索対象から著作者やカテゴリーなどのデータ（メタデータ）を作成する。検索対象データのフォーマットにもよるが，メタデータをつくる際には自動化は困難な場合もあり，その場合は人手による作業が必要となる。そして「検索」段階では，利用者の検索質問に応じて結果を表示する。検索結果の表示のためにシステムは，作成した転置ファイル（またはメタデータ），検索結果に表示するタイトルおよび文章データ（これをスニペットと呼ぶ），そしてランキング情報を用意する。

ランキング情報とは，検索結果をどういう順番で表示するかを決定する情報のことであり，検索エンジンのサービス側が決める。一般に検索質問は，自然言語文やキーワードなどが用いられるが，それに限定されるわけではない。利用者の

概念的な情報要求を具現化するものであれば，画像データなども考えられる。検索の対象となるのはテキスト文書だけでなく，画像，動画，音声，その他あらゆるフォーマットのデジタルデータが考えられる。

情報検索システムの事例

本項では，全文検索を用いたシステムとしてGoogle，メタデータを用いたシステムとしてNIME-gladを紹介する。

Google　Google（http://www.google.co.jp/）は全文検索を用いた代表的な検索エンジンのひとつである。Webページはもちろん，ニュース・画像・動画・地図・衛星写真，そして市販の本の中身までユーザーはキーワード1つで検索することができる。

Googleは現在，全世界の検索エンジンのシェアの半分を有するといわれる。それはなぜであろうか。その理由は，「探したいページが検索上位にヒットする」というユーザーの評判にあるといわれている。ではなぜ，ユーザーの探したいページが検索結果の上位にランキングされるのであろうか。その理由は「ページランク（PageRank）」と呼ばれる仕組みにある。

図1にページランクの概念を示す[3]。Googleは，「価値のあるページから少数のリンクを張られているページが価値をもつ」という考え方を採用している。図1より，WebページAが100，ページBが6の価値をもつと仮定すると，Aが2つ，Bが3つのリンクをもつのでページCは，ページAの価値の1/2にページBの価値の1/3を加えて，50+2=52の価値を有すると考える。同様にページDはAからのリンクのみなのでAの価値の1/2，50の価値を有すると考える。Googleはこれらの「価値」をページランクと呼ばれる独自に計算した値で表現し，ページランクの高い順に検索結果を表示している。ページランクはリンク構造だけで計算されているわけではな

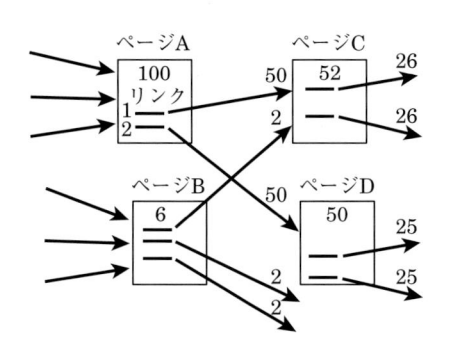

図1　PageRankの概念
※Page et.al.,1999[3]のFig.2をもとに作成

く，検索で用いたキーワードが文章中に含まれる頻度なども関係しているが，Googleは詳細な仕様を公表していない。

NIME-glad　メタデータを用いた検索システムのひとつとして，独立行政法人メディア教育開発センターが公開しているNIME-glad（http://nime-glad.nime.ac.jp/）がある。NIME-gladは教育情報に特化した検索機能をもつポータルサイトであり，2007年9月現在で，eラーニングコース教材，OCW（OpenCourse Ware）教材，授業シラバスなど，約15万件の国内外の学習情報を検索できる。NIME-gladでは検索対象データの各項目をあらかじめメタデータに記述しておくことで，各項目の内容を指定した検索をすることができる。

NIME-gladでは，メタデータとは検索の対象となるデータに対してさまざまな項目ごとに要約したデータを指している。例えば，各コンテンツに対して【タイトル】，【概要】，【属する分野】，【教材の種類】の項目をメタデータとして登録しておくことで，【タイトル】に「信号処理」を含み，【属する分野】が「電子工学」で【教材の種類】が「eラーニングコース」であるコンテンツを検索する，といったことが可能となる。検索対象を全文とせずメタデータを用いることで，より精度が高くノイズの少ない検索ができると考えられる。

メタデータにどのような項目を記述するか，つまりフォーマットについては独自に仕様を決めることもできるが，Dublin CoreやLOM（Learning Object Meta-data）のように団体によって標準化されているフォーマットもある。なお，NIME-gladではIEEE 1484.12.1に準拠したLOMを採用している。

図2　NIME-glad

情報検索システムが抱える問題

　情報検索システムは大変便利であり，われわれの生活に欠かせなくなりつつあるが，懸念事項もいくつか存在する。技術的な問題としては，重要な情報が認証システムやデータベースの中に隠れており，検索エンジンの巡回プログラムが収集できないといった問題がある。これはディープWebと呼ばれ，近年，mixiなどのSNS（Social Networking Service）が普及する中で深刻な問題になりつつある。

　また，日本の著作権法上（2007年9月現在），検索エンジンを開発するための巡回プログラムによるWeb情報の収集は，情報の複製にあたり問題がある。したがって，現時点では日本国内に検索エンジンサーバを設置することができない。

　さらに，検索システムが現実社会に与える影響も見逃せない。今日，「検索エンジンの検索結果で，上位何番目に表示されるか」は，Webページを公開している個人，とくに企業にとっては，社会的信用性にもつながるため大変重要な事項となりつつある。そのノウハウはSEO（検索エンジン最適化）と呼ばれる新しいビジネスにもつながった。その一方で，米国のある会社のWebページが突然検索対象から外され，それまで順調だった経営が悪化した事例も報告されている[4], [5]。

　検索システムでは，メタデータを付与する段階や，検索結果を表示する段階において，開発・運営者が日々工夫を重ねている。そのため，最終的に表示された検索結果には，開発者や運営者の意図が反映される可能性があることを念頭に，複数の検索システムを用いたり，さまざまなメディアから情報を収集し，多角的に検討する姿勢が，利用者には求められよう。

［参考文献］
[1]　徳永健伸（1999）『情報検索と言語処理』 東京大学出版会．
[2]　村田剛志ほか（2005）「検索エンジン2005——Webの道しるべ」，『IPSJ Magazine』46(9)．
[3]　Lawrence, P., Sergey, B., Motowani, Rajeev, *et al.* (1999) The PageRank Citation Ranking: Bringing Order to the Web. *Stanford Digital Libraries Working Paper*.
[4]　吉本敏洋（2006）『グーグル八分とは何か』九天社．
[5]　NHK取材班（2007）『グーグル革命の衝撃』日本放送出版協会．

2.3 Web2.0

[藤代裕之]

　Web2.0（ウェブニーテンゼロ）は，インターネットやWebサービスにおける新たな潮流と，それに関連する社会や経済の変化を捉える広範囲な概念として使われているが，定義のあいまいさから，流行語的に扱われるケースも多い。ここではWeb2.0の原則を示したティム・オライリーの論文を基に，本質的なポイントであるWebのプラットフォーム化とユーザー参加を中心に取り上げる。

キーワード Web2.0，ロングテール，集合知，CGM（Consumer Generated Media）

Web2.0とは何か？

　Web2.0は米国の出版社オライリーメディアとメディアライブインターナショナル社のブレインストーミングから生まれた。ことばは急速に広まったが，さまざまな意味解釈が行われたため，オライリーは2005年9月30日，Webサイトに論文「Web2.0とは何か」[1]を発表。Web2.0の7つの原則を導き出した。論文で示した7つの原則とその主な概要は以下のとおりである。原則はすべてを満たしている必要はなく，1つもしくは複数を実現している事例もある。

（1）プラットフォームとしてのWeb
（2）集合知の利用
（3）データは次世代の「インテル・インサイド」
（4）ソフトウェアをリリースするサイクルが終わる
（5）軽いプログラミングモデル
（6）単一のデバイスの枠を超えたソフトウェア
（7）リッチなユーザー体験

　日本においては，ニュースサイトCNET Japanが2005年11月にWeb上に邦訳[2]を掲載。コンサルタントの梅田望夫が『ウェブ進化論』で紹介したことで広く知られるようになった。その本質について梅田は「ネット上の不特定多数の人々（や企業）を，受動的なサービス享受者ではなく能動的な表現者と認めて積

Web 2.0 ミームマップ

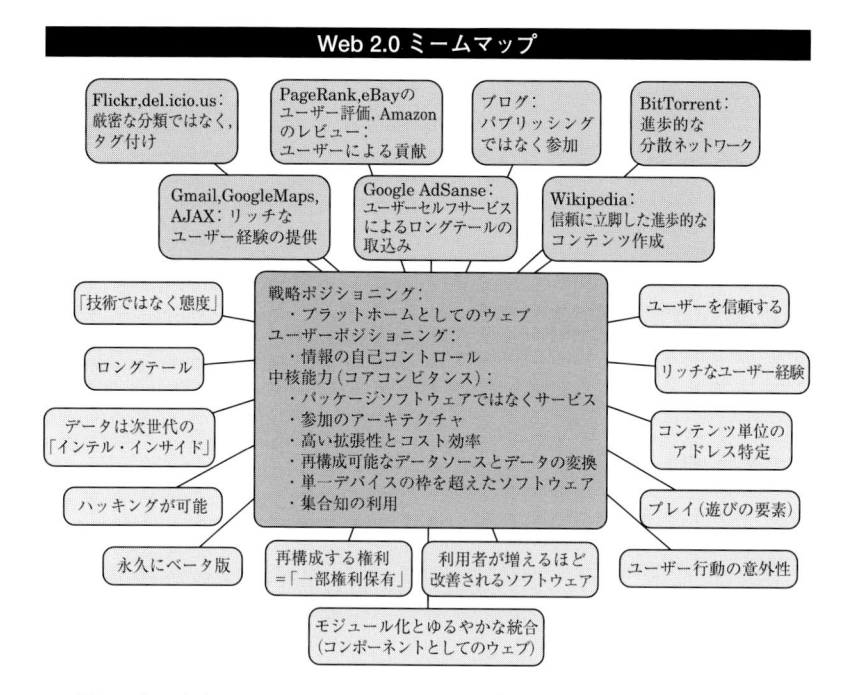

- Flickr, del.icio.us：厳密な分類ではなく、タグ付け
- PageRank, eBayのユーザー評価、Amazonのレビュー：ユーザーによる貢献
- ブログ：パブリッシングではなく参加
- BitTorrent：進歩的な分散ネットワーク
- Gmail, GoogleMaps, AJAX：リッチなユーザー経験の提供
- Google AdSanse：ユーザーセルフサービスによるロングテールの取込み
- Wikipedia：信頼に立脚した進歩的なコンテンツ作成

中央ボックス：
- 戦略ポジショニング：
  ・プラットホームとしてのウェブ
- ユーザーポジショニング：
  ・情報の自己コントロール
- 中核能力（コアコンピタンス）：
  ・パッケージソフトウェアではなくサービス
  ・参加のアーキテクチャ
  ・高い拡張性とコスト効率
  ・再構成可能なデータソースとデータの変換
  ・単一デバイスの枠を超えたソフトウェア
  ・集合知の利用

- 「技術ではなく態度」
- ロングテール
- データは次世代の「インテル・インサイド」
- ハッキングが可能
- 永久にベータ版
- 再構成する権利＝「一部権利保有」
- 利用者が増えるほど改善されるソフトウェア
- モジュール化とゆるやかな統合（コンポーネントとしてのウェブ）
- ユーザーを信頼する
- リッチなユーザー経験
- コンテンツ単位のアドレス特定
- プレイ（遊びの要素）
- ユーザー行動の意外性

図1 オライリーメディアのカンファレンスで行われたブレインストーミングセッションで作成されたWeb 2.0の「ミームマップ」

（出所）ティム・オライリー『What Is Web 2.0』邦訳版
『Web 2.0：次世代ソフトウェアのデザインパターンとビジネスモデル』(CNET Japan)より

極的に巻き込んでいくための技術やサービス開発姿勢」[3]と指摘している。

データベースのもつ重要性

　Web2.0には重要なポイントがいくつかあるが、そのひとつはデータベースである。Web上のデータは、文書を構造化してWeb上に記述できる言語XML (Extensible Markup Language) や、このXMLをベースにしてWebサイトの見出しや本文といったメタデータを構造化して発信できるRSS (Rich Site Summary) の登場によって整理されるようになった。ブログはこれらの構造化をユーザーが意識することなく、簡単に文章や写真をWeb上にアップロードできる仕組みになっているところにインパクトがある。

　さらに、氏名や住所、クレジットカードといった個人情報が登録されたID、

地図，製品情報などコアデータをもつ企業は「あらゆるパソコンに搭載されているインテルのように優位な立場になれる」とオライリーは指摘している。整理されたデータと膨大なデータベースは，検索エンジンの精度を向上させ，これまで死に筋とされたニッチな商品やコンテンツがビジネスとなる「ロングテール」[4]やデータベースを組み合わせて新たなサービスを開発する「マッシュアップ」を生み出している。

ユーザー参加と集合知

　プラットフォーム化したWebが価値をもつためには，ユーザーの参加が必要となる。そのため，ユーザーの参加を促すような適切な仕組みで設計されている必要がある。ブログやソーシャルネットワーキングサービス（SNS），写真共有サイト，アマゾンのレビューはその代表格であり，ユーザーが生み出すコンテンツはUGC（User Generated Content），CGM（Consumer Generated Media）〔◯2.4〕と呼ばれている。

　ユーザーが参加すればするほど価値が高まるという構造は，これまでにない大きなパラダイムシフトである。これにより，ウィキペディア〔◯2.6〕のようにWeb上の参加者が協力しあうことで，新たな価値を生み出す「集合知」も注目されている。

　Web2.0は，大容量のデータをやり取りできるブロードバンド環境やパソコンの性能の向上，サーバーコストの低下といったさまざまな周辺環境によって成立しているが，Webサービスの立上げを支えたのはベンチャーキャピタルなどであり，金融市場の変化も重要な要素である。何か大きな変化が起きているときには，その業界だけではなく周辺にも目を向ける必要がある。

今後の展望

　Web2.0は現在進行形の概念だが，その本質はインターネットが当初からもつ，自律・分散型のネットワークにより時間と空間を越えて「つながる」という特徴を環境の変化により実現したものである。今後は，携帯電話，無線LANだけでなく，家電のネットワーク化，チップやセンサーの搭載など，社会のユビキタス化がいっそう進むことが予想される。便利になるが，人のあらゆるデータがWeb

に記録されることや特定の企業がデータをもつことには問題もある．Webの変化が社会や経済も変えていくのであるとすれば，技術だけでなく法規や規範といった社会的な枠組みからも議論をする必要がある．

［参考文献］
［1］ O'Reilly, What Is Web 2.0 Design Patterns and Business Models for the Next Generation of Software. http://www.oreillynet.com/pub/a/oreilly/tim/news/2005/09/30/what-is-web-20.html
［2］ CNET Japan『Web 2.0：次世代ソフトウェアのデザインパターンとビジネスモデル（前編）』http://japan.cnet.com/column/web20/story/0,2000055933,20090039,00.htm,『Web 2.0：次世代ソフトウェアのデザインパターンとビジネスモデル（後編）』http://japan.cnet.com/column/web20/story/0,2000055933,20090424,00.htm
［3］ 梅田望夫（2006）『ウェブ進化論』ちくま新書．
［4］ クリス・アンダーソン（2006）『ロングテール「売れない商品」を宝の山に変える新戦略』早川書房．

［ブックガイド］
- 『WEB2.0への道』インプレスR＆D（2006）．『What Is Web2.0』の邦訳，オライリーのインタビューも収録されているガイド本．
- トーマス・フリードマン（2006）『フラット化する世界』日本経済新聞社．ピュリツァー賞記者による変化する世界を捉えたリポート．
- ジェームズ・スロウィッキー（2006）『みんなの意見は案外正しい』角川書店．集合知とその成立条件，民主主義と多様性の重要性が示されている．
- ドン・タプスコット，アンソニー・D・ウィリアムズ（2007）『ウィキノミクス──マスコラボレーションによる開発・生産の世紀へ』日経BP．インターネットのもたらす新たな知や組織の仕組みについて解説．

2.4 ブログ炎上

[田代光輝]

ブログ炎上とその防止方法について，
　ブログ炎上……意図する範囲を大幅に超えて批判コメントが殺到すること．
　ネットイナゴ…炎上に集まる人たちのこと．以前はネット右翼と呼ばれた．
　消火方法………素直に謝ることが重要．
本節では，近年のブログブームとともに増えてきたブログ炎上・mixi日記炎上の傾向と対応を解説する．

キーワード ブログ，SNS，ブログ炎上，mixi日記炎上

ブログとSNS

　ブログは日本では2003年12月のニフティのサービス「ココログ」を皮切りとして翌2004年にかけて多くのサービスがリリースされた（2004年はブログ元年とも呼ばれている）．眞鍋かをりさん，中川翔子さんなどの芸能人をはじめ，安倍晋三幹事長（当時・現在は閉鎖）や竹中平蔵財務相（当時）など多くの著名人も利用しており，日本のCGM（Consumer Generated Media）の代表のひとつとなっている．

　また，SNSは地域限定SNSや社内SNSを含め，確認されているだけでも250以上のサービスある．とくに，mixiはユーザー数800万を超えており，SNSの代名詞となっている．

ブログ炎上

　ブログ炎上とは管理者の意図する範囲を大幅に超え，非難・批判のコメントやトラックバックが殺到することである（定義に管理者の意図とする範囲を大幅に超えるとあるが，これは「釣り」と呼ばれる非難・批判のコメントを集める意図で挑発的なブログ記事を書く行為があるため，それと区別するためである）．当初は左翼的な論客に対して反対意見・非難・揚げ足取り的な意見が殺到したこと

から，炎上に集まる人たちを「ネット右翼」と呼んでいたが，昨今は非難・批判そのものを"祭"と称して楽しむ向きがある。思想の右左の関係なしに殺到するために，餌であれば見境なく食べ尽くすイナゴに例えて「ネットイナゴ」とも呼ばれている。とくに，最近はブログのみならずmixiのサービスのひとつであるmixi日記が火元となるケースが多い。これはmixiが登録数800万件という巨大サービスのため，本来クローズで安全と思われていたサービスが実質上の公開状態になっているためである。

炎上の傾向と対策

ブログ炎上の原因を分析すると，以下のような5つの特徴がある。

反社会的なこと（犯罪など）を書く（=Clog）　　典型的なもののひとつが犯罪行為の告白である。最近はmixi日記で友達に自慢するつもりで犯罪行為を書いてしまい，それを第3者に発見されて"炎上"するケースが増えてきた。器物破損や障害・窃盗などはもちろん，未成年喫煙・飲酒などの軽犯罪を餌に「ネットイナゴ」が集結し，該当ブログの過去記事などから法に触れるような行為があればたちまち揚げ足取り的な「炎上」が起こる。

犯罪行為をにおわせるような記事がブログ上にあった場合，「イナゴ」達による所轄警察や所属する学校や勤務先への通報が行われる。過去の炎上の事例では通報をきっかけに職場を解雇された例もある。

対策としては，もちろん法令順守が肝心である。とくに，大学生は軽微な犯罪に対する触法意識が低く，かつ犯罪行為を武勇伝的に語ってしまうものがいる。とくに，飲酒はサークルのコンパなどの写真など"日常の行為"として日記上に書かれるケースが多く，通報されやすい。大学関係者に取材したところ，未成年飲酒や喫煙を発見したとして大学側に対応を求める連絡が，多いときで月に2〜3件あるという。これら通報行為が恒常的に行われていることがうかがえる。

大学の初期の教育の中で順法意識の徹底が必要であるが，それ以上にネット上の情報はありとあらゆる人に見られており，触法行為は炎上→通報の格好のターゲットとなることを周知する必要がある（しかし，それらを実行している学校はまだほとんど存在していないのも現実で，今後の大学教育における課題点のひとつであるといえる）。

間違った知識を知ったかぶりをして語る(=Snoblog)　ネットはいろいろな人が集う場所である。聞きかじりの知識は簡単に論破されてしまう。著名人，とくに知識人が間違った知識を披露した場合は，その権威をくじくことを楽しむ層の格好の"餌"となる。とくに，それを批判のために使った場合は大量の「イナゴ」達を集める結果となる。例え知識人であっても専門外の知識であれば，「誰かに教えを請う」姿勢で情報発信する必要がある。

特定のターゲットの悪口・軽蔑(=侮log)　これは炎上の最も典型的な例といえる。人にはいろいろな属性がある。出身地域や国籍・民族・利き腕などの先天的なものもあれば，学歴や趣味趣向などの後天的なものもある。また，思想や宗教，スポーツなどブログ以前よりトラブルの典型と呼ばれていたものも含まれる。

ブログやmixi日記は，誰が見ているかわからない。まずは「腹がたったことは記事にしない」ということが重要である。何か不愉快なことがあったとしても，ネット上で"悪口"を書きなぐったところで世の中がよくなるわけではない。逆に不毛な議論を呼び起こし，無用な揚げ足を取られる結果となる。

また，社会的弱者の悪口も，弱者にとっては耐え難い苦痛であることを認識しなければならない。常に「見知らぬ誰か」に対しての配慮が必要といえる[*1]。

金儲け狙いの提灯記事(=Flog)　近年になって見られる傾向であるが，ブログの信頼性を利用して金銭を渡して広告記事を書かせることがひとつの商行為として行われている。しかし，商行為であることを記事上に明示しないとその行為自体を「人を騙す行為」と捉えられ，炎上する可能性がある。2006年，広告記事を書く女子大生の模様がNHKの番組で報道され，該当ブログが炎上することがあった。お金をもらっていることやそもそも記事を書くように依頼されて書いていることを明示していないことが，嘘・だまし行為として捉えられるからである。

ただし，ブログ上に広告を張り，広告費を稼ぐ行為そのものは問題視されていない。

対応としては，広告を広告として表示して"誤解を与えない"こと。あくまで広告費はブログにおける+αとして捕らえることが重要で，それそのものを目的としたところで賢い消費者によって簡単に見抜かれてしまうことを肝に銘ずる必要がある。

身分を隠して自分や自組織の利益誘導　これはブログ以前よりあったことだが，自分の身分を隠して自分や自組織の賞賛を行った場合，自作自演として非難が殺到する。過去の例では大手メーカーや大手新聞社の社員・記者が自社の宣伝や擁護を自分の身分を隠して行ったため，結果として自社の信頼を損なった例がある。Flogと同じで"騙された"と思わせないよう，適切な情報開示が必要であるとともに，ライバルの悪口ではなく「ライバルに学ぶ姿勢」が必要である。

炎上した場合の対処方法

「炎上」の対応方法としては，自分に非があれば素直に謝罪することが重要である。素直に謝罪すれば1～2週間ほどで騒動は鎮静化する傾向にある。この際に言い訳をすると揚げ足を取られることがあるので，素直に謝ったほうが「消火効果」としては高い。また，火元となった記事をむやみに消すことは「隠蔽工作」と捉えられ，イナゴ達の怒りの火に油をそそぐ行為になるほか，記事を削除させることを楽しむ行為を誘発する。過去のいろいろな記事の揚げ足を取られ，次々と炎上してしまうことにつながりかねない。名誉毀損や完全な事実誤認であれば，削除した理由を明示したうえで削除したほうがよいが，緊急性がないならば，自らの恥をさらしてでも「記事を残して謝罪する」ことが最も効果的な対応である。

[注]
* ＊1　政治的意見は，それそのものは民主主義の重要なプロセスのひとつであるから，しっかりした根拠に基づいた意見であれば敬遠する話題ではない。

[参考文献]
[1]　「ブログ炎上メカニズム」,『週刊SPA』9/19号.
[2]　荻上チキ (2007)『ウェブ炎上——ネット群集の暴走と可能性』ちくま新書.
[3]　『ブログ炎上wiki』http://www6.atwiki.jp/blog-enjyou/
[4]　『wikipedia 炎上』http://ja.wikipedia.org/wiki/%E7%82%8E%E4%B8%8A_%28%E3%83%96%E3%83%AD%E3%82%B0%29

2.5 オープンソース

[志子田有光]

近年，教育現場へのオープンソースソフトウェアの導入事例が多く報告されるようになり，期待が寄せられている．しかし，そのライセンス体系や実際の導入モデル，利用価値と課題などに関する情報は未だ教育機関に広く浸透していない．本節ではオープンソースの背景と定義，ライセンス，事例について概説し，導入を検討するために必要なことがらについて述べる．

キーワード Open Source Definition, Free Software, GPL, Copyleft, OSS

オープンソースソフトウェアとフリーソフトウェア

ここで述べる「オープンソース」とは，ソースコードを公開するためのソフトウェアライセンスを指す概念であるが，これに該当するソフトウェアを指すこともあり，それらはオープンソースソフトウェア，OSS（Open Source Software）などと称される場合が多い．

「オープンソースの定義（The Open Source Definition，以下OSD）」はドキュメントとして，Open Source Initiative[1]（以下OSIと略）によって明示されている．OSDは「再頒布が自由であること」，「ソースコードを入手できること」など10項目から構成される．また，オープンソースであることの条件は，ソフトウェアの性質や作者の意図にかかわらずライセンスに依存し，ライセンスを明示していることが重要であり，OSIは多くのライセンスをオープンソースライセンスとして認可している（次項参照）．

また，「フリーソフトウェア」はFree Software Foundation（以下FSF）[2]によって4か条（The Free Software Definition）で定義されており，OSDの基礎となっている．このフリー（自由）とは，ユーザーがソフトウェアを実行，複製，頒布，研究，変更，改良する自由を指す．

一方，「フリーソフト」，「フリーウェア」は単に「無料」のソフトウェアを指し，再配布や改変の自由，ソースの公開は保証されない場合が多く，「フリー

（自由）ソフトウェア」と区別する必要がある。

オープンソースとライセンス　OSIでは2008年4月21日現在，71のライセンスを「オープンソースライセンス」として認可している。一般に，ソフトウェアの著作権「Copyright」を放棄し，パブリックドメインに無償公開した場合，以後その派生ソフトウェアの「再頒布の自由」や「無償で利用する自由」は保証されない。

これに対し，FSFを設立したRichard Matthew Stallman（リチャード・ストールマン）は「Copyleft」を提唱し，ソフトウェアの永続的な自由を守ろうとした。その思想から誕生し，現在最も多く使われているライセンスがGPL（GNU General Public License）である。また，Berkeley Software Distribution（BSD）によるBSDライセンスも多く用いられており，「無償」で使用できる代わりに「無保証」であることや，著作権表示だけが再配布条件としていることが特徴である。

教育に利用されるいくつかのオープンソース

代表的なオープンソースソフトウェアとして，基本ソフトではLinuxやFreeBSD，Webサーバーとして高いシェアを誇るApache，クライアントソフトウェアとしてFirefox（Web Browser），Thunderbird（Mailer），OpenOffice.org（Office Suite）などがあげられる。

独立行政法人情報処理推進機構（以下IPA：Information-technology Promotion Agency, Japan）では，2004年度に「学校教育現場におけるオープンソースソフトウェア活用に向けての実証実験」を行い，Linux（リナックス）パソコンを実際の授業に取り入れた実証実験を実施し，教育現場での活用が可能であることを証明した（約3,800名の児童・生徒・学生が参加）[3]。

また，2005～2006年度には財団法人 コンピュータ教育開発センター（以下CEC：Center for Educational Computing）がオープンスクールプラットフォームプロジェクト（以下OSPP：Open School Platform Project）を実施し，成果物としてLinuxベースの「Open School Platform Package」を開発，頒布している。これらプロジェクトの具体的内容は，小冊子「学校でオープンソースコンピュータを使ってみよう」，「オープンソースコンピュータで学ぼう！」などにまと

められ，電子ファイルによる配布も行われている[4]。この小冊子にはOSPPで実証された学校現場で有用なソフトウェアの紹介，導入の具体的事例，企業との連携の形態や教師の見解などが紹介されている。CECは2007年度の同プロジェクトで「Open School Platform Package」を全国30校以上で導入する実証実験を実施した。

また，産学官およびコミュニティ連携で開発・頒布が行われている教育用CD起動型LinuxであるKNOPPIX Eduシリーズは導入が容易な普及モデルとして広がりを見せている[5]。

教育にオープンソースを導入する意義（メリット）　オープンソースを教育現場に導入し，普及させる意義は主に以下のとおりである。

（1）オープンソースで開発された教材は，政治や経済的状況に左右される危険がなく，今後永続的に教育現場で活用することが保証されることになり，技術の進歩とともに教育環境を将来への資産として蓄積可能である。

（2）ソフトウェアの透明性の確保が可能である。ソフトウェアのソースが公開されることでさらに質の高い教育環境を，多くの教育者・技術者の手によって開発していく環境を維持できる。教育を主導する機関が自発的に教育用ソフトウェアの管理，仕様変更，改良，安全などを確保し続けることが可能であり，教育現場に平等に頒布できる可能性がある。

（3）ライセンスコストを教育サービスや人件費に移行し，有効活用できる可能性がある。ただし，ここで無償であるがゆえに安く済むという認識は必ずしも正しくなく，動作無保証であることから，現場における人的コストがかかる可能性は考慮しなければならない。

オープンソースの問題点と今後の課題　教育現場への導入について，最も重要と思われる2点について述べる。

（1）互換性の問題

現在，広く普及しているワープロや表計算ソフトなどに代表されてファイルフォーマットとの互換性がないことがオープンソース普及を妨げる要因のひとつとなってきた。また，マルチメディア機能を含む教材の多くがオープンソース環境で構築されていないことから，これらの仕様の標準化が課題となっている。ブラウザ依存性のある教材も同様である。

これに対し，オープンソースソフトウェアのオフィススィートとしてOpenOffice.org[6]が広がりを見せている。OpenOffice.org が採用しているXMLベースのファイルフォーマット ODF（Open Document Format）はISO（International Organization for Standardization）の承認も受け，今後の普及が期待できる。

また，周辺機器についても規格の標準化が遅れているが，プリンタについてはオープンプリンティングプロジェクト[7]などが標準化を目指し，日本語フォントについてはIPAによって公開されているIPAフォントの普及によって改善されつつある。

(2) オープンソースに対する信頼性とサポートの問題

オープンソースは動作の保証がなされないため，利用者の技術力に依存する場合が多い。それゆえ，教育現場におけるオープンソースの利用をサポートする企業やコミュニティ活動の活性化が望まれている。また，教材開発技術者の育成も課題であるが，教育現場にオープンソース活用について経験豊かな指導者が不足していることも解決すべき課題である。

[参考文献]
[1] 『Open Source Initiative』 http://www.opensource.org/
[2] 『Free Software Foundation』 http://www.fsf.org/
[3] 『独立行政法人情報処理推進機構』 http://www.ipa.go.jp/
[4] 『財団法人コンピュータ教育開発センター』 http://www.cec.or.jp
[5] 『KNOPPIX教育利用研究会』 http://www.knoppix-edu.org/
[6] 『OpenOffice.org日本語プロジェクト』 http://ja.openoffice.org/
[7] 『オープンプリンティングプロジェクト』 http://lx1.avasys.jp/OpenPrintingProject/

2.6 ウィキペディア

[棚橋二朗]

「ウィキペディア（Wikipedia）」は，米国ウィキメディア財団によるウィキクローン「WikiMedia」を利用したプロジェクトのひとつで，利用料を支払わずに検索・閲覧をすることができるオンライン上の百科事典Webサービスである．「Wikipedia」（およびその日本語読みと定めた「ウィキペディア」）は，ウィキメディア財団が所有し，日本でも有効な登録商標であり，何かの一般概念を総称することばではない．2007年12月1日現在，日本語版や英語版など252言語版がサービスされており，全世界計4,234名のボランティア管理者コミュニティによって運営されている[1]．

ウィキペディア最大の特徴もウィキクローンであるという点にあり，利用者が誰でも自由に百科事典の記事を追加・編集でき，その内容は日々新たにされている．また，電子掲示板をベースにした既存知識ベースに比べて違法性が高く運営も比較的安定しており，いわゆる「Web2.0」的なサービスの成功事例としても注目されている．その一方で，近年ウィキペディアの記事を単に無断転載しただけのレポートが増え，しかもその内容が事実でも科学的でもない，といった教育現場からの批判的な意見も一部表出している．本節では，以下とくに断りのない限り，2007年12月1日現在の「ウィキペディア日本語版」について概観する．

キーワード ウィキペディア，Wikipedia，Web2.0

ウィキペディアの沿革

「ウィキペディア」プロジェクトは，当時ポータルサイト運営会社BomisのCEOであったジミー・ウェールズが2000年3月に始めたオンライン百科事典サービス「Nupedia」を前身とする．投稿された記事を専門家が査読した後にアップロードするというオーソドックスな運営であったが，査読のプロセスが厳密であったため，サイトで提供される記事はほとんどなかった．そんな中，Nupedia編集長ラリー・サンガーはウェールズに対し，ウィキを用いた査読のない自由な百科事典というアイデアを提供，2001年1月15日に最初のウィキペディアである英語版が公開された．同年5月には多言語化に取り組み，日本語版がサービスを開始したのは同年5月20日のことである．ただし，この段階では日本人の参加者

はほとんどおらず，2002年末でも記事数は10件程度で，各種公式文書の翻訳など本格的な日本語化が行われ，ユーザー・記事ともに増加したのは2003年以降のことである．現在は日本語版でも登録ユーザー数だけで約17万人，記事数約44万件まで発展した．

プロジェクトのリソースは上記の経緯から，当初Bomis社の所有となっていたが，2003年6月の「ウィキメディア財団」設立時に所有権は財団へ移行され，現在は特定企業の支援ではなく，さまざまな団体やユーザーによる寄付金によってプロジェクトは運営されている[1]。

ウィキペディアの方針

ウィキペディアは「自由な」百科事典であるが，何をしてもよいという無法地帯であるならば当然それを自由と称することはない。「中立的な観点」，「検証可能性」，「独自研究の排除」を3大方針とし，すべての指針の原則となる「五本の柱」が明示されている[1]。

百科事典であること　　ともすれば日本語では読みが同じであるため，「辞典（dictionary）」と「事典（encyclopedia）」の概念がはっきりと区別されていない印象を受けることもある。実際にウィキペディアでも日本語版は単にことばの説明に終わっているケースも見受けられる。また，現在進行中の事象に関する不確かな情報によるニュース速報的な記事編集や，大多数に支持されていない独自の研究成果を単に掲載する事例も多く，例えそれらが後に正しいと検証されたとしても，記事掲載時点でそれを検証することができない場合には，それを戒める方針を取っている。

偏見を避けること　　「中立的な観点」の方針はウィキペディアの根幹となるものである。論争の発生しやすいテーマであったとしても，各陣営による編集合戦へと陥らないよう，いずれかの意見が「真実である」や「最良の観点である」と短絡的にまとめないほうがよい。信憑性が低いと感じた記述でもいきなり削除するのではなく，ノートでの議論を原則とし，場合によっては「要出典」のタグを付すことが好ましく，すべての観点を平等に扱い，極めて個人的な意見とならないよう検証可能性のために出典を明記するよう求めている。

著作権を侵害しないこと　　「フリー百科事典」と銘打たれ自由な編集を奨励し

ているが，ライセンスフリーな百科事典を意味するわけではなく，現在はフリーソフトウェア財団によって制定されたコピーレフトなライセンスである「GNU Free Documentation License (GFDL)」を採用している．この中では，文書の配布や改変は無許可で行えるが，その成果物にもGFDLを適用しなければいけないことを求めている．したがって記事中に配布・改変が無許可では行うことのできないものを含めてはならず，日本の著作権法ではフェアユース条項がないため，引用の範囲を超えて他者が著作権を保有する内容を記述してはならず，引用の際にも出典の明示が求められる．

なお，ウィキペディアのライセンス形態は，クリエイティブ・コモンズ「CC-BY-SA」と互換性をもつように最終調整を始めることが財団理事会で議決されており，近い将来何らかの措置が行われるだろう．

他の参加者に敬意を払うこと　利用者の行動規範として，礼儀を忘れず丁寧に振舞うこと，議論が白熱しても冷静に対処すること，他人の言動を善意として受け取り，寛大に受け入れることなどが例としてあげられている．また，過剰な編集合戦を防止することを目的とし，24時間以内の編集取消しは3回までとする「Three-revert rule (3RR)」が定められており，これは規範ではなく全利用者が守るべきルールであり，ルール制定の背景となった精神に著しく違反していると判断された場合には，記事投稿がブロックされる．また，あるカテゴリに属する記事を追加する場合は，そのカテゴリ内で自治的に採用されている分類やフォーマットに関する執筆ルールに従うことも緩やかに要求されている．

ルールをすべて無視すること　一見，前項の内容と矛盾するように思われるかもしれない．実際この方針はウィキペディア内でも賛否の議論が展開されたところでもある．「Wikipedia：ルールすべてを無視しなさい」では，「もしも，ウィキペディアの改善や維持をしようとするときに，今あるルールがどうしても邪魔になるのなら，（ケースバイケースで）そのルールを無視して下さい」とし，単にルールの文面に従うのではなく，そのルールに含まれている精神を理解し，尊重することを全利用者に求めている[1]．

なお，日本語版ではこの項目だけ，悪影響への懸念から，公式方針として適切かどうか議論中である．

ウィキペディアと教育

前述のとおり，大規模掲示板とは異なり，運営コミュニティではきちんとした方針をもっている．しかし，利用者側が「五本の柱」原則と，そこに含まれる精神を正しく理解しているかどうかは懐疑的である．中でも，「ルールをすべて無視すること」に関しては極めて高い倫理観が要求されるため，とくに初等・中等教育においてウィキペディアの活用を試みる場合は，倫理観の熟成を第一義とする指導が好ましい．ウィキペディアでは「独自研究の排除」を方針としているので，必ずしも最新の研究成果が掲載されているとは限らない点にも注意したい．

また，「Wikipedia：基本方針とガイドライン」冒頭にあるとおり，ウィキペディアプロジェクトの目的は，「信頼されるフリーな百科事典を——それも，質も量も史上最大の百科事典を創り上げること」であり[1]，サイトで現在提供されている記事はいわばその過程にすぎず，内容の正確さをウィキペディアは保証しておらず，それを運営側に求めるのは無理だということにも十分注意すべきである．調べ学習などの際にテーマを出すときは，あらかじめウィキペディアの該当記事に目を通し，単なる書き写しではないことをチェックすることが好ましい．

最後に，もしもウィキペディアの記述内容に不満がある場合は，教員自らの手で書き直すことを強くお勧めしたい．ウィキペディアの影響力が強いのであれば，それを利用した教育上の工夫を目指す方がよいだろう．例えば，授業中に記事の問題点を指摘しその場で編集する，調べ学習で参照されそうな記事を良質な内容にあらかじめ修正しておく，などといった対応も考えられる．生徒同士で作成した記事を教員が加筆修正し記事編集するのもよい取り組みである．情報源ではなく「情報社会に参画する態度」の涵養を目的として利用されるべきと筆者は考える．

[参考文献]
[1]　ウィキメディア財団『ウィキペディア日本語版』http://ja.wikipedia.org/
[ブックガイド]
- ローレンス・レッシグ著，山形浩生訳（2004）『フリーカルチャー』翔泳社．クリエイティブ・コモンズの背景など．
- 梅田望夫（2007）『ウェブ時代を行く』筑摩書房．『ウェブ進化論』の続編，ウィキペディアに関する考察もある．

2.7

[安藤明伸]

携帯電話

　日本における移動通信の起源は，日本電信電話公社（現在のNTT）が1979年12月に東京都内でサービス提供を開始した自動車電話である．現在では，携帯電話は単に移動しながら通話する機器ではなく，小型情報通信端末として多くの機能が搭載されている．そのため「携帯電話」ではなく「ケータイ」と称されることもある．2006年末の携帯電話・PHSの世帯保有数は86.8％と情報通信機器の中で最も高い[1]．携帯電話は，電磁波の影響への懸念，利用者のモラルや犯罪など多くの課題を抱えつつもわれわれの生活に着実に浸透し，われわれのライフスタイルを大きく変化させた．本節では，「移動性」，「個別性」，「即時性」をもつ携帯電話の発達，生活支援機器としての機能，利用と生活のスタイルについて取り上げる．

キーワード アナログ方式，デジタル方式，世代，インターネット接続，生活支援機器，コミュニケーションスタイル

アナログ方式とデジタル方式

　現在までに発売された携帯電話は3世代に大別される．第1世代（1G）はアナログ通信方式のものを指す．アナログ方式では，同時に多数の通信回線を確保するために周波数で分割し，搬送波を送出していた（FDMA = Frequency Division Multiple Access）．第2世代（2G）以降はデジタル方式となり，より多くの通信回線を確保するため，1つの周波数を時間で分割し送受信を行う通信技術（TDMA = Time Division Multiple Access）が用いられた．同じデジタル方式でも，第3世代（3G）は，2Gよりもさらに大容量なデータ通信を可能にするため，当初は軍事技術でもあった符号分割多元接続（CDMA = Code Division Multiple Access）が用いられた．

　デジタル方式はアナログ方式と比べ，利用者にとって「音質向上」，「セキュリティ強化」，「低消費電力」そして「高速通信」という4つのメリットがあった．

　一方，サービス提供側のメリットは，以下の2点である．1点目は，周波数利用効率が上げられるので，1つの基地局あたりの同時利用者数を増やせる点であ

る。2点目は，データ通信サービスが提供しやすい点である[2]。なお現在では，第4世代の通信方式が検討されている。

デジタル化された2Gでは，1993年にNTTドコモが日本独自の規格（PDC = Personal Digital Cellular）でサービスを開始した。1998年には，DDIセルラーとIDOがcdmaOne方式のサービスを開始した（cdmaOneは後述の3G方式に近いことから2.5世代と呼ばれることもある）。現在主流となっている3Gは，当初IMT-2000という世界統一規格で構想されたが，結局統一は実現せず複数の規格がIMT-2000として運用されている。

日本で用いられているIMT-2000規格には，DoCoMoやSoftbank，イーモバイルのW-CDMAと，auのCDMA2000がある。さらに，データ通信のみを高速化したHSDPA（DoCoMo，Softbank，イーモバイル）やCDMA2000 1xEV-DO Rev.A（au）という通信方式が追加され，3.5世代と呼ばれている。今後は，さらにデータ通信速度を向上させた規格が構想されており，無線LANの技術を発展させたWiMAXなどもそのひとつである。

携帯電話とインターネットサービス

携帯電話では通話以外にデータ通信も行うことができる。2005～2006年の調査[3]では通話は1日3回未満が5割であるが，メールは1日11通以上受信するユーザーが5割であり，その利用率の高さがうかがえる。データ通信，とくにインターネット接続サービスの普及は，1999年にスタートしたNTTドコモのiモードからであるといわれている[4]。2007年現在では，iモードに加え，SoftbankのYahoo!ケータイとauのEZwebがある。このサービスの開始当初は，携帯電話でのWebページ閲覧は，当時の携帯電話の処理性能や通信速度などのハードウェア面の問題，通信事業者の回線利用効率の問題などから，パソコン用のWebページではなく携帯電話専用のWebページにアクセスすることを想定していた。

そのため，携帯電話のWebブラウザにはポータル画面として公式メニューが設けられ，カテゴリ分けされた携帯電話専用のWebページへのリンクが用意された。これはアクセスにURLの入力が不要であることから，高い利用率が期待された。

そのため，コンテンツ提供側では，この公式メニューに「掲載してあること」

が重要であった．しかし，最近の調査では，公式メニューよりも検索サイトの利用のほうが上回っているとの結果が出ている[5]．この理由は，通信料金の定額制が普及したこと，データ通信速度が上がり，ページ表示までのストレスが軽減されたこと，携帯電話のディスプレイ性能が向上し（大画面，高解像度）たことでPC用のWebページでも表示が可能になったことなどがあげられる．さらに，現行のほぼ全機種にはデジタルカメラ機能が搭載されており，2次元バーコード化されたURLをカメラで読み取り，サイトへ直接アクセスする機会も増えている．

生活支援機器としての携帯電話

携帯電話のデジタルカメラ機能は年々高機能化しており，コンパクトデジタルカメラに匹敵するレンズや500万画素以上の画素数を有するものが発売され始めている．これまで単にメモ撮りであったのに対して，印刷にも耐えうる品質が得られるようになってきた．また，「記録に残す」という使い方に加え，その場の「視覚的情報」を取得する装置として利用され始めている．それは画像認識技術を応用したものである．例えば，撮影された画像に類似する画像の検索や，撮影された画像の内容を解釈し，関連情報を提供する技術が実用化されつつある．これ以外に携帯電話に搭載されている機能は，音楽プレイヤーやワンセグ放送受信，ゲームなど多岐にわたる．とくに，生活インフラとして定着するきっかけはモバイルFeliCaの搭載である．このICチップにより，電子マネー，クレジット機能，定期券，会員証などといった本人の認証や支払い機能が実現した．また，現在では3Gの新機種にGPS機能の搭載が義務づけられたため，ナビゲーションや災害時の安全用品や防犯ツールとしての役割も大きくなるであろう．将来的には，体脂肪率や血圧測定が可能なヘルスケア機器として利用される可能性もある．携帯電話が生活に浸透するにしたがって課題となるのが，連続使用時間である．これまでのリチウムイオンバッテリーの代わりとして，水素と酸素を利用して発電する燃料電池の研究も進んでいる．

新たなコミュニケーション

携帯電話は登場して10年程度であるが，この間にわれわれの生活そのものに大きな影響を与えてきた．固定電話時代の「もしもし」から，現在では相手が通

話できる状況にあるかどうかを確認する「今大丈夫？」に変化しつつある．携帯電話でのメールはおしゃべりの延長のように利用され，電子メールでありながらも即時的なやりとりにも利用されるようになった．また，モバイルSNS（ソーシャルネットワークサービス）によって，いつでもどこでもコミュニティ的なつながりにも参加できるようになった．今後は携帯電話を用いて，仮想現実空間へアクセスするようになるであろう．コミュニケーションのチャネルが増えると同時に，われわれには適切で健全な「付合い方」が要求されている．それに応えるためには，今後の家庭教育や学校教育で携帯電話をどのように扱うかが鍵となるであろう．

[参考文献]
[1] 総務省『平成18年度通信利用動向調査報告書（世帯編）』http://www.johotsusintokei.soumu.go.jp/statistics/pdf/HR200600_001.pdf, p. 3.
[2] 神崎洋治，西井美鷹（2007）『体系的に学ぶ携帯電話のしくみ』日経BPソフトプス, p. 7.
[3] モバイル・コンテンツ・フォーラム（2007）『ケータイ白書2007』インプレスR&D, pp. 59-60.
[4] 山路達也（2007）『進化するケータイの科学』サイエンス・アイ新書, p.64.
[5] KLab株式会社『携帯サイトのアクセス方法などのアンケートを実施』http://www.klab.org/archive/2007/070620.html

[ブックガイド]
- Heenrietta Thompson著，古谷真佐子訳（2006）『Phone Book』Trans world Japan. 世界中の色々な携帯電話の写真と解説が掲載されている．
- 小林哲夫，天野成昭（2007）『モバイル社会の現状と行方』NTT出版. 統計的分析を元に深く考察されている．
- モバイルコンピューティング推進コンソーシアム監修（2007）『モバイルシステム技術テキスト』リックテレコム. 技術的背景が体系的に理解できる．
- 木暮祐一（2007）『電話代，払いすぎていませんか？10年後が見えるケータイ進化論』アスキー新書. 携帯の歴史や世界動向まで非常に読みやすくまとめられている．

2.8

[鳥居隆司]

iPod（アイポッド）

若い世代を中心に圧倒的なシェアを保っているデジタルオーディオプレイヤーであるが，教育現場で活用されるケースも多い．学習をサポートするツールとして優れているといわれ，インターネットを利用した教材づくりやデジタルデータの特色を活かして幅広く利用されている．

キーワード iTS，ポッドキャスティング，フェアプレイ，RSS

iPodとは

iPodは，音楽やビデオのファイルを大量に保存できる記憶容量[*1]をもち，駆動時間が比較的長い．Apple社独自のユーザーインターフェース（クリックホイールが特徴的）による操作性やデザインのよさが人気である．ソニーの発売していたカセットテープで「いつでも，どこでも，手軽に」音楽を屋外へもち出して楽しむ文化をつくったウォークマンの累積出荷台数が，1979年から2003年までに3億4,000万台[*2]，iPodが4年足らずで1億台を突破したことは大変なことである．

iPodは，同じくApple社の音楽プレーヤーソフトiTunesによって，総合的に管理される．対応フォーマットは，AAC，AIFF，MP3，WAV，Apple Lossless などをサポート，CDを非常に簡単[*3]にiTunesのライブラリに登録できるだけでなく，iTunes Store（旧iTunes Music Store，以下iTS）で購入した音楽，映像，オーディオブックなども，iPodへ転送してもち運ぶことができる．

また，2007年の9月には，全面液晶の「iPod touch」も発表された．「iPod touch」は，無線LANやブラウザ機能を備え，全面液晶のユーザーインターフェースとして，iPhoneのように指で触れることによって操作する「マルチタッチインタフェース」から携帯電話の機能を省いたものであるが，国内での「ケータイ文化」によく適合するツールのように思える．このようなツールが普及すれば，教育現場においても「Nintendo DS」の手書き機能と同様な手法も利用でき，新

たにiPodのような機器を学習ツールとして別に購入する必要がなくなるため、さらに利用が促進されることも十分考えられる。

ポッドキャスティング（Podcasting）

　ポッドキャスティングは，音声や動画ファイルなどをインターネット上で公開する方法であるが，Apple社から当初より提供されたものではなく，米国で音声ファイルをRSS内に関連づけしてブログに公開したことから始まっている。日本では，「デジオの宇宙色々」が2004年末に配信を行っている。その後，iTunesのVer.4.9以降，正式対応したたこと，ブログのポータルサイトの多くが対応したことで普及した。ポッドキャスト・ファイルをダウンロードできるiTunesなどのソフトウェアにより，RSSへリンクするアドレスを登録し，常に最新の情報を容易に入手することが可能である。

フェアプレイ（FirePlay）

　iTSが現れるまで，デジタル化された音楽をダウンロードして，楽しむことは著作権の問題から困難[*4]であった（日本では，2002年にauから「着うた」のサービスが始まり，若者を中心に人気がある）。音楽の配信は，配信する音楽をサーバーと呼ばれるコンピュータなどに蓄積する必要があり，蓄積は複製であるので，許諾を得る必要が生じる。また，放送をインターネットで行うこととも異なるため，単純に著作権の管理指定団体にまとめて交渉しにくいことも問題であった。

　一方，iTSから配信されるコンテンツはフェアプレイ（FairPlay）と呼ばれるデジタル著作権管理（DRM：Digital Rights Management）の仕組み[1]を使って管理され，これらの問題を一応解決している。ところが，フェアプレイは，その著作権管理[*5]が緩やかであったこともあり，日本では業界団体が反対し，iTSの開始が遅れてしまったともいわれている。

コンテンツ管理とコンテンツの共有

　コンテンツの管理では，著作権を避けて通ることはできない。「All Rights Reserved」と記述されているほとんどのコンテンツ保護は，巨大コンテンツホルダーが有利である。NapsterやWinnyの事件を考えれば，コンテンツがデジ

タル化され，コピーが容易に出回ることはコンテンツホルダーにとっては脅威であろう。しかし，著しく厳しい著作権保護の仕組みは，コンテンツを創造し発信する者の目的を妨げているとの考え方もあり，逆に共有可能で再利用が容易なコンテンツを増やそうというクリエイティブ・コモンズの活動もある。

　ソニーは，1999年末に，すでにメモリースティックウォークマンを発売し，音楽配信事業「リキッドオーディオ」を始めているが，当時の音楽配信は，回線速度の面からも操作性の面からも容易とはいえなかった。また，ソニー・ミュージックエンタテインメントというコンテンツホルダーでもあり，「MP3」のような著作権管理のできない圧縮方式の選択は難しかったのであろう。

　現在の音楽配信状況では，ダウンロードされる曲が，ヒット曲に集中する傾向がある。インターネットの普及で，あらゆるものが多様性を失い，一極に集中していく現象との関連性も否定できない[2]。利益追求からすれば，放送中のドラマの主題歌やCMソングと連動する曲に力を注ぐことは当然であろう。しかし，ヒット曲は一部にすぎない。クリエイティブ・コモンズの活動は，その他の多くの作品をもっと発信できる機会を増やすことができると思われる。

iPodの教育への利用

　iPodの具体的な教育への実践例としては，「メモ機能」でのテキストや演習問題の表示，Podcastingでの発信などの取り組み，圧倒的な記憶容量を利用した難易度の高い資格試験への利用，写真や動画データの視聴やその統合的な保管用ツールとしての利用もある。また，iPodは，コンテンツの作成においても容易に編集し，コンテンツ化できる点も評価されている。教育に利用される機器として，「誰でも簡単に使える」という視点は重要である。教育を行う側も教育を受ける側も利用する機器の使い方を習得することは余計な時間なのだから。iPodには，ほかにも学習者が街中や電車の中で「恥ずかしくない」という大きな利点がある。とくに，日本人は，人前で勉強することや一生懸命勉強することはカッコ悪いと考える人が少なくからずいる。iPodでは，他人から何を聞いているか区別をすることが難しく，クールなiPodだから，最先端のミュージシャンの曲を聞いているに違いないと誰もが思う。

　また，iPodのような機能をもつ同様の機器やメディアであれば，教育ツール

として工夫次第で同様に利用できるのであるから，iPodであることは，教育ツールとしての本質ではないという議論は常にある．今後，ユーザーにもっと受け入れられるツール出現するとも思われるが，優れたものが必ず普及するとも限らないし，機能がよいからといって，学習意欲に直接結び付くわけではないことも考慮すべきである．必要なことは，積極的に使う状況をつくる．利用できるコンテンツを増やす．いつでも参加できる環境と常に最新のコンテンツに出会えるようにする．これらの新しい技術の導入に否定的な動きをなくすことなどである．また，「iTunes U」などでも行われていることであるが，いくつかの教育機関などが連携してコンテンツの充実を図るなどの総合的な取組みが重要であろう．

[注]
* *1　いくつもカセットテープやCD，MDをもち歩くのはもう時代遅れなのだろう．記憶媒体にはハードディスクのものとフラッシュメモリーのものがある．フラッシュメモリーのタイプは，今のところ，ハードディスクに比べて記憶容量は少ないが，軽く，バッテリーによる駆動時間も長い．
* *2　1979年からの全世界累計出荷台数，2003年度末現在，ソニー調べによる．
* *3　Apple社のCEO，スティーブ・ジョブス(Steve Jobs)氏の妥協を許さない操作性やデザインへのこだわりからくるものだと考えられる．
* *4　iTunes Storeで購入できない音楽も多い．例えば，ここでいう著作権とは別の問題（英国レコード会社アップル（ビートルズの元メンバーの所有）とApple社は，「りんご」の商標使用をコンピュータ事業に限ること合意していたが，iTunes Music Storeは，どう考えても音楽事業である．）であるが，あのビートルズの曲がダウンロードできるようになったのは最近である．
* *5　最後に発売されたHDD搭載ウォークマン「NW-HD3」では，MP3の再生に直接対応した（それ以前のウォークマンでも，ジュークボックスソフト「SonicStage 2.1」で，MP3ファイルをATRAC3/ATRAC3plusに変換して送ることでMP3ファイルも聞くこと可能ではあったが，変換速度が非常に遅かった．）し，今では，著作権保護のない形式や楽曲配信サービスのほとんどに対応している．

[参考文献]
[1]　亀山渉監修 (2006)『デジタル・コンテンツ流通』インプレスR&D.
[2]　トーマス・フリードマン著，伏見威蕃訳 (2006)『フラット化する世界』(上・下) 日本経済新聞社．

[ブックガイド]
- スティーブン・レヴィ著，上浦倫人訳 (2007)『iPodは何を変えたのか？』ソフトバンク．iPodのあるライフスタイルにも詳しく書かれている．
- ジャック・D・ヘリントン著，クイープ訳 (2005)『Podcasting Hacks』オライリージャパン．Podcastingの具体的な方法について書かれている．

3 コンピュータ利用教育

　この章は,「コンピュータ利用教育」と題されている。CIECは,Council for Improvement of Education through Computersの略で,コンピュータ利用教育協議会をその邦訳としている。すなわち,CIECの名称に含まれる「コンピュータ利用教育」を概観し,その在り方や可能性を示す。

〔矢部正之〕

〔◐…も見よ〕

3.1

[矢部正之]

コンピュータ利用教育とは

「コンピュータ利用教育」を扱う本章の最初のこの節では，CIECにおける「コンピュータ利用教育」の意義，コンピュータ利用教育をどのように捉えているかを示すとともに，本章全体を概観する。

キーワード コンピュータ利用教育，CIEC，情報教育，情報通信技術（ICT），遠隔教育，eラーニング（e-Learning），ICT活用教育

コンピュータ利用教育と情報教育

一般に，コンピュータ利用教育ということばを使う場合，情報活用能力，情報リテラシーそのものを学ぶ情報教育あるいは情報処理教育とは，一線を画す概念として捉えている。コンピュータあるいは情報そのものを学ぶのではなく，コンピュータを道具（ツール）として教育に利用するあらゆる場面を想定している。教育の内容はすべての教科，すべての領域に及び，その学習にコンピュータ，情報通信技術（ICT）をいかに利用するかが課題となる。

教科教育におけるコンピュータ利用という視点から，従来「コンピュータ利用教育」は，「視聴覚教育」同様，初等中等教育の分野を中心に使われてきた。例えば信州大学では，その名も「コンピュータ利用教育」という講義科目が，教育学部学校教員養成課程の専門科目で開講されている[1]。多くの教員養成系大学で，情報処理演習，情報基礎あるいは教科教育の中で実施されているものと同様とも考えられるが，「いわゆる情報リテラシーとは異なる教育学部固有の情報教育」と位置づけられ，1996年度入学生から全専攻対象に必修科目として実施されている。その主たる目的は，

1. 学習指導に情報を活用できる教員の養成
2. 児童・生徒の情報活用能力育成の指導のできる教員の養成

となっている[2]。一般的な教育に必要なコンピュータ利用技術の習得のほかに，

教科ごとの利用方法についても学んでいる。

　このように「コンピュータ利用教育」と称した場合，「情報」，「コンピュータ」を学ぶことに限った教育ではないことは明らかで，この点ではほぼ異論がないものと思われる。

　さらに，CIECでいう「コンピュータ利用教育」はより幅の広いものであり，対象は，初等中等教育から，高等教育，生涯教育まで広げ，コンピュータあるいはICTをさまざまな場面で利用した教育すべてを指すものと位置づけている。

　ただし，このハンドブックでは大雑把な位置づけは示すものの，1つの定義を定めることは考えていない。ユニバーサルあるいはグローバルという名の下に，1つの定義，1つの原理で行動することを是とする時世であるが，多くを受容し許容して，よりインクルーシブであることが，新しい学びの組織であるCIECらしさと考える。基本的な考えがあるとすれば，学習者中心であること（教育の主役は，教師ではなく学習者たる生徒・学生），ICTを利用して主体的な学びを実現することだと考える。学習，教育，指導におけるコンピュータ利用を，CIECはすべて飲み込み"include"するが，その中心は学びに置かれている。

コンピュータ利用教育はどこから来て，どこへ行くのか？

　教育に利用されるツール（道具）は，古くはジェスチャー，言語，ピクトグラム，文字といったコミュニケーション手段から，石板，紙（印刷），黒板，ホワイトボードといったそれらを伝えるツール，さらに，電信，電話，ラジオ，テレビといった道具らしい道具へと，時代とともにさまざまなものが用いられてきた。教育での現代的な道具あるいは技術の利用という場合，「視聴覚教育」が出発点と考えてよいだろう。さらに「放送教育」，「通信教育」，その他さまざまな「遠隔教育」へと広がり，「eラーニング」へと進化してきた。この詳細については，本章第2節で歴史を追って解説されている。

　さらなる技術の進歩と普及は，より多様なICTの教育利用を可能にしてきている。シミュレーションゲーム，3次元ヴァーチャルリアリティ，仮想学習空間の活用，携帯電話や携帯ゲーム機によるユビキタス環境の利用，それらによるより幅広い協調学習等々，すでに利用されているものもあり，今後の教育利用の展開が期待される。これらのいくつかの例について，本章の第3節および第4節で述べる。

このような技術の発達を，教育が漫然と道具として受け入れるだけでは，技術を利用するのではなく，技術に使われてしまう。現在の技術，今後発展が予想される技術が，教育にどのように活かされるのか，教師（教育者）や生徒・学生（学習者）は，それによって何を得るのか，これらを検討・検証していくことが「コンピュータ利用教育」を考えるうえで，大きな課題である。これらの課題への回答は多岐にわたるが，その糸口の例として，本章では，主体的な「学び」への寄与および波及効果について，本節および第5節で示して，読者の検討への助けとする。

コンピュータ利用教育は教育に何をもたらすか

　コンピュータ利用教育あるいはICT活用教育の教育にもたらす効果は，先に述べまた本章第5節でも示す主体的な「学び」を支えるという教育の質的向上のほか多岐にわたる。

　1つには，コンピュータ，ICTを利用する場合常に期待される経営的効果である。コンピュータ利用教育を考える際，この期待に関する議論は避けられない。学校経営的にもこれを期待する傾向は強く，この効用と限界を適切に見極めて活用することが求められる。ICT活用教育を実施する場合，初期投資は不可欠である。そのため，投資対効果あるいは費用対効果の説明を求められることが多い。費用は容易に金額で示されるが，効果については教育の場合金銭で示すことが難しく，導入の際に担当者を悩ますことになる。いきおい，対象者数増による授業料収入の増加や，コンピュータを用いた自動化による費用削減をもち出すことになりかねない。

　しかし，どちらの説明も，コンピュータ利用以外に何の配慮もしなければ，教育の質の低下を招きかねないし，教育の質を保とうとすれば，担当者（教師）の負担が非常に重くなる。これらは，すでに国内外の多くの先行事例で経験されていることであり，これに学ぶ必要がある。費用対効果を求める経営者（公立学校であれば行政）に対し，単なる金銭的プラス・マイナスではなく，いかに教育の効果を説明できるか，CIECをはじめコンピュータ利用教育にかかわる団体，個人が取り組む必要がある。

　もう1つの期待される効果は，教育の対象拡大である。これについては，本書

の別の章でも触れられているが,ICT活用教育の一般的な効果としてここでも言及しておく。

ICT活用教育は,とくにその初期の段階において,「遠隔教育」〔● 6.6〕の効果的・効率的な実施という点で注目され,「e-Learning」といえば「遠隔教育」,すべてにICTを用いる「遠隔教育」でなければ「e-Learning」ではない,というものまで現れた。もちろん,これはe-Learningの特長である「いつでも,どこでも,だれでも」の一面しか見られない偏狭な「e-Learning」信奉者の弁であるが,この効用すなわちICT活用による教育の対象の拡大という側面は,無視できない効果である。時間(いつでも),空間(どこでも),その他の障害を越えて,だれでも学べる仕掛けとして,ICTの活用は大きな効果がある。

コンピュータ利用教育の持続的発展に向けて

コンピュータ利用教育をもち上げることばかり述べてきたが,課題がないわけではない。これまで述べた効果・効用を得るためには,単にコンピュータ利用教育を導入しただけでは十分でないことは,読者も含めた多くの方々の経験で明らかであろう。ここまでもち上げた責任から,その解決策のひとつとして,どのようにコンピュータ利用教育を支え・進め,持続的に発展させていくか,本章第6節に「コンピュータ利用教育を支えるもの」として,これを支える人材の育成とその活用について述べる。

[参考文献]
[1] 『信州大学のシラバス』http://campus-2.shinshu-u.ac.jp/syllabus/syllabus.dll/top
[2] 東原義訓編(2003)『教員養成系大学における情報教育の試みⅣ ── コンピュータ利用教育(集中講義編)』信州大学教育学部附属教育実践総合センター.(全文は, http://cert.shinshu-u.ac.jp/et/report/eco/all.pdf 参照)

[ブックガイド]
■吉田文(2003)『アメリカ高等教育におけるeラーニング ── 日本への教訓』東京電機大学出版局.
■和田公人(2004)『失敗から学ぶeラーニング』オーム社.
■吉田文,田口真奈,中原淳編著(2005)『大学eラーニングの経営戦略』東京電機大学出版局.

3.2 情報通信技術（ICT）と教育

[山本洋雄]

　教育は紙や黒板とかテレビ・ラジオ等のメディアによって，学習効果が高まり利便性も向上してきている。PCやインターネットなどの情報通信技術の進展に伴い，教育での使われ方も非常に多様化している。ここでは過去の使われ方と今後の発展を概観する。

キーワード CAI，WBT，遠隔教育システム，e-Learning，ICT活用教育

教育におけるメディア利用

　古代の教育は，人のやっていることを見せて，真似させての教育であった。問答を繰り返して深く考えさせることも行っていた。その後，印刷技術が発展して教科書が使われ，教室には黒板などが出現した。さらにテレビに静止画を出したり，動画を映して一段とわかりやすい工夫がなされてきている。

　一方，遠隔地の学習者に対しても教育ができるようにと，郵便を使った通信教育から衛星通信などを使った遠隔教育システムも使われるようになった。上記のように教育の歴史では，「紙」とか「黒板」，「衛星通信」など，"メディア"を利用して学習効果を上げたり，遠隔地の学習者に対して利便性を高めることを行ってきている（図1）。

図1 メディアは教育効果向上と利便性向上の立役者

遠隔教育（狭義での遠隔教育システム）

　遠隔教育で最も早くから使われたのは，郵便やラジオ放送ではないだろうか。机にテキストを広げて，熱心にラジオの教育番組に耳を傾けた経験をしている人

が多いと思われる。遠隔教育を目的としたメディアとしては，そのほかに衛星通信や地上マイクロ波回線がある。例えば，衛星通信利用の教育では東京工業大学のANDESや，マイクロ波回線利用では信州大学のSUNSなどがある。それらは，遠隔教育ができるだけでなく，理解のしやすさにも工夫がなされている。

CAI（Computer AssistedまたはAided Instruction）

初期のCAIは，汎用コンピュータの中央処理装置と端末を接続して，あるいはワークステーションやパソコンのスタンドアロン型を利用したものであった。コンピュータによる支援は，ドリル問題の提示と採点を自動化して，学習者に数多くの演習問題を実施させ，知識の定着化を図り学習成績の向上を目指すものであった。また，同時に自動採点という点では，教授者の利便性を向上させる目的も併せもっていた。

その後，ワークステーションやパソコンには，大型円盤の光ディスクが接続でき，音声や静止画，動画を文字と同期をさせて学習者に提示できるようになった。外部記憶媒体としてはアナログの時代であったが，プログラミング制御で学習者の回答いかんによりブランチ（枝分かれ）させられるようになり，教育効果も高められるようにもなった。

CBT（Computer Based Training）やWBT（Web Based Training）

"CBT"の呼称が使われ出した頃は，パソコンにはFD（Floppy Disk）だけでなくCD-ROM装置も接続されるようになり，外部記録容量が一気に増大した。しかも，大容量媒体を取り外して入れ替えることもできるようになり，多くのアニメーションや映像の入ったコンテンツ（教材）が手軽に扱えるようになった。また，記憶媒体は完全にデジタル化され，教材の作成や保存，送受信などが非常に簡単にできるようになり，企業内教育で飛躍的に利用が広まった。

そしてインターネットが急速に普及し，パソコンがWeb接続されるようになってWBTと称せられるようになった。Webに接続されての利点は，遠隔地とリアルタイムにやり取りできるようになったことである。遠隔地への教材配信や双方向化が実現したのであるが，双方向化のメリットを出せるWeb用ソフトウェアが十分にそろうのは，次のe-Learningになってからと考えるのが妥当であろう。

e-Learning

"e"は，e-Commerceなどで使われているものと同義であると考えられている。e-Learningが使われ始めた当初は，マルチメディアとして映像や音声が自由に使えるようになり，「exciting」とか「emotional」，果ては「economical」などの"e"ともいわれたりもした。それだけ画期的なシステムであった。e-Learningの定義はいろいろなところでいろいろとなされている。10人に聞けば10人の回答があるのではないか。ただ，特徴としてはネットワークに接続されていること，双方向であること，デジタルであることなどである（図2）。

図2　ネットワーク・双方向・デジタル

ICT活用教育

e-Learningの名前からは，どうしてもインターネットを使っての遠隔教育と解釈されやすい。しかし，情報通信技術を使って教育効果向上を図ったり，利便性を高める手法として，もっと幅広く考えたほうがよいと考えられ，ICT活用教育が提唱されてきている。対面授業とe-Learningを組み合わせて学習効果を高める取組みが多くなってきており，とくに海外では先行してそのような取組みが多くなっている。

その他，LMS（Learning Management System）やCMS（Course Management System）など，学習やコースをManagementするシステムが次々と開発され，学習のみならず教育全体をシステム化しての利便性も高まっている〔● 6.3, 6.4〕。

今後の展望

上記のように，メディア利用の教育は学習効果向上の点でも利便性向上の点でも，まだまだ発展の余地が大きい。

（1）シミュレーションシステム

シミュレーションの活用は昔から行われているが，コンテンツ作成に膨大な時間がかかることもあって，それほどに普及はしていない。しかし，疑似体験がで

きるという点では大変に有効なものであり，いっそうの進展が期待される。

(2) 3D（Dimension）システム

シミュレーションの一種と考えられるが，人工現実感としての意義は大きい。航空機操縦用や，機器の分解組立て用に開発されたものなどがあるが，教育用としてはそれほどに多くはない。今後，もっともっと多くの分野で実用化されることが望まれている。

(3) 協調学習システム〔◯1.4〕

学習は自分ひとりで学ぶだけでなく，"他の人"との相互作用でいっそうの学習効果を高めることも可能である。この場合，"他の人"は生身の人間でなくても，アバターのような分身を登場させて，利便性を高めつつ学習効果を高められれば，大変に有効なシステムとなる。

(4) Cyber Learning Space〔◯3.3〕

最近，"セカンドライフ"が注目されている。比較的簡単に仮想空間での生活を実現できるシステムである。仮想大学に行って学習したり，友人と語らったりできれば面白い。また，システム自体がいっそう賢くなって成長するようであれば，学習効果は一段と増大していくものと思われる。

上記のような，今後の発展・実用化が期待されるシステムは，広い意味でのハードウェアやソフトウェア，ネットワーク，オーサリングツールなどの発展によるところが大きい。現時点で夢や願望のように思われているシステムでも着実に実現していくものと思われる。その際に"よりよい教育とは？"をまず考えることが大切であろう。

また，併せて新しいものにはデメリットも存在するものである。デメリットがあるからやめてしまうのではなく，デメリットをなくしたり，メリットに変えていく努力が重要である。

［ブックガイド］
- OECD教育研究革新センター編著，清水康敬監訳，慶応義塾大学DMC機構訳 (2006)『高等教育におけるeラーニング』東京電機大学出版局．
- ジョシュ・バーシン著，赤堀侃司監訳 (2006)『ブレンディッドラーニングの戦略』東京電機大学出版局．

3.3 コンピュータ利用教育はどこへ？

[甲 圭太・矢部正之]

前節で述べたように，コンピュータ利用教育あるいはICT活用教育は，機器についても，利用技術や教育方法についても，まだまだ発展あるいは改善の余地がある．本節では，Cyber Learning Spaceや学習エージェントシステムなど，その可能性についてさらに詳しく述べ，コンピュータ利用教育がこれからどのようになっていくか展望する．

キーワード Cyber Learning Space，学習エージェントシステム，仮想空間，3Dシミュレーション，セカンドライフ，CSCL

Cyber Learning Spaceとしてのセカンドライフ

最近注目されているセカンドライフ[1]を教育利用する際の特徴をあげると，

- 3Dシミュレーション・可視化（アバターによる，参加の実感）
- 同期型（参加の実感，適当なWebページにリンクを張ることで，非同期受講も可能）
- チャット（文字，音声双方，会議室機能）
- 多人数の参加（擬似的キャンパス）
- 少人数の限定も可能（井戸端会議的）
- インスタントメッセージ（BBS，掲示板）

等々があり，あたかもキャンパスにいるようにして，仮想空間で，多人数が学習することが可能である．うまく工夫をすれば，空間的な制約を越えた協調学習が行われる可能性をも秘めている．すでに，国内でもいくつかの大学がセカンドライフ内にバーチャルキャンパスを設置して，授業の提供を開始している．

慶應義塾大学は，「慶應義塾セカンドライフキャンパス」[2]をつくり，2007年より大学の正規科目の公開をしている．その他，研究室単位であるが，埼玉大学[3]，早稲田大学[4]なども利用を始めている．長岡技術科学大学においても，eラーニング研究実践センター[5]が開始する準備に入っており，その状況と課題などが報告されており[6]，今後の展開，発展が期待される．CIECの団体会員であ

る長岡技術科学大学eラーニング研究実践センターの取組みについて，セカンドライフを利用した教育の例として以下に示す．

長岡技術科学大学eラーニング研究実践センターでは，セカンドライフでバーチャルな次世代の遠隔授業形態についての研究・実践を行うことを目的として，講義開催に必要と想定したコンテンツの配信環境・拠点「eL-Clab」改め「CeRA」を整備

図1　長岡技術科学大学 CeRA 教室風景

した．現時点での住所は，アイランド名：BSNINET NagaokaUT，地名：NagaokaUT Land1 または NagaokaUT Land2 である．

2003年に米国でスタートした3DCGオンラインコミュニティ「セカンドライフ」[1]は，2007年秋にはアバター登録数が全世界で1,000万人を超えており，日本語ベータ版サービスが開始されている．セカンドライフのコミュニティでは，すでにセカンドライフをいかにして現実世界の教育のプラットフォームとして使用するかの検討および各種実践がなされている．

セカンドライフでの遠隔講義では，自分自身の化身であるアバターが一同に会して講義が行われるため，複数地点を結んで行われる遠隔講義に存在した地点間による講義に対する参加意識の温度差が解消されると考えた．また，擬似であっても同一空間を共有しているという状態が，CSCL（Computer Supported Collaborative Learning）システムとしての活用，社会的構成主義で必要とされる学習環境の構築，協調学習におけるコミュニティの基盤づくり，ナレッジマネジメントにおける知の共有に必要とされる場の提供などに適していると思われる．

コンテンツの配信環境としては，QuickTimeがサポートする形式の動画ファイルであれば，外部に公開されたサーバーを用意することで動画配信が可能であることから，講義映像を流すためのライブストリーミングの環境を構築した．これは，例えば通常時間外の特別講義に教室参加できない生徒に対しての配信を行うことを念頭に置いている．

2007年度は，試行的に動画コンテンツのスケジューリング配信を行った．コンテンツ上映時間を設定して生徒に集まってもらい，学習をしてもらうことを想

定している。

　今後は，実践を積み重ねて最良な運用を探りたいと考えている。またコンテンツ数の拡大を図るため，敷地の移転・拡充も検討している。

Cyber Learning Spaceの可能性

　セカンドライフに代表される多人数参加の仮想空間環境で提供される機能により，空間，時間の物理的制約を越えた新しい活気のある学習環境の実現が期待されている。見えないものが見え，行けないところに行けることも可能であるし，コミュニケーションできる範囲も飛躍的に増大する。このような視野，行動範囲，情報伝達範囲の拡大は，極めて大人数の集まるキャンパスで，多人数とコミュニケートし，広く情報を集め，かつ必要ならば擬似的に1対1あるいは1対少数の指導や交流も可能である。

　例えば，クラスの中で学生同士議論しながら，教員の話も聞くなど，実空間の教室では不可能な活気のある学習環境がつくれたり，さらに，コミュニケーションに不可欠なインフォーマルな交流（懇親会）も，完全ではないにしても（呑みにケーションは無理か？），仮想空間でのパーティや娯楽などで実現可能になると期待される。セカンドライフのほかにも，Cyber Learning Spaceを実現する専用システム[7]もあり，国内のいくつかの教育機関で利用実績がある。ただし，多くの場合，価格が高く，また自らそのシステムを運用する手間と費用を考えると，相応の投資が必要であり，セカンドライフ利用の手軽さは，Cyber Learning Space利用の入口としての大きなアドバンテージがある。

ICTを利用した学習エージェントシステム

　学習者の学習者による学習者のための教育の実現方法として，ICT活用による学習エージェントシステムの構築が期待される。「エージェント」とは，代理人とか取次ぎ者との意で使われ，コンピュータの世界では利用者に代わって，種々のタスクを実行するソフトウェアを指すこともある。

　学習エージェントシステムといった場合は，学習者ごとに最適な学習を行うように支援するもので，人間が直接行うチュートリアルシステムもそのひとつと考えられるが，コンピュータ上の人工知能的な機能として限定的に捉えることもあ

る。教育の対象が広がり，学習者の幅が広くなり，多様性が増せば増すほど，より「個別化」された教育が求められる。チュートリアルシステムでこれを実現するのは，人的，物的ともに大きなコストがかかることは容易に想像される。

　広い意味でのエージェントシステムの支援の下，おのおのの学習目標に即した学習を，現実環境（講義や実験・実習）および仮想現実環境（eラーニング，シミュレーション，サイバースペース）の中で最も適したものを選んで行うことができれば，最大の学習効果が期待される。ただし，現在日本の教育機関が置かれている状況では，「個別化」への対応は，現実的にはICTの活用に頼らざるを得ない。これらの環境（インフラ）を整備し，さらにその中身に高い現実感が得られるような工夫が行われ，きめ細かな対応が行われるに至って個別最適な教育・学習が可能となる。ただし，教育においては，リアルなエージェントすなわち教師自身の役割と，その関与による現実的課題解決に向けた学習も欠くことができないのはいうまでもない。

　現在，ICTを利用した教育システムは，このエージェントシステムの一部を形成しつつある。LMS（Learning Management System）による学習解析とそれに基づくチュートリアル，より高度化した言語学習システム，バーチャル実験室等々，さらにゲームやシミュレーションなどを活用して，学習そのものを意識せずに学習できるものも出現しつつある。ただし，技術でできることと，学習の質向上による教育の本質的改善になることはイコールではないので，この点の見極めは今後大きな課題になるであろう。

[参考文献]
[1]　『Second Life』http://secondlife.com/
[2]　慶應義塾セカンドライフキャンパス：仮想都市空間「バーチャル東京」内（電通が開設）
[3]　埼玉大学教育学部野村泰朗研究室：セカンドライフ「学びアイランド」内，http://slurl.com/secondlife/Manabi Island/127/192/21/
[4]　早稲田大学大学院国際情報通信研究科安藤紘平研究室：「早稲田大学ヴァーチャル映像スコーレ」
[5]　http://oberon.nagaokaut.ac.jp/cera/（CIEC団体会員）
[6]　甲圭太，山下裕行ほか（2007）「メタバースにおける同期型遠隔講義の準備と考察」，『日本教育工学会第23回全国大会講演論文集』日本教育工学会, p. 241.
[7]　例えば，野村総合研究所の『3D Interactive Education System』http://www.3d-ies.com/product/3d-ies.html など。

3.4 ユビキタス環境における
コンピュータ利用教育

[鈴木治郎]

ネットワーク接続可能な携帯型アプライアンスとそれで学習できるソフトウェアの急速な拡大は，コンピュータ利用による学習を専用教室から解放し，ユビキタスな学習環境の実現に向かわせる．一方でネットワーク側から見ると，特定の学習者を支援するエージェントが形作られつつある現状にある．

キーワード ユビキタス，エージェント，携帯用ゲーム機，携帯電話，協調フィルタリング，SaaS

ユビキタス学習をとりまく現状

　無線LANの普及に伴い，パソコンによるインターネットの学習利用は場所を選ばなくなり，また携帯電話を通じてのインターネット上の学習教材も豊かな広がりをみせてきている．そして，携帯用ゲーム機であるニンテンドーDSを中心に提供されてきた算数や英語，そして知能開発系パズルの形をとる学習コンテンツ類は，かつてないほど多くの販売本数をあげてきており，子供ばかりでなく大人も楽しんで学習する／遊ぶものとなってきた．そして高等教育における教育成果も，英単語などのドリル的利用などで積み上げられつつある．

　それは，かつてパソコン向けマルチメディア教材が「エデュテイメント」という名前のもとにコンテンツ市場が活況を呈したときでさえも，学習の考え方の変革を迫るような影響はなかったことと比べれば，まったく異質の状況を生み出したといえる．

　このニンテンドーDSの特徴のひとつに，無線LAN接続できることがある．ほかにも携帯用ゲーム機のソニーPlayStation Portable (PSP) や携帯用音楽／ビデオプレーヤーであるiPod touch〔● 2.8〕などが無線LAN接続に対応しており，インターネット接続によりWebページの閲覧利用ができる．さらに，Podcastなどで提供される教材ファイルをダウンロードの上学習利用することができるもの

もあり，ビデオ視聴に適した携帯電話も広がりつつあることから，これらの携帯端末を通じたeラーニング学習も現実のところとなった。

これらの携帯端末機器の学習目的での欠点は，環境整備において無線LAN接続利用できる場所はまだまだ少ないこと，画面は小さく，ビデオ視聴になら十分でも，文章や画像の編集用には不十分なことである。そのため，今のところは無線LAN環境の整った学校のキャンパス内利用のもと，Webブラウザを通じて選択問題などの簡単な入力で応答する教材，あるいはゲーム同様に十分に作り込まれた教材をダウンロードする手段としてネットワーク接続を利用する場合がほとんどとならざるを得ないだろう。

これらの条件のうち，無線LAN接続環境の改善は時間の問題と考えられるが，画面の小ささは欠点というよりも常時携帯可能な機器のよき特徴と捉えて利用法を考えるべき問題である。

ユビキタスを活かした学習場面

入学者全員に初年次用英語教材導入済みのiPod〔● 2.8〕を配布している大学がある[1]。機器の携帯性から常時持ち運んでの学習を期待でき，実際に通学時の学習利用などが報告されている。新規の教材追加はPodcastにより提供可能である。ただし，Podcastという名前だがiPodでなくとも利用可能であり，携帯電話や携帯用ゲーム機の中にも利用可能な機器が増えている。

一斉授業の教室内で携帯用ゲーム機などを学習利用する際には，学生がそのとき何をしているかわからない欠点がある。そして，ゲーム機単体で利用できる学習教材であれば，あえて一斉授業内で利用する必要はない。だから，コンピュータ端末室外の一斉授業利用であれば，無線LAN接続機能を活かした同時性を活用すべきである。実際に授業中内の小テストやアンケート，学生からの質問などさまざまな活用の試みが行われている。

ユビキタスという特徴を強く意識するならば，携帯用ゲーム機を展示物の解説装置として利用する国立科学博物館の継続的な試みが参考になる[2]。展示物に取り付けられたICタグの情報に携帯用ゲーム機が反応し，自動で展示物の解説を表示できるよう設定されている。ここでの表示装置は，インターネットに接続されたパソコンの代替利用ではない。すべての物が，相互に通信可能になるという

ユビキタス社会の目標においては,「物が自ら語る」ことが実現されるのだが,そのときに実現することの端緒なのである[3]。情報タグの設置方法にはICタグ以外にも,QRコードを展示物や街頭の案内板に貼り付けることを通じて,そのコードを携帯電話読取りで表示する情報サービスも広く試みられている。この物に語らせる用途の中には,スーパーマーケットにおける食料品の産地情報などを詳しく表示するものもある。

このように,さまざまな物に添付した情報タグを通じて,物自体に情報発信させることが可能となる。インターネット自体が環境として意識されるWeb2.0時代以前には,情報はその物自体に埋め込まれるものであった。例えば,QRコードは最大約7,000文字までの文字情報を埋め込むことが可能であるが,Web2.0時代以前の発想では,この限度内にいかにして有効に情報を詰め込むかという視点であった。それが今後は,埋め込むべき情報はその物自体の手がかりとなる情報タグだけでよくなったのである。だからこそ,あちこちに遍在する情報タグを有効に扱うべき社会システムの構築も必要になる。その構築こそがこれからの社会にとって必要なものであり,ユビキタス社会の有効な発展に不可欠なものだと坂村は指摘している[4]。

エージェントによる支援

Webブラウザに Firefoxを使っている人であれば,Web閲覧中の英単語にマウスカーソルを合わせる(マウスオーバーする)とき,その単語の日本語表示が現れることにはすでにお馴染みであろう。Webブラウザの技術的立場からの呼称は「HTTPユーザーエージェント」であり,エージェントという語をその中に含む。エージェント(代理人)技術は,学習者の行動に対応して自律的に動作を変化させるプログラムである。例えば,通販サイトのアマゾンの顧客サービスでお馴染みのお勧め商品情報は,販売サイト内の顧客行動データベースに基づき特定の顧客に対してそれを推薦する協調フィルタリング技術であり,エージェント技術の一例である。このように,エージェントによる利用者への応答は,「私を理解している」と感じさせるサービスにつながるものであり,そのサービスの再利用を促す。

昨今の学生に対して「与えられたことしかやらない」という批判を多く耳にす

るようになったが，学生が自ら学習を進めるように育てるという高邁な目的をもった指導を行なう一方で，エージェント技術を活かし，学生が自分に合った学習課題をマネージメントする手助けを行うことの必要性も出てきている．今のところ，ほとんどのeラーニングシステムにおいては，学習者行動に関するデータベースをせっかく蓄えているのに，それを旧来の学習者管理をより便利にした機能としてしか活かしていない現状があり，残念なことである．

サーバー提供アプリケーションサービスSaaS

　以上，携帯機器の活用を中心に述べてきたが，インターネットを通じてのパソコンの活用で強調しておかなければならない進展がひとつある．それはサーバー上でアプリケーションを提供するサービスであるSaaSが実用になったことである．SaaS利用なら，学生個別の利用環境に依存せずに教育を計画できるからだ．例えば，マイクロソフト社のオフィススイートに相当する機能にはGoogle Appsが無料で提供されている．こうした事実は，学習者が（インターネット接続に不自由していない限りにおいて）どのような環境において学習しているかを気にしないでよい，という意味でユビキタス環境の特徴を示すものである．

[参考文献]
- [1] 大阪女学院大学と大阪女学院短期大学，2年続けて新入生に『iPod mini』を配布，http://mac.ascii24.com/mac/news/ipod/2005/04/07/655241-000.html（2005）．
- [2] PSPやW-ZERO3で展示物の解説が読める：国立科学博物館の実験，http://plusd.itmedia.co.jp/mobile/articles/0608/04/news108.html（2006）．
- [3] 坂村健（2007）『変われる国・日本へ』アスキー新書．
- [4] 坂村健（2007）『ユビキタスとは何か』岩波新書．

[ブックガイド]
- ■ニコラス・ネグロポンテ（1998, 2001）『ビーイング・デジタル』アスキー．
- ■村井純（2003）『インターネットの不思議，探検隊！』太郎次郎社エディタス．
- ■吉田智子（2007）『オープンソースの逆襲』出版文化社．
- ■滑川海彦（2007）『ソーシャル・ウェブ入門』技術評論社．

3.5 学びを支えるICT

[矢部正之]

これまでの節で，コンピュータ利用教育，ICT活用教育に関する大まかな定義と，歴史的経緯，利用技術とその教育での活かし方について述べてきた。本節では，これらによって教育あるいは「学び」がどのように変わるのか，あるいは変わろうとしているのか，いくつかの視点から述べたいと思う。すでに述べてきたように，コンピュータあるいはICTは，道具・手段であって，これをどう教育に役立てていくのかが「コンピュータ利用教育」を語ることである。

キーワード 教育改善，教育の質保証，教育GP，教育効果向上，多様化，形成的評価，モジュール化教材，FD，ピアレビュー

ICTを活用した教育改善・改革と教育の質保証

コンピュータあるいはICTの教育利用は，初等中等教育，高等教育のみならず社内教育をはじめとする社会人教育でも，以前から注目されていた。当初は，その利便性や効率性が注目され，それに関する効果への期待が大きくあった。高等教育が取り組んだのは，他の分野に比べると遅かったといってよいが，文部科学省もその効用に着目し，2003年度から始まった「国公私立大学を通じた大学教育改革の支援」の取組み（教育GPといわれている）[1]において，2004年度から開始された「現代的教育ニーズ取組支援プログラム」（現代GPといわれている）[2]の現代的教育ニーズ（テーマ）のひとつとして位置づけてきた。現代GP取組選定委員会の設定するテーマを見ると，

2004年度：「ITを活用した実践的遠隔教育（e-Learning）」
2005年度：「ニーズに基づく人材育成を目指したe-Learning Programの開発」
2006年度：「ニーズに基づく人材育成を目指したe-Learning Programの開発」
2007年度：「教育効果向上のためのICT活用教育の推進」

となっている（2008年度以降は，新規採択がないので，テーマ設定はここまで）。2005年度に「遠隔教育」がはずれ，2007年度には「e-Learning」ということ

ばが「ICT活用教育」に変わった。またその目的も，「教育効果向上」に絞られてきた。選定委員会の尻馬に乗るわけではないが，このGPのテーマの変遷が，ICT活用教育への期待（ニーズ）の変化あるいは再確認の現れと考えてよい。

　教育の効果向上を図る，あるいは教育の質の保証を図るという課題は，近年声高に強調されているが，極めて普遍的な課題であり，すべての教育機関が共有する課題であることは自明の理である。しかし，このような教育改善の取組みは，短期的に表面的な利潤を生むような取組みとは異なり，地道でたゆまない努力が必要であり，教職員への負荷が増すことも予想され，徹底した取組みに踏み出せずにいる場合も少なくない。

　ICT活用教育の可能性として，遠隔教育の道具のほかに，教育あるいは学習の手段の多様化，それによるより濃密な学習支援・指導を比較的負担をかけず実施できることがあげられる。とくに，大学においては，社会から強く求められている大学教育の質保証を，近年とみにその多様性を増した学生に対して，単位制度の実質化や，きめ細かな学習指導による教育を通じて実現し，主体的な学びを実現することに利用できる可能性が指摘されてきている[3]。

教育効果向上のためのICT活用教育の推進

　手前味噌で恐縮であるが，2007年度現代GPで「教育効果向上のためのICT活用教育の推進」というテーマが掲げられる前の2006年度に採択された信州大学の取組み「自ら学び，学び続ける人材育成の基盤形成―教育の質保証を目指したe-Learningによる単位制度実質化―」[4]は，ICTを活用した「教育の質保証」を前面に出したものである（図1のイメージ図参照）。

　この取組みの背景には，大学全入時代を迎え，多種多様な学力や個性をもった入学者を受け入れることになり，時として，必要な基礎学力や学習習慣の欠如まで許容される状況がある。一方で，社会の人材養成に対するニーズはより高度化しており，ゆるぎない学力をもち，自ら課題を解決できる個性豊かな人材が求められている。このような要請を，多様な学生の個性に合わせて実現するためには，多大な人的・物的コストが必要である。ICTは，そのコストを可能な範囲に収めることができるのではないかという期待から，この取組みが行われている。この目的を達するため，ICTを活用した自学用モジュール教材の開発，理解度確認小

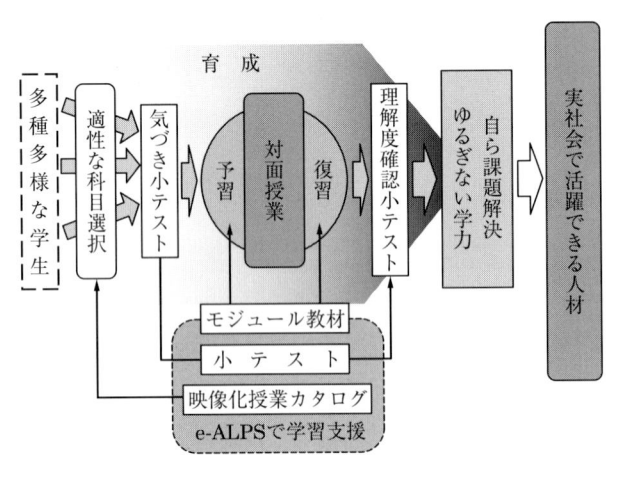

図1 「自ら学び，学び続ける人材育成の基盤形成」のイメージ図

テストによる形成的評価を中心とした丁寧な学習指導，適切な授業選択による効率的な学習を支援する映像化授業カタログの提供等々により，教育改善の実現を目指している（具体的な方策を以下に示す）。

　理解度確認小テスト　　活発な形成的評価を行うために，多くの理解度確認小テストを作成する。ここでいう形成的評価は，試験・評価を繰り返して行い，学生に結果をそのつどフィードバックする方法をいう。

　モジュール化教材　　上記の形成的評価により学生の多様性に対応した必要学習項目を明らかにし，その学習の個別内容に応じた教材を準備して，学生ごとに異なる内容の組合わせによる教材を提供する。これがモジュール化教材であり，この点において，授業としてまとまりをもつ従来の『e-Learning』教材と異なる。

　映像化シラバス　　従来の文章による授業紹介（シラバス）に加え，授業紹介を映像化することによって，学生がその授業を疑似体験しやすくなり，自主的かつ適切な履修選択が可能になる。

ICT活用教育によるFD（Faculty Development）

　ICT活用教育によるFDというと，FD講習会の様子を録画したコンテンツの利用や，ネットワークを通じたFD資料の共有を思い浮かべる方もいるかもしれない。しかし，前述したICTの利用方法を工夫することで可能となる教育改善に加

え，ICT活用により当然ネット上に教育内容そのものが公開され，共有されることで，擬似的なピアレビュー（同僚による授業の参観と改善への提言）の効果が得られるし，公開されていると意識するだけでも改善への大きな効果があると考えられる。

また，ICTの利用方法の工夫という中で，通常の授業改善にも共通するインストラクショナル・デザイン〔● 4.6〕や形成的評価〔● 1.11〕への取組みなどが，自然と身に付くことも期待される。まだまだICT活用教育のFDというと，ICT活用リテラシーの講習が中心になる状況ではあるが，なるべく早くこれを乗り越えて，本質的な教育改善に向かい，より質の高い「学び」を実現できることを期待する。

ICT活用教育が支える学び

上記の2つの例以外に，これまでにすでに述べられてきている学習機会の拡大（遠隔教育），多様な学習者の受入れ（ICT活用による学習者支援）とそれに対応した個別指導（チューターによる個別指導に加え，ICTを用いた仮想現実環境における効果的なチュートリアルシステムや学習エージェントシステム〔● 3.3〕）等々の可能性があげられる。これらは，より多様で，よりきめ細かい学習者への対応を可能とし，自由で主体的な学びを支えるものと期待される。もちろん，ICTを利用せず（人手で）これらを実現することは可能であるが，そのためには極めて多大な労力を要することは想像に難くない。現在の日本の教育が置かれている状況では，それを賄うだけの資源を確保することは，不可能にちかいだろう。次善の策として，ICTの利用はこれまで述べてきたように，大きな可能性を有している。ただし，単にICT活用のための道具立てをそろえたとしても，それを用いた教育，学習のあり方の検討，さらに持続的発展的にこれを支える体制を整備しなければ，その効果は激減してしまう。これについては，次節に詳細を述べる。

[参考文献]
[1]　『文部科学省　教育GP』http://www.mext.go.jp/a_menu/koutou/kaikaku/index.htm
[2]　『文部科学省　現代GP』http://www.mext.go.jp/a_menu/koutou/kaikaku/gp/004.htm
[3]　矢部正之，西垣順子（2007）「教育効果向上のためのICT活用教育」，『2007PC Conference論文集』，p. 297.
[4]　『採択取組のWebページ』http://zengaku.shinshu-u.ac.jp/gp/

3.6 コンピュータ利用教育を支えるもの

[矢部正之]

　コンピュータあるいはICTを教育で利用し，単なる効率だけではない効果も十分あげるため，持続的に発展させるためには，機器を整え，コンテンツを準備しただけでは，十分な成果を得られない。その実現には，これら全体を支える人材，システムが不可欠である。この節では，このためにどのような支援が必要なのかを，支援する「人材の養成」に着目し，先進的な事例を通じて解説する。また，これらを活かした具体例を紹介し，今後の展開への1つの方向性を示す。

キーワード　人材育成，専門家養成，eLPCO，教授システム学専攻，インストラクショナル・デザイン，ユビキタスカレッジ

コンピュータ利用教育を支える人材育成

　コンピュータ利用教育あるいはICT活用教育を支援する人材やシステムの充実が急務である。これらの視点から実施されている先駆的な人材養成の取組みとして，青山学院大学のeラーニング人材育成研究センター（eLPCO）[1]や熊本大学大学院社会文化科学研究科・教授システム学専攻[2]がある。前者は学士課程を中心（対象は，主として学部3，4年生と大学院生）に副専攻的なスキルアッププログラムとして，後者はインターネット利用の修士課程（博士後期課程も2008年度開設）でより専門的で，指導者養成的色彩が濃い。両者とも，「eラーニング人材育成」，「eラーニングの専門家養成」と銘打っているが，これらの人材はより広い意味でのコンピュータ利用教育で活かされることはいうまでもない。

　必要な人材とはどのような人材か，eLPCOでは，5種の職種に分類し[3]，そのすべての職種の養成プログラムを実施している。この5職種（表1）が，標準的あるいは基盤となる職種と考えてよい。

　この5職種の協働による教育の実施は，インストラクショナル・デザイン〔◎4.6〕(Instructional Design：略してID）の手法を基礎としている。eLPCOでは，これらの専門家育成プログラムを，学部・学科の枠を超えたカリキュラムと，eラ

表1 コンピュータ利用教育を支える人材

専門職名	人物像
Instructional Designer	インストラクショナル・デザイン手法を用いて，eラーニングの教育プログラムを設計，評価する専門家
Content Specialist	eラーニングの教育プログラムの設計を反映して，適用すべきメディアの特徴を踏まえた教材を製作する専門家
Instructor	授業を通じて教授活動をする専門家
Mentor	eラーニングにおいて，学習者に対する質疑応答や情意面からの学習支援を行い，学習者の主体的な学習に対する動機づけを行う専門家
Learning‐System Producer	学習管理システムの適用や，コンテンツ管理を通して，技術的な側面から授業運営を支援し，さらにeラーニングシステムの用件定義や設計にもかかわる専門家

ーニング授業で提供している。2006年4月に開講され，職種ごとのカリキュラムで定められた科目に合格し，さらに総合試験を受験・合格すると，大学独自の資格認定がされる。今後，外部の公的機関の認定との相互連携を目指しているとのことである。

熊本大学大学院では2006年，社会文化科学研究科に教授システム学専攻を設け，IDに基づくeラーニングの専門家養成を開始した。この分野では，わが国初

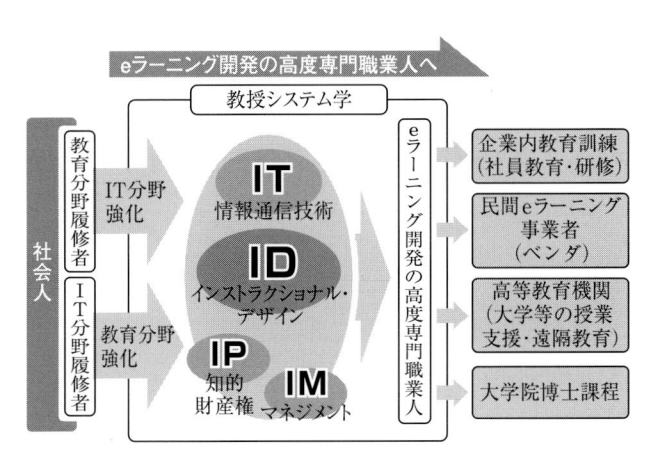

図1 熊本大学大学院教授システム学専攻のコンセプト

の大学院専攻である。また，この専攻はインターネット大学院であり，授業自体がeラーニングで実施され，遠隔受講で，働きながら学ぶことが可能である。現に何人かの大学職員が，現職のまま在籍している。

この専攻のコンセプトは，IDを中心とした「4つのⅠ」で教授システム学を学ぶ，とされている（図1参照）。IDを基盤としている点は，eLPCOと共通であり，ID，Information Technology（情報通信技術），Intellectual Property（知的財産権），Instructional Management（教育活動，教育ビジネスや開発プロジェクトのマネジメント）の4つの分野を柱としている。

インストラクショナル・デザイン（ID）とは

上記2つの専門家養成コースの基盤となっているのはID〔●4.6〕である。IDとは何か，熊本大学大学院の鈴木克明[4]によると，

「IDとは，研修の効果と効率と魅力を高めるためのシステム的なアプローチに関する方法論であり，研修が受講者と所属組織のニーズを満たすことを目指したものである。研修が何のために行われるものかを確認し，何が達成されれば「効果的な研修」といえるかを明確にする。受講者の特徴や与えられた研修環境やリソースの中で最も効果的で魅力的な研修方法を選択し，実行・評価する。研修の効果を職場に戻ってからの行動変容も含めて捉え，研修方法の改善に資する。この一連のプロセスを効率よく実施するためのノウハウがID技法として集大成されている。」

とされている。もともとIDは，米国の軍隊で兵士の教育を，短期間で効率よく効果的に行う手法を求めた研究が端緒で，教育，心理研究の知見や学習理論に基づいて研究されてきた。したがって，eラーニングに限らず，教育プログラム開発の際，指導計画の立案，指導内容の検討，評価方法の検討などに利用できる手法である。

学習支援，教育支援のひとつの方向性

コンピュータ利用教育の効果的実施には，種々の専門家が協働して取り組むことが重要である。わが国ではこのような取組みが不十分で，教員の個人的努力にまかされてきた。そのような状況の中，明治大学で2007年後期から運用が開始

された「ユビキタスカレッジ」における支援体制[5]は，前述の5職種に加え，「リエゾン」（教授者と専門家を現場で橋渡し），「ラーニングコンセルジュ」（学習者と専門家を現場で橋渡し），「チュータ」（教授支援），「サービスデスク」，「ヘルプデスク」（ラーニングシステムプロデューサの領域）のスタッフが配備（図2参照）されており，成果が期待されている．

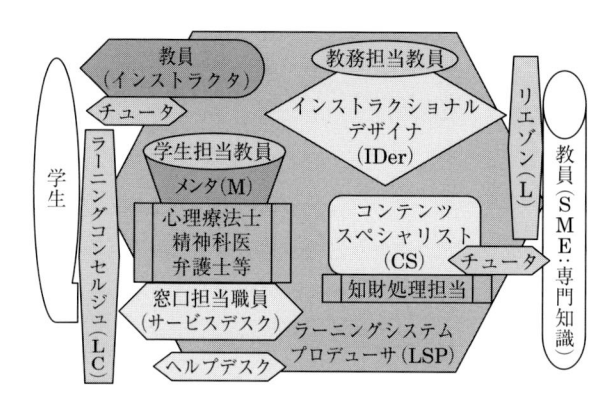

図2 明治大学ユビキタスカレッジ／eラーニング専門家チームが支援する組織

[参考文献]
[1] 『青山学院大学eLPCO』http://elpco.a2en.aoyama.ac.jp/
[2] 『熊本大学大学院（教授システム学専攻）』http://www.gsis.kumamoto-u.ac.jp/
[3] 玉木欽也監修 (2006)『eラーニング専門家のためのインストラクショナルデザイン』東京電機大学出版局．
[4] 鈴木克明編著 (2004)『詳説インストラクショナルデザイン──eラーニングファンダメンタル』NPO法人日本イーラーニングコンソーシアム．
[5] 宮原俊之，阪井和男，栗山健 (2006)「eラーニング導入・推進のための戦略構想とその分析──明治大学ユビキタスカレッジ構想の事例から」，『日本教育工学会第22回全国大会論文集』，p. 923．

[ブックガイド]
■ ガニェほか著，鈴木克明ほか監訳 (2007)『インストラクショナルデザインの原理』北大路書房．
■ 鈴木克明 (2002)『教材設計マニュアル──独学を支援するために』北大路書房．

[執筆協力]
鈴木克明（熊本大学大学院教授）・中野裕司（同教授）・宮原俊之（明治大学職員，熊本大学大学院）・阪井和男 （明治大学教授）

4 「情報」教育

　コンピュータが社会の隅々にいたるまで必要なところではどこでも使われ出した社会を情報化社会と呼ぶことにしよう。そうした社会の根底を支えるコンピュータについて、社会の構成員が理解を共有しておかないと、コンピュータがわかる人とわからない人に社会が二分されてしまう。

　従来の情報教育は、情報技術を使えるようになることを目的とするものが大多数である。しかし、単に使えるようになっただけでは、その仕組みを作る人が作れない人のことを考えずに、社会システムを作ってしまう恐れが生じる。現に、最近の日本の情報システムのトラブルは、作る人の都合で作られてしまったために生じた場合が多い。

　情報化社会の根底を支えるコンピュータとその社会的な影響について、本質的な理解を与える教育をここでは「情報」教育と呼ぶことにする。

〔大岩 元〕

〔●…も見よ〕

4.1 情報技術の教育

[大岩 元]

　コンピュータの能力を示す指標としてクロックがある。これは，文字どおり時間の単位であって，現在は1GHzを超えており，コンピュータ内の時間は10億分の1秒以下の時間を単位として進んでいることを意味している。人間の時間の単位は1秒で，知覚できる時間単位は10分の1秒である。したがって，コンピュータは人間の1億倍以上の情報処理速度を持っていることになる。ジェット機の飛行速度が時速1,000kmで，人間の歩く速度の250倍にすぎないことを考えると，人間はとてつもない道具を使い出したことがわかる。

　このようにとてつもなく有能な道具を使い出した21世紀の社会は，教育について根本から考え直す必要がある。本章全体への導入として，経営学者のドラッカーの考えを紹介し，情報技術の重要概念であるブートストラップを用いて具体的に「情報」教育の内容を示す。

キーワード　第三の波，P.F.ドラッカー，生涯学習，ブートストラッピング，ストックとフロー，情報システム学，Instructional Design

社会のあり方と教育

　教育は，社会のあり方と密接に関係している。20世紀に発明され，発展した情報技術が社会の隅々にまで浸透した社会を，ここでは「情報化社会」と呼ぶことにする。19世紀に確立した古典物理学は，20世紀には機械工学，電気工学として実用化され，工業化社会が出現した。さらに，20世紀前半に発達した量子力学は半導体工学を生み，20世紀後半にはこれが情報技術として結実して発展した。

　工業化社会の実現に，学校教育が本質的役割を果たしていることを，アルビン・トフラーがその著書『第三の波』[1]で指摘している。工業化以前の農業社会では，協同作業があったものの，その時間管理は緩やかなものであった。しかし，大きな資本投下が必要な工場では，労働者を効率的に働かせる必要があり，そのためには，より精密な時間管理が必要となる。このため，学校教育の重要な役割

として，時計に合わせて行動することを訓練することが求められたのである。また，その教育内容の最も重要な部分は，読み，書き，計算することであり，これらの能力をもつことが社会全体で共有されることとなった。

ドラッカーの教育論

ドラッカーは，情報技術が教育と学校の社会的な地位と役割を一変させると予想し[2]，その要件として次の事項をあげている。

1. 学校は，今日読み書き能力が意味しているものをはるかに越える高度の能力を提供しなければならない。
2. 学校は教育制度や年齢を問わず，すべての生徒に対し，学習の意欲と継続学習の規律を植え付けなければならない。
3. 学校は，すでに高等教育を受けている人に対してはもとより，何らかの理由で高等教育を受けられなかった人々にも門戸を開かなければならない。
4. 学校教育は，内容にかかわる知識とともに，方法にかかわる知識，すなわちドイツ語の「ヴィッセンシャフト（知識）」と「ケンネン（ノウハウ）」の双方を与えなければならない。
5. 教育は，学校の独占であってはならない。企業，政府機関，非営利組織など，あらゆる種類の雇用機関が，教え学ぶための機関となる。

ドラッカーの指摘の1.は，教育内容が変わるべきであることを指摘している。2.では，一生学び続ける能力を与えなければならないことを指摘し，学校教育だけで教育が完結した工業化社会との相違を指摘している。3.は，高等教育がすべての人のためのものになることを予想している。4.は，知識だけではなく，それを応用する能力も学校は与えなければならないことを指摘している。5.は，教育が学校に閉じたものではなく，すべての雇用機関で行われるようになることを予想している。

ドラッカーの指摘を要約すると，生涯学習の到来と，それを可能にする教育システムとして学校が必要となること，また，学校教育の内容は単なる知識の伝達だけであってはならず，その応用能力の育成までが必要となるということであろう。

ブートストラッピング

　情報技術の中に，ブートストラッピングという概念がある。「靴紐」という名詞を動詞化したものであるが，その意味するところは，コンピュータのOSを利用できる状況を実現するために，何も書き込まれていないメモリーに小さなプログラムを書き込み，そのプログラムによってさらに大きなプログラムを外部から読み込んで，それがまたもっと大きなOSプログラムを読み込む一連のプロセスのことである。最初の小さなプログラムのことをブーターと呼ぶが，この用語のほうが広く知られている。

　この概念は，情報技術だけでなく，子供の言語修得の過程や素粒子物理，ベンチャー企業の育成などでも有効なものである。教育の観点からすると，学校教育が与えるべきものは，ブーターの形成であろう。これが確立すれば，生涯教育が可能になる。そうなるようにブーターを形成することが，学校の目的であると考えることができる。

　情報技術の教育におけるブーターを考えてみると，以下3つが考えられる。

1．身体軸におけるタッチタイピング〔◯4.2〕
2．論理軸におけるプログラミング〔◯4.3〕
3．感性軸における図解作成〔◯4.5〕

情報技術の利用には人間の身体が不可欠であり，何らかの論理性が必要となる。単に利用するだけなら，この2つで十分であるが，何に情報技術を用いるかという利用の目的を決めるには，論理だけでは不十分であり，人間の意志が必要となる。意志に最も影響を与えるものは，何に価値を認めるかという価値観であり，これは何を美しいと感じるか，快いと感じるかという感性の問題である。

　これらの3つの領域における情報技術修得の基礎は，上記に関する訓練により，情報技術の利用のブーターが形成されることによって形成される。詳細については，該当項目を参照してほしい。

知識のストックとフロー

　経済学者の野口悠紀雄は，「フローとしての個別情報はいつでも学べるけれども，それを評価するストックとしての知識の体系は，ひとつの学問体系を経統的

に学ぶことによってしか身に付かない。」と主張している[3]。そして，日本の「エコノミスト」の中には，基礎的な経済学の訓練を受けていない人がかなり多く，彼らは細々とした知識について熟知していても，それらをどう評価するかを知らないために，基本的なことがらについて判断を誤ると指摘している。このことは，日本の情報技術者についても，そのままあてはまる。日本の情報産業が国内でしか通用せず，世界レベルの競争力をもたないのは，この事情による。

　学校教育の目的は，野口の指摘するストックとしての知識の体系を与えることにある。その基本部分は，上記のブーターとしての「情報」教育であり，どの程度これを学ぶかは，将来何をするかによって異なるが，その形成はその後の学習に大きな影響を与える。ストックがあれば，フローの知識はそれを応用する経験を通してストックに転換されるが，ストックがないとフローの知識はフローの知識に留まり，時間とともに陳腐化する。

情報システム学と指導設計（ID）

　ドラッカーの考える21世紀の教育は，情報システム学に基づく情報教育によって達成される可能性が高い。それには，フィンランドが成功した「社会構成主義」の考えを取り入れ，情報システム学の考え方に基づいてタスク指向のプログラミング教育を行うのが有効であろう。その詳細は該当項目に譲る。

　日本の教育界では学力低下が問題となっている。情報システム構築を教育に適用した指導設計（ID）〔● 4.6〕の方法論を教材開発などの教育システム構築に取り入れて，効率的に教育システムを開発し広めることが，日本の学力を世界レベルのものにするのに有効であろう。これについても，該当項目を参照されたい。

[参考文献]
[1]　A.トフラー著，徳岡孝夫訳（1982）『第三の波』中公文庫.
[2]　P.F.ドラッカー著，上田惇生訳（1993）『ポスト資本主義社会』ダイヤモンド社.
[3]　野口悠紀雄（1995）『「超」勉強法』講談社.

4.2

[大岩 元]

タイピングとマウス操作
情報教育における身体性

情報技術を活用するうえで利用者に求められる重要な技能が，文字入力である．学校教育の基礎は識字教育であることからしても，文字情報を情報機器にどのように入力するかは，文字を書くことに匹敵する重要性をもつ．しかし，教育現場では先進的な米国の一部の州を除いて，軽視されており，それが情報教育の教育効果に大きな影響を与えている．一方，広く使われるようになったマウスは，普段使わない特殊な技能を要求するために，運動能力が未発達な幼児や衰えた熟年者にとっては，数時間の練習が必要である．しかし，その時間がとられていない場合が多く，パソコンの普及を妨げている．情報入力をとりまく状況は，情報技術活用の縮図といってよい．

キーワード タッチタイピング，目視打鍵，マウス

短時間で可能なキーボード練習

コンピュータなどの情報機器を利用するには，人間が情報を機器に伝達する必要がある．かつてはこの役割をキーボードが行ってきたが，最近ではこの役割をマウス操作が担うようになった．これによって，パソコンは格段にわかりやすくなり，社会で広く使われるようになった．しかし，文字入力に関しては依然としてキーボードが最も効率的な入力手段であり，マウスにとって代わられることはない．

キーボードはアルファベットだけでも26キーを操作する必要があり，練習が必要である．これにはタイプライターの練習法が用いられてきたが，日本語入力の訓練から生まれた増田式[1]を使うと，この時間が1時間で済む．

図1 CIEC Typing Club

CIECでは，増田式を用いた教材[2]を開発して普及に務めている。

増田式で練習すれば1時間で済む練習を，ほとんどの人が目視打鍵の練習をしている。発売されている練習ソフトも，この点を意識したものは少ないし，独学ではタッチタイピング（触視打鍵）を練習するポイントを押えているのかどうか判断するのが難しい。パソコン教室のインストラクタにも，練習のポイントがわかっている人は少ないので，触視打鍵が普及しない。これは，世の中一般に目視打鍵が一般化しているからであり，結果としてパソコン自体の普及を妨げている。

キーボード練習の方法

触視打鍵練習のポイントは，まず手元を見ないで打つことを続けることである。打つ文字を意識して手を動かすことを続ければ，指が打鍵動作を覚える。これは運動記憶であって，キーボード表を頭で覚え込むことではない。これにはまず，基準位置であるホームポジション（左asdf, 右jkl;）に常に手を置けるように練習する必要がある。これができると，ホームポジションのキーを打つのは容易であり，左右の手の間にあるghのキーも人指し指を伸して打つことができる。

上段や下段のキーを打つには，ホームポジションから打鍵に必要な片手全体を移動（ホームシフト）したうえで，ホームポジションと同様に打鍵操作を行うことができる。打鍵に使わない手はホームポジションに残して置くので，これを手がかりに，移動した手をホームポジションに戻すことは，簡単にできる。中段が打てれば，上段，下段はポジションの移動と打鍵という2段階の動作にすれば，すべてのキーを打つことができるのである。詳細については筆者の研究室のWeb[3]を見ていただきたい。

日本の多くのキーボード教本は，打鍵する指だけを動かし，残りの指はホームポジションに残すように練習するよう指示している。しかし，タイピストは決してこのような打ち方はせず，ホームシフトして打っている。残して打つ練習を行わせるのは，48キーを操作しなければならず，打鍵後にホームポジションに戻すのが難しいカナキーボードの練習法をそのまま採用しているからである。26キーのアルファベットの場合は残さなくても，だれでもホームポジションに戻すことができる。

マウスの練習とその必要性

　マウスは，画面上の実体を直接指し示すことができるので，自分でコマンドを文字入力しなければならないキーボードに比べて，練習も不要で使いやすいようにみえる。実際，指し示すという動作自体はキーボードで行うのが困難な動作であり，マウスの導入でパソコンのインターフェースは一変したといってよい。
　しかし，マウス操作は日常動作ではない動作であり，練習が必要である。このことは，運動能力の未発達な幼児や，衰えてきた40歳代以後の熟年者にとっては大問題となる。マウス操作は数時間の訓練で習得できる簡単な操作ではあり，みたところ難しいことはないように見えるために，操作練習を行わずにマウス操作を当然できるものとしてパソコンを教えることが広く行われている。これがパソコンをあきらめる熟年者を生んでいる。

入門教育の重要性と熟練の獲得

　マウスに数時間の練習が一般には必要となるように，キーボードについても数時間の練習でタッチタイピング（触視打鍵）が可能となる。こうした初期訓練を丁寧に行なわないために，パソコンの入門教育が一定以上広まらないだけでなく，入力するキー操作の目視による確認のような非本質的な処理に貴重な人間の能力が浪費されている。
　キーボード入力の練習曲線を図2に示す。使い出すためには数時間の訓練が必要であり，その後使い続ければ100時間程度で速度は頭打ちとなって，その後の上達は緩やかである。このころになると，英文入力の場合についていえば単語の綴りを意識せずに，単語を思い浮べただけで打鍵できるようになる。こうなると，キー入力は無意識の操作となり，自由にパソコンに情報を伝えられるようになる。これに対して，意識操作が必要となるマウス入力は，触視打鍵入力者には負担の大きい入力操作となる。
　英文の場合と比較すると，日本語入力は変換が必要となるために，約3割入力効率が落ちてしまう。このことは本質的なことではなく，2ストローク入力法を用いれば，日本語入力でも変換せずに入力が可能である[4]。
　問題なのは，目視打鍵に慣れた人の再教育である。数時間の練習で触視打鍵が

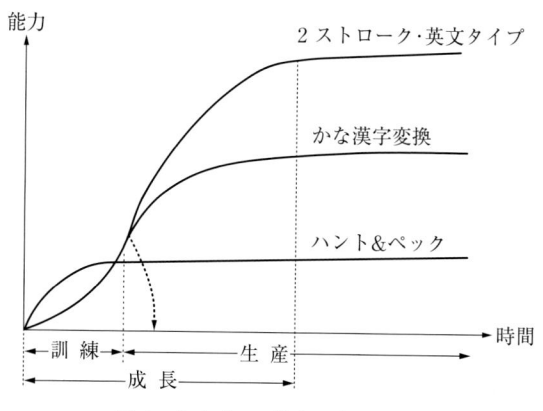

図2 タイピング能力の成長曲線

できるようにはなるが，覚えたての打ち方より目視のほうが楽に打てるので，覚えた触視打鍵を続けることが難しい。続けなければ，覚えたての触指打鍵をすぐに忘れてしまう（図2の点線）。したがって，覚えることは簡単であってもこれを定着させるのが難しいことになる。何事も最初が肝心である。

[参考文献]
[1] 増田忠司『増田式！PCキーボードの学校』http://homepage3.nifty.com/keyboard/
[2] CIEC Typing Club 2005 for Windows （株）バーシティウエーブ
[3] 大岩元『キーボード体操』http://www.crew.sfc.keio.ac.jp/projects/2000keyboarding/
[4] 大岩元『TUT-CODE』http://www.crew.sfc.keio.ac.jp/~chk/, http://plone.crew.sfc.keio.ac.jp/groups/tut-code

4.3

[大岩 元]

プログラミング
情報教育における論理性

　プログラミングは情報技術の中核であると同時に，情報教育の中核でもある．プログラムを書いて自分の意図どおりにコンピュータを動作させることは，幼児でも教えればできる[1]ことであるが，大学生になってから教えるとうまくいかない．従来の識字教育は，人間に情報を伝えるためのものであった．プログラミングは情報を伝える対象がコンピュータであるが，同時にそれは書いた人など関係者にとっても理解可能なものでなければならない．この意味でプログラミングは，情報化社会における基礎教育として，識字教育が発展したものと考えることができる．

キーワード 構造化プログラミング，オブジェクト指向，日本語プログラミング

「ことば」，文字，コンピュータ

　人間は「ことば」を使うことで，数万年前に動物と決別した．その後，農業社会を形成する中で，文字を使って「ことば」を記録するようになった．最初は社会の支配階層しか使わなかった文字を，工学化社会の到来とともに社会全体で共有する必要が生じて，学校制度が確立した．

　その文字の意味が，情報化社会の到来とともに変わろうとしている．ここで情報化社会とは，社会の隅々までコンピュータが使われて，それなしには社会が成立しなくなった状況を意味している．先進国の現在はその状況であり，コンピュータの本質に関する理解を社会全体で共有する必要がある．さもないと，コンピュータを扱える人間とそうでない人の間に断絶が生じ，前近代社会で文字が社会全体で共有されなかったのと同じ状況が生じるからである．

プログラミング言語の歴史

　プログラムはコンピュータに行わせたい仕事の手順を記述したものである．コンピュータはプログラムに従って，コンピュータ上に表現されたデータに操作を加え，

その結果を表示したり，使用したい機器に情報を提供してその動作を制御する。

プログラムは，コンピュータが解釈実行できるビットパターンで表現されるが，この表現形式を人間が書くことが難しいので，人間にわかりやすいプログラミング言語による表現を，コンピュータによってビットパターンに変換することが行われてきた。コンピュータの歴史は，半導体技術の進歩による動作速度の向上とともに，このプログラミング言語の発展の歴史とみることができる。

最初のプログラミング言語は，コンピュータが用意する動作命令に対応した文字表現をコンピュータが解読実行できるビットパターンに変換するアセンブラー言語である。1950年代の終わりに，数式を書けば必要な命令語を生成できる言語であるFORTRANが開発され，続いて事務処理用言語としてCOBOLが開発されて，今に至るまで使用され続けている。

しかし，これらの言語によって開発されるプログラムの規模が大型化したことから，プログラムの動作の進行を系統的に制御する必要性が生まれ，構造化プログラミングが提唱されるようになり，1970年代にはソフトウェア開発現場で一般化した。また，操作するデータ自体の表現（データ構造）が動作制御の記述（アルゴリズム）に大きな影響を与えることが認識されるようになった。

こうしたプログラミング技術の進歩の中で，対象を表現するデータ構造とそれを操作する動作制御の記述を一体化して扱う，「データ抽象」と呼ばれる方法論がプログラミング言語自体の中に取り入れられるようになり，1980年代には現在の標準技術である「オブジェクト指向」として結実した。

一般人にとってのプログラミング

1980年代にパソコンが売り出されたときには，FORTRANを簡略化したBASIC言語が用意され，この言語でプログラムを書かなければパソコンが使えない時代があった。しかし，パソコンの有用性が認識されると必要なプログラムが商品として用意されるようになり，一般人がプログラムを書く必要性がなくなった。これと同時にプログラミング教育は，理工系の専門教育としてはありえても，一般人には必要のない技術であると日本では考えられるようになった。これは，実用教育としての情報教育としては正しい判断である。

しかし，学校教育は実用性だけで判断されるべきものではない。文章を書くこ

とを業務として行うのは限られた一部の人にすぎないが，文章を読み書きする能力を育成することは，学校教育の中心課題である．同様に考えれば，プログラムを書くことも，それを業務として行うことがないからという理由で学校教育から排除するわけにはいかない．

一般人がプログラミングを行う意義は，コンピュータの本質を理解できるようになることである．プログラムとして書けないことは，コンピュータに実行させることができない．一方，人間は手順を明示しないでもできることがたくさんある．例えば，人の顔を見分けることは，乳幼児でも可能であるが，これをコンピュータに行わせることは難しい．プログラミング教育で，こうしたことを体感できる．

一方，人間にとっては続けられないような単純作業をコンピュータは間違わずに続けられる．その代わり，その単純作業の手順をプログラムとして書き出す必要がある．これが人間にとっては実は大変に難しい作業であることがわかっている．人間は論理の連鎖をつくりだすことは不得意であり，それを行うには専門的な訓練が必要となるのである．こうした事情を理解するには，自らプログラムを書いてみる経験をもつことが一番よい．

プログラミング技術の高度化に伴って，一般人が自らプログラムを書く場面は少なくなっている．しかし，専門家にプログラムをつくらせるにしても，何をつくるかを明確に述べることが求められる．これが実は大変に難しいことであって，このための情報教育が必要となる．これには，どの程度何を学習すべきかがいまだ明らかになっていないが，ユネスコの情報教育[2]では専門家とともに，大学進学者はプログラミングを学ぶことを勧めている．

現在の標準ソフトウェア技術であるオブジェクト指向の主要概念を理解するのは難しくないが，実用に供するのは容易ではない．実際，日本の情報技術者は大学レベルの専門教育を受けていないので，これを行えるものがきわめて少ない．

一方，かつてFORTRANを学んで研究に用いていた研究者は，現在でも情報技術について判断を誤ることは少ない．反対にこうした経験のない研究者の判断は一般人と大差ない．このことから，FORTRANが持っていた関数や手続きの概念による抽象化（一連の仕事に名前をつけ，引数で一般性を持たせる）は，一般人が持つべき有効な概念ではないかと思われる．

FORTRANは，逐次処理，選択処理，反復処理の3制御構造を自分で作り出す必要があったが，現在使われている言語では，これら3制御構造を入れ子にしてアルゴリズム構築を行う[3]ことが常識化している。したがって以上のことをまとめると，構造化プログラミングを自分の問題解決に用いることを学ぶことが，一般人にとって必要なプログラミング学習の内容といえるであろう。

日本語プログラミング

コンピュータの応用範囲は今後数十年にわたって拡大し続けることが予想されることから，一般人のための情報教育の検討が今後も必要である。ひとつの方向性として自然言語を用いたプログラミングが考えられる。筆者の研究室などで日本語でプログラムを書く研究[4],[5]がなされている。これを初心者教育に用いてみると，教え方が一変したといってよい。従来必要であったプログラミング言語自体の習得が不要になり，書かれたプログラムを日本語として読むだけで，その内容を検討することができるようになった。言語の習得が不要になり，整列などのアルゴリズム教育に専念できるようになったことから，プログラミング教育の本質に直接入ることが可能になったのである。

実は，日本語の語順は（情報）処理を記述する言語として最適の構造である。文字による入力からマウスによる指示でコンピュータを利用するようになったときに，語順が日本語と同じく，目的語→動詞の語順に変わった。従来は英語に引きづられて動詞→目的語の語順であったものが，日本語の語順になったのである。これは，日本語の語順が処理の記述に最適の語順であることのひとつの証拠といってよい。

[参考文献]
[1] 子安増生（1987）『幼児にもわかるコンピュータ教育』福村出版．
[2] Anderson, J., Weert, T. van（2002）Information and Communication Technology in Education. UNESCO, http://unesdoc.unesco.org/images/0012/001295/ 129538e.pdf
[3] 阿部圭一（1989）『ソフトウェア入門』第2版，共立出版．
[4] 岡田健（2007）『ことだま on Squeak コミュニティサイト』慶應義塾大学大岩研究室, http://www.crew.sfc.keio.ac.jp/squeak/
[5] 大岩元監修，松澤芳昭，杉浦学編著（2008）『ことだま on Squeak で学ぶ論理思考とプログラミング』イーテキスト研究所．

4.4

[兼宗 進]

教育用スクリプト言語によるアルゴリズム教育

本節では教育用スクリプト言語を用いたアルゴリズム教育手法を紹介する。アルゴリズムの理解には，教具を活用した学習が有効である。その後，プログラミングとして動かしてみることで，理解を深めることが可能である。

キーワード アルゴリズム，教育用スクリプト言語，CS アンプラグド

新しいアルゴリズム教育の流れ

コンピュータと情報の活用が進むにつれて，アルゴリズムを学ぶ重要性が増している。最近ではわかりやすく学習するための教育手法が提案されてきた。

アルゴリズムの学習には，「アルゴリズムの考え方を理解する学習」と「プログラムにより動作を確認する学習」が必要であり，どちらも欠かすことはできない。そこで，教具を用いて動きを理解する学習と教育用に設計されたスクリプト言語を用いてプログラミングを行う学習を紹介する。

教具を利用したアルゴリズム教育

アルゴリズムの考え方を理解する際には，コンピュータになったつもりで手を動かすことが望ましい。ニュージーランド・カンタベリー大学のティム・ベル博士は，「コンピュータ・サイエンス・アンプラグド」(以下，「CS アンプラグド」)[1][2]と呼ばれる教育手法を提案している。CS アンプラグドでは，カードなどの教具を利用する。学習にはゲームの要素が取り入れられており，学生は強い動機を持って取り組むため，理解が早く，知識の定着が高い。

「CS アンプラグド」のテキストは12個の章から構成されている。また，いくつかの学習を紹介する動画が公開されており，雰囲気を見ることができる[3]。

これらはどの章も，小学生4年生程度から学習できるようになっている。例えば第6章では，生徒は2人組みで数が書かれたシートを持ち，「互いの数を先に当

表1 「コンピュータ・サイエンス・アンプラグド」の目次

(1) 二進表現	(7) 整列（選択，クイック）
(2) 画像のビット表現，画像圧縮（ランレングス）	(8) 並列ソート
	(9) 最小全域木
(3) テキスト圧縮（LZ77）	(10) ルーティング
(4) パリティ	(11) 有限状態オートマトン
(5) 決定木，情報量	(12) プログラミング言語
(6) 探索（線形，二分，ハッシュ）	

てる」ゲームを行う。最初のゲームではランダムに数が並んだシートを使うが，次のゲームでは数が大きさの順に並んだシートを使う。この性質に気づいた生徒は，二分探索に相当する戦略を使い，他の生徒より早く数を当てるようになる。他の生徒はその秘訣を知りたくて，どのようにしたら早く目的の数を探せるかを必死に考える。CSアンプラグドを使った学習では，このようなゲームの体験を通してアルゴリズムの考え方を学んでいくことができる。

教育用スクリプト言語を利用したプログラミング

アルゴリズムの学習にプログラミングは不可欠だが，アルゴリズムの学習の中でプログラミングの学習に費やせる時間は限られている。このような場合には，教育用に設計されたスクリプト言語が有効である。このような言語を使うことで，アルゴリズムの学習の中にプログラミングを取り入れることが可能になる。

PEN[5]は高校や大学での学習を目的として設計された言語である。大学入試センターの情報関係基礎で使われるDNCL言語に準拠しており，図1の構文エディタを利用することで構文エラーのないプログラムを記述することができる。

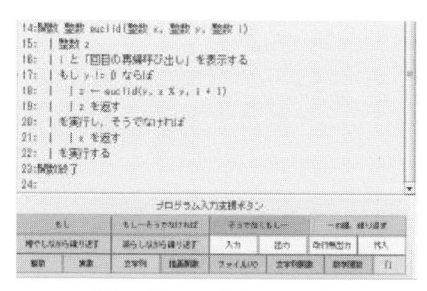

図1 PENの構文エディタ

ドリトル[6]では，文字やグラフィックスのほかに，端末間で通信するプログラムや音楽のプログラム，ロボットなど外部機器の制御プログラムが可能であり，さまざまなアルゴリズムの学習に活用できる．図2に二分探索のプログラム例を示す．

```
キー＝10。左＝1。右＝6。
データ＝配列！作る 1 3 6 10 15 50 入れる。
「左＜右」！の間「
  中央＝切り捨て（（左＋右）/2）。
  「(データ！(中央)見る)＜キー」！なら「左＝中央＋1」そうでなければ「右＝中央」実行。
」実行。
結果＝「(データ！(左)見る)==キー」！なら「左」そうでなければ「"NOT FOUND"」実行。
ラベル！（結果）作る。
```

図2　ドリトルで記述した二分探索の例

アルゴリズムのような抽象的な概念を学ぶときは，CS アンプラグドのような手や体を動かして体験しながら学ぶ学習活動と同様に，プログラミングに関しても，単に計算結果を文字で表示するだけでなく，処理の結果を「画面上のグラフィックス」や「音楽」，そして実際に動く「ロボットの動作」のような形でフィードバックすることは有効である．

図3にドリトルで記述した音楽演奏のプログラム例を示す．音楽は一般に繰返しや条件分岐の構造をもっており，旋律の要素を組み合わせることで曲を構成することができる．このように，視覚や聴覚を利用してフィードバックを行うことにより，自分の作成したプログラムの動作を実感をもちながら確認することが可能になる．

```
Aメロディ="ドドソソララソ〜ファファミミレド〜"。
Bメロディ="ソソファファミミレ〜"。
きらきらぼし＝メロディ！作る。
きらきらぼし！(Aメロディ) 追加。
「きらきらぼし！(Bメロディ) 追加」！ 2回　繰り返す。
きらきらぼし！(Aメロディ) 追加。
きらきらぼし！演奏。
```

図3　ドリトルで記述した音楽プログラムの例

アルゴリズムの学習には，教育用言語のほかにJavaScript，Ruby，PHPなどの汎用的なスクリプト言語を使うこともできる．これらの言語は，変数の宣言が不要，型の扱いが緩やか，構文が簡潔，ライブラリが充実しているといった特徴をもつ．また，なでしこ[4]のように，プログラムを日本語で記述し，Excelなどのアプリケーションと連携したプログラミングが可能な言語も存在する．

アルゴリズムの授業

学習の理解は，「何を学んでいるのか」という認識と，「何のために学ぶのか」という目的の理解が大きく影響する．本節では，学んでいる内容をCS アンプラグドの手法で体験的に理解し，世の中で役立っている事例を紹介した後で，実際に教育用スクリプト言語を利用したプログラミングで動作を確認する教育方法を紹介した．

[参考文献]
[1] イーテキスト研究所『コンピュータを使わない情報教育アンプラグドコンピュータサイエンス』http://www.etext.jp/unplugged.html
[2] 『コンピュータサイエンスアンプラグド』http://dolittle.eplang.jp/?unplugged
[3] Computer Science Unplugged, http://csunplugged.com/
[4] 『日本語プログラミング言語 なでしこ』http://nadesi.com/
[5] 『初学者向けプログラミング学習環境 PEN』http://www.media.osaka-cu.ac.jp/PEN/
[6] 『プログラミング言語「ドリトル」』http://dolittle.eplang.jp/

[ブックガイド]
- 奥村晴彦ほか (2003)『Java によるアルゴリズム事典』技術評論社．各種のアルゴリズムをわかりやすく解説している．
- 兼宗進監訳 (2007)『コンピュータを使わない情報教育——アンプラグド・コンピュータ・サイエンス』イーテキスト研究所．本節で紹介したアルゴリズム教育手法の教師用テキストの翻訳である．
- 川合慧編 (2006)『情報——東京大学教養学部テキスト』東京大学出版会．アルゴリズムを含むコンピュータ科学の基礎が幅広く紹介されている．
- 兼宗進 (2008)『プログラミング言語ドリトル——グラフィックスから計測・制御まで』イーテキスト研究所．本節で紹介した教育用スクリプト言語であるドリトルを解説している．

4.5

[大岩 元]

図解
情報教育における感性

情報技術は論理によって構築されるシステムである．しかし，それを利用する人間は論理的に行動するわけではない．人間の行動に大きな影響をもつのは，論理よりも意志である．こうすべきだという論理が理解できても，そうしたくないことは多々ある．意志をもたなければ，人間は行動できない．

自分の真の意志が何であるかを知るのは，実は容易ではない．これには，自分の関心事を集めてそれらを眺め，それらの間の関係を明らかにするブレーンストーミングが有効である．これには関心事を表現し，それらを一覧できるように配置した図解をつくるとよい．

キーワード ブレーンストーミング，マインドマップ，KJ法，発想支援

図解の表現力

図解は，文字などで書かれた情報を紙の上に配置することによって作られる．配置された情報の間の関係が幾何学的な隣接関係によって表現されるため，図解は人間にとって直観的に理解しやすい．動物にとって，視覚情報の解釈は生死に関わる問題であったため，その能力を進化の歴史とともに発達させてきた結果，コンピュータには追随できない能力をわれわれが持っているからであろう．

図解をつくる作業を通じて，表現対象の構造化を行う方法は多く提案されているが，ここでは代表的なトニー・ブザンのマインドマップ法[1]と川喜田二郎のKJ法[2]の2つを取り上げることにする．両方の方法に共通して次のような特徴をあげることができる．

1. 全体を見渡せる（一覧性）
2. 図解を描いたときのことを思い出せる
3. 共同作業をすることで，意志疎通がはかれる

図解の最大の特徴は，全体を見渡せる一覧性にある．作成時にも，全体を見渡しながら，細部の配置について検討できるので，作成作業を効率的に行うことが

できる．最終的には，配置された情報の間には，階層関係がつくられる．

　図解をつくる作業は，配置に意味を反映させようとすると，深い思考が必要になる．このため，できあがった図解を長い時間をおいて見たとしても，これを手がかりにして作成時に考えたことを思い出すことができる．また，図解作成を数人の共同作業で行う場合，自分の直観に合わない配置は気になるため，それを通じて議論が起こる．これは多くの場合，そこに書かれた文の意味の解釈が人によってずれていたときに生じるものである．議論を通じて文の解釈に関する共通理解が深まり，合意形成の手段としても，図解作成は有効である．KJ法がかつて高度成長期にビジネスの世界で広まったのは，この点が有効であったためであると推測される．最近は，時間のかからないマインドマップが広く使われている．

マインドマップ

　マインドマップでは，まず中央にテーマを書く．次にそこから，放射状に線を伸ばして基本アイデアを書きこむ．基本アイデアとしては，例えばWhen，What，Why，Who，Where，Howなどが考えられる．次に，基本アイデアに関連する情報を線を枝分かれさせながら書き込んでいく．書き方としては，情報を表すのに必要な最小限の「ことば」か絵を使う．また，線には太さをつけて，中央に近いほど太い線にするなど，デザイン的な配慮を加えることが推奨されている．このように，線を手がかりとして，イメージとして関連する情報を関係づけて表現していくのがマインドマップである．

　マインドマップの作成は，考えこまずに思いつくままに行うことができるので，ノート作成の方法として優れている．これには，概念構造があらかじめつくられていることが必要であり，作業が効率的に進むが，概念構造自体を変えようとすると，コンピュータ支援がないと効率的でない．コンピュータを使わない場合は，図全体を書き直すことになるが，これもそれほど時間がかかることではない．

KJ法

　KJ法は，カードを配置する手続きが簡単で結果が明瞭なことから，図解作成の方法論として教育現場で広く使われている．これをどのような手続きで行うかについては必要十分な記述が行われており，多くの人がそれに従って行っている

と思われる。その概要は以下のとおりである。

　第1段階では、考えなければならないテーマについて思いついたことを1つずつカードに書き出す。マインドマップと違って、完全な文にして、意味が取り違えられないようにすることが要求される。第2段階では、集まったカードをグループに分ける。第3段階では、グループ化されたカードを1枚の大きな紙の上に配置して図解を作成する。第4段階は、できあがったカード配置の中から出発点のカードを1枚選び、隣のカードづたいにすべてのカードに書かれた内容を、一筆書きのように書きつらねていく[2]。

　しかし、これについては立花隆や野口悠紀雄が痛烈な批判を行っている[3],[4]。その主張は、「頭の中でできることをわざわざ書き出して行うまでもない」というものである。

KJ法の一解釈

　筆者が解釈したKJ法の要点は次のとおりである[5]。KJ法による図解では、カードに書かれた意味の近さを配置として表現する。第3段階でつくられる図解を成す1枚のカードに書かれた内容は、その隣に置かれたカードだけでなく、その他のカードとも関係をもつ場合が一般的である。こうした場合、隣に置けるカードの数は限られるので、重要な関係だけを選び出す作業が必要となる。遠くのカードの間に関係線を引くことによって関係を表すことはできるが、隣接関係の表現ほど直接的でなく、図の明解性を損ねるので、行ってはならない。重要な関係だけを選んで配置する作業を行うことにより問題の全体像が浮び上がり、その本質が認識されるのである。

　カード配置では、カードの隣におけるカードの数が8枚程度になる。文章表現の場合は、隣に置ける文の数が前後2つに限られるので、遠くの文との関係をことばで付けざるを得ない。配置のように8つまで増やせれば、実用上十分な関係の表現力が得られたといってよい。

　KJ法ではさらに第3段階の配置が得られた後、第4段階では配置上の全カードを一筆書きのように連ねることによって全体を1次元で表現し直す。この作業がうまくいかない場合は配置に問題があるので、うまく表現できるように配置を変更する。

KJ法の作業で重要なのは，直感である．配置もグループ化もあらかじめ仮定した理論に従って行うのではなく，元になる情報であるカードから直接感じられることに基づいて作業しなければならない．カード同士の関係は，全体から見ると局所的な関係であるが，配置によって，局所的な関係が全体の中で位置づけられることになる．すなわち，配置作業によって，はじめて全体像が明らかになるのである．部分の関係を積み上げて，全体の関係を構成するのが，図解化の本質的な意味である．グループ化も配置も，論理によるものではなく，感性に従って行うべき作業である．文章化は，感性による作業結果を論理によって検証する過程である．

図解作成のコンピュータ支援

　筆者は，1980年代の後半にKJ法を支援するソフトウェアを当時の標準パソコンであるPC9801上で開発した[6]．KJ法の支援を目的として開発したKJエディタではあるが，実際の使用においては，KJ法を実行することはほとんどなかった．しかし，図解をつくるソフトウェアとしては極めて強力で，商品化もなされ，類似商品も生まれた．

　マインドマップ支援ソフトやカード操作ツールは，発想支援の研究に対して大きな貢献が期待できる．思考過程の研究では，プロトコール分析が標準的であるが，考えている内容を本人が話したり，書き出すことは，考える作業と干渉する．したがって，発想のような集中を要する思考を正しく記録することはできない．図解作成支援ソフトを用いれば，思考を反映した操作が完全に記録でき，それを再現することで，作業者は当時何を考えていたかを思い出すことができる．深い思考を干渉せずに記録できる唯一の方法であろう．

［参考文献］
［1］　トニー・ブザン (2000)『人生に奇跡を起こすノート術』きこ書房.
［2］　川喜田二郎 (1970)『続・発想法』中公新書.
［3］　立花隆 (1984)『「知」のソフトウェア』講談社現代新書.
［4］　野口悠紀雄 (2000)『「超」発想法』講談社.
［5］　『大岩元 授業メモ』http://www.crew.sfc.keio.ac.jp/lecture/kj/kj.html
［6］　小山雅庸, 河合和久, 大岩元 (1992)「カード操作ツールKJエディタの実現と評価」, 『コンピュータ ソフトウェア』9 (5), pp.38-53.

4.6 指導設計（ID：インストラクショナル・デザイン）と情報システム構築

［大岩 元］

　指導設計は，日本ではインストラクショナル・デザイン（Instructional Design）として知られるようになった[1]-[3]。これは電子学習（e-Learning）システムの構築に必須な技術として近年認識され，さらに企業教育において教育効果を数値化できる方法としても注目を集めている。指導設計（ID）は，米軍が第2次世界大戦において兵隊に軍事技術を大量に短時間で訓練するための方法論として生まれたものである。その実体は，教育内容の分析，設計，開発，実装，評価を体系化したものであり，情報システム構築の方法論を教育に適用したものと考えることができる。

キーワード 指導設計（ID：インストラクショナル・デザイン），電子学習（e-Learning），学習の評価尺度，情報システム学

教育とその効果

　従来日本の学校教育では，教師が教科書を使って学習者にそれを教室で教え込む過程が教育であると考えられてきた。そこでは黒板の使い方，説明や発問の仕方などが教師のもつべき技術であると考えられ，教育の評価は教科書の内容をどれだけ記憶しているかを調べることで行われるのが一般的である。

　しかし，教育の本質を考えてみると，それは学習者に新たな能力を付与するために行うものであり，知識を覚え込むことは，その一部にすぎない。能力がついていれば，知識も覚えていることになるが，知識があるからといって能力がついているとは限らない。

　1996年にOECD加盟14カ国で行われた成人に対する科学技術に関する理解度調査の結果は惨憺たるもので，科学リテラシーは13位，科学技術への関心度は14位の最下位であった。学力低下がさけばれているが，2000年度のPISAの学力調査では日本の子供の科学リテラシーは韓国に続いて第2位である[4]。試験では良い成績をとるが，終わるとその後に残るものが少ない日本の教育の特徴を表

しているといってよかろう。

指導設計（ID：インストラクショナル・デザイン）

　米国の企業教育のための方法論として発達してきた指導設計（ID）は，教育の過程をシステムとして捉える。システムは互いに関連する要素の集まりであり，各要素が相互に機能し合うことで，設定された目標を達成する。

　教育をシステムとして捉えたとき，その構築はまず目標設定から始めることになる。また，学習者がどのような能力をすでにもっているかも決定しなければならない。そして，この出発点から目標までをどのように教育システムとして構築するかを考えるのが指導設計（ID）である。これによって，教育システムの責任範囲が明らかになる。

　出発点と目標が決まれば，そこへ学習者が到達するために行う過程を設計することになる。まず行うのは，目標に到達したときに学習者ができるようになったことを具体的に記述することである。次に，それができることをどのようにして評価するかの基準をつくり出す。

　学習の評価尺度としては，次の5段階を考えるのが標準的である[5]。

レベル1　用語を聞いたことがある
レベル2　概念の説明ができる（知識を理解している）
レベル3　与えられた条件下で，知識を使って演習ができる
レベル4　知識を応用できる
レベル5　実世界における問題解決において，適切な知識を選び適用できる

　従来の学校教育では，レベル1から2までが要求され，社会で必要とされるレベル3以上の教育が非常に弱体であったと言えるであろう。近年のセンター試験に代表されるのコンピュータに支援された試験はレベル1から2に主として対応するものであり，教育界全体がこうした試験に過度に対応することから，レベル3以上の評価に対する教育が弱体化してしまった。

　指導設計（ID）では，到達目標事項をどのレベルで達成するのかを決定してから，それを評価する試験問題を作成することで，具体的な教育内容の構築を始める。そして，到達目標を達成するのに必要な事項を後ろから前へと到達点から出発点に遡って，つくり出していく。これには，まず教育内容の各事項間の依存

関係を決定しなければならない。続いてどの順番で各項目を教えていくかを決めて，教材をつくり始める。

こうしてできた教育システムは仮のものであり，それが本当に機能するかどうかを形成的評価によって調べる。これには，学習者1名で行う評価，数名で行う評価，実地テストによる評価の3段階がある。どの評価も，学習者が十分な前提能力があるか，目標とする能力をすでにもっていないかを調べる事前テストと，教育を受けた結果，到達目標に達したかどうかを調べる事後テストの2つを行わなければならない。

このように形成的評価の結果を踏まえて，教育システムは改善されて学習者に提供されることになるが，実際の使用の中でも引き続き改善を続ける必要があるのはいうまでもない。

情報システム学

情報システム学は，「情報システムの概念的枠組みを明確にし，その社会的側面の考察を深め，情報システムの企画，開発および運用・評価に関する実務的な知識・技術の体系化を目指す」学問である[5]。情報システムの構築は物の製造と異なり，計画，設計，開発，運用のすべてにわたって人間が関与するので，人間や社会との関係が重要である。物と違って心をもつ人間は，その特性を物のよ

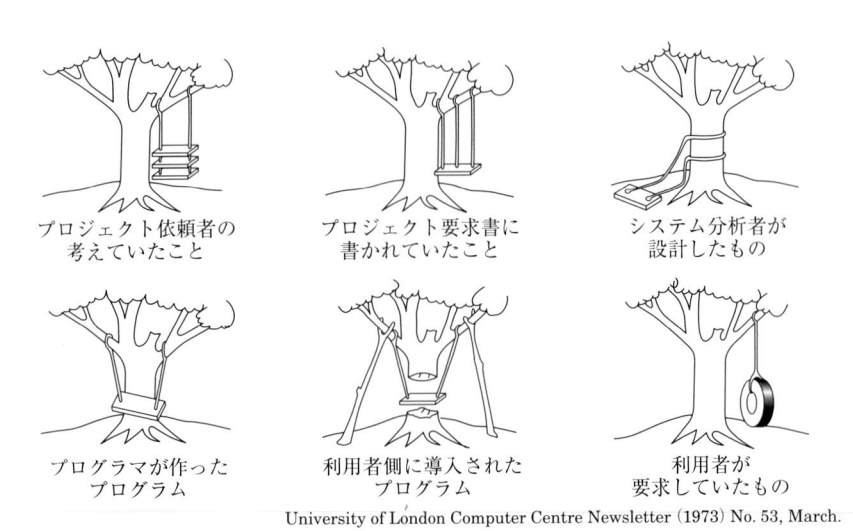

University of London Computer Centre Newsletter (1973) No. 53, March.

図1　ソフトウェアの開発の問題点

うに客観的に記述することができない．不確定な要素を含む情報システムの設計の中心はコミュニケーションの問題であり，1973年にロンドン大学で描かれたマンガがそれを適確に表している（図1）．教育システムは教育分野に応用された情報システムと考えることができる[6]．

指導設計（ID）を教育に活かす

鈴木克明は，「教えるとは学びを助けることである」と主張している[3]．従来型の一斉授業は学校でも企業教育でも広く行われているが，その効果には問題が残る場合が少なくない．話を聞いてわかった気になる授業が受講者に高く評価されるが，この高い評価が必ずしも学習者に能力を付与したことを意味しない．教育の目的は学習者に新たな能力を与えることである．

一斉授業で能力が付与されるには，学習者の側に自分で考え，学びとる能力があることが前提となる．日本の教育システムが学習者に対する能力賦与に失敗している結果，教師側から「ここは大切だからしっかり覚えてください」といった指示が出されるようになり，ますます学習能力を阻害する環境が整うことになってしまっている．

教育機関には，学習能力を育成することが求められる．それは，教師が一方的に知識を伝える一斉授業だけでは達成されない．学習者が，自分で学ぶ力それ自体を育成することが求められているのである．こうした状況を教育機関がつくり出すためには，教育理念の目的の明確化から始める指導計画（ID）の考え方は大きな力となる．従来，学習指導要領によって行われてきた教育目標の設定を，現場の教師も行う必要性が出てきたのである．

[参考文献]
[1] R. M. ガニエほか著，鈴木克明ほか訳（2007）『インストラクショナルデザインの原理』北大路書房．
[2] W.ディックほか著，角行之監訳（2004）『はじめてのインストラクショナルデザイン』ピアソン・エデュケーション．
[3] 鈴木克明（2002）『教材設計マニュアル』北大路書房．
[4] 福田誠治（2007）『競争しても学力行き止り イギリス教育の失敗とフィンランドの成功』朝日新聞社，p. 195，p. 206．
[5] 浦昭二ほか編著（1998）『情報システム学へのいざない』培風館，p. 110．
[6] 神沼靖子，黒田孝明編著（2007）『教育デザイン入門』オーム社，p. 8．

4.7 メディア・リテラシー

[斎藤俊則]

若年者を取り巻くメディア環境の急速な変化を背景に，教育現場ではメディア・リテラシーへの関心が高まっている。本節では，メディア・リテラシーの考え方の要点と教育活動の特徴を説明する。

キーワード メディア・リテラシー，ポピュラー・カルチャー，学び手の主体性，記号論，保護主義的観点

メディア・リテラシーとは？

メディア・リテラシーは，広義にはメディアを主体的に活用するために必要とされる知識・技能・態度・見識などを指す用語である。ただし，この語の含意に対する解釈は，対象とするメディアの想定やメディアに対する主体性の捉え方などによって大きく異なる。ここでは，英国やカナダを中心に発展し，わが国にも浸透しつつある解釈にのっとったメディア・リテラシーの概要を紹介する。加えて，わが国におけるメディア・リテラシーの普及に向けた課題について若干の言及を行う。

メディア・リテラシーの定義

上述の解釈にのっとったメディア・リテラシーの定義としては，わが国では鈴木みどりによる「メディア・リテラシーとは，市民がメディアを社会的文脈でクリティカルに分析し，評価し，メディアにアクセスし，多様な形態でコミュニケーションを創りだす力を指す。また，そのような力の獲得をめざす取り組みもメディア・リテラシーという」[1] がよく知られる。鈴木の定義においてメディアとは，テレビをはじめとするマスメディアを想定している。そのうえで，市民がマスメディアの情報発信力や文化生産力に対抗して自らのメディア文化を築く力を獲得することを目指している。

メディア・リテラシー教育の特徴

　メディア・リテラシー教育の特徴は，学び手の"主体性の育成"を最重要視する点である。例えば英国の教育学者レン・マスターマンはメディア・リテラシー教育について，1.上意下達的でない教育アプローチを取ること，2.対話，熟慮，行動のプロセスを重視すること，3.急進主義に陥らないこと，の3点を強調する[2]。
　1.はメディア・リテラシー教育が教師と学び手との間のフラットなコミュニケーションを重んずることの指摘である。2.はメディア・リテラシーの学びの過程を構成する本質的な要素をあげたものである，3.はメディア・リテラシー教育が急進的なメディア批判の押付けとは区別されるべきであることを述べたものである。
　これらは理念のレベルにおいて，メディア・リテラシー教育のあるべき姿を端的に示すものである。すなわち，学びに関与するあらゆる要素は学び手の"主体性の育成"に向けて焦点化される。その範囲は教育内容のみならず，学びの過程における教師と学び手との関係や学び方に対する考え方などにも及ぶ。

メディア・リテラシーの実践的学習の例

　学び手の主体性の育成を掲げるメディア・リテラシー教育では，学び手自身による実践中心の学習を行う。実践内容の多くは情報の"読解"と"発信"を念頭に置いたものである。
　情報の読解についてはメディアテクスト（各種のメディアが送り出す表現）の批判的読解が代表的である。一般的な手順は，（1）分析シートなどを利用して，学び手があらかじめ設定された視点に基づき，現実のメディアテクストを分析する，（2）分析結果からメディアテクストが発するメッセージの形成要因（例えば制作者の意図，視聴者の価値観，制作者と視聴者との間にある社会的コンテクストなど）を読み解き，その結果について議論する，といったものである。これらを通して座学のみでは困難な"批判的視点の体得"を目指す。
　一方，情報の発信についてはメディアテクストの疑似的制作が多く行われる。例えば学校のPRを目的とするテレビCMの制作などを想定し，対象とする視聴者の分析から絵コンテの作成，さらには動画の撮影や編集作業など，メディアテクストの制作過程を学び手に体験させる。このときに重視されるのは，メディア

テクストの人為的性格，すなわちすべてのメディアテクストは"現実を映す鏡"ではなく，制作者の視点による"構成物"であること，に対する理解である。したがって，単に制作過程を体験するだけでなく，内省や議論によって制作過程を振り返る機会が設けられる。

これらの実践の基調をなすのは記号論以降のテクスト解釈論である。すなわち，読解，発信の双方において，読み手による解釈に開かれた（またそれゆえに"現実を映す鏡"には決してなり得ない）記号システムとしてのメディアテクストの性質が強調される。したがって，指導にあたる教員は記号論に対する基本的理解を有することが望ましい[3]。

メディア・リテラシー教育の背後にある保護主義的観点

メディア・リテラシーの教育活動の源流は英国の保守派の文学研究者F.R.リービスの思想を汲んだ教育活動にさかのぼる[4]。リービス派の教育活動が始まったのは1930年代初頭である。これは米国から輸出されたポピュラー・カルチャー（例えばハリウッド製の映画など）が英国に浸透した時期と重なる。

リービス派の活動は米国発のポピュラー・カルチャーに対する英国の伝統文化の保護が目的であった。彼らは，彼らが信じるところの"伝統文化"に対して，米国から流入するポピュラー・カルチャーを程度の低い堕落した文化とみなした。そして子どもたちをポピュラー・カルチャーの影響から保護するために，学校でマスメディアを取り上げて批判を行う教育活動を展開した[5]。

その後の歴史の中で，リービス派の露骨な"保護主義的観点"は相対化されるが，その発想は現在のメディア・リテラシー教育の中にも見て取れる。例えば，米国と国境を接するカナダ・オンタリオ州編纂のメディア・リテラシー指導書[6]では，各種メディアの商業的，政治的背景の解説と，批判的読解を中心とする授業案の紹介に多くのページが割かれている（この州は1987年に世界ではじめてメディア・リテラシーを公教育に導入した）。このカリキュラムのひとつの大きな目的は，子どもたちの意識をマスメディアの発するメッセージの影響力から保護することであると見ることもできる。

メディア・リテラシー教育の普及に向けて

　メディア・リテラシー教育の普及に向けた課題は多岐にわたる．例えば，インターネットや携帯電話など，新しいメディアに対応した教育のあり方は現在事例を積み重ねている段階にある．また，英国やカナダなどいわゆる"メディア・リテラシー先進国"と比較した場合，わが国の公教育による取組みは遅れているといわざるを得ない．加えて，マスメディアを中心とするプロフェッショナルなメディア制作者による教育への参画もごく少数例に留まっている．

　これらの状況を改善するうえでひとつの鍵となるのは，伝統的メディア・リテラシーの基調をなす"保護主義的観点"の克服である．この観点はマスメディアと市民との健全な緊張関係を築くうえでは現在でも価値をもつ．しかし，この観点への過度の固執は，多様な主体（とくにマスメディアに従事する人）による教育への参画を排除する傾向を生み，教育の普及の足かせとなる．加えて，メディア・リテラシー教育を，学び手自身に対する批判的省察を欠いた浅薄なメディア批判へと矮小化する．

　現在，この点に自覚的な担い手たちは新たなメディア・リテラシー像を模索している（例えば水越[7]など）．今後も多様な立場に開かれた議論と実践の積み重ねが期待される．

[参考文献]
[1] 鈴木みどり編 (1997)『メディア・リテラシーを学ぶ人のために』世界思想社，p. 8.
[2] Masterman, L. (1985) Teaching the Media. Routledge, pp. 27-37.（本書の部分的な邦訳は次の文献に収録．鈴木みどり編 (2001)『メディア・リテラシーの現在と未来』世界思想社．）
[3] 斎藤俊則 (2002)『情報がひらく新しい世界9 メディア・リテラシー』共立出版，pp. 49-54.
[4] 吉見俊哉 (2000)『カルチュラルスタディーズ』岩波書店，pp. 5-6.
[5] D.バッキンガム著，鈴木みどり監訳 (2006)『メディア・リテラシー教育——学びと現代文化』世界思想社，pp. 12-14.
[6] オンタリオ州教育省編，FCT（市民のテレビの会）訳 (1992)『メディア・リテラシー——マスメディアを読み解く』．
[7] 水越伸 (2005)『メディア・ビオトープ——メディアの生態系をデザインする』紀伊国屋書店．

4.8 セキュリティ

[武藤佳恭・大岩 元]

高橋秀俊によれば，人間は気まぐれで，怠け者であり，不注意で，根気がなく，単調を嫌い，ノロマで，論理的思考力がなく，何をするのかわからない（人間8則）[1]。逆にコンピュータは生真面目で，勤勉，周到，疲労せず，冷静で，機敏であり，行動の枠を越えず，従順である。情報システムは，正反対の特性をもつ人間とコンピュータが共存したシステムであり，その折り合いがつかなくなるとセキュリティの問題が生じる。

人間の組織が情報システムを構築する場合，それを使用する人とともにそれを運用する人の中にも悪いことをする人がいる可能性を考えなければならない。障子や襖に代表されるように，日本の文化は聞こえても聞こえないフリをするような，人間の善意を前提にしたものである。しかし，デジタル社会ではこのような文化は通用しない。「100％完璧なセキュリティは世の中に存在しない」を出発点として，すべてを性悪説に基づいて考えなければならない[1]。本節では詳細については参考文献にまかせて，ここでは基本的な考え方について述べる。

> **キーワード** セキュリティホール，セキュリティ対策，BlackList方式，WhiteList方式，自己責任の情報管理

セキュリティ概念なしで構築されたインターネット

現在のネットワークは，パソコンだけでなく，PDA，携帯電話，情報家電，設備系システム，ICタグなどに広がり，それらがネットワークに統合されている。情報が大量かつ複雑なものであったとしても，デジタル化されたものであれば簡単にやり取りされてしまう。

しかし，インターネットは善意のユーザーのコンピュータを接続するという意図で始まったために，情報は暗号化されずに送られ，中継点となるコンピュータ上では誰でもその内容を見ることができるシステムである。いわば，セキュリティ思想のないシステムといってもよい。インターネットでは情報は常に見られているという前提で考えなければならない。

また，ネットワークに接続されたサーバーは，どこからでもアクセス可能であ

り，その上のプログラムにバグ（欠陥）があると，そこを利用して本来外部からは不可能な方法で，不正にそのコンピュータを操作することができる。こうして利用されるバグのことをセキュリティホールと呼ぶ。

　セキュリティホールがあると，これを利用してクラッカーから攻撃される。1997年7月に，ドメイン名とIPアドレスを関連づける役割を担うルートDNSサーバーの人為的設定ミスに対して攻撃が行われて，4時間世界中のインターネットが止まった。

　バグのないプログラムをつくるべきであると考えたいところであるが，事実上これは不可能である。最近は，世界中の専門家が集まって問題解決を行うオープンソース開発によってセキュリティ問題は劇的に改善されつつあるが，こうした開発経験からわかってきたことは，一般にソフトウェアは（15％のバグを残して）85％の完成度で出荷されているという事実である。この完成度を改善するために，それまでの開発要員の10倍のプログラマーを動員しても，数％しか完成度が向上しない。したがって，経済的理由からバグの存在は避けられないのである。ソフトウェアにはセキュリティホールが存在するという前提で考える必要がある。

セキュリティ対策[2]

　恥の文化を基調とするわが国では，企業や政府などの組織はセキュリティ問題を表に出したがらない傾向が強い。これは，攻撃する側からすると都合のよい状況である。何度でも同じ攻撃手法が使えるからである。彼らは攻撃情報の共有を行っているので，たて割りで情報共有しない傾向が強い日本の組織は恰好の攻撃対象となる。

　セキュリティを確保するためにまず行わなければならないことは，重要情報を特定し，対策を立てることである。この判断が面倒なために，これを行わずにすべての情報を管理しようとしがちであるが，費用がかかりすぎて管理が甘くなり，結果としてセキュリティが確保されないことになってしまう。重要情報の判断基準は，情報が漏れたときにその組織がどれだけの損害を受けるかを推測することで決められる。

　セキュリティ対策に投資をしても，それを維持管理することにも費用を投じな

いと効果を発揮できない．導入しない場合に生じる損失を予測し，それに見合う投資を総合的に実施する必要がある．

セキュリティ攻撃は，実は外部からと同程度に組織内部の不満分子から行われている．1973年に米国のエクイティ・ファンディング社で20億ドル（破産法関連で史上2番目の規模）の詐欺事件が起った[1]．この詐欺にはコンピュータがからんでいたが，その中心人物は同社の経営者であった．

システムやアプリケーションのアップデート（セキュリティパッチ）をすることも，セキュリティ確保のための必須事項である．セキュリティパッチを充てることによって，問題のセキュリティホールを塞ぐことができる．新しいセキュリティ問題が見つかっても，セキュリティパッチができるまでには時間がかかるので，常に大事なファイルは外部のハードディスクなどにバックアップをとっておく必要がある．また，攻撃側はWindowsのようなメジャーなOSを攻撃してくるので，それ以外のOS管理下にある情報は攻撃を受けにくい．

ファイアウォールなどの対策は，内部からの攻撃に対してはまったく効果がない．これを防ぐ1つの方法は情報の変化を常に記録し，いつでも過去の状態に戻せるようなデータ整合性管理を行うことである．また，アクセス管理など，すべてのユーザーと管理者に対する行動の記録を残すことも必要となる．ユーザー側としては，自分の行動がすべて監視されていることを覚悟しなければならない．

個人が行う対策

個人がセキュリティを考えるうえで重要なことは，
1．"自分の身は自分で守る"
2．"性悪説"（人間は，悪いことをすることを前提にシステムを構築する）
3．"悲観主義"（どんなことが起こっても，対処できるようにする）

である．セキュリティ対策として，パスワードなどによるアクセス制御，ウイルス対策ソフトの使用，暗号化，ファイアーウォールの設定などが考えられる[3]が，完璧なものは存在しない．常にバックアップをとって，何が起きても短時間に復活できるような自己責任の情報管理を個人レベルでも行う必要がある．

ウイルス対策ソフトウェアを例にとると，悪事を働くプログラムのプロファイルを収集し，インターネットを通してそれらの情報をパソコンに取り入れて，そ

れらの悪事プログラムを探し出し除去する。このようなBlackList方式は，確かに役立つが，無数の悪事を働くプログラムをこれらのBlackList方法で本当に退治できるわけではない。次々と現れる悪事を働くプログラムに対してデータベースをつくって，これを照合するのは計算コストもかかる。

　これに対して，新たな手法であるWhiteList方式が登場してきている。これは，実行させたいプログラムだけを実行させる方式であり，WhiteListに登録したプログラム以外は実行させない仕組みがパソコンに組み込まれる。

　このように，技術的問題解決方法や手法は常に経年変化を伴ってその価値が変化する。価値において経年変化の伴わないものが，智恵や哲学（思想）である。例えば，セキュリティの哲学や思想は，すでに孫子の兵法や老荘思想で論じられており，セキュリティ対策はこれに学ぶことができる。2004年に米国で施行されたHealth Insurance Portability and Accountability Act制定にあたっては，孫子の兵法が参考にされた。孫子の兵法で大事な考え方は，戦わずして勝つ。つまり，

1. 外部・内部から攻撃にあわないように，努力する。例えば，余計なサービスはしない。
2. 攻撃者に返事しない（ファイアーウォールでは攻撃者に返事しないと，相手はこちらの返事を待っている状態になる）。

ということである。

[参考文献]
[1] 名和小太郎（2005）『情報セキュリティー』みすず書房．
[2] 武藤佳恭（2004）『知らないと損するセキュリティーの話』日経BP企画．
[3] 情報教育学研究会（2007）『インターネット社会を生きるための情報倫理』第4版，実教出版．

4.9 情報倫理

[辰己丈夫]

情報・データを利用するにあたり，その行為が社会にどのような影響を与えるかを考えて行動するための規範として「情報倫理」が求められている。情報倫理を考えるには，著作権，プライバシー，メディアとの関連が重要である。

倫理の問題の根本となるのは，「他人のために善と思っている行為が違法であるとき，どのように振舞うべきか」という善悪と合法性の矛盾である。以下に述べる具体例の多くは，この矛盾が根底となって発生した問題であるといえる。

キーワード 情報倫理，情報モラル，情報危機管理，著作権，プライバシー，インターネット，メディア・リテラシー

情報モラル・情報通信倫理・情報倫理

1990年代前半，通信の研究者らは，通信により拡大した情報にかかわる不適切行為に対するルールを「情報通信倫理」と呼んでいた。その内容が情報教育の研究者に知られ，1997年頃に「情報倫理」と呼ばれるようになった。一方，文部省（当時）が1998年に公表した学習指導要領で「情報モラル」ということばを使用したため，初等中等教育では「情報モラル」が利用されている。しかし，文部省自身も高等学校の教科「情報」の教員免許養成課程には「情報社会と情報倫理」を設定していて混用している。そこで，本節では情報倫理ということばを用いて「情報モラル」，「情報通信倫理」を含めて総称し，区別をしない。

ところで，情報危機管理は事件・事故の防止，事後の回復処置を事前に用意するなどの方策であり，情報倫理自体が広い意味で情報危機管理の一部を構成しているともいえるので，本節では情報危機管理的な考え方も取り上げる。

情報倫理の発生

概念としての情報倫理は，情報倫理などのことばが普及するよりはるかに前に発生した。ドイツ軍は暗号生成機エニグマを開発し，チューリングらは暗号解読

機を作成し，米軍は軌道計算のためにENIACを開発した。これらに関係した科学者・数学者らは戦後，「開発された兵器によって救われた人数のほうが，開発せずに失われたであろう人数より多い」と弁解を述べるが，強力な大量殺戮兵器の開発に初期の情報科学が貢献したことは事実である。軍事目的にもとれる研究行為の倫理性[1]が議論の対象となっていたことは容易に想像できる。

戦後になるとコンピュータの平和利用が始まった。この時代は，計算機工学にかかわる人間が運用を行っていたため，犯罪行為への利用を思いつくこともなく，情報倫理に該当する概念は発生していなかった。だが，銀行などにオンラインシステムが導入され，オペレータの不正操作による詐欺事件が発生し，情報行為に行動規範としての職業倫理が求められるようになった。

一方，品質保証の観点からの生産者倫理も求められるようになった。例えば，Therac-25という放射線治療装置は，ソフトウェアのバグによって1985年から1987年の間に3名の死亡事故[2]を起こしてしまった。コンピュータを組み込んだ機器が人命にかかわる重要な役割を担うようになってしまった以上，動作の安全性を十分に検証しているかというソフトウェア生産者の倫理が求められるようになった。

情報倫理の現状

情報倫理と著作権，通信，個人情報　著作権と情報倫理にかかわる問題は，PC（パーソナルコンピュータ）が普及を始めた1980年代に始まった。PCでは，有償のソフトウェアを利用するようになり，結果として不正コピーが横行した。そこで，日本では1985年にソフトウェアに著作権が認められ，無断複製が法律で禁止されるようになったが，その後も知的財産の不正コピーが横行し，対抗するコピーコントロール技術や，公衆送信権の確立なども行われた。一方で，クリエイティブ・コモンズ（CC）や，GNUによるコピーレフト〔◉ 2.5〕など，著作権の主張を留保／制限し，知的財産を広く流通させようという運動も発生している。

初期のインターネットには研究所や大学のみが接続され，性善説に基づいて運用されていた。例えば，当時は，ホストコンピュータを誰が利用しているかを，そのホストに利用権限をもたない人でも知ることができた。また，同じホストを利用するユーザー同士は互いのファイルの中身を見ることが可能な設定が常識で

あった．だが，1988年11月にインターネットを利用したコンピュータワームが登場し，性善説的な考え方は消え，安全を重視する方向に転じるようになった．

1998年の宇治市住民基本台帳データ流出事件では，データを入手した名簿業者がWebに販売広告を掲示した．この事件は，個人情報関連の法令制定をいそがせる重要な事件[3]となった．また，コンピュータウイルス感染などの過失による情報漏洩と，犯罪者による個人情報の掲示によって，多くの個人情報が公衆にさらされてしまう事件が頻繁に発生するようになった．これは，個人情報の取扱いに関する職業倫理や危機管理が普及していないことが原因であるといえる．

情報倫理と電子メール，WWW　多くの利用者は電子メールは私信であるとみなし，さまざまな個人情報や著作物に電子メールを利用している．だが，受信人数が多い電子メールや，メーリングリストの場合は私信とは呼べない．その認識がない利用者によって事件・事故が発生している．また，電子メールに代表されるプッシュ型の情報流通では，受信者からの苦情が情報発信者に容易に伝わる一方，WWWに代表されるプル型では利用者からの意見が情報発信者に伝わりにくい．その結果，WWWの場合は情報発信者が自らの行為を点検する機会が減少し，トラブルが多く発生する．とくに，Web掲示板の場合は問題が顕著であり，利用に際しては規範を求める声が多い．

ところで，インターネットの普及初期には「故意に交通事故を起こして被害者となり，事故の示談金をだまし取ろうとする『当たり屋情報』」がチェーンメールとして転送されていた．当たり屋情報を転送しようとしていた人たちは，相手のためになると思って転送していたが，実体は虚偽の情報であった．この「当たり屋情報」は，情報倫理の普及・教育活動に伴い減少し，2001年頃にはほぼ絶滅した．さらに，2003年頃からはチェーンメール自体が減少している．「多くのチェーンメールの内容は真実でなく，また，仮にそのメールの内容が真実であったとしても，チェーンメールを転送すると，トラフィック過多となり，転送したメールが届かなくなるので，やはり内容が真実であったとしても虚偽であったとしてもチェーンメールを転送すべきではない」という情報倫理教育が広く社会に浸透し，成功した例ともいえる．

情報倫理教育　冒頭で述べたように，現在は，情報倫理教育という授業に情報モラルと情報危機管理の内容も含まれている．情報モラルに関する項目は，本

来なら小学生から学び，内容は基礎的（応用可能）で，関心・意欲・態度で評価されるものであるべきである。また，情報危機管理に関する項目は，現実的で，具体的な事象に即したものであるべきである。一方，携帯電話を所持する小学生や中学生も少なくない現在の日本では，小学生や中学生であっても，利害関係の調整，事故の回避などの危機管理的な内容を学ぶ必要が生じている。しかし，すぐに現実へ応用可能な内容を学びすぎた結果，数学や理科などの基礎的な知識・理解（応用のための前提となる知識）を軽視する傾向が生じている。これは，小学生・中学生の理科離れなどとも無関係ではない。

そこで，情報倫理教育・情報モラル教育を体系的に構成するには，モラルと危機管理の知識を適切なバランスで含むように構成すべきである。また，情報倫理の項目には，危機管理の前提となるリスク評価を支える情報科学・情報工学に関する基本的な内容も必須である。

情報倫理研究の課題

情報倫理は学際的な領域に属している。これは，情報倫理をつくる構成要素が，善悪を判断する倫理，情報社会を構成する人間心理と文化，情報インフラを構成する工業的技術，情報インフラの上で行われる経済活動・法・政治活動など多くの要素を不可欠に含むからである。また，情報技術と経済活動は，毎日のように進化しており，学問的な安定を得ておらず，科学的対象とは言い難い状況にある。そのため，この領域での研究には，広い知識，学際的なバランス，自らが対象を抽象化して研究に取り組む作業が求められる。

[参考文献]
[1] Kizza, J. M. 著，大野正英，永安幸正監訳 (1998)『IT社会の情報倫理（原題: Ethical and scocial issues in the information age）』日本経済評論社．
[2] Baase, S. 著，日本情報倫理協会訳 (1997)『IT社会の法と倫理（原題: A gift of fire: Social, legal, and ethical issues in computing）』ピアソン・エデュケーション，pp. 113-118.
[3] 大岩元，辰己丈夫 (2005)『情報技術と社会（放送大学テキスト）』放送大学出版会．

[ブックガイド]
■辰己丈夫 (2004)『情報化社会と情報倫理』第2版，共立出版．

4.10

[井上理穂子]

教育におけるIT利用と著作権

教育においてITの利用が行われるようになって，従来の著作権法に関する知識では，対応できない場面が増えている。ここでは，ITを利用した教育においてあらゆる著作物を扱う場合を想定して，必要な著作権法の基礎知識について簡単に記述し，各教員が著作権法について知る糸口を提供する。

キーワード 著作物，著作者，著作権，著作隣接権者，権利制限規定

他人の音楽CDをCD-ROMに複製したものを授業で配布したいけれど，著作権法上問題ないのか，児童・生徒が文化祭で演じた他人の著作物である演劇をインターネット上で公開したい，さらに，授業中に提示した他人の著作物を含むパワーポイントなどを学生に公開するために，インターネット上におくのはどうであろうか，などの疑問が教育現場では存在する。このような場合は，まずその創作物が著作物であるか，その著作者は誰であって，その利用はどのような権利を侵害する可能性があるか，さらにその権利を制限する規定は存在しないか，また著作隣接権者がいる場合は誰かということなどを考えなければならない。以下では，これらについて基礎的な事項について説明する。

著作物

著作物は，「思想又は感情を創作的に表現したものであつて，文芸，学術，美術又は音楽の範囲に属するもの」（著作権法第2条第1項）である。考え，気持ちなど個人の頭の中にあるものを何らかの表現手段を使って，創意工夫において創作を行ったものであり，個人の頭の中の思想，感情そのものは著作物ではない。推理小説のトリックのアイデア，絵画や音楽の作風などは著作権法でいうところの著作物とはならない。

著作物には，本や脚本（言語の著作物），音楽，バレエや舞踏の振り付け，絵画や彫刻などの鑑賞用美術，建築芸術，地図，設計図，図面，図表，模型，映画，

写真, プログラムなどがある。著作物であるためには, 紙やCDなどの物理的媒体に固定されている必要はないが, 映画のみフィルムなどに固定されている必要がある。

著作者と著作権者

著作者とは, 著作物を創作した者で, 著作権者とは著作権法が規定したさまざまな権利をもつ者である。著作者と著作権者は基本的に同じだが, 著作者が著作権を譲渡した場合は, その著作権を譲渡されたものが著作権者となる。2人以上の人が共同して著作物を創作した場合, その著作物は共同著作物となり, その共同して創作した者全員がその著作物全体に対する著作権をそれぞれ有することとなる。著作物に対しては, 著作権者が著作権法に定める権利をすべて有し, 著作権者以外の者は, 後述する権利制限規定により特別に自由に利用できる場合を除いては, 基本的に許諾を取らないと権利に定められた利用を行うことはできない。

著作権

著作権（広義の著作権）は, 著作者の人格的利益に着目した著作者人格権と, 著作権（狭義の著作権, 経済的権利）に分けられる。著作者人格権は譲渡できないが, 著作権は譲渡ができる。著作者人格権は, 公表権, 氏名表示権, 同一性保持権の3種類である。他人の著作物を非営利目的で上映したり, 引用して新たな著作物を創作したりする場合, その著作物を改変せずに利用しなければならないのは, 著作者に同一性保持権が存在するからである。

経済的権利である著作権は, 著作権法第21条～第28条に規定されており, この権利の内容に抵触する著作物の利用行為を行う場合は, 著作権者から許諾を受けなければならない。複製権（第21条）は, その著作物を複製する権利であり, 上演権, 演奏権（第22条）は, 公衆に直接見せまたは聞かせることを目的として著作物を上演, 演奏する権利である。著作権法上の「公衆」とは, 不特定人のほかに特定多数人を含む。具体的に「多数人」の人数が決まっているわけではなく, 著作物の種類や利用態様などに照らして判断される。また, 公衆送信権（第23条）とは, 放送, 有線放送, インターネットなどに著作物をのせる権利をい

い，とくにインターネットのように公衆からの求めに応じ自動的に送信を行うものは自動公衆送信と呼ばれ，その場合は，送信可能化権も必要となる。

著作権制限規定と著作権

著作権制限規定は，著作権法の目的である文化の発展を促進するという公益上の理由やその著作物の利用態様などからも，権利者への影響が少ないと考えられる場合，著作権者の権利が一部制限され，その利用に関して基本的に無許諾・無料で利用が可能である旨を規定したものである。

教育目的利用に関連するその中心的なものに第35条，第38条がある。

第35条は，非営利目的の教育機関においては，一定の要件を満たした場合は無許諾・無料で，複製物を児童・生徒・学生に配布することができ，さらにネットワークなどを介した遠隔授業においてもネットワークを通じて配布することが可能である旨を規定している。ただ，後者については，遠隔同期授業に限られる。ネットワークを介した複製物の配布は非常に限られた場合にのみ無許諾・無料の権利制限が適用される。

第38条は教育だけに限らず非営利目的の上演，上映，演奏等を無許諾・無料で行うことができるという規定であるが，この場合は，インターネット上に著作物を公開することを含まない。

著作隣接権

著作権法では，著作物を創作した者だけでなく，著作物の伝達に重要な役割を果たしている実演家，レコード製作者，放送事業者，有線放送事業者に著作隣接権を認めている。例えば，アイドルが楽曲を作詞，作曲，編曲などを行わず歌うことのみでCDを出した場合，アイドルは実演家であり，その楽曲，いわゆる著作物の著作権者ではない。実演家は，歌った演奏をCDなどに録音する権利をもち，前述した著作権制限規定（著作隣接権についてもほぼ同様の適用がされる）に該当しない場合，権利を主張できる。

教育利用の実例

他人の音楽CDをCD-ROMなどに複製したものを授業で配布するといった場

合は，他人の音楽が著作物であり，その著作権者，著作隣接権者が存在するのは明らかである。よって，許諾を権利者に求める必要があるのだが，権利制限規定に当てはまればその必要はない。この場合，授業中の配布であるので第35条の適用を考える。CD-ROMへの複製も複製であるので，この点については第35条が適用されるが，楽曲の全体など，不当に著作権者の利益を侵害する範囲の複製には適用されない。楽曲の必要最低限の部分を授業中に各自のプレーヤーで聴かない限り授業の意図することが行えない場合のみに第35条が適用されると考えてよい。その他の場合は，著作権者に対しては大抵の場合（社）日本音楽著作権協会を通して，また著作隣接権者に対しては，ほとんどの場合，個別に許諾を取ることとなる。

児童・生徒が文化祭などで演じた他人の著作物である演劇をインターネット上で公開したい場合，文化祭などで他人の著作物を演じること自体は，第38条の適用を受け，無許諾・無料で行うことができる可能性が高い。しかし，それをインターネットで公開するには，その演劇の脚本家らに公衆送信権の許諾（送信可能化権も含む）をとる必要がある。

また，授業中に提示した他人の著作物を含むパワーポイントなどを学生に公開するために，インターネット上におくことは，一見すると第35条に含まれるように見える。しかし，基本的には（著作権法上の引用にあたる場合を除いて），パワーポイントに含まれる著作物の権利者ひとりひとりに対して，公衆送信権などについて許諾をとる必要がある。第35条は，対面の授業，またはネットワークを介した場合は同期の授業しか想定していないので，資料を授業時間外に学生が閲覧するためにネットワーク上におくことは含んでいない。

[参考文献]
[1] 作花文雄（2004）『詳解著作権法 第3版』ぎょうせい．
[2] 苗村憲司，小宮山宏之編著（2005）『現代社会と著作権法――デジタルネットワーク社会の知的財産権』慶應義塾大学出版会．
[3] 株式会社CSKホールディングスほか（2007）『こどものためのワークショップ その知財産はだれのもの？』アム・プロモーション．
[4] 社団法人著作権情報センター（CRIC），http://www.cric.or.jp/
[5] 社団法人日本音楽著作権協会（JASRAC），http://www.jasrac.or.jp/
[6] 実演家著作隣接権センター（CPRA），http://www.cpra.jp/
[7] 社団法人日本レコード協会（RIAJ），http://www.riaj.or.jp/

5 小・中・高での「情報」教育

　この章では，小・中・高等学校における情報教育について取り上げる。これらの情報教育は大学における情報教育との大きな違いとして，国の定める学習指導要領に従っているという点である。ここでは，総合的な学習の時間，高等学校の「情報」，その他の教科における情報教育や米国の特別支援教育における情報教育，これからの情報機器の活用の実践，小・中・高における情報教育を行う環境や研修の取組みについて扱う。

〔大橋真也〕

〔◯…も見よ〕

5.1

[橘 孝博]

学習指導要領における
コンピュータ教育の変遷

学校教育でのコンピュータの扱いについて知りたいとき，学習指導要領を調べるのはひとつの方法である。ここでは電子計算機やコンピュータが，小・中・高等学校の学習指導要領でどのように記述されてきたかをまとめる。

キーワード コンピュータ，電子計算機，情報通信機器，学習指導要領

コンピュータとは

本項では主にコンピュータという用語を使うが，1980年以前の学習指導要領[1]では電子計算機と表現されており，プログラミングはできるが主に計算するための道具として扱われていた。一方，コンピュータは計算と通信の両方の機能をもち，情報処理ができる情報通信機器として扱われている。以下で，コンピュータ教育とはICT（Information Communication Technology）社会での情報通信機器を用いた学習活動だけでなく，コンピュータ（または電子計算機）そのものを電子工学的に扱う学習やプログラミングの学習も含む。

小学校での扱い

1989（平成元）年告示の学習指導要領まではコンピュータを活用した学習活動は見られないが，その次の1998（平成10）年告示の学習指導要領にはコンピュータと情報通信ネットワーク（インターネット）を活用した学習が推奨されている。具体的な記述として，総則で「児童がコンピュータや情報通信ネットワークなどの情報手段に慣れ親しみ，適切に活用する学習活動を充実する」とされた。

この学習指導要領では，自ら学び・自ら考える力の育成が教育のひとつの柱となり，新しい取組みとして「総合的な学習の時間」が導入された。扱う学習内容の例として「国際理解，情報，環境，福祉，健康」を文部科学省があげていたの

で，情報通信ネットワークを用いた情報検索，プレゼンテーションソフトウェアでの発表，遠隔通信システムを用いた他校との交流などを行う小学校が現れた。また社会，算数，理科における「指導計画の作成と各学年にわたる内容の取扱い」でも，資料収集と整理，数量や図形についての感覚を豊かにするためにコンピュータ活用が配慮されるべきであるとされた。これにより，小学生がコンピュータや情報通信ネットワークを活用する場面が急速に増えた。

中学校での扱い

1977（昭和52）年までの学習指導要領にはコンピュータ教育に関する記述はないが，次の1989（平成元）年告示の学習指導要領からその記載が始まる。具体的には，理科の第一分野の学習項目「科学技術の進歩と人間生活」で「情報手段としてのコンピュータなどについて，その発展の過程を知ること」とされた。また，数学および理科の「指導計画の作成と内容の取扱い」でも，必要に応じてコンピュータなどを効果的に活用し，実験の情報検索，データ処理，計測などへの活用に配慮する旨が記載されている。さらに，技術・家庭の「情報基礎」では，コンピュータの操作・仕組み，プログラミングやソフトウェアの使用などが総合的に扱われている。ただし，この「情報基礎」は選択できる学習項目とされた。

1998（平成10）年告示の学習指導要領では「総合的な学習の時間」〔● 5.3〕が必履修で導入され，「国際理解，情報，環境，福祉・健康」が学習内容の例となっている。また総則では，生徒がコンピュータや情報通信ネットワークなどを積極的に活用できるように努める旨の記述がある。さらに，社会，数学，理科，音楽，美術，保健体育，外国語の学習で，情報収集や処理・実験データの処理・映像処理・表現や鑑賞などにおいて，コンピュータおよび情報通信ネットワークの利用に配慮する旨が記載されている。つまり，単なる計算の道具ではなく通信機能も含めた情報検索・処理という視点がこのころから入る。技術・家庭の技術分野の「情報とコンピュータ」では，コンピュータの基本構造・ネットワーク・マルチメディア・プログラミングなどがその学習内容となった。

高等学校での扱い

1956（昭和31）年告示の学習指導要領（改訂版）まで，電子計算機の記載は

ない。工業に電気通信関連科目があったが，内容は情報処理ではなく「通信機器生産の現場や，通信施設の保守や工事」に関するものであった。1960（昭和35）年告示の学習指導要領で，工業の「電子機器」の中に，テレビジョンやレーダとともに電子計算機が登場する。

1970（昭和45）年告示の学習指導要領から積極的な扱いが始まる。数学科の「数学一般」および「数学Ⅱ」に「電子計算機と流れ図」があり，プログラムを作成する学習が扱われた。職業教育を主とする学科の科目「応用数学」でも論理回路・流れ図・数値計算と誤差・線形計画などが扱われた。工業の「電子計算機」，商業の「電子計算機一般」，理数の「計算機数学」など，電子計算機を総合的に扱う科目も登場した。

1978（昭和53）年告示の学習指導要領では，数学科の「数学Ⅱ」に「電子計算機と流れ図」が置かれ，プログラミングを扱っている。工業では「情報技術Ⅰ・Ⅱ・Ⅲ」でハードウェアからソフトウェアまでが総合的に扱われる。商業でも「情報処理Ⅰ・Ⅱ」でデータ処理やプログラミングを扱っている。理数では「理数数学」に電子計算機があり，プログラミングを学ぶことになる。

1989（平成元）年告示の学習指導要領からは，コンピュータの積極的な活用が推奨され，多くの情報関連科目が登場することになる。まず，数学科の「数学A」，「数学B」に「計算とコンピュータ」，「算法とコンピュータ」が配当された。「数学C」でも，コンピュータでいろいろな曲線を観察，考察し，簡単な図形を描画させる。また，理科では，情報検索・分析・集計・処理などに適宜コンピュータを活用することが推奨された。特筆すべきこととして，普通科の芸術科目「美術Ⅰ」および「工芸Ⅰ」の「表現」において「学校の実態に応じてコンピュータ等の機器の活用も考慮する」とある。さらに，専門教育には「家庭情報処理」，「農業情報処理」，「水産情報処理」，「水産情報技術」，「看護情報処理」などの新科目が登場した。工業では10以上，商業では5以上のコンピュータ関連科目が配当された。美術でも「コンピュータ造形」が設置されている。

1999（平成11）年告示の学習指導要領からコンピュータ教育の本格的な新時代に入った。つまり，情報教育を専門に扱う「情報科」〔● 5.2〕が，普通教育および専門教育のそれぞれに登場した。普通教育の情報科では，情報活用能力の育成，情報の科学的な理解，情報社会に参画する態度の育成が目標とされた。さら

に，情報教育は情報科だけにまかせるのではなく，普通教育の情報科以外の全教科（国語，地理歴史，公民，数学，理科，保健体育，芸術，外国語，家庭）においても扱われ，コンピュータや情報通信ネットワークなどを適宜活用することが推奨されている．

盲・聾・養護学校小学部，中学部，高等部

1989（平成元）年の告示で，高等部の教育課程で美術に「コンピュータ造形」が登場した．また，1998（平成10）年告示では，小・中・高等部の児童・生徒がコンピュータなどの情報機器を活用して容易に情報の収集や処理ができるようにし，視覚的に情報を獲得しやすい教材・教具やコンピュータなどの情報機器を有効に活用して，指導の効果を高めることがうたわれている．

コンピュータ教育の環境とこれから

政府は，高度情報通信ネットワーク社会推進戦略本部（IT戦略本部）を2001年に内閣に設置した．そこで作成されたe-Japan重点計画には，教育の情報化・人材育成の強化などが盛り込まれた．文部科学省でも「IT新改革戦略」を立ち上げ，教員のICT活用能力の向上に努めている．コンピュータ利用教育のデータベースとして，「"IT授業"実践ナビ」(http://www.nicer.go.jp/itnavi/) などもある．

2011年からの実施が見込まれている次期学習指導要領でも，高等学校の情報科は必履修となり，「社会と情報」，「情報の科学」の2科目からの選択となる．また，情報教育は情報科だけが担うのではなく，教科等を横断して取り組むものとして扱われている．情報化の進展に主体的に対応できる能力・態度の育成，情報や情報技術に関する科学的・社会的な見方・考え方の定着，さらに情報モラルの指導の充実が重要であると指摘されている[2]．

［参考文献］
［1］『学習指導要領データサイト（教育情報ナショナルセンター）』http://www.nicer.go.jp/guideline/old/
［2］『文部科学省』http://www.mext.go.jp/

5.2 教科「情報」の現状と課題

[生田 茂]

普通教育を旨とする全国の高校で，2003年度から学年進行で始まった必履修教科「情報」の履修学年は，大都市の公立高校を中心として，1学年ではなく上級学年の履修とする事態が続出した。必履修科目としては「情報A」の内容がやさしすぎるとして，「情報B」，「情報C」の履修が増えると期待されたが，2007年度においても全国の80％が「情報A」を選択している。

キーワード 教科「情報」，履修学年，必履修科目，選択科目

教科「情報」の履修学年

教科書の採用を開始した年度を頼りに，全国 5,441 校種の必履修教科「情報」の履修学年を求めた[1]。

教科「情報」を1学年の履修とした学校数の割合を，Map of Japan[2]を用いて濃度分けして，図1に示す。1学年の履修とした学校数の割合は，全国平均で約 65％である。富山，愛媛，徳島，熊本，沖縄の5県で80％を超えている一方

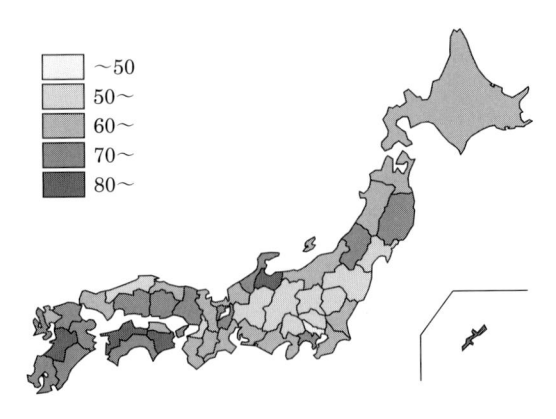

図1 必履修教科「情報」の履修学年（1学年の履修割合）

で，東京都は50.0％に満たない。東京都における1学年の履修割合の低さは，公立高校の実施率の低さ（31.9％）による。

上級学年から1学年への変更を行っている学校数を明らかにするために，ホームページに掲載されている2006年度の教育課程表を頼りに，東京都の公立高校の教科「情報」の履修学年の再調査を行った。「進学重点校」を含むいくつかの高校で1学年の履修に変更した学校が存在することが確かめられたが，教育課程表から得られた履修学年の分布は，1学年31.8％，2学年23.4％，3学年44.8％となり，3学年の履修としている割合は，教科書採用データから得られた値（41.0％）よりもさらに高い値となった[3]。

「進学重点校」よりは，むしろ，中高一貫校や進学実績を学校の目標と定めている「2番手，3番手」の高校，そして，発足時に教科「情報」の授業担当者の目処が立たなかった（多くの）高校で，依然として，3学年の履修のままとなっている。

必履修科目の現状

教科書採用データから求めた，教科「情報」の必履修科目の選択の全国の状況は，この5年間の間に，情報Bが5.3％から7.2％へ，情報Cが6.2％から11.0％へと増加しているが，依然として，情報Aが圧倒的に多く，2007年度においても情報Aが82％を占めている[4]。

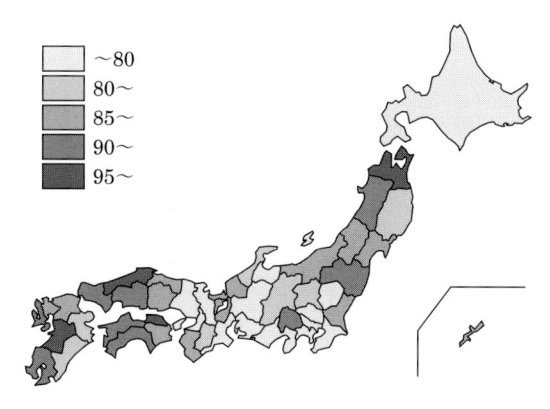

図2 必履修科目として「情報A」を選択した高校の割合（平成19年度）

情報Aは内容がやさしすぎるとして，情報B，情報Cを採用する高校が増えると予想されたが，依然として，多くの高校が，情報Aを採用し続けている。

図2に，2007年度の必履修科目として「情報A」を採用した学校数の割合を，都道府県ごとに濃度分けして示してある。

この5年間，全国的には，情報Aの採用割合が大きくは変化していないが，富山県のように，情報Aから情報C，情報Bに大きく変更した県も見られる。

情報Bと情報Cの選択の割合を比べると，情報Bが情報Cより多い県も見られるが，多くの都道府県で情報Cの履修割合が多くなっている。

選択科目の現状

必履修科目の他に，選択科目を提供している高校は，2007年度に，全国で1,201校に及ぶ。その選択科目の内訳は，情報Aが120校，情報Bが562校，情報Cが519校となっている。情報Aを必履修科目としている高校が，選択科目として，情報Bや情報Cを提供している。逆に，必履修科目として情報Bや情報Cを提供し，選択科目として情報Aを提供している学校は120校と少ない。

教科書の採用出版社の分布

2007年度においては，情報Aの出版社の分布は，J社の38％に，5％以上を占める6社のシェアを加えると95％となる。

情報Bの出版社の分布は，J社の占有がさらに進み47％となっている。続いてN社の18％と続き，5％以上の占有率を占める5社の合計で，全体の93％となっている。

情報Cの出版社の分布は，同じくJ社が38％，N社が20％の占有率となっており，5％以上の占有率の5社の合計で90％となっている。

教科「情報」の課題

大都市の公立高校を中心として，依然として3学年の履修としている高校が多い。教科「情報」を1学年の履修とし，学んだ知識・技術を上級学年のさまざまな教科で活用できるようにする努力が大切である。

東京都のように，教科「情報」を担当する専任の先生をつくっている都道府県

においては，管理職の理解とともに，教科「情報」の設立の意義を学校の中で共有し，他教科の先生との共同の取組みを行う努力が大切である。

多くの都道府県で，「先進的な取組みに挑戦している高校」と「課題を抱えて困っている高校」に二分されつつある現状を解決するために，すべての先生の参加できる充実した研修と学び合いの創出が不可欠である。

教科「情報」の教員を目指す大学生の夢を実現できるよう，「情報」以外の免許がないと採用試験を受けられない現状を改善するとともに，長期的な視野に立った教員養成の施策が緊要である。

2007年9月14日の中央教育審議会の高校部会における新しい学習指導要領づくりの中で，教科「情報」の必修の継続とともに，これまでの「情報A，情報B，情報Cの3つの科目の中から1科目選択」から，「社会と情報」と「情報の科学」の2科目から1科目選択の案が示され，了承された。

「社会と情報」は，情報Aと情報Cの統合された科目，そして，情報Bが「情報の科学」へと引き継がれた感がする。現行の学習指導要領において，情報Aや情報Cの履修が多く，情報Bの履修が極めて少ないことを考えると，新しい学習指導要領づくりの中で提案されている「情報の科学」の内容が，これまでの情報Bをそのまま踏襲するものであるとすると，多くの学校が履修するものとはならないことが懸念される。情報A，情報B，情報Cのこれまでの授業内容の整理とともに，それぞれの課題や問題点を明らかにしながら，新しく盛り込むべき内容を精査し，2つの科目の内容を魅力あるものとしてつくり込む努力が緊要である。とくに，「情報の科学」については，多くの先生が実際に教えることができ，また，教えてみようと思う内容でありたいと考える。

[参考文献]
[1] 生田茂 (2006)「教科「情報」の現状——教科書採用データの分析」,『筑波大学学校教育論集』28, pp. 1-6.
[2] http://aoki2.si.gunma-u.ac.jp/map/map.html
[3] 生田茂 (2007)「教科「情報」の現状——ホームページ上の教育課程表から」,『筑波大学学校教育論集』29, pp. 1-4.
[4] 生田茂 (2008)「教科「情報」における必履修科目の履修割合の変遷」,『筑波大学学校教育論集』30, pp. 7-13.

5.3 総合的な学習の時間とコンピュータの活用のねらいとその視点

[辰島裕美]

新しい学習指導要領の下では，情報教育の充実が図られており，小学校から高等学校までの幅広い年代において，「総合的な学習の時間や各教科でコンピュータや情報通信ネットワークを活用」[1]することを，情報教育の改善内容に盛り込まれている。具体的な観点である「『情報活用能力』とは，①情報活用の実践力　②情報の科学的な理解　③情報社会に参画する態度，の3点」[1]であり，総合的な学習の時間では，テーマ学習を展開することで，①と③に成果をあげている実践事例が過去に目立つ。ここでは，中学校の事例を取り上げ，今後の課題を提示したい。

キーワード　総合的な学習の時間，情報教育，コンピュータ，他教科との連携，相互評価，交流

中学校での実践事例：情報科における進路学習[2]の経緯と概要

私の勤務校は，幼稚園から小学校，中学校，高等学校，大学までの私立の総合学院で，私は中学校，高等学校，短期大学で授業を担当している。

小学校でのコンピュータ利用が進み，中学や高校で初めてパソコンに触るという生徒がごく少数になってきたことは，中学入学段階では個人差があるものの，おおむね基本操作が習得されていることを意味している。中学校で総合的な学習の時間に，コンピュータを道具として学習に利用することは，高校の教科「情報」に向けたスムーズな接続が期待される。

基本操作を習得したならば，コンピュータは道具であること，つまり学習を支援したり問題解決したりするための道具であり，手段のひとつであることを認識し，活用を進めていくことが重要である。その意味でも，総合的な学習の時間において学習のテーマを掲げ"問題解決のためのコンピュータ利用"を指導することは，情報を活用するための実践力となり，積極的に情報機器を用いる経験の積重ねが，情報社会に参画する態度の育成につながると考え，実践するものである。

事例における時数と内容

　多くの中学校では，地域の職場に出向いて職業体験を行うなど，自分の将来と職業を意識させるきっかけをつくっている。そこで私の勤務校では，外部から4人のゲストを招き，仕事について話を聞くことにした。生徒は事前にゲストの仕事を調べ，ゲストに質問を送ることにより，中学生が何を聞きたいかを予備知識として伝えた。事前準備を工夫することで，実際のゲストが来校する時間は短くても，密な時間となるよう配慮した。事後のまとめに，学んだことを発表し合うことで学習したことを深める計画を立てた。

　進路学習では2クラスそれぞれの指導であったが，ゲストの話を聞く時間は合同で通して2時間とした。

（1）自分を振り返る（1時間）
（2）さまざまな職業を検索する（1時間）
（3）ゲストの職業を詳しく調べ，質問事項を作成（1時間）
（4）ゲスト来校・話を聞く（2時間）
（5）レポート作成（2時間）
（6）成果発表会（1時間）
（7）学習のまとめと感想文（1時間）

事例における学習のねらい

この進路学習のねらいは次のとおり。

（1）記録とまとめにワープロソフト利用。表現の方法を学び内容に適した紙面に仕上げる。
（2）表現と発表にプレゼンテーションソフト利用。発表用と閲覧用の目的別に内容を作成する。
（3）インターネットのサイトで事前に調査。検索と判断する力を高める。
（4）社会人から仕事と心を学び，自分の将来を考えるきっかけとする。

事例で見られた学習の成果

ねらいの（1）はレポートのできばえからおおむね達成できたようだ。

レポート作成では，表現の仕方にワープロソフトのいろいろな技法が試されていた。例えば見出しの強調や注目させるデザイン，イラストの配置や統一感など，よりよい見せ方の操作に関心があった。

　ねらいの(2)は時間が不足だった。

　プレゼンテーションでは視覚と聴覚に訴えるスライドを目指した。ゲストの話が心に響く内容だったので，生徒の職業観や人生観にまで踏み込み，表現する意欲が高まり，ねらいの(1)や(2)にうまく働いたのではないだろうか。この活動はリテラシー向上と進路学習において相乗効果があると考えられるが，総合的な学習の時間ならではの活動だといえる。

　ねらいの(3)は学習済みの検索は判断力を高めるためにさらに繰り返す必要がある。

　ねらいの(4)は，感性の豊かなレポートが提出されたことにより達成とみる。

　終了後，4人のゲストから，交流の時間が短かったといわれたが，生徒には適当な時間で，吸収できた量と質は十分だった。4人の職業観を聞くことができたのは，これから進路を考える生徒にとってとくに興味深く，劣等感やプレッシャーにストレスを抱えがちな生徒への励ましとなり，全体的に希望に満ちた感想文が提出された。"人は何のために働くのか"ということを中学生なりに感じとり，理想やこれから自分の進みたい道を，ゲストのことばを引用して表現する生徒が多かった。学校内の教職員だけでは，あれだけの仕事の内容，苦労と喜び，やりがいと失敗談，仕事に就くきっかけ，何のために働いているのか，を伝えることは不可能で，レポートやプレゼンテーションで見られた生徒の成長は，ゲストにより生徒に与えられる内容である。ねらいの(4)には興味関心の点から，ゲストが重要である。

進路学習の今後の課題

　調べてわかったことと，会って得たものの違いは意識としては明白だが，授業で使用するワークシートを工夫して，実感できるようなものにすればよかった。また，事前の調べの有無やそれにかけた時間と，会って得られるものの関係は，今回は測り得なかった。

　視点は変わり，親の立場で考えると，進路学習というテーマは子供が将来をど

のように考えているのか,ということは非常に興味深いものであり,また,成長を知れるよい機会でもある。子どもは,日々の授業で数学や英文法を学習したことよりも,仕事に関する話題を,親を人生の先輩として話したいのではないだろうか。こと,情報分野では,親が基礎知識を十分もっていないケースもあるため,子どもが授業でどのようにコンピュータやインターネットを学び利用しているのか,親も興味があろう。保護者を巻き込んでの総合的な学習の時間を計画してみたい。

　これまで述べたように,総合的な学習の時間を有効に利用した活動を進めるために,コンピュータとインターネットを利用することはひとつの手段である。生徒も社会も多様化した時代に,必要で的確な情報を得る手段として,授業の中でのインターネット利用はもはや不可欠である。指導者が計画し実行する授業では,その計画段階からインターネットを利用しており,答えが1つではない学習の進行にも,インターネットは常に有効である。しかし,コンピュータやインターネットの基本操作が習得できたならば,次は,主体テーマをもった総合的な学習の時間に,並行して道具としての実践的な利用法を学ぶことが効果的だと考える。

[参考文献]
[1] 『文部科学省』http://www.mext.go.jp/a_menu/shotou/zyouhou/020701.pdf
[2] 辰島裕美(2007)「情報科における進路学習の実践報告」,『2007PCConference論文集』.

5.4

[大木誠一]

教科におけるコンピュータの活用のねらいとその視点
事例：情報教育としての世界史B

ICTの活用がもたらした世界史Bの授業における変化について取り上げる。まず，2003・2004年度の事例においてはICTの効果と限界について述べる。次に，ICTを支援ツールとする対話的なプロセスを取り入れた2006年度の事例がCitizenship educationの性格をもつことになったことを示す。

キーワード 情報教育，世界史，ICT，学び，媒介

情報教育としての世界史Bについて

文部科学省は，2006年8月の「初等中等教育の情報教育に係る学習活動の具体的展開について」と題する報告[1]のなかで，「情報教育」を「子どもたちの情報活用能力の育成」を目的とした教育としている。しかし，それは単にITを活用することとは異なると述べ，情報社会に参加する態度を育成することを求めている。このような情報教育のもつ社会参加の視点に関連して，R.Wegerifら[2]は，Citizenshipはグループワークのやり方や教師と生徒間の関係に埋め込むことができるとし，これはICTがサポートできる対話的プロセスであり，教室で教師は子どもたちが社会的な出来事について学び討論するために，視覚的刺激を与えかつ動機づけるICTの力を利用することができるとしている。

彼らはいくつかの実践研究の結果として，学びのなかで果たすICTの役割を，
(1) ICTは，教師と学び手が興味ある教室環境をつくり出すことを助けており，そこでは，参加することのできるコミュニケーションの相互性と機会がすべての人に可能になっている
(2) コンピュータは，教師が生徒たちにとって意味のある本物の課題を生み出すことを助けている

（3）コンピュータは，グループワークのための素晴しい焦点とリソースとして役に立っている
（4）教えることとソフトウェアの適切なコンビネーションを伴って，コンピュータは対話を刺激し，それを学ぶことを可能にしている

と述べている。以下，彼らの実践結果を取り入れた情報教育としての世界史Bが，Citizenship educationの性格をもつに至った過程を記述する。

ICTの効果と限界 ── 2003・2004年度の事例から

2001年から開始されたe-Japan戦略の一環である「教育の情報化」という政策によって，ICTが学校に持ち込まれたことは，教室の「学び」に新たな可能性をもたらした。ICTは，「学び」の手段・リソース・場を拡張した。これは，現在でも学校で支配的な一方向的な講義による「学び」に対して，新たな「学び」を生み出す機会のひとつになった。私は，2003年から2004年にかけて情報教室の設備を使い，世界史Bの授業を展開してきた。そこでは，グループワークを通して多様な視点の獲得や，考えることを中心とした授業を目標とした。それは，PC・プロジェクタ・インターネットなどをどのように利用するか，それによってどのような効果が生まれるかに焦点を当てた試行錯誤であった。

そこで明らかになったことは，
（1）ICTの活用は，生徒が授業に主体的に参加するきっかけとなる
（2）授業において，動画・音声などは動機づけの効果が非常に大きい，しかし，その効果は一時的で持続性に乏しい
（3）Web上のコンテンツは検索時間・著作権などの問題を抱えるが，教材として利用可能で有用

ということである。

しかし，ここでは，多様な視点の獲得など，当初，目的としていたものが十分に生まれてこなかった。その原因は，生徒たちに思考スキルや論理的スキルが不足していることにあると想定した。そこで，2004年から2005年にかけては，世界史Bの授業と並行して，グループワークを中心とした問題解決型授業やプロジェクト学習を実践した。ここで，明らかになったことは，コミュニケーションとグループワークにおける協同の質であり，グループワークにおけるICTの機能で

あった。すなわち,
(1) グループワークをとおして,生徒は与えられた課題に協同して取り組んでいるが,課題そのものに対して積極的な批評や討論に発展することはなかった
(2) グループによって,コミュニケーションの活発さにかなりの差がある
(3) 課題や話合いは,教師の一方向的な指示によって実施され,生徒との双方向的な意見交換・討論はなかった
(4) ICTは個々人の課題をこなすために盛んに利用されたが,グループワークの話合いを促進する道具として十分に機能していなかった

ということである。このようにうまく機能しなかったグループワークは,ICTを媒介とする「学び」における対話的プロセスの意味を問い直す機会となった。

世界史BとCitizenship education──2006年度の事例から

学校を取り巻く社会は質的かつ急速に変化し,地域コミュニティや家族という基本的な社会関係すら変わりつつある。かつてそこに埋め込まれていた「学び」は急速に衰えてきた。こうした状況のなかで,学校の「学び」に対して新しい要素が求められている。文部科学省は,情報教育で育成すべき情報活用能力のひとつに,情報社会に参画する態度をあげている。OECDによって実施された生徒の学習到達度調査(PISA調査)におけるリテラシーや問題解決能力・読解力の定義は,学び手の社会への関わり方や社会参加を強調したものである[3]。

社会参加の要素を情報教育としての世界史Bに取り込むため,私は,2006年度からR.Wegerifらの実践研究の結果を取り入れ,Citizenshipに必要なリテラシー獲得と歴史に関する知識習得を同時に実現しようとしている。それは,生徒の個人ワークとグループワークを組み合わせたICTに支援された世界史Bの授業である。社会やコミュニティに参加し活動するための「学び」であるCitizenship educationでは,学び手が「社会的・道徳的責任」,「コミュニティへの参加」,「政治的リテラシー」という相互に関連した構成要素を教室で他のカリキュラムと関連づけて学ぶことが求められている[4]。そのひとつである「政治的リテラシー」とは,学び手が民主主義についてその制度と問題点・実践を学び,国家や地方・地域の生活で活用するやり方を学ぶことである。これは,近現

代史の学習内容と重なる部分が多く，他の2つ，「社会的・道徳的責任」，「コミュニティへの参加」も，対話を通して進められるグループワークのなかで実現できるものである。

具体的には，Citizenshipと世界史の基本的知識の習得は，主にワークシートを通した活動で行われる。すなわち(A)ワークシート(A4 1枚)：授業ごとに使用し，評価基準は用紙の末尾に明記し，毎回3段階(0・0.5・1)で評価し，学期ごとに集計，成績処理した。各自が歴史に関する情報をまとめ歴史的出来事の意味を考えそれらを記述した後，課題とされるテーマ（フランス革命では自由をテーマにした）について，グループで意見や考えを共有し，それをグループで集約し，その内容を記述させた。さらに，知識習得を強化するため，個人ワークとグループワークを組み合わせた活動を行っている。例えば，(B)定期テストの作成：試験範囲の一部である第一次世界大戦について，生徒は自ら習得すべきと判断した基本事項を各自選び出し，グループにおいて1問1答形式の問題・解答を検討しグループで出題すべき問題を20問程度決定させた。定期テストは，学び手が協働で作成した問題からすべて出題された。

このような世界史Bの授業において，ICTは，参加の動機づけや情報収集の有力なツールとしてだけではなく，グループワークの対話プロセスを促進する効果のある画像などを提示する有用な手段となっている。

グローバル化の進展する社会では，学校内の学びに変化が求められている。協働的な活動による知的生産性の向上や，自らコミュニティを構築するための創造性が求められる現在，教科における情報教育において，教えることや学びに役立つ個々人が利用するツールとしてICTを組み込むだけは不十分である。教室内の社会的文脈を利用するために，R.Wegerifらが指摘したICTが支援する対話的プロセスを授業実践に活用する方法を工夫していく必要がある。

[参考文献]
[1] http://www.mext.go.jp/b_menu/houdou/18/08/06082512/001.htm
[2] Wegerif, R. & Dawes, L. (2004) Thinking and Learning with ICT. RoutledgeFalmer, p. 69, 78, 130.
[3] 『文部科学省』http://www.mext.go.jp/b_menu/toukei/001/04120101.htm
[4] Department for children, school, and families, What is citizenship?, http://www.dfes.gov.uk/citizenship/section.cfm?sectionId=3&hierachy=1.3

5.5 「情報」と他教科のクロスカリキュラム

[永野 直]

教科「情報」と他教科が連携しながら学習することで，実感を伴った学習を行い，相互に理解力を深め，確かな学力の向上を目指したクロスカリキュラムの授業実践である。

キーワード 生きる力，確かな学力，「情報」，クロスカリキュラム，総合的な学習の時間

クロスカリキュラム

生徒の学習意欲を向上させ，生徒の「確かな学力」を育成するには，日々のあらゆる教科の中で問題解決を実践していく必要があり，さらに各教科で得た知識の関連に気づかせて，「知的好奇心」を引き出し，学習の意義を実感させることが重要である。

クロスカリキュラムは，各教科間の内容を連携させることで，各教科で扱われる教育内容を正しく，深く，効率的に理解させ，広い視野で応用・活用する力を身に付けることをねらいとする。効率的というのはただ単に時間の短縮ということを指しているわけではない。各教科の指導内容を確認，精査し，今まで各教科で別々に扱われていた単元，教材を複数教科間で再構築することで，限りある授業時間内により深く内容を理解することが効率的な学習につながると考える。その際，「情報」はあらゆる教科に関連，応用できる教科の特性をもつため，各教科間を結び付ける接着剤のような役割をもつことができる。

総合的な学習の時間との違い

横断的・多教科関連型の授業では総合的な学習の時間がすでに実施されているが，総合的な学習では多くの場合，テーマや課題の設定が学習者自身の主体的な選択にゆだねられる。またこれらの内容は特別活動やボランティア，福祉・健康など幅広い分野を含み，生徒の興味関心に応じて主体的に，比較的自由なテーマを扱うことができる。各教科に関連はしているが，一部分を切り取って外に広げ

ていくという形である。その広げた先の内容は，必ずしも各教科が扱う学習内容の範囲内である必要はない。また，主体的な「学び」学習としての役割を担う意味合いが強く，繰返しや暗記，トレーニングなどが行われることはほとんどない。

総合的な学習の時間も重要であるのはもちろんのこと，クロスカリキュラムは，学習内容が客観的に与えられ，（学習指導要領，シラバスなど）従来の教科の目的・枠組みを保ったまま連携し，相乗効果をあげることを目指すものである。

「情報」・美術・日本史によるクロスカリキュラム授業の実践

(1) 授業のねらい
- 美術で学ぶ「色彩とデザイン」
- 日本史で行う「テーマ学習」と「レポート作成」
- 「情報」で行う「情報検索」，「情報の工夫と表現」

これらの授業は例年それぞれの科目で単独に行われてきたが，学習内容は共通する部分も多く，連携して行うことで授業時間が有効に使えるだけでなく，各教科の専門的な学習内容を活用してよりよい効果を上げることが期待できる。またクロスカリキュラムにより，各科目の学習の意義と関連を実感できると考えた。

(2) 授業の概要・考察

授業では日本史で学んだテーマ学習「食べ物と歴史の関係」についてのレポート課題を設定した。レポートはWebページ形式とし，教室内Webサーバーから互いの作品と進行状況をいつでも見ることができ，Webページでの情報表現とその特性，ネットワークの有効性を実感することができる。

その後，美術の授業と連携し，色彩のもつ特徴，配色の組合わせ方などを学習した。生徒はこれらの知識をもとに，自身の作成したWebページについて，美術教諭のアドバイスを受けながらデザインの変更を行った。変更前は文字色を単に自分の好みの色にしており，背景にチェック模様の画像を敷き詰めるなど，決して誰もが読みやすいとはいえなかったが，美術の講義で得た色彩の知識を活用して，明度，彩度，色相を考慮し，配色や字の大きさを工夫することで，より見やすく，テーマにふさわしいレポートを作成することができた。

また，「情報」の時間には，アクセシビリティ，ユーザビリティについて解説を行い，さまざまな条件の情報の受信者がいること，ハンディキャップのある人

にとって，Webページは重要な情報取得の手段であることなどについて学び，受信者の立場を考えた情報発信の仕方，情報社会での発信者としての責任などについての発展的な内容も学習した。

　修正した作品はネットワーク上で閲覧し合い，生徒同士で相互評価を行った。評価するのは，テーマ設定や記述内容に関する点と，配色や見やすさなどについてのデザイン面の，2つの観点とした。内容面についての評価は，美術の授業を受けた生徒集団と，受けていない生徒集団での違いは見られなかったが，デザインに関する評価は色彩・配色について授業を受けた生徒たちの得票率が高い結果となり，授業の効果があったことがうかがえた。

クロスカリキュラムの効果・利点

(1) 相互教科の理解度の促進

　互いに共通のテーマ，教材を利用することで，個別に行われていた内容を連携させ，教師の専門知識を相互に活用，協力しながら，授業時間を短縮させつつ理解度を上げることができる。

(2) 知識を基礎とした主体的な学習

　「情報」の論理的，体系的な知識と技能を他教科で活用することにより，さまざまな問題を主体的に解決する基礎的な能力を養うことができる。

　このような，情報リテラシーを他教科で活用するという視点はかつてからも多く見られるが，他教科からも教科「情報」の理解を深める働きかけがあるからこそクロスカリキュラムと呼べるのであり，理数科目からは科学的な裏づけをもって「情報」の内容を理解でき，文系の科目からは思考力や読解力の知識，技能を活かし，コミュニケーション能力，表現力の育成を高めることができる。

クロスカリキュラム実施上の課題と工夫

　クロスカリキュラム実施上の問題は，主に計画の段階で起こる。各教科で扱う単元や教材を把握しておくことや連携できる単元についてそれぞれの授業実施時期を調整することの難しさ，授業担当者が互いの授業に参加，見学する場合の時間的な制約などがあげられる。どの単元をどの教科間で連携するかの授業計画と，複数教科で効果的な教材を設計することが最も難しく，また最も重要な課題とな

る。しかし，各科目の実施時期が異なっても，他教科でこの単元がどのように扱われていたかを意識して授業を行えば，クロスカリキュラムの利点は活かせる。

例えば，教科「情報」の視点から見れば，かつて他教科で行われた実験を題材に，データを加工・処理し表現方法を工夫して，結果をより詳しく考察したり，以前作成したレポートと同じテーマでプレゼンテーションを行い，紙のレポートとプレゼンテーションによる発表がどのように違うか，表現の特徴と注意点を比較するなどの授業が考えられる。また，他教科でのかつての教材を提示したり，共通の具体例を示すだけでも，学習内容を思い起こしやすくし，各教科の関連についても理解しやすくなる。

クロスカリキュラムの今後

連携する授業の内容，教材について知らなければクロスカリキュラムは不可能であるが，現状では教員同士の個人的な関係に頼る場合が多い。今後は，より一般的な手法としてクロスカリキュラムを実施するための工夫が必要である。各教科がどのような単元で関連しているのか，どのような教材を使っているのかを把握できる仕組みを作成していきたいと考えている。

今までさまざまな問題について関連して考えたり，応用したりできる内容があったにもかかわらず，私たち教師や生徒が，それに気づいていなかった場面がたくさんあったのではないだろうか。

情報科と他教科で連携することで，実感を伴った学習を行い，生徒の興味・関心を高めることは学習内容の理解を深めるうえで非常に大切なことである。

クロスカリキュラムによって生徒が学ぶことの意義を感じながら，知識を有効に活用する力を身につけ，広い視野をもって主体的に問題解決を行うことこそが，学力の向上にもつながっていくものと考える。

[参考文献]
[1] 文部科学省「PISA（OECD生徒の学習到達度調査）2003年調査」http://www.mext.go.jp/b_menu/toukei/001/04120101.htm
[2] 文部科学省「教育課程部会におけるこれまでの審議のまとめ」http://www.mext.go.jp/b_menu/shingi/chukyo/chukyo3/siryo/001/07110606/001.htm

5.6 予習教材としてのeラーニング活用

［吉田賢史］

　インターネット上のマルチメディア教材や携帯電話などのモバイルツールを活用した授業は，生徒への学習内容の興味づけ教材資料として授業中に利用される場合が多い。この節では，インターネットやモバイルツールを活用したeラーニングに焦点を当て，学習内容を理解させる活用法について考える。

キーワード　eラーニング，Podcasting，web*Mathematica*，携帯端末

eラーニングの活用場面

　授業を真に理解するためには，教員と生徒，あるいは，生徒と生徒のディスカッションが必要である。また，ディスカッションが成立するにはデータとしての「ことば」ではなく，イメージを伴った「ことば」，いわゆる「語彙」が必要となる。語彙は，体験や経験を通して身に付く。

　では，授業内でコミュニケーションを成立させるために必要なことは何かを考えたい。例えば，図1のような「ルビンの壺」を見せて，「人が向かい合っていますね。ここが鼻で，ここが口，目はこのあたり」と説明すれば，実際に見えていなくても，「鼻はどこですか」の問いに正解を指さすことができるようになる。このような教員と生徒のやりとりは，双方向のように見えるが，教員の訓練によって反応するようになっているだけで，一方向的な学習であるといえる。

図1　ルビンの壺

旧来型の授業はeラーニングにおまかせ

　このような一方向的な学習は，Webページ（ブログ）などを利用して家庭で行うことも可能である。例えば，次のような情報は，Webに掲載しておくと学

校以外でも学習可能となる。
 (1) 授業の板書
 (2) 生徒に体験させる実験的な教材（試行錯誤を取り入れた教材）
 (3) 演習問題と解説（解答）

　このことは，いかに生徒に「予習」させるかということに置き換えられる。教員は，予習教材を生徒に提供し，教室という場を，教員の知識を披露する場ではなく，ディスカッションできる場にしなければならない。

　それでは，ディスカッションを生むためにはどのようにすればよいか考えたい。生徒が「わかった気になっている」間は，ディスカッションは活発にならない。わかりやすい授業は大切であるが，その意味を取り違えてはいけない。「わかった気にさせる」授業がよいのではない。教員は，「なぜ○○と考えたのか？」や「○○が起きた必然性は何か」などの発問を繰り返し，生徒に説明できない体験をさせる，換言すると，「わかっていなかった」と気づかせることが大切である。なぜならば，真の理解や気づきは，「なぜなんだろう？」という考えるきっかけ，すなわち，「わかっていなかった」と感じる体験を伴わないと起こりえないからである[1]。教員は生徒たちに応用力と思考力，その糧となる言語能力を身に付けさせるためにもディスカッションのために十分な時間を割くことが大切である。

コンテンツの例

　以上のことをふまえた予習教材を考えてみたい。留意しなければならないことは，予習は独りで行うということである。そこで問題となるのが集中力の問題である。IBMが蓄積しているeラーニングに関するノウハウの中に「人が画面に集中できる時間は16分である」というものがある[2]。社会人で資格を得るためのeラーニングでさえ集中力は16分しか持続しない。モチベーションが低く嫌いな教科であれば生徒の集中力は，実際に計測したことはないが，おそらく10分が限度ではないかと思われる。コンテンツの作成は，これらに留意する必要がある。

　ここに，いくつかのコンテンツの例をあげる。板書をして，一方的に話すタイプのコンテンツであれば，

- 授業を撮影する方法（図2）

　　　板書をしながら解説する姿をVTRで記録する。最近では，モバイル用の

動画撮影に特化したカメラもあるので最も手軽に実現できる方法である。
- プレゼンテーションツールを利用する方法（図3）

  板書する内容をPowerPointやKeynoteらのプレゼンテーションツールで作成し，HTMLやPDF，動画などに変換してWebページ掲載する方法。
- 板書をプリントで提供する方法（図4）

  授業中に利用するプリント教材と同じである。違いは板書の補助教材ではなく，板書の内容も含めるという点である。

以上のような手法によって，知識（データ）を単に伝達する授業は，eラーニングによって代用可能である。

また，実験など生徒たちに試行錯誤させる教材の例としては，以下のようなものがあげられる。
- Javaの環境を利用：(例)幾何学習ソフトシンデレラ[3],[4]（図5）
- サーバー側での処理：(例)数式処理ソフトウェアweb$Mathematica$[5]（図6）
- Flashコンテンツ（図7）

いずれの場合も，生徒に自発的に活動させるためのインタフェースをもたせることが大切である。

図2　授業を録画

図3　プレゼンツール

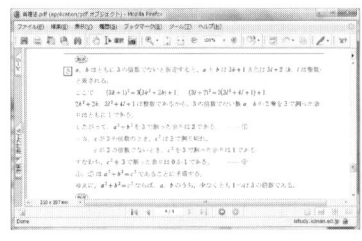

図4　PDF教材

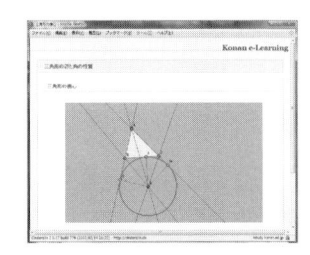

図5　シンデレラ

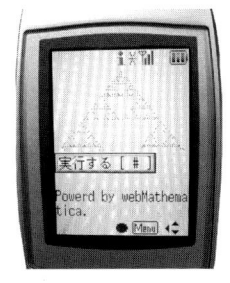

図 6　web*Mathematica*　　　　　　　　図 7　Flash

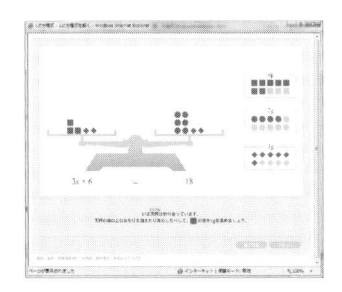

　さらに，携帯電話やiPodなどの携帯端末の生徒への普及を考えると，プレゼンテーションツールを利用した教材などは，JPEGで保存して，PCだけでなく多くのメディアに対応可能なようにコンテンツを作成しておくとよい。

コンテンツの公開

　最も手軽な方法はブログの利用である。最近ではPodcasting〔● 2.8〕に対応したブログサービスもあるのでコンテンツに応じてブログサービスを選べばよい。学習者のアクセス状況やコンテンツの閲覧状況を調べるには，サーバーを設置するとよい。生徒にだけ公開するなどのアクセス制限を付けたブログ形式の簡単なeラーニングは，XOOPS[ii]-[iv]などで実現可能である。詳細に把握するためには，Moodle[i]〔● 6.4〕などを利用すればよい。また，簡単な小テストなどを行うHot Potatoes[v]というフリーツールもある。

[参考文献]
[1]　西林克彦（1997）『「わかる」しくみ』新曜社.
[2]　森田正康（2003）『eラーニングの〈常識〉』朝日新聞社.
[3]　阿原一志訳（2003）『シンデレラ――幾何学のためのグラフィックス』シュプリンガーフェアラーク東京.
[4]　Cinderella, http://cinderella.de/tiki-index.php
[5]　Wolfram Research Inc., http://www.wolfram.co.jp/
[eラーニングシステム]
[i]　Moodle, http://moodle.org/
[ii]　Nucleus, http://japan.nucleuscms.org/
[iii]　Xoops Cube, http://jp.xoops.org/
[iv]　NetCommons, http://www.netcommons.org/
[v]　Hot Potatoes, http://hotpot.uvic.ca/

5.7

[福島健介]

米国における軽度発達障害児童・生徒に対する「技術支援」動向

　2007年度，学校教育法の改正に伴い，特別支援教育がすべての学校で本格的に開始された。今後，すべての学校で個別ニーズに応じた教育をどのように進めるかが課題となってくる。コンピュータ活用も例外ではない。

　ここでは，普通学級に在籍する障害をもった児童・生徒の個別ニーズに対応した「支援技術」としてのコンピュータ活用事例を，この分野での先進国である米国での事例から紹介する。

キーワード　特別支援教育，assistive technology，軽度発達障害，コンピュータ活用，Universal Design

米国における「支援技術」発展の背景

　米国では，普通学級に在籍する軽度発達障害（学習障害，情緒障害，軽度知的発達遅滞など）をもった児童・生徒に焦点化したコンピュータ活用研究という分野は「支援技術（Assistive technology）」という概念の成立と同時に独立し，すでに10年以上の歴史をもっている。

　Assistive technology は日本では「支援技術」と訳されるが，「個別障害者教育法」（Individuals with Disabilities in Education Act = IDEA）に定義された法律用語である。大きくは「device」（ハードウェア）と「service」（ソフトウェア）に分類され，前者は「障害のある子どもの機能・能力を維持，拡大，向上させるために用いられる，あらゆる道具，部品，製品システムであり（略）」と定義され，後者は，「デバイスの選択や利用を通して障害のある子どもを直接支援するあらゆるサービス」と述べられ，さらに6領域に細かく定義されている。したがって，Assistive technologyは単なる機器利用だけではなく，その用い方，技術支援，トレーニング方法などを含めた広汎な概念であり，研究分野もその定

義に応じて，分化している。

軽度発達障害をもつ児童・生徒の リテラシー（読み，書き，計算）支援に関するテクノロジー研究の経過

　リテラシーにかかわる問題を抱えている児童・生徒がテクノロジーを利用する意義として，1）障害を補う機器としての利用，2）楽しく効果的な教材教具としての利用があげられる。これらに注目した調査研究は，過去10年を通してもかなりの量を見い出すことができる。

　Reading　　Reading支援として研究が進められた技術として，音声認識システムとハイパーリンクがあげられる。

　RaskindとHiggins（1999），HigginsとRaskind（2000）は，9歳から18歳の児童・生徒を対象に，バラバラで一貫性のない文章とひとまとまりの意味のある文章の両方を音声認識システム（voice recognition system）に読ませ，これを用いない統制群との比較を試みた。両方の文章において，音声認識システムを用いたグループは単語の習得，文章全体の理解で統制群に比べて有意な進歩を示した。それだけではなく，実験群の児童・生徒は発音，発声の技能においても顕著な進歩を示した。

　BooneとHiggins（1993）は，K3（ミドルスクール修了時＝14歳）レベルの文章にハイパーリンクテキストを用い，文章理解におけるその有効性を調査した。この実験では，ハイパーリンクを用いたマルチメディアテキストは，最も学力の低いグループにおいて，有効性を示した。

　Writing　　ワードプロセッサ，ワードプレディクション（単語推測機能），スペル・文法チェック機能を用いた「書く」リテラシー技能習得の研究。

　MacArthurら（MacArthur, Graham 1987; MacArthur, Graham, Schwartz, Shafer 1998）は，書字障害をもった9歳から10歳の5人の児童に音声発声機能付きワープロを用いた文章記入の実験を行った。その結果，5人中4人で42％から75％の進歩が見られ，4人とも文中90％以上の割合で正しい単語の綴りを書くことができた。

　別の研究で，MacArthur（1988）はLD生徒に音声発声機能付きのワードプロディクターを利用させた場合，日記などへ記入する文字の形が整い，読みやすくなり，スペリングも正確さを増すという調査結果を報告している。

Mathematics　計算技能習得のためのcomputer-assisted instruction（CAI）の研究と，問題解決や概念理解のためのビデオ映像の利用研究が行われてきた。

CAI活用研究の事例として，Bahr, Rieth（1989）は，計算技能が劣る23組の軽度発達障害をもった生徒を対象に，4つの異なる到達目標をもつCAIの練習教材を与え，その効果を調査した。彼らの調査によると，すべてのグループでテストの得点は上昇し，4つの異なる到達目標を与えたグループ間での得点の有意な差は見られなかった。しかし，CAIソフトがカバーしなかったすべての内容について，ポストテストでは誤答が増大するという結果が見られたのであった。

ビデオ教材は，軽度発達障害の児童・生徒に対して，教材の主要な概念を説明する際や，教授内容のまとめをする際に用いられている。

文字認知能力に問題のある生徒を対象に，一般的な分数の概念をまとめとして説明するビデオを提供し，その効果を測定する実験がBottge, Hasselbringによって1993年に行われた。実験群・統制群共にポストテストの得点は上昇したが，まとめのビデオを視聴したグループは，視聴しなかったグループに比べて得点は有意に上昇した。

NIMASとUniversal Designおよび日本での展望

近年，米国は全国指導教材アクセシビリティ標準規格National Instructional Materials Accessibility Standard（NIMAS）という規格を策定し，この利用を推進している。NIMASとは，一般の印刷教科書と同様の内容（テキスト，図表，写真など）をデジタルコンテンツ化するための規格である。1つのソースファイルから，児童・生徒の障害（特に，視覚障害を持つ生徒と印刷物の読みに障害のある生徒）に応じて点字テキスト，音声テキスト，マークアップテキストなどを教室で配布することができる柔軟な構造を持つ。NIMASを用いることで，従来行われていた，印刷物の非効率的な変換の繰り返し（印刷物から点字，印刷物から音声など）による教職員の負担を減らし，利用するコンピュータやOSにかかわりなく，読字障害を持つ児童・生徒の学習理解を推進しようという構想である。

さらにこれを多様な学び方をする生徒（障害の種類，その有無も含めて）すべてに利用可能なUniversal Design化された教授方法とする計画も提案されている（Rose, Meyer 2002）。

技術の進歩に伴い、教育現場での利用が有効な機器は、より小さく、より安価になってきている。例えば、軽度発達障害の児童・生徒に対してPDAやiPodは小型で安価、しかも個別配布と障害特性に応じた利用が可能なツールである。軽度発達障害をもった児童・生徒の学習支援に、このような小型機器およびコンテンツをどのように用いるかなどの調査・研究が最近の米国の研究テーマの主流となりつつある。

　従来、わが国の学校教育では、ソフトウェア活用・インターネット活用・コンピュータリテラシーなど、コンピュータ利用それ自体に重点が置かれ、また、学習支援のための活用も、普通教育での指導方法、コンテンツが大半であった。障害児（生徒）を対象とした活用研究は障害児教育の関係者、養護学校の教員を中心として行われてきたのが実態であった。

　しかし、特別支援教育が本格的にスタートし、「個別の支援計画」が策定される今後、わが国の普通教育学校現場でも、普通学級に在籍する軽度発達障害児（生徒）を対象とした「個別の教育ニーズに対応した、支援技術としてのコンピュータ活用」というテーマが、米国同様重要になってくるものと思われる。

[参考文献]
[1] Higgins, E. L. & Raskind, M. H. (2000) Speaking to read: The effects of continuous vs. discrete speech recognition systems on the reading and spelling of children with learning disabilities. *Journal of Special Education Technology*, 15 (1), 19-30.
[2] Boone, R. & Higgins, K. (1993) Hypermedia basal readers: Three years of school-based research. *Journal of Special Education Technology*, 7 (2), 86-106.
[3] MacArthur, C.A. (1999) Word prediction for students with severe spelling problems. *Learning Disability Quarterly*, 22 (3), 158-172.
[4] MacArthur, C. A. (1998) Word processing with speech synthesis and word prediction: Effects on the dialogue journal writing of students with learning disabilities. *Learning Disability Quarterly*, 21 (2), 151-66.
[5] Rose, D.H. & Meyer, A. (2002) Teaching every student in the digital age: Universal design for learning. Retrieved February 17.
[6] http://nimas.cast.org
[7] http://www.daisy.org/publications/guidelines/sg-daisy3/stuructguide.htm/

5.8 学校の校務の情報化と教員研修

［大橋真也］

実際に情報教育を行う小・中・高等学校現場の情報機器やインターネット環境の整備状況やまたそれらを扱う教員の情報教育に関する研修状況はどのようになっているのだろうか。

キーワード ミレニアム・プロジェクト，e-Japan戦略，IT新改革戦略，校務の情報化，教員研修

教育の情報化

「教育の情報化」に関する事業は，1999年12月に当時の小渕恵三首相のもとでミレニアム・プロジェクト「教育の情報化プロジェクト」として発表され，この内容を受けた国の政策として「e-Japan戦略」が決定された。この政策の中で教育の情報化に関しては，2001年から2005年までの5カ年間でコンピュータ1台あたりの児童・生徒数を5.4人/台，校内LAN整備率を100％，高速インターネット接続率をおおむね100％とすることを目標に実施された。しかしながら，2006年3月に調査した実態調査では，コンピュータ1台あたりの児童生徒数は，7.7人/台，校内LAN整備率は50.6％，高速インターネット接続率は89.1％に留まった[1]。この背景には，この事業のための地方交付税などの資金が別な目的に使われ，教育の情報化のために使われなかったことを意味している。他国でも米国，英国，韓国などでは，日本の目標値またはそれ以上の教育の情報化が進んでいる。

国や地方自治体もこの「e-Japan戦略」を2001年に発表して，そのままにしていたわけではない。毎年，小・中・高等学校の現状の調査を行い，目標への達成の状況が思わしくないことを考慮しながら，数回にわたる「e-Japan重点計画」や「e-Japan戦略II」，「e-Japan戦略II加速化パッケージ」などを高度情報通信ネットワーク社会推進戦略本部（IT戦略本部）で決定し，進めてきた。これら

のIT戦略本部は，2001年1月6日に施行された高度情報通信ネットワーク社会形成基本法（IT基本法）をもとにして，さまざまな戦略や重点計画を策定していったが，IT基本法もIT戦略本部も教育の情報化のための組織というわけではなく，電子商取引や行政の情報化，高度情報通信ネットワーク社会の形成などのひとつとして，教育の情報化を行うものであった。また2005年頃には，これらの目標が達成できないことから，国や地方自治体が学校や地域，大学などに自主的に校内のLANの構築作業などを実施していく「ネット・デイ」について予算化し，進めていく動きもあった。

　これを引き継いで，2006年より2010年までの5カ年間の「IT新改革戦略」が発表された。個々での目標は，コンピュータ1台あたりの児童・生徒数3.6人/台，校内LAN整備率100％，光ファイバ接続により超高速インターネット接続をおおむね100％，そして新たに追加された目標が教員1人1台の校務用コンピュータの整備である。コンピュータ1台あたりの児童・生徒数の目指すところは，コンピュータ教室に42台，可動式のクラス用コンピュータ40台，普通教室各2台，特別教室6台である。「e-Japan戦略」からは可動式のクラス用コンピュータの部分が追加されている。

校務の情報化

　「校務の情報化」を推進していこうという動きは，以前からあったが，実際に具体化されたのは先に述べた「IT新改革戦略」であり，2006年頃から具体的に動き始めている。この背景には，小・中・高等学校の教員には校務用のコンピュータが整備されておらず，学校などの設備で校務を行うことも難しく，現実には自分のコンピュータを学校に持ち込み，校務作業を行っている現状がある。国や地方自治体でコンピュータに関して予算化することは，一部を除いてほとんどなく，この状況が続いていた。また自身のコンピュータの持込みなどから，教員の校務に対する意識も曖昧なものとなり，校務を自宅で行うことなどから，個人情報漏洩などの問題も頻発した。

　教員1人1台のコンピュータの整備は，後にも述べるミレニアム・プロジェクトのもうひとつの目標でもある「すべての教員がコンピュータを使って教科指導できる」ようにするためには当然必要なことであり，そのような目標がありなが

ら整備されていないのは，ある意味矛盾している．多くの県や市などで，普通教室に2台のコンピュータを整備するということが進められてきたが，その内の1台は教員が教室の中で教科指導のために使うコンピュータとして考えられていた．しかし，校務や教材作成のために利用することが教室に整備していたのでは難しいために，このように整備されたコンピュータが教員の校務や教材作成のために利用されているという例も少なくない．しかしながら，このような普通教室などへの整備もされていない自治体では，教員個人のコンピュータによる校務処理が行われている実態が多いことも確かである．

校務の情報化は従来から進められてきている「校務の軽減や効率化」や「教育活動の質の改善」だけが目的ではない．そのため校務における文書の作成や教材の作成などのみならず，それらの教材や情報の共有化や電子決済システムの導入など学校経営の効率化なども必要になってきている．また，情報の流出や消失に対するセキュリティを高める必要がある反面，学校が保護者や地域と連携していくための情報の共有を行うことも進めていくことが望まれている．つまり，教員1人1台のコンピュータの整備だけでなく，学校や地域を取り巻くネットワークを利用したシステムの整備が必要となっているのである．校内の情報化や情報発信に関しては，国立情報学研究所が開発しているCMSであるNetCommonsなども注目されており，2007年8月に開かれたカンファレンスには全国から多くの教育委員会や教育センターの職員が集まった．またJAPETでは「校務の情報化を推進しよう」というパンフレットを作成し，関係各所に配布している．

教員の研修

ミレニアム・プロジェクトで目標とされていたのは，学校のインフラ整備だけではない．コンピュータを操作できる教員を100％にし，さらにコンピュータを使って教科指導できる教員をおおむね100％にしていくことも目標のひとつとされている．これに関しても校内のインフラ整備の状況と同様に毎年，国が調査しており，2005年には，操作できる教員はおおむね100％に達したが，教科指導ができる教員は76.8％に留まった[2]．各県や地域の教育センターでは，このために多くの研修プログラムを開設し，毎年の調査の結果をもとに悉皆研修などを実施し，100％にすることを目指してきた．2001年当初コンピュータを使って

教科指導できる教員が，40.9％であったことを考えると，このような効果はあったと考えてもよいだろう。また校内でもさまざまな校内研修が開かれ，コンピュータを教科指導に活かしていくためのさまざまな取組みについて研修を行ってきた。国でも教科でのコンピュータ利用に関しては，「教育情報ナショナルセンター」の機能の整備を行い，そこで教育・学習に関するポータルサイトとすべく，さまざまな実践事例を集め公開し始めている。また2002年6月には，「情報教育の実践と学校の情報化」（新「情報教育に関する手引き」）も文部科学省から発表された[4]。

2006年からの「IT新改革戦略」では，「A　教材研究・指導の準備・評価などにICTを活用する能力」，「B　授業中にICTを活用して指導する能力」，「C　児童のICT活用を指導する能力」，「D　情報モラルなどの指導する能力」，「E　校務にICTを活用する能力」の5つのカテゴリと18のチェック項目による新基準による調査を実施し，すべての教員がチェック項目に関して，「3：ややできる」または「4：わりにできる」を回答できることを目標としている。

教員のコンピュータ活用に関しての必要性は高まり，教員自らそのスキルを上げていこうという意欲も高い。ある県の教育センターで実施している研修プログラムでは，マルチメディアの活用やネットワークサーバーの構築などの研修の受講の希望がかなり高い。このようなコンピュータに関する研修のニーズが高い一方で，いくつかの県や自治体などでは，教育関連の予算の減少に伴い，研修の縮小化が進められている。また，教育センターなどの廃止などが進められている自治体もある。

[参考文献]
[1] 文部科学省「学校における教育の情報化の実態等に関する調査結果【速報値】について」http://www.mext.go.jp/b_menu/houdou/19/06/07061209.htm
[2] 文部科学省「情報教育に関する教員研修について」http://www.mext.go.jp/a_menu/shotou/zyouhou/04120303.htm
[3] 文部科学省「ポスト2005における文部科学省のIT戦略のあり方に関する調査研究会報告書」http://www.mext.go.jp/b_menu/houdou/17/03/05033103.htm
[4] 文部科学省「情報教育の実践と教育の情報化」http://www.mext.go.jp/a_menu/shotou/zyouhou/020706.htm

6 大学における「情報」教育環境

　大学における情報教育環境は時代とともに大きく変化してきたが，これらは大学の規模や情報機器にかける予算などで大きく異なる。近年ではどの大学でもコンピュータとネットワークは備わっており，これらの機器を管理する部署や人員もさまざまであるが，ここではいくつかの例を取り上げて説明する。また，eラーニングを行っている大学も増え，これらのシステムについても解説する。大学のホームページも種々さまざまであるが，その変遷についてと，携帯電話やSNSの教育利用についても取り上げる。

［立田ルミ］

〔●…も見よ〕

6.1 大学における情報環境の変遷

［立田ルミ］

コンピュータが計算機と呼ばれていた時代から，パソコンと呼ばれるようになった現代まで，ハードウェアおよびソフトウェアの発達と大学に導入されるコンピュータ環境は密接に関連している。また，文部科学省（文部省）の施策と，各大学がコンピュータ設備にかける予算とも深く関係している。さらに，家庭におけるコンピュータの所有率とも情報環境は関連している。現在ではコンピュータが，ネットワーク技術が発達し回線利用が廉価になったことにより，大学でも家庭でもネットワークと接続されて利用されるようになった。これらの機器を管理・運営する大学内の部署は試行錯誤しながら，変遷を重ねている。これらは密接に関係しているが，情報教育支援体制については次節で取り扱う。

キーワード 電算機，コンピュータ，パソコン，ネットワーク，OS，プログラム言語，アプリケーションソフトウェア

ハードウェアの発達

わずか60年前には大きな教室全体を占めて置かれていたコンピュータは，現在では持ち運び可能となっている。これはコンピュータに使われる部品が，技術の発達とともに小さくなったからである。コンピュータの頭脳にあたるCPU（Central Processing Unit）は，プログラムによってさまざまな数値計算や情報処理，機器制御などを行うコンピュータにおける中心的な回路であるが，初期の頃には真空管やリレーが用いられていた。日本では，パラメトロン方式のコンピュータが東京大学や電電公社や日立で開発されていた[1]。1947年にトランジスタが発明されて，それがCPUに用いられるようになり急速に小型化されるようになった。最初のコンピュータであるENIACが開発されてから1957年までを，コンピュータの第1世代と呼んでおり，集積回路がでてきた1958年から1963年までをコンピュータの第2世代と呼んでいる[2]。

情報処理の商用として1964年にIBM社が発表したSystem/360シリーズとDEC社が発表したPDP-8は，いくつかの大学に導入されている。当時の文部省

の補助金は国産機の開発に力を入れていた時代なので，原則として国産機に限定されていた。そして補助金で購入したコンピュータは，最短でも5年間はリプレースできなかった。1968年に獨協大学では，APL（A Programming Language）と呼ばれる対話型インタープリターが使えるという理由で，IMB 1130という小型コンピュータを最初に導入している。IBM-360シリーズが発売された1964年から1969年までをコンピュータの第3世代と呼んでいる。

　その後，獨協大学では1974年には事務処理用としてHITAC8150を導入し，1976年にはIBM370/125にリプレースしている。当時のコンピュータは，汎用コンピュータとかメインフレームと呼ばれるもの，事務計算用のオフィスコンピュータ（オフコン）と呼ばれるもの，研究室のミニコンピュータ（ミニコン）と呼ばれるものなどがあった。これらは1台を複数の人が利用していたが，これに対してパソコン（Personal Computer）と呼ばれる個人で利用するためにつくられたものは，1984年にIBMから発売されたIBM PC5150である。獨協大学では1984年10月にIBM社からIBM5550が寄贈され，パソコンを初めて教材開発に利用することになった[3]。IBM-370シリーズが販売されるようになった1970年から1980年までを，コンピュータの第4世代と呼んでいる。

　それまで，メインフレームコンピュータのCPUの時間を分割して（TSS: Time Sharing System）複数の端末装置から共有して利用していたが，インテリジェント端末としてメインフレームとパソコンを接続して利用するようになった。そして，単体で利用していたパソコンやワークステーションと呼ばれるコンピュータやプリンタをネットワーク（LAN: Local Area Network）で結んで，学内でファイルやソフトウェアを共有して利用するようになった。

　1987年に東芝が膝の上に乗せられるというJ-3100ラップトップ型パソコンを販売し，獨協大学でも1988年にラップトップパソコン教室を開設した。その後，1989年に東芝がdynabookというノート型パソコンを廉価で販売するようになり，急速にノート型パソコンが普及した。1989年にはスイスのCERN（Conseil Européen pour la Recherche Nucléaire）がWWW（World Wide Web）プロジェクトを発表したことにより，インターネットとコンピュータを結び付けて利用することが急激に増えた。また，1992年にイリノイ大学で最初のブラウザであるMosaicを開発し大学に無料で配布したこともあり，急速にインターネットの

利用が広まった。

ソフトウェアの発達

「コンピュータ，ソフトなければただの箱」ともいわれるように，ソフトウェアの発達とともにコンピュータの利用者が広がって行った。

ソフトウェアは，コンピュータを動かす基盤となるOS（Operating System）とアプリケーションソフトウェアを開発するためのプログラム言語とアプリケーションソフトウェアに分けられる。

初期のコンピュータはOSという概念をもたなかったが，OSという概念が生まれたのは1950年代からである。初期のOSは，入出力装置の管理やファイルやプログラムの管理を行っていた。1960年にさまざまなプログラム言語が開発されるとともにOSの機能が増え，ジョブ管理，記憶保護，マルチプログラミング，マルチタスクなどの機能が追加されていった。さらに，複数のコンピュータと周辺機器を管理するために，OSはますます複雑で大規模なものとなった。パソコンのOSは，MS-DOS（Microsoft-Disk Operating System）からWindowsになり，GUI（Graphic User Interface）が開発されたためユーザーが広がったが，GUIとしての最初のパソコンOSは，MacOSである。これらとは別のOSに，UnixやLinuxなどがある。

プログラム言語〔● 4.3〕としては，第1世代のコンピュータの初期には機械言語（0と1の組合わせのコード）やアセンブラ言語（機械語を文字化）がある。当時は科学技術計算での利用が多かったので，最初に高級言語として1957年に開発されたのは，FORTRAN（FoRmula TRANslate Programming）言語である。1960年には米国国防省が事務処理用としてCOBOL（COmmon Business Oriented Language）を開発している。また，科学技術計算用としてALGOL（ALGOrithmic Language），人口知能用としてLISP（LISt Processing language）も同じ年に開発されている。1962年には，特殊な数式記述を用いたAPLが開発された。1964年にはダートマス大学で，初心者用言語としてBASIC（Beginner's All purpose Symbolic Instruction Code）が開発され，これが現在のVB（Visual Basic）の原型となっている。1972年には，ベル研究所でC言語が開発された。現在，比較的よく利用されているJava言語は，サンマイクロシ

ステムが1995年に開発したものである。これらの言語を翻訳するコンパイラやインタプリターが開発されている[4]。

　個々のアプリケーションソフトウェアとは別に，汎用アプリケーションソフトウェアがある。その主なものとして，ワードプロセッサ，表計算，プレゼンテーション，データベース，画像作成，音声処理，アニメーション作成，映像編集，3D作成などのソフトウェアがある。また，通信用として，メーラー，ブラウザ，ファイル転送などのソフトウェアがある。これらは，最近では無料で配布されるものも多くなっている。

インターネット

　インターネット〔◯ 2.1〕は，複数のコンピュータネットワークを相互接続したものである。通信プロトコルにはいろいろなものがあったが，現在ではIP（Internet Protocol）が標準として採用されている。

　インターネットは，1969年の米国国防省のネットワークであるARPANET（Advanced Research Project Agency NETwork）が始まりとされている。これを大学や研究所と結び付けた。1986年には軍事用から切り離されてNSFNet（National Science Foundation Network）となり，学術研究用のネットワークとなった。一方，BITNETは1981年にニューヨーク市立大学とエール大学との間で結び付けられ，それが発展して学術ネットワークとなった[5]。獨協大学は1989年にBITNETに加入している。その後，IP接続が主流となり，獨協大学も1994年にIP接続をするようになった。現在でも，IP接続が増え続けている。

[参考文献]
［1］　情報処理学会歴史特別委員会編（1995）『日本のコンピュータの歴史』オーム社．
［2］　IPA（2004）「過去の情報政策と情報産業に関する調査・分析について」．
［3］　立田ルミ（1993）「CAIの現状と開発の問題点について」，『情報と社会』丸善，pp. 125-154．
［4］　立田ルミ（1991）「ソフトウェア開発」，『情報処理の基礎』朝倉書店，pp. 93-125．
［5］　村岡洋一，筧捷彦，永田守男，村井純編（1991）「知のキャンパス」，『bit別冊』共立出版．

[ブックガイド]
■C&C振興財団（2005）『コンピュータが計算機と呼ばれた時代』ASCII．

6.2 情報教育支援体制

[立田ルミ]

どこの大学でも規模の大小にかかわらずコンピュータ教室を抱えており，また教室にプロジェクタや教材提示装置が設置されるようになった。また，それぞれのコンピュータがLAN接続され，それがインターネットに接続されている。コンピュータとネットワークの管理は，情報処理センターなどと呼ばれる部署が行っていることが多い。しかし，コンピュータとネットワークを利用した教育を行うための支援については，情報処理センターが行っていることは少なく，特別の部署を設置している大学とそうでない大学がある。ここでは，どのような組織があるのかについて述べる。

キーワード 情報処理センター，コンテンツ作成支援，ネットワーク管理，ICTサポート

情報処理センター

大学内のコンピュータとネットワークを管理するために，情報処理センターなどと呼ばれる部署を置いている大学は多い。

国立大学法人情報系センター協議会（NIPC）の参加大学のセンター名でも，情報基盤センターをはじめ，学術国際情報センター，サイバーメディアセンターなどと呼ばれている組織があり，その役割は大学によって異なる[1]。私立大学情報教育協会に加入している大学でも，情報教育研究センター，IT教育センターなどとさまざまな名称で呼ばれている。しかし，現在でも電子計算機センター，計算センター，電算機センターと呼ばれる部署がある大学もある[2]。

このように，情報処理センターにはさまざまな名称があり，その規模も大学の規模などと関連していて，さまざまである。そこには，センター長が置かれており，教員が兼任している場合が多い。業務としては，第1にコンピュータ・ハードウェアの管理とソフトウェアのインストールおよび管理がある。これは，計算センターと呼ばれていた時代と同じである。しかし，大きく違うのはネットワークの管理である。

ネットワークの管理

　最近ではコンピュータが単体として利用されることはほとんどなく，ネットワークに接続されて利用される。例えば，Web検索をしたり，メールをやりとりしたり，ホームページを作成したり，ブログを書いたり，SNS（Social Network Service）で情報交換したり，ネットワーク上から買い物をしたりする。また，自分でこのようなサイトをサーバー上に構築・運営することもある。ネットワーク利用に関して，利用者の利用範囲を限定するとネットワーク全体の管理が容易になる。しかし，利用者からの要望もあり，大学によってその利用範囲を広げているところもある。また，理工学部などのように研究室単位でサーバーの管理・運営している場合もある。情報処理センターなどが管理しているサーバーは利用者が多いので，利用範囲を制限することが多い。

　ネットワークの管理としては，次のようなものがある。
（1）IPアドレス〔◆2.1〕の割り当て
（2）ドメイン名〔◆2.1〕の割り当て
（3）サーバーの維持
（4）サーバーの作業
（5）通信媒体の管理

　学生たちに自由にネットワークを利用させ，セキュリティ〔◆4.8〕がしっかりしていないと不正アクセスなどが多発することになり，その数は年々増加している。

　ネットワークの管理は規模が大きくなるほど大変になり，そのうえネットワーク技術が急速に変化するため，職員だけでは管理しきれない大学は外注したり，外部の専門家を雇用したりしている。理工学部のある大学では，ネットワーク管理を研究室で行っているところも多い。

　各大学ではネットワーク管理に関するガイドラインを出しているが，ガイドラインは利用範囲の違いもあり，それぞれの大学で異なる。例えば早稲田大学の場合，メディアネットワークセンターが研究室や学内機関にIPアドレスやドメインを貸与し，自主管理を条件として制限の少ないネットワーク環境を提供している。そして，2005年からネットワーク情報管理システムを導入して，大学全体のIPアドレスやドメインなどのネットワーク情報を管理している[3]。

デジタル教材開発支援組織

　デジタル教材開発支援組織は，大学においてLMS（Learning Management System）やコンテンツを独自開発し運用を行っているかどうかによって異なる。

　2007年に開学されたサイバー大学はIT総合学部と世界遺産学部からなり，すべての授業がeラーニングで行われるため，授業サポートセンター，学生サポートセンター，システムサポートセンターが設置されている。この大学は株式会社で，ソフトバンクなどがその資金を導入しており，開発も行っている[4]。

　東京大学では，大学総合教育センターが2004年に設置されており，教育の情報化が推進されている。ここで，UT OCWというオープンコースウェアが開発され，TODAI TVと呼ばれる講義ビデオが作成されている。これらを含めたいくつかの研究開発のうち，Microsoft社からの資金援助を得ているものもある[5]。

　獨協大学では，2007年4月に新しく建設された天野貞佑記念館の中に教育支援室がある。この組織は現在のところは情報センターの中にあるが，将来的には拡大して別組織になることが検討されている。ここには，デジタル教材を開発するためのハードウェアとソフトウェアが整備されており，室長（教員兼任），副室長（教員兼任），事務責任者，SE：1名，プロデューサー：2名，サブリーダー：4名，コーディネーター：2名，ヘルパー：18名，TA（大学院生）：10名がいる。教育支援の内容としては，講義のデジタルコンテンツ化とアーカイブ，教材開発・ホームページ作成支援，遠隔授業支援，教員に対する講習会，学習支援ポータルサイトの開発などを行っている。また，2007年度よりMM（MultiMedia）工房とスタジオが開設され，教材支援のみならず著作物取扱いについても指導している[6]。

イリノイ大学におけるICTサポート

　イリノイ大学はシカゴから2時間ほど車で行ったところにある大学で，学生数は，学部生31,472人，大学院生11,256人，教員2,978人，スタッフ3,419人，臨時スタッフ4,527人である。ILIACというコンピュータを開発して教育利用した大学であり，最初のブラウザであるMOSAICを開発した大学としても有名である。コンピュータのサポート体制としてそれまでにあったさまざまな部署が2002

年に統一され，CITES（Campus Information Technologies and Educational Services）となっている。このCITESは大学全体のICTと教育へのサービスを行っており，対象は教職員と学生である。CITESはいろいろなグループに分かれており，2007年度で約230名のスタッフと約250名の学生スタッフを抱えた大きな部署となり，教材開発や講習会を含め70項目以上のサービスを行っている。大きな大学であるのでICTサポートも大変で，キャンパスIT戦略プランは，CITESのCIO（Office of the Chief Information Officer）部門で立てている。現在は2007年8月に策定されたPhase2であり，下記のようなプロジェクト単位で行っている[7]。

(1) Campus Network Upgrade Project
キャンパス内にある260の建物全体のネットワーク設備の更新計画と実施
(2) IDEALS（The Illinois Digital Environment for Access to Learning and Scholarship）
教育と研究のためにアクセスできるデジタル環境を企画と実施
(3) Smart Classroom Initiative
授業で活用できるデジタル教材開発とサポート体制の企画と実施
(4) Directory Services
教職員の研究室などの電話番号やメールアドレスなどのサービス
(5) Intercampus Communications Network（ICCN）
遠隔地キャンパスとのネットワーク設備の高速化計画と実施

[参考文献]
[1] 『国立大学法人情報系センター協議会（NIPC）』http://www.tuat.ac.jp/~imc/modules/tinyd3/
[2] 私立大学情報教育協会（2007）『大学教育と情報』15(3).
[3] 八木秀樹ほか（2006）「学内ネットワークにおけるセキュリティ確保のための情報管理」，『2006PCカンファレンス論文集』CIEC，pp. 185-188.
[4] 『サイバー大学』http://www.cyber-u.ac.jp/
[5] 『東京大学総合教育センター』http://www.he.u-tokyo.ac.jp/outline/
[6] 立田ルミ，篠原幸喜（2007）「大学におけるICT支援——獨協大学の取組から」，『情報処理学会研究報告』2007-CE-90，pp. 55-62.
[7] 『イリノイ大学CITES』http://www.cites.uiuc.edu/staff/index.html

6.3

[岡部成玄]

授業支援システム

　情報通信技術を利用して，対面のみならず遠隔や非同期を含む授業支援するシステムである。授業資料の提供，学習の場の提供，シラバスの公開，履修登録や成績などの管理，修学指導の支援などを行う。

キーワード　授業支援，学習支援，協調学習，コンテンツ管理，LMS，CMS

授業支援システムとは何か？

　情報通信技術を利用して授業を支援するシステム全般を指す。授業活動の一部を支援するものから，授業活動全体を支援するものまで，さまざまで，次のようなシステムが授業支援に使われている。

　学習を支援するLMS（Learning Management System），科目単位の教育活動を支援するCMS（Course Management System）〔◯ 6.4〕，教育用コンテンツの作成を支援するオーサリングシステム，教育用コンテンツの管理を支援するCMS（Content Management System），情報通信技術を利用した協調学習（CSCL：Computer Supported Collaborative Learning）システム〔◯ 1.3〕，外国語学習を支援するCALL（Computer Assisted Language Learning）システム〔◯ 7.2〕などのeラーニングシステム，さらに，履修や成績等を管理する教務といわれる授業を支える業務を支援する教務システムなどである。eラーニングとは，本来，多様なメディアを高度に使ったインタラクティブ性の高いWebベースの仮想的な学習環境での学習を指し，これを支援するシステムがLMSで，対面授業で行われる科目単位の教育を支援するシステムがCMSとされるが，情報通信技術を利用して学習を支援するシステムを総称して，LMS/CMSあるいはeラーニングシステムと呼ぶことがある。具体的には，商用のあるいはオープンソースの，さまざまなシステムが使われている。教育機関独自の仕様のものも多い。

　コンピュータ等の情報技術を利用した授業支援には，CAI/CAL（Computer

Assisted/Aided Instruction/Learning)〔◯ 3.2〕など，長い歴史があるが，インターネットが普及するまでは，授業活動の一部を支援するものであった．今日では，授業活動の基盤となってきている．わが国においては，大学設置基準の改定など，教育の情報化を推進する施策により，利用が促進された．2001年の大学設置基準の改定において，大学は，次のいずれかの要件を満たすことで，「授業を，多様なメディアを高度に利用して，当該授業を行う教室等以外の場所で履修させることができる」ようになり，授業の方法が拡大された．

(1) 同時かつ双方向に行われるものであって，かつ，授業を行う教室等以外の教室，研究室又はこれに準ずる場所において履修させるもの．

(2) 毎回授業の実施に当たって，（中略）当該授業を行う職員若しくは指導補助者が当該授業の終了後すみやかにインターネットその他の適切な方法を利用することにより，設問解答，添削指導，質疑応答等による十分な指導を併せ行うものであって，かつ，当該授業に関する学生等の意見の交換の機会が確保されているもの．

いずれも，国境を越えて行うことも可能である．前者は，同時双方向の同期型の遠隔授業を可能にした．これを支援するシステムに，コラボレーション機能を有するビデオ会議（テレビ会議）システムなどがある．後者は，非同期での学修を認めるものである．これを支援するシステムに，授業映像および授業資料を配信するVOD（ビデオ・オン・デマンド）システム，これを含むeラーニングシステムなどがある．これらは対面授業の中でも利用されている．

大学の単位数は，大学設置基準において，「1単位の授業科目を45時間の学修を必要とする内容をもって構成することを標準とし，授業の方法に応じ，当該授業による教育効果，授業時間外に必要な学修等を考慮して」計算するものと定められている．1単位の講義科目では，15時間の授業時間における学修に，30時間の授業時間外での学修を要する．授業支援システムは，その利用に，教室や授業時間といった場所的・時間的制約はなく，学修全体を支援するものである．

教務システム

教育にかかわる事務的業務を支援するシステムである．以下のような授業支援がなされ，業務の効率化と利便性の向上が図られている．LMS/CMSで提供され

ている場合もある．

- シラバス（Syllabus）公開：各開講科目について，授業目標，授業計画，担当教員など，授業に関する情報を提供する．一般に，Webで公開されている．
- 履修管理：学生に対し，カリキュラムを提示し，開講科目への履修登録を支援し，登録情報を当該科目の担当教員に提供する．Web上で行われるようになってきている．
- 成績管理：教員に対し，担当した科目の成績報告を支援し，学生に成績結果を交付する．成績報告などが，Web上で行われるようになってきている．
- 授業情報提供：休講情報などを提供する．携帯電話に対応するようになってきている．
- 学習履歴管理と修学指導・就職支援：学習履歴を管理し，これを活用して，修学指導や就職支援を行う．このような個人情報をまとめて保存し提供するシステムに，eポートフォリオシステムがある．ポートフォリオ〔● 1.11〕とは，もともと紙ばさみのことで，金融分野では，資産運用のための資産構成・資産一覧を指し，教育分野では，学習者が学習過程で作成した諸々のものを収集して学力を総合的に評価する方法を指す．ここでは，就職や修学のために，自己を表現する資料をまとめたものを指す．

教育用コンテンツの作成と管理

　教材等教育用コンテンツの作成を支援するシステムには，さまざまな素材を組み合わせて教材を作成する一般的なオーサリングシステムのほか，講義（講義映像および講義資料）を収録して提供するといった特定目的のシステムがある．

　コンテンツ管理システムで管理されている教育用コンテンツは，共有化することによって教育効果の向上が期待される．共有化を図るために，教育用コンテンツに関する情報（作成者，データ形式，難易度，知的所有権，更新情報など）およびLMSと教育用コンテンツ間のインタフェースなどの標準化が進められている．標準規格のひとつに，SCORM（Shareable Content Object Reference Model）がある．一方，OER（Open Educational Resources）やOCW（OpenCourseWare）といったオープンソース方式での教育用コンテンツの公開もなされている．

学習支援

　支援する対象が対面授業か自己学習のためのeラーニングかで異なる。後者の場合，仮想的な学習環境で，目的とする知識や技能の習得や訓練が完結するように構成される。システムは，一般に，学習者情報の管理，学習コースの管理，教材や問題などのコンテンツの配信と管理，学習者の学習履歴・進捗状況・成績の管理といった機能を有する。特定の学習内容を，Webベースで，訓練し評価するWBT（Web Based Training/Test）〔◯3.2〕システムもある。

　前者の，キャンパスで行われている通常の対面授業の場合は，一般に，仮想的な学習環境で学習が完結することはない。対面授業の目的は，教師から学習者への単なる知識の伝達ではなく，教師および学習者間の交互作用を通して，学習者が知識を構成することを支援することにある。それゆえ，対面授業を支援するシステムには，教師および学習者間の交互作用のための機能が不可欠である。システムには，一般に，次のような機能が求められる。まず，授業関係者（学生，教員など）の情報および科目の情報（科目名ほか科目内容，履修者・担当者など）を登録し管理する。次に，各科目の授業に対し，以下のような機能を有する，Webベースの仮想的な教室－グループポータル環境を提供する。

- 授業ごとに，授業資料および問題等のコンテンツを提示し，問題を採点・評価し，出席および学習履歴を管理する。
- 授業の担当者と履修者の間で情報を伝達する（お知らせ，Q&A，アンケート，予定表など）。
- 協調学習を支援する（掲示板，ブログ，ファイル共有，相互評価など）。

これらを効率的および効果的に行うためには，教務システムとの連携および授業資料など教育用コンテンツの共有化が肝要である。

[参考文献]
[1] 経済産業省商務情報政策局情報処理振興課編（2007）『eラーニング白書 2007/2008年版』東京電機大学出版局.
[2] 日本情報処理開発協会編（2006）『情報化白書〈2006〉——情報化の未来を創る』BCN.
[3] 文部省「統計情報」http://www.mext.go.jp/b_menu/toukei/
[4] 『独立行政法人メディア教育開発センター』http://www.nime.ac.jp/
　　大学での授業支援に関する情報が提供されている．

6.4 CMSの変遷

[生田目康子]

本節では、現在多くの大学で使用されているCMSについて、その利点、利用状況、機能、今後の課題などについて述べる。

キーワード CMS, WWW, コース支援, 教育支援, 学習支援, システム支援

CMS (Course Management System) とは？

CMSは、コンピュータを活用したコース（授業）を管理するシステム、すなわち授業管理システムである。

1990年代中盤に入ると、インターネットとハイパーメディアを融合したWWW (World Wide Web) が世界的に普及した。そのWWWを基盤とするCMSは、大学などの高等教育でも広く活用されるようになった。今まで使用されてきた教育システム（CAI, ICAI, ITS, ILE, CSCLなど）のうち必要なものは、WWW向けに修正をしたり、プラグインなどを利用することによって、CMSをプラットフォームとして統合された。

CMSを使用すると授業のホームページが容易に制作でき、その授業ホームページにアクセスすることにより、教育と学習を運営することができる。CMSは、授業の活動状況を一体的に蓄積することができる。講義、演習、実験、実習、実技などの授業は通常1学期間実施され、期末の成績評価まで種々の活動を含んでいる。CMSに蓄積したそれらの情報を活用することによって、教授と学習の効果と効率を高めることができる。

CMSの利点

WWWを前提とするCMSには、次のような利点がある。
- WWWを介して、教師と学生が双方向のコミュニケーションが可能になる。
- WWWブラウザでマルチメディアの学習環境が容易に実現できる。

- WWWを使い，いつでも，どこからでも自分のペースで繰返し学習できる。
- 教材はWWWサーバーに保存すれば更新でき，教材配布の必要がない。
- 学生の学習状況は学習履歴としてWWWサーバーに保存できる。
- 学習履歴を活用することによって，学生に応じた個別指導が可能になる。

　CMSによって，図1に示すような教材を作成し，授業のホームページからそれを閲覧することによって学習することができる。

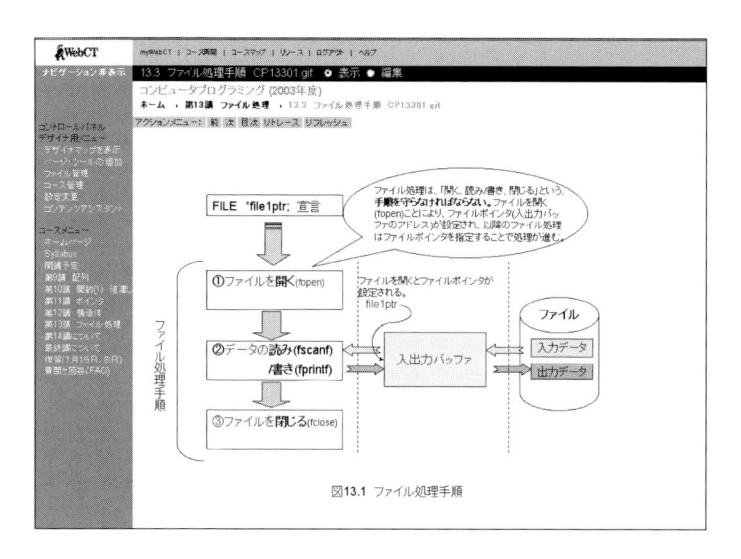

図1　CMSの教材例

CMSの利用状況

　日本の大学におけるCMSの主要な利用目的は，補習を含むリメディアル教育の自学自習のため，対面授業にCMSを併用して授業の全体的効果を高めるため，遠隔地のキャンパスや他大学間の授業運営ため，インターネット配信で授業を提供し正課授業科目として単位を認定する「オンデマンド型インターネット授業」のためなどがある。

　また，CMSなどを利用した教育を実施する高等教育の690機関を対象とした「教育の質保証に関する取組みの調査」[1],[2] によると，取組みの上位5項目は以下となった。

- 対面授業と併用する（47%）
- テストやレポート等により学生の学力評価を行う（41%）
- アンケートにより学生の意見をコースやコンテンツに反映させる（33%）
- コースやコンテンツの質を高める（21%）
- 教員の教授能力を向上させるための研修等を実施する（15%）

大学でよく使われるCMSとしては，独自開発システム，Moodle[3]，WebCT[4]，Blackboard[5]という結果が出ている。

CMSの主要な機能

CMSの利用者は，教育と学習にかかわる教師と学生，そして，CMSを管理運営するシステム管理者の大きく3つに分類される。各利用者が利用できる利用対象とその機能を図2に示す。教師は，コース支援と教育支援を利用できる。学生は，学習支援を利用できる。システム管理者は，システム支援を利用できる。

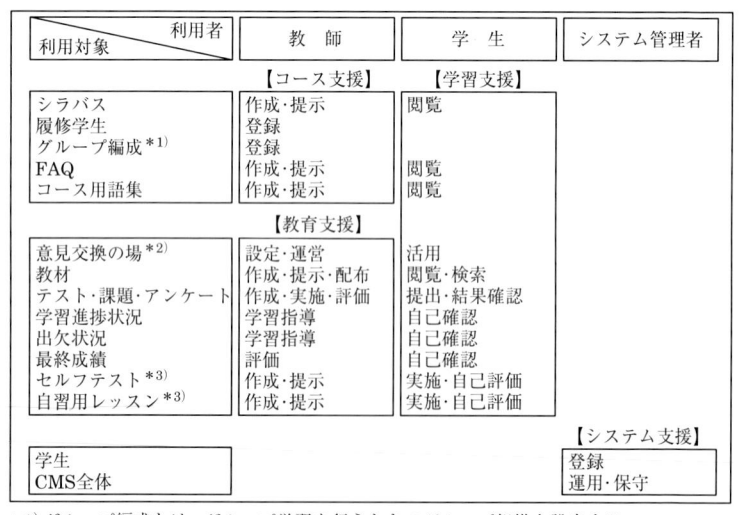

利用対象 \ 利用者	教師	学生	システム管理者
	【コース支援】	【学習支援】	
シラバス	作成・提示	閲覧	
履修学生	登録		
グループ編成*1)	登録		
FAQ	作成・提示	閲覧	
コース用語集	作成・提示	閲覧	
	【教育支援】		
意見交換の場*2)	設定・運営	活用	
教材	作成・提示・配布	閲覧・検索	
テスト・課題・アンケート	作成・実施・評価	提出・結果確認	
学習進捗状況	学習指導	自己確認	
出欠状況	学習指導	自己確認	
最終成績	評価	自己確認	
セルフテスト*3)	作成・提示	実施・自己評価	
自習用レッスン*3)	作成・提示	実施・自己評価	
			【システム支援】
学生 CMS全体			登録 運用・保守

*1) グループ編成とは，グループ学習を行うときのグループ組織を設定する。
*2) 意見交換の場とは，学生や教員相互の意見交換をするための掲示板，チャット，Wikiなどをさす。
*3) セルフテストと自習用レッスンは，自習用に設けてあり，学生が理解度を自己評価する。

図2 CMSの主要な機能

コース支援機能は，コースのシラバス，FAQ，コース用語集などの作成と提示や，コースを履修する学生やそのコース内の学生グループの管理ができる。

教育支援機能は，学生および教員相互の意見交換の場の設定と運営，教材の作成と配布，学習評価のための各種テストや課題などの作成と実施，学習進捗や出欠に基づく学習指導，最終成績の評価などができる。学習支援では，コースのシラバス，FAQ，コース用語集などの閲覧，意見交換の場の活用，教材による学習，各種テストや課題による学習成果の確認，学習進捗や出欠状況による自己確認などができる。システム管理支援は，CMSに参加する学生や教員の登録，CMSの運用と保守を行う。

CMSの今後の課題

異なるCMSの間では，教材，学習履歴，学習者などに関するデータ様式がCMS間で統一されていないため，相互に自由に用いることができない。これらのデータ様式の標準化をすべくAICC（http://www.aicc.org/）やIEEE（http://1tsc.ieee.org）などが取り組んでいる。

また，Blackboard，Moodle，Sakai[6]などのCMSは，大規模な教育機関にも使われる。これらの教育機関では，とくにCMS全体の保守・運用において，学生数やコース数の規模に応じ安定的に連続稼働する信頼性，新たな教育ニーズの追加容易性，万全なセキュリティ，多言語対応などを配慮する必要がある[7]。

[参考文献]
[1] 経済産業省商務情報政策局情報処理振興課編（2007）『eラーニング白書2007/2008年版』東京電機大学出版局．
[2] 独立行政法人メディア教育開発センター（2008）『eラーニング等のICTを活用した教育に関する調査報告書（2007年度）』．
[3] 井上博樹，奥村晴彦，中田平（2006）『Moodle入門——オープンソースで構築するeラーニングシステム』海文堂．
[4] 株式会社エミットジャパン（http://www.emit-japan.com/doku.php/bbls：2008/5/31閲覧）．
[5] ブラックボードジャパン株式会社（http://www.blackboard.com/asia/jp/company/：2008/5/31閲覧）．
[6] Sakaiプロジェクト（http://www.sakaiproject.org/：2008/5/31閲覧）．
[7] 梶田将司（2004）「コース管理システムの発展と我が国の高等教育機関への波及」，『メディア教育研究』1(1)，pp. 85-98．

6.5

[高岡詠子]

大学におけるeラーニングシステム構築と運用

　2003年の政府のe-Japan戦略，2004～2006年度における文部科学省の「現代的教育ニーズ取組み支援プログラム（現代GP）」における各大学のeラーニング分野での提案など，ここ数年高等教育においてeラーニングを主要な教育提供手段として活用することが制度的にも可能となった。この背景を受けて，eラーニングシステムを独自で開発し運用する大学も多い。本節では大学におけるeラーニングシステムの開発方法と運用について述べる。ここでのeラーニングシステムとは，eラーニングを実行するうえで必要なコンテンツと学習管理システム（LMS）から構成されるものとする。

キーワード eラーニングシステム，コンテンツ，LMS (Learning Management System)

LMSとコンテンツ

　「LMSとは，ラーニング・マネージメント・システムのことで，eラーニングの基盤となる管理システム」[1]である。学習者登録，学習履歴管理，学習進捗管理，コンテンツ配信などの基本機能を備える。最近では学習者と教授者とのコミュニケーション機能を備えたものもある。LMSを利用している大学のうち，Moodle, WebCT, Blackboard, WebClassといったオープンソースまたは市販のLMSを利用している大学のほか，独自開発のLMSを使用している大学は37％という統計がある[1]。

　eラーニングにおけるコンテンツとは，教材コンテンツのことで，テキストや静止画，音声，アニメーション，動画などのことであり，現在ではマルチメディア対応のものがほとんどである。「教科書」の代わりになるような「知識を得るための教材」に関しては，テキスト形式，写真などの静止画を含んだHTML形式のものをはじめ，FlashやShockwaveなどのプラグインを使って見ることのできるアニメーション教材や音声教材などさまざまなものがある。さらに，ストリーミングによる動画（映像）教材では，授業をそのまま収録したものから，授業の収録ビデオを編集して短くしたもの，授業とはまったく別にシナリオからその

コンテンツのためだけに作成して収録・編集を行っているものなどさまざまなタイプの教材が存在する。目的に合わせて，設計・開発コストとのトレードオフを考えながら開発方法を選ぶ必要がある。また，コンテンツの形式が提供者によって異なると，ほかのシステムでコンテンツを使う際にはデータ変換を行わなければならない。その分の余計なコストがかかってしまう。しかし，形式が標準化されていれば余計なコストを考えることなくコンテンツの普及も早くなる。学習履歴情報の形式も標準化されていれば，どのeラーニングシステム上でも同等の情報を得られる。これらの情報に対する標準規格の例として，SCORM規格，LOM規格といった規格がある。コンテンツ開発時には，どのLMSでもすぐに利用することができるようにこれらの規格に従って開発する大学も多い。

eラーニングによる授業運用・単位認定

「eラーニングシステムを用いて運用を行う場合には，「対面授業とeラーニングのブレンド型授業を行う」ものが最も多く，大学，短期大学，高等専門学校いずれも8割を超える」[1]とのデータが得られている。また，eラーニングによる履修のみで修了できる講義があるという大学は27.2％にのぼる。その他，自習や補助教材として利用するケース，他大学との連携を行っているケース，通常授業の復習や欠席者に対してのオンデマンドでの授業視聴，授業配信などに使われているケースがある。「現行の制度において通学制の大学では大学設置基準により，卒業要件である124単位中60単位まで，eラーニングを含めメディアを利用して行う授業により単位を認定することが可能である」[1]。実際に単位認定を行っている授業は，外国語学，情報系の授業が多く，コンテンツが比較的豊富な分野での導入ケースが多いとみられる。

eラーニングシステムの開発事例

ここからは，大学においてLMSやコンテンツを独自開発し，運用を行っている事例について紹介する。

信州大学：大学院情報工学専攻のIT大学院[2]では独自作成のシステムで運用しているが，大学全体としては2007年度に設立されたe-Learningセンターを中心としてMoodleの利用にむけて必要なシステム開発等を行っている。また，ビ

ッグバンプロジェクトにおいては，大学全体としてeラーニング教材およびLMS作成体制を，教員・学生が一体となって行っている．

東京医科歯科大学：医歯学シミュレーション教育システムとして，問診から始まる診断，手術・処置・検査などの疑似体験ができるマルチメディア教材を教員が作成する機能をもたせ，市販のシミュレーション教材と連動して，運用を行っている．SCORM1.2〔◎ 6.3〕に対応しているため多くのLMSでの実行が可能である．学内運用では市販のLMSを使用している[3]．

長岡技術科学大学：安全・安心に関する工学，法・制度，文化を総合的に教育するeラーニングプログラム「e-Safe」[4]の中で，独自のコンテンツおよびeラーニングシステムを構築した．LMS自体はSCORM対応のオープンソースを使用しているが，LMSの中に組み込んでいる，メンタリング機能，学習履歴確認機能，掲示板機能を独自に作成／改良している．機械設計などの実習授業での運用を想定し，掲示板にアニメーション機能を取り入れることで，学習者にバーチャルな実験環境とその結果に対して討論を行う環境を提供した．また，あらかじめ登録しておいたキーワードにより，数多くある記事の中からそれぞれの学習者のニーズに合わせた記事を表示するという機能も備える．本大学では，撮影や映像の一次加工はセンターの補佐員が行い，最終的にLMSへの組込みは学生ベンチャーが行っている．また，運用は学外の学生（主に高専）に対してのインターネット通信教育が主である．

千歳科学技術大学：2000年よりeラーニングシステム（CIST-Solomon）およびコンテンツの開発を大学の情報系研究室を中心に独自で行い，学部教育課程での実証評価を行ってきた．コンテンツは映像・アニメーション・音声を取り入れた教科書と，テンプレートに従って統一してつくられたドリルが存在し，すべてSCORMに対応している．数学・物理・化学・電子工学・情報工学・語学と合わせると2007年11月現在で約12,000コンテンツに及ぶ．市販のLMSとほぼ同等の機能を備えた教師用LMSでは学習者の成績管理を行うことができる．入学後すぐにCIST-Solomonに触れる新入生が学年が進むにつれ，ユーザーとして自ら学びつつ開発者としても成長していくための枠組みが存在しており，学生を中心として系統だってコンテンツの開発が行われている[5]．運用としては，Javaプログラミングの授業において単位認定型完全eラーニング（ガイダンス，定期試

験，2回のスクーリング以外の教室での対面授業はない）授業が2006年春から行われている[6]ほか，情報系の授業ではブレンド型の授業を行い，英語・化学・数学・物理などの科目では自学用教材として利用（取組み状況は成績評価の対象外）したり課題として利用（取組み状況を成績評価の対象とする）している。

そのほか，CEAS（関西大学），TIES（帝塚山大学）などのeラーニングシステムは，大学独自で開発されたシステムを大学内eラーニングにはもちろん，外部へも公開を行っている。

[参考文献]

[1] 経済産業省商務情報政策局情報処理振興課編（2007）『eラーニング白書 2007/2008年版』東京電機大学出版局．
[2] 信州大学『Shinshu University, School on the Internet』http://www.int-univ.com/SUSI/
[3] 独立行政法人メディア教育開発センター『大学におけるeラーニング等のITを活用した教育に関する取組み事例』http://www.nime.ac.jp/reports/001/main/part-2.pdf, pp. 61-65.
[4] 湯川高志，木村哲也ほか「e-Learningにおけるインテリジェント掲示板の検討」，『情報処理学会研究報告』2005-CE-79，pp. 47-53.
[5] 高岡詠子「千歳科学技術大学における「学生による学生のためのe-Learning」」サイエンティフィックシステム研究会2007年度第1回会合講演資料, http://www.ssken.gr.jp/lib/nl/2007/edu/stg_edu-1/doc04.html
[6] Takaoka, E. & Ishii, W. (2007) A Dedicated online Java programming course: Design, development, and assessment. *Proceedings of World Conference on E-Learning in Corporate, Government, Healthcare, & Higher Education*, Quebec, Canada, pp. 487-494.

[ブックガイド]

■独立行政法人メディア教育開発センター『eラーニング等のITを活用した教育に関する調査報告書（2006年度）』http://www.nime.ac.jp/reports/001/
■日本イーラーニングコンソシアム『eラーニング情報ポータルサイト』http://www.elc.or.jp/

6.6 遠隔授業

[北村士朗]

遠隔授業は，時間や場所の制約を乗り越え学習機会を増大させるとともに，遠隔授業ならではの授業形態の導入，受講者の多様化，インストラクショナル・デザインをはじめとする講師側のスキルアップにより，質的な向上にもつながる。

キーワード 同期，非同期，e-ラーニング，ブレンディッド・ラーニング，ハイブリッド・ラーニング，インストラクショナル・デザイン

遠隔授業とは

遠隔授業〔→3.2〕とは，文字どおり講師から離れた場所（遠隔地）にいる学習者（受講者）を対象にした授業である。冊子などの紙媒体を用いた通信教育や大学通信講座，あるいはラジオやテレビを用いたもの（放送大学など）の歴史が長いが，昨今ではパソコンやインターネットを活用したオンラインの遠隔授業が発展している。

遠隔授業は講師と受講者が教授・学習するタイミングによって同期型と非同期型に分類される。同期型は講師と受講者が同時に授業参加するものであり，その代表はビデオ会議システムを用いたライブな授業である。その形態には限られた地点間，例えば大学本校とサテライト教室，他大学同士の教室間を結んで行うもののほか，多地点，例えば大学と職場や自宅にいる受講者を結んで行うものもある。

一方，非同期型は受講者が任意（自分の都合のよい）のときに学習するものであり，その代表がサーバーに蓄積された教材を用いたオン・デマンドなeラーニングである。非同期の遠隔授業としては，慶應義塾大学湘南藤沢キャンパスで実施されている一斉授業を収録・ビデオ配信しているSOI（School On the Internet）がよく知られている[1]。また，企業内においてもeラーニングとして活用が進んでおり，5,000人以上の企業の86.1%で導入されているとの調査結果もある[2]。

遠隔授業は講師・受講者双方の移動の負担を解消・軽減できることから教育・

学習の機会拡大に役立つが，それだけでなく質的な向上にも寄与しうる。

本節では，従来行われてきた教育形態の代表格である一斉授業や企業における集合研修と比較しながら，利点や可能性を中心に遠隔教育について考えていく。

遠隔授業による教育・学習の機会拡大

同期型・非同期型を問わず，遠隔授業が一斉授業と比べて優れている点は，地理的な制約を受けない点にある。講師・受講者ともに都合のよい場所，職場や自宅あるいはその近辺にある大学のサテライトキャンパスなどで授業に参加できるため，移動の負担（労力・時間・コスト・機会損失）が軽減でき，教育・学習機会の拡大に有益である。このことは教育に関するさまざまな格差の解消を可能にする。身体や家庭等の事情で通学が困難な人に対して自宅で学べる遠隔授業によって学習機会を提供することができる。また，地方や海外に在勤・在住する人にも多様な学習機会を提供することで地域格差の解消につながる。

全国あるいはグローバルな展開をしている大企業でも本社・本店などで行われている小規模な研修や勉強会に地方・海外の社員が参加できないといった地域格差が発生しがちであるが，テレビ会議システムを用いた同期型の遠隔授業とし遠隔地からも参加できるようにすればその解消も可能となる。しかも，さまざまな所属・立場の社員同士が議論することで，社内の情報共有を促すこともできるだろう。

さらに，遠隔授業は空間的な制約を受けないことから，教育のスピードアップにも役立つ。例えば，企業において1万人の社員に対して定員200名の研修所で一斉授業による集合研修を行うとすれば50回開催しなければならず，教育が完了するまでに長期を要することになるが，遠隔授業で研修を行い受講者が各職場で受講できるようにすれば，全社に対して極めて短期に教育が完了する。

一方，学校や教育事業者は遠隔授業によって教育事業拡大のチャンスを得られる。例えば，熊本大学大学院社会文化科学研究科教授システム学専攻は日本初の「eラーニング専門家をeラーニングで養成するインターネット大学院」として開講され遠隔授業による教育を実践しているが，受講者の大部分は熊本以外の全国各地に在住する社会人である。これは地方の学校や教育事業者であっても，特色ある教育を遠隔授業で行うことにより「全国区」になることができる可能性を示唆している。仮に，同様の大学院を熊本在住・在勤の社会人を対象に通学を要す

る形で開講したとしても，十分な受講者は集まらなかっただろう（実際，同専攻においては開講から2年間で熊本在住の修士生は3名のみである）。

遠隔授業による教育の質向上

ここまで遠隔授業による教育機会の拡大，つまり「量」について述べてきたが，それだけではなく学びの「質」を向上させることも可能である。

授業や研修への参加が容易になることから，より多様な学習者が授業に参加することとなり，授業中の議論をより深いものにできるだろう。また，遠隔地にいる専門家にワンポイントで講義やコメントをしてもらう，といったことも可能となる。

非同期形のeラーニングであれば，サーバーに教材を蓄積しておけば随時学習が可能であり，学習者が学びたいとき・学ぶ必要があるときに学ぶことができる。「いつか必要になるかもしれない」ではなく「今，必要な」知識やスキルを得られることで学習の効果や効率を高めることができる。しかも，基本的に講師のペースで進む一斉授業と異なり，受講者は自分のペースで学ぶことができるとともに，既知の項目をスキップする，前提知識の不足があればいったん学習を中断し学び直してから学習を再開する，といった「自分に合った」学習が可能となる。さらに，受講者が業務に即したストーリーの中で問題解決・課題達成を通じて学んでいくStory Centered Scenarioなどeラーニングならではのデザイン手法を用い，新たな学びの形を実現しているものもある。

また，遠隔授業の用い方のひとつとして，一斉授業や集中講義と組み合わせて実施し，相乗効果を狙うブレンディッド・ラーニング（ハイブリッド・ラーニング）がある。例えば，一斉授業前に遠隔授業で知識習得を済ませておきいっせい授業では遠隔では難しい実習を実施する，といったように一斉授業や集合研修の際には「ならでは」のことに集中でき，より効率的・効果的な学習が実現できる。妹尾ら（2002）は大学における一斉授業とML（メーリングリスト），Webページという汎用的なシステムを組み合わせたハイブリッド・ラーニング「社会調査法」を実施し，教員・学生に留まらず，学外の社会人などを巻き込んだコラボレーティブな学習を実現している。このハイブリッド・ラーニングでは，受講者が各種調査のプロジェクトに関する連絡に用いるMLに学外の社会人が加わり，有益なアドバイスをすることで学習の質を高めている[3]。

さらに，遠隔授業においては一斉授業以上にインストラクショナル・デザイン〔◯ 4.6〕やファシリテーション〔◯ 9.9〕のスキルが求められるため，講師のスキルアップも期待される。したがって，その質的向上の成果は遠隔授業だけでなく，一斉授業にも及ぶであろう。

遠隔授業検討のすすめ

ここまで，遠隔授業の利点や可能性について述べてきた。読者諸氏には遠隔授業の導入や活用を検討してみて欲しい。それは遠隔授業が優れているという理由だけではない。従来行われてきた教育方法を見直す機会も得られるからである。

「授業は一斉授業だ」，「社内教育とは集合研修だ」，「うちは地方小都市の大学だから社会人大学院は難しい」といった前提（「思いこみ」，「諦め」といってもよいかもしれない）を根底から見直すには，遠隔授業のような新しい教育方法と従来の教育方法と比較検討することが近道のはずである。

本節では一斉授業に対して遠隔授業が優れている点を述べてきたが，当然のことながら一斉授業のほうが優れている点もある（グループダイナミクスが働きやすい，職場から離れられるため学習に集中しやすいなど）。遠隔授業導入の検討はそれら既存の教育方法の優れている点を再評価することにもつながるだろう。「なぜ遠隔授業か？」という問いは「（今は）なぜ一斉授業か？」を問い直すことにほかならないのである。

本節で述べたICTを用いた遠隔授業やeラーニングは遠隔教育の一部であり，遠隔教育は教育方法の一部である。遠隔授業やeラーニングもあまり特別視せず，従来用いてきてさまざまな教育方法と同列に並べ適材適所で用いられるようになることが理想であろう。そのためにも，遠隔授業への理解を深め選択肢に加えるとともに，遠隔教育を通じてそれ以外のさまざまな教育方法への理解も深め，よりよい選択につなげたい。

[参考文献]
[1] School On the Internet, http://www.soi.wide.ad.jp/
[2] 日本イーラーニングコンソシアム編 (2006)『eラーニング白書2006/2007年版』東京電機大学出版局.
[3] 妹尾ほか (2002)「学習コミュニティを支えるメディア環境」，『コンピュータ＆エデュケーション』14, CIEC.

6.7

[長岡 健]

授業のSNS支援

　授業支援という視点から見た場合，SNSの特徴は，異なるコミュニケーション・ツールごとに提供されていた別々の機能を，効果的に統合した点にある。したがって，「多数の参加者」，「複数の授業」，「長期的な学習活動」といった環境において，SNSは効果を発揮するといえるだろう。

キーワード 協調学習，CSCL，Web2.0

学習用SNSの現状

　2004年，日本において「SNS（Social Networking Service）」と呼ばれるコミュニティ型のWebサイトが誕生して以来，mixi[1]をはじめとするSNSが，新たなコミュニケーションの場として広く使われるようになった。そして今日，学生同士，教職員と学生間，卒業生と大学間などのコミュニケーションを促進する目的で，SNSは大学にも積極的に導入され始めている。

　しかし，学習支援のためのSNS活用は，いまだ試行錯誤の状況だといえるだろう。とくに，SNSを活用した授業については，協調学習に関するいくつかの事例が報告されているものの，電子掲示板やブログといった従来からあるICTによって代替可能な使い方も少なくない。そこで，本節では，SNSを活用した授業支援の可能性と課題について，電子掲示板やブログとの違いをふまえて整理する。

ICTによる協調学習の支援

　1990年代以降，教員から学生への一方向的な知識伝達ではなく，学習者同士のコミュニケーション活動を通じた学習が注目を集めるようになった。このような学習形態を「協調学習」と呼ぶが，とくに，ネットワーク上でのコミュニケーションを通じて進められる協調学習については，「CSCL（Computer Supported

Collaborative Learning)」〔● 1.3〕と呼ぶ．CSCL研究では，学習者同士のコミュニケーションを促進するためのさまざまな機能を備えた場をネットワーク上に構築し，ICTを活用した協調学習の支援を目指してきた．そして，1990年代前半の研究開始以来，協調学習支援のための特殊な機能を備えた独自のシステムやソフトウェアの開発が進められてきた．

しかし，ネットワーク環境の進展により，ネットワーク上でコミュニケーションを行うことが多くの人々にとって日常化した今日，CSCL専用システムやソフトウェアを使わずとも，一般的な電子掲示板やブログなどを活用した授業支援が可能となった．とくに，Web2.0[2]〔● 2.3〕と呼ばれる双方向参加型のネットワーク環境が進展し，「マスコラボレーション」[3]や「集合知」[4]〔● 2.3〕に関する議論が広がりを見せている今日，多くの人々が知識や情報をもち寄り，議論を重ねながら新たな知見を生み出していこうとする活動スタイルは社会に浸透しつつある．

以上をふまえると，今後のCSCL研究においては，特殊な機能を備えたシステムやソフトウェアの開発を進めることに加え，電子掲示板，ブログ，SNSといった一般的なコミュニケーション・ツールを活用した協調学習のあり方を探っていくことも重要なテーマとなる．

ICTを活用した協調学習型授業の課題

「電子掲示板」を使うことによって，学習者同士が相互に意見交換を進めることが容易となる．しかし，各学習者の書込みは電子掲示板内に散在しており，通常の電子掲示板にはそれらを検索する機能が備わっていないことが多い．そのため，自分の書いた意見を後になって体系的に省察する際，非常に煩雑な作業が強いられることになる．つまり，電子掲示板は，学習者同士のコミュニケーション支援には適している一方で，個人の学習を支援する機能が不十分であるという問題点を有している．

それに対し，「ブログ」は個人単位で設定されており，自分の書いた意見をテーマ・時系列ごとに蓄積し，後から見直すことが容易である．しかし同時に，個人単位で設定されるため，多人数間でのスムーズな意見交換が困難であるなど，学習者同士のコミュニケーション支援については問題が多い．さらに，「誰が授

業の参加者か」を識別可能とするためには，授業ごとに別のブログを設置する必要がある。つまり，学習者は受講する授業数と同じ数のブログをもつことになる。したがって，複数の学期や科目にまたがって省察を行うには，複数のブログに分散している自分の書込みを検索するという煩雑な操作が強いられる。

SNSを活用した協調学習型授業の可能性

「SNS（Social Networking Service）」は，(1)興味・関心を共有する人々が意見を交換する場（コミュニティ）を提供する機能（電子掲示板的機能），(2)自分の意見などを発信し，時系列に蓄積する機能（ブログ的機能），の両者を備えている。電子掲示板やブログでは独立していた各機能を単一のシステム内に統合し，ユーザーごとに設置されたホームページを通じて，それらの機能を効果的に組み合わせて使うことができる点にSNSの特徴を見い出すことができる。

さらに，授業支援という視点からの特徴として，「アクセス・コントロール機能」と「関連情報の通知機能」の2点をあげることができる。SNSでは，「全員に公開」，「友人のみに公開」のように意見の公開範囲をコントロールすることができる。この機能を使うことで，特定の授業参加者のみに意見を公開したり，特定のメンバー内で深い議論を行うことも可能となる。また，SNSは，書き込まれた情報の公開範囲やコミュニティの参加メンバーを自動的に識別したうえで，各ユーザーに関連した新しい情報を抽出・通知することができる。この機能を使うことで，履修している授業の関連情報のみを選択的に表示したり，ディスカッション・グループのメンバーが新たなコメントを書き込んだことを通知するなど，効果的なコミュニケーションの実現を支援することが可能となる。

以上の特徴を活かした仕組みを構築することで，協調学習における電子掲示板やブログの問題点を解消し，「学習者同士のコミュニケーション支援」と「個人の省察的な学習支援」の両者を実現する可能性が開かれる。とくに，「ホームページを活用した複数機能の統合」，「アクセス・コントロール機能」，「関連情報の通知機能」という3点は，複数の授業で使用する場合や長期的な学習における利便性を生むといえるだろう。また，多数の参加者による協調学習の支援にも，SNSというコミュニケーション・ツールは効果を発揮すると考えられる〔● 10.3〕。

SNSによる授業支援の留意点

　一般的なコミュニケーション・ツールを活用した協調学習のあり方を探るには，それぞれのツールが効果を発揮する環境を見極めることが重要である．SNSの特徴は，異なるコミュニケーション・ツールごとに提供されていた別々の機能を効果的に統合した点にあり，「多数の参加者」，「複数の授業」，「長期的な学習活動」といった環境で効果を発揮するといえるだろう．

　その一方，「少数の参加者」，「単一授業内」，「短期的な学習活動」という環境で使用した場合，SNSが従来からあるコミュニケーション・ツールより効果的であるとは必ずしもいえない．例えば，少人数のグループワークだけで使用する場合，「アクセス・コントロール機能」は必要性が低いだけでなく，操作の煩雑さを高めることにもなる．また，共同制作を伴う協調学習の場合，既存のSNSには十分な作業支援機能が備わっていない問題点もある．これら点をどのように解決していくかは，今後のCSCL研究における課題である．また，既存のSNSを使って授業支援を行う場合，その特徴が効果的に発揮される環境かどうかを慎重に吟味すべきであるといえよう．

[参考文献]
[1] 　ミクシィ『ソーシャル・ネットワーキング サービス［mixi（ミクシィ）］』http://mixi.jp/
[2] 　O'Reilly, T., What Is Web 2.0: Design Patterns and Business Models for the Next Generation of Software, http://www.oreillynet.com/pub/a/oreilly/tim/news/2005/09/30/what-is-web-20.html
[3] 　ドン・タプスコット，アンソニー・D・ウィリアムズ著，井口耕二訳（2007）『ウィキノミクス——マスコラボレーションによる開発・生産の世紀へ』日経BP．
[4] 　ジェームズ・スロウィッキー著，小高尚子訳（2005）『「みんなの意見」は案外正しい』角川書店．

[ブックガイド]
■梅田望夫（2006）『ウェブ進化論——本当の大変化はこれから始まる』筑摩書房．

6.8

[河村智洋]

モバイルラーニング

　携帯電話の高速データ通信の出現によって，モバイルでのリアルタイム＆双方向の映像を使った遠隔教育や学習が可能になる。

キーワード　遠隔教育，モバイルデータ通信，テレビ電話，動画

モバイルラーニングとは

　モバイルラーニングの基本的特徴は次の3点にある。
（1）　携帯電話〔◯2.7〕の高速データ通信を利用した動画による遠隔教育
（2）　小さな機器で手軽に実現でき，コストも安い
（3）　発信を中心とするコミュニケーション型の学習

　本節では，インターネット技術，とくにモバイルデータ通信の発達によって可能となったモバイルでの動画通信を用いて，これまでにない新しいラーニングの可能性について取り上げる。

　インターネット技術，とりわけ回線の速度に関しての進歩がめざましい。光ファイバーを中心とするブロードバンドの普及は，全家庭の半分を超えるところまできた。また，最近では携帯電話を利用したモバイルでのインターネットの高速化も急速に進んでいる。そして，パソコン自体の性能のアップ，テラバイトでのアーカイブ能力など急速にデジタル技術を中心とする環境が変わってきている。

　また，これらの容量，スピードという環境の変化により，インターネットに起こった最大の出来事は，動画というコンテンツの一般化である。これまでも動画の配信というのはインターネットを通して行われていたが，小さな画面にカタカタと紙芝居のように動く程度のものだった。それが，ブロードバンドが普及することで，見るにたえうる動画がパソコンやインターネットで簡単に扱えるようになった。また，それらをリアルタイムで通信することも可能となり，動画を使ったコミュニケーションが非常に簡単に，また安価に行えるようになったのである。

この動画の技術は，さまざまな分野に影響を与えることが予想されるが，教育の分野での活用もそのひとつである。これまでの視聴覚教材は，ビデオを中心とした録画されたものが使われるのが一般的であったが，モバイルラーニングでは，リアルタイムで現場とつなぐことによって，双方向のやりとりが可能になり，これまでの一方的な受信型の学びから，コミュニケーションを中心とした発信型の学びへと変わっていくことができるのである。

モバイルラーニングが可能となる背景

　モバイルラーニングが可能になったのは，いうまでもなく携帯電話のデータ通信の高速化によるものである。今，携帯電話の高速データ通信を行えるものは，第3.5世代〔◎ 2.7〕と呼ばれる携帯電話である。高速データ通信がはじめて商用化されたのは，第3世代携帯電話で，2001年の10月のことである。といっても通信速度は，毎秒あたり384キロビットで，携帯電話のサイトを閲覧したり，着歌，アプリなどのダウンロードが以前より高速にできるというものであり，パソコンレベルのコンテンツを高速に扱うほどのレベルにはなかった。2006年8月にサービスが開始された第3.5世代では，下りの速度で毎秒あたり3.6メガビットを実現し，いわゆるパソコンのブロードバンドがモバイルでも実現可能となった。また，2009年以降を予定されている3.9世代では，下りの速度が毎秒あたり100メガビット，2010年以降予定される第4世代では，下りの速度で毎秒あたり5ギガビットが実現される予定で，モバイルでも今の固定光ファイバーと遜色のない通信が可能になる予定である。

　また，モバイルラーニングが可能になる，もうひとつの鍵が，通信費用を安く抑えられることである。いくら高速の通信が可能でも，コストがかかってしまっていては，教育での利用は難しい。そういった点でも，今の3.5世代では，利用できる範囲が狭いものだと月額5,000円程度で使い放題というキャリアも出てきている。また，他のキャリアも，これに追従してくるようで，モバイルでの通信も，かつてのADSLのように定額使い放題というプランが次々と出てくるであろう。

　これらの通信と無料で使えるスカイプなどのテレビ電話ソフトを組み合わせることによって，モバイルでのテレビ電話が簡単に安価に行うことができる。以前

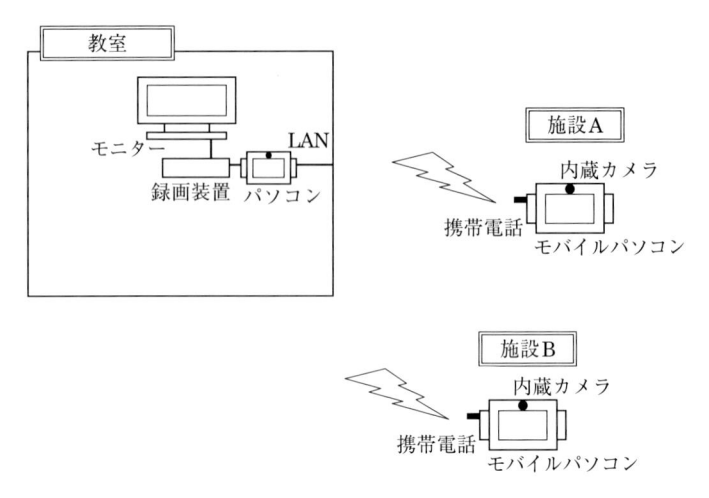

図1 モバイルラーニングのシステム例

だったら衛星通信などを使って数百万円かかっていたリアルタイムの映像中継が誰でも簡単にできるようになる。また，通信機器としては，現在のところパソコンが必須となるが，最近では，超小型のパソコンも発売されており，取回しは，それほど負担にはならない。また，今後は，携帯電話やスマートフォンなどにも搭載される可能性が高く，もっと手軽になるであろう。

モバイルラーニングのメリット

　これまでの授業の中でも，その場所で可能な作業は実習などで実際に作業したり体験したりすることも可能だったが，ある場所に行かなければ見られないとか，その人しか教えられないことで，その人が遠隔にいたり，忙しい場合には，実際にきてもらったり，出かけていくことは難しかった。そうすると多くの場合，ビデオなどの視聴覚教材を使うことでカバーしていたが，それでは，なかなか実感や体感として学ぶことが難しかった。それがモバイルラーニングでは，実際の現場とリアルタイムでの通信をすることによって，学ぶ側の関心や疑問が通信にリアルタイムに反映され，また，現場にいる人たちと話をすることも可能で，コ

ミュニケーションしないと伝わりにくいこと，学習者のレベルに合わせて説明を受けることなどができるようになるので，教育効果は非常に高くなる。また，その通信を録画することで，そのアーカイブを必要に応じて何度も繰り返し見ることができ，振返りや復習のチャンスも増え，より記憶に残る学習が可能になる。モバイルラーニングには，これまでの教育・学習システムでは，コミュニケーション能力や創造性がつちかわれにくかった場面においても，モバイルラーニングを使うことによって，それを学べる可能性がでてくるのである。

具体的な事例

このような新しいラーニングの形を求めて，さまざまな試行実験を行っている。

(1) 買い物を遠隔から行う。高齢者への学習の実験として行ったもので，外出できない高齢者に対して，商店街からの中継を行い，実際に遠隔から買い物をすることによって計算やコミュニケーション能力をきたえる効果がある。

(2) 遠隔からイベントの参加や施設見学。通常では参加できない，また，多人数で参加できないイベントや施設見学に対して，遠隔から中継で参加する。録画で見るのと違い，リアルタイムで進行が実感でき，また，中継先の講師に質問を送ることなども可能で，これまでにない臨場感あふれる学習が可能になる。また，そのときのビデオを振り返ることによって，より効果の高い学習へとつなげることができる。

(3) 遠隔からの共同作業。ある作業に対して，遠隔でいながら協調した作業を行う。本来は，不可能だった作業が可能となることで，そういった作業に参加できる可能性を広げることができる。

(4) 複数の中継の組合わせ。中継自体が簡単にできるので，その中継を複数組み合わせて行うこともできる。例えば，中継をやりながら共同作業を行っているところをまた中継して，それを見ながら別のグループが学習を行う，その共同作業自体の指導やアドバイスを行うなどといったことが可能になる。

6.9 情報環境を用いた学生支援

[生田目康子]

本節ではまず，広義の学生支援を示し，次に大学のユニバーサル化に伴う学生支援の近年の状況に触れ，最後に情報環境を用いた学生支援の事例について解説する。

キーワード 学生支援，学生相談，情報共有，学習支援

学生支援とは？

学生支援とは，広い意味では「学生が安心して修学できる環境を構築するためのあらゆる支援」といえる。

わが国では，1877年の帝国大学（現東京大学）に始まり，多くの大学が設立されてきた。各大学における学生支援は，その後内容が徐々に充実され，現在に至っている。

学生支援の項目は，学費支援（学費免除，奨学制度，学生保険，教育ローンなど），住居支援（宿舎の貸与や斡旋など），福利厚生支援（食堂，売店，保健室，スポーツ施設，集会施設など），課外活動支援（部活動，サークル，学園祭，国際交流など），学生相談支援（学業，進路，対人関係などの悩みごとの相談）など多岐にわたる。

学生は，自発的に必要とする支援を申し出て，条件を満たせば支援を受けることができる。

これらの学生支援に関する情報は，学生便覧などの印刷物で配布されているが，現在，ほとんどの大学では，大学の公式ホームページから閲覧できる。また，(独)日本学生支援機構[1]が提供する学生支援情報データベース[2]によって，学生支援窓口，学生支援プログラム，教職員支援プログラム，学生支援に関する調査統計情報，関係白書，取組み事例集などを検索し，閲覧できる。

近年の大学生の状況

1990年代後半より，大学への進学率も50％に迫り「大学のユニバーサル化」が一層進んだ[3]。さらに，大学を選り好みしなければ入学を希望する学生は全員大学に入学できるという「大学全入時代」を迎えた。それに伴い，入学する学生の進学目的，基礎学力，対人コミュニケーション能力などのばらつきが顕著になり，学生相談の内容も不登校，引きこもり，薬物依存，自殺など深刻化してきた。

教育の一環としての学生支援

近年の大学生を対象に（独）日本学生支援機構が2006年度に実施した調査研究の報告[4]をもとに，これからの学生支援の概略を示す。同報告書は，学生支援は教育の一環であると位置づけ，教職員と相談専門家の相互の連携によって大学全体として，多様化する学生の個別ニーズに合わせた学生支援を推進する必要があると報告している。

そのために学習支援を日常的支援，制度化された支援，専門的支援の3つの階層モデルに分類し，これらモデルの有機的連携による総合的な支援体制の整備と大学が各支援体制を統括することを提言している。

第1層の日常的支援は，学習指導や窓口対応など教職員と学生との日常的交流を通して，学生の個別ニーズを把握しそれに適切に対応する支援を指す。また，教職員は，学生の自主的活動に適度な指導と支援することも日常的支援の一環として要請される。

第2層の制度化された支援は，学生の個別ニーズに応えるための教職員の体制を整え，それにより学生支援を進める支援を指す。例えば，教員の体制としては，「クラス担任」や「チュートリアルシステム」などを設置し，学生が相談しやすくすることにより，学生の個別ニーズを把握できるようにする。

また，事務窓口も事務組織別のたて割り的ではなく，総合窓口のような「何でも相談窓口」などの体制を工夫し，学生が相談しやすくする。

さらに，学生の相互の助合いを促進させるような仕組み，例えば，学習指導をする「ティーチング・アシスタント」や「補習サポーター」，先輩学生が助言する「ピア・サポート」，学生相互の出会いの機会などを制度化することによって，学

生相互の援助を構築させる。

　第3層の専門的支援は，第1層の日常的支援や第2層の制度化された支援では対応できない学生の個別ニーズに専門的に対応する支援を指す。

　専門的学生支援として専門化された部署は，学生相談，修学相談，進路・就職相談，ハラスメント相談，メンタルヘルス相談，留学生支援・相談などがある。

　これらの部署は専門分化しているが，必要に応じ，学内外の専門部署相互，第1層の日常的支援や第2層の制度化された支援とも有機的に連携し，学生のニーズに的確に対応する必要がある。

情報環境を用いた学生支援

　ここでは，主に第1層の日常的支援，および第2層の制度化された支援において，情報環境を活用する事例を紹介する。

(1) 通常の対面授業にeラーニングを併用した学習支援

　通常の対面授業にeラーニングを併用することによって，学生ごとの学習活動の客観的データが取れる。そのデータから，学習への興味や関心をより的確につかむことができ，学習指導に的確にフィードバックする学習支援ができる。

　また，チャット，メールなどによる情報交換により，学生のニーズをつかむ機会が飛躍的に拡大し，学習支援を質的に向上できる。

(2) 学力不足を補うための学習支援

　文系，理系にかかわらず基礎学力が不足するため，大学の授業を理解できない学生が増加している。個々の学生の学力に応じた教材で段階的に学習を積み重ねると，学習成果が得られ学生の自信につながる。

　各大学では，これらの学習支援のために，学力レベル別の日本語，英語，理数科目などのeラーニング教材を活用している。

　とりわけ，自学自習の習慣がない学生に対しては，教材だけでなく，学生と教員間の電子メールやチャットを用いたインタラクティブな学習支援が必要である。

(3) 学部内，学科内の教員相互の情報共有ファイルによる支援

　教員は，担当授業の学生の情報をつかむことができるが，担当外授業の学生の情報は得にくい状況にある。学部や学科内でこれらの学生の情報を共有し，クラス担任やチュートリアルシステムでの担当学生の学生支援を的確に進めることが

できる。

　情報共有の仕組みは，学部内の共有サーバーに共有ファイルを設置するという簡単な方法でも実現可能である。データベースにより学生の状況を把握する試み[5]や学生の個別支援に特化したパッケージの提供[6]も行われている。

(4) 専門部署の電子メールなどによる広報

　第3層の専門的支援の各専門部署から大学教職員向けに電子メールやホームページにより，最近の相談の傾向や学年歴に合わせた学生の問題症状などを広報する。

　これにより，第1層の日常的支援および第2層の制度化された支援で，学生のニーズや問題行動を早期に発見可能となる。

(5) 保護者との連携による学生支援

　学生支援を円滑に進めるには保護者の協力が必要な場合もある。そのために，第2層の制度化された支援に保護者にも参加していただくことも可能であろう。

　教職員と保護者の間には時間的にも距離的にも制約があるため，現実的には，電子メールなどを用いて支援を進める。

[参考文献]
[1] 『独立行政法人日本学生支援機構（JASSO)』http://www.jasso.go.jp/gakusei_plan/gakuseisien_gp.html
[2] 『独立行政法人日本学生支援機構　学生支援情報データベース』http://www.g-shiendb.jasso.go.jp/gsdb/main/jsp/main_frame.jsp
[3] 『文部科学省 統計情報』http://www.mext.go.jp/b_menu/toukei/main_b8.htm
[4] 独立行政法人日本学生支援機構（2007）「大学における学生相談体制の充実方策について――「総合的な学生支援」と「専門的な学生支援」の「連携・協働」」, http://www.g-shiendb.jasso.go.jp/gsdb/main/tmp/contents/file/ab004012.pdf（2007/11/30閲覧）
[5] 八尋剛規, 成嶋弘（2004）『Student Relationship Management System（SRMS）――学生個別指導のための学生カルテの開発と運用』, 全国大学情報教育方法研究発表会, 私情協, http://galley.ftokai-u.ac.jp/~yahiro/info/material/juce2004/20040809a.pdf（2007/11/30現在）
[6] 『マイクロソフト株式会社　エデュステーション－大学/大学院向け』http://www.microsoft.com/japan/education/default.mspx（2007/11/30閲覧）

6.10

[妹尾堅一郎]

大学Webサイトの展開

　Webサイトをもたない大学が皆無になったのは2002年である。数年が経ち，今や，Webサイトは「鏡」として，大学の姿勢や活動の内容を映し出す。それは大学改革のバロメータといっても過言ではない。本節では，大学のWebサイトの意味を考察する。

キーワード 大学Webサイト，大学改革

大学Webサイトの現状

　Webサイト（以下，サイトと呼ぶ）をもつ4年制大学は，1997年には585校のうち488校（83％）であったが，1999年には609校中552校（91％）に増加，2002年には全716校がサイトをもつことになり，以降，大学にサイトがあるか・ないかを問うのではなく，そのコンテンツを評価する時代に入っている（この間の経緯とサイト内容の変遷については参考文献を参照されたい）。

　また，大学受験生のほとんどが気軽にサイトにアクセスし，情報の入手を図るようになっている。情報教育の一環として，ほとんどの高校や予備校で簡単にサイトを見られるようになったからだ。総務省の統計（情報白書2006年度）によれば，2006年現在，日本国民の約69％，8,754万人がインターネットを利用し，世帯普及率も8割を越えているというから，保護者や高校教員も情報入手にサイトを利用しているはずである。さらに，企業や他の大学などの研究者など，外部からのアクセスは急増しているという。

　一方，サイトは公的にも情報広報媒体として認知された。文部科学省は学校法人の財務状況や自己評価のサイトでの公開も推奨している。2006年度現在，財務情報などの一般公開を行っている大学法人は510法人であり，そのうち広報誌などの刊行物への掲載が75％前後で推移しているのに対し，サイトで公開している法人が前年度30％から42％へと飛躍している[*1]。

　今後は，財務状況のみならず，あらゆる情報の公開媒体として見なされるはず

だ。すなわち，受験要項から就職実績まで，財務状況から教員の研究業績まで，学長の教育方針から授業シラバスまで，産学連携実績から公開講座情報まで，さらには不祥事や醜聞への対応などに関してまで，あらゆる情報をタイムリーに提供することが求められるだろう。このことはサイトの対象者がひろがりつつあることも意味する。そのとき，積極的にサイトで情報発信をしない大学は，「情報を公開しない」，「大学の意見や見解を表明しない」ということで評価を下げてしまうリスクを負うに違いない。

大学Webサイトの動向

かつては，画面上を延々とスクロールしなければ情報が出てこない「不親切」なサイトや，アニメーションで着飾った「野暮な」サイトが多くあったが，今では利用者が使いやすいように工夫が凝らされており，全体としてレベルは向上している。ただし，プロの手が入り見栄えはよくなったが，反面，画一的な表現とコンテンツの乏しさが目立ち始めている。

サイトは次の3点で評価される。

第1は，コンテンツである。どれだけ情報内容が充実しているか，知識社会の主役たる大学のサイトは，一般の企業サイト以上に内容が重視される。とくに，「情報公開」の姿勢は極めて重要である。教育や研究の現状はどうなっているのか。大学が自らを評価する「自己評価」を公開しているところは多くはない。

9割以上のサイトは「入試情報」，「学部・学科情報」，「アクセスガイド」，「問い合わせ全体」，「資料請求全体」を載せている。一方，最近大きく伸びているのは「Web上資料請求」と「卒業生向け」だ。前者は，サイトのインタラクティブ性を活用したサービス向上を意味する。しかし，「シラバス」の掲載がいまだに不十分であり，その内容も必ずしも高くない。改善の目玉であろう。

第2は，サイトの使いやすさ（ユーザビリティ）である。例えば「情報の位置が一目でわかるデザインになっているか」，「少ないクリックで情報にたどり着けるか」，「サイト内に検索機能があるか」等々である。つまり，どれだけ訪問者への気働きがあるか，それが問われるのである。

第3として，サイトのデザインもおろそかにはできない。派手か／地味かは好みであるが，いずれにせよ大学のセンスがわかる。サイト来訪者の目は肥えてき

ている。やたら着飾ったサイトは若者から見れば野暮だという点に大学は気がつかなければならない。

ユーザビリティとデザインは確実にプロの仕事になったが，一方，コンテンツにも専門的な知見が必要になってきている。コンテンツは，それをつくるためのリソースを集めるところから始まる。だが，単にリソースを並べ立てても，サイトとしてのコンテンツにはならない。情報の加工・編集という専門性の知見が必要とされるのである。すなわち，従来のように大学教職員のボランティアだけで大学サイトをつくる時代は終わりつつあるといえよう。

コンテンツで大学資源が推定される

コンテンツの問題は，つきつめれば，コンテンツ形成のもとになるリソースの問題に行き着かざるを得ない。つまり究極には「学内にコンテンツ化するに足るリソースがあるのか／生まれつつあるのか」という点が問われるからだ。教育，研究，社会貢献など，伝えるに足るものがなければ，いくらデザインやユーザビリティを高めても意味がない。サイトで紹介できることの多寡は（不祥事や醜聞を除けば）そのまま大学改革をどれだけ進めているのか，どれだけ意味ある活動をしているか，という観点を導くのである。いや，不祥事や醜聞であったとしても，その対応の仕方に大学改革の度合いが反映するのである。

一方，例えば，入学者数を載せていないところは「何か問題があるから，載せないのではないか」と疑われるリスクを抱えることになる。

また，どのような教育を行い，どのような研究に取り組み，どのような社会貢献を行っているのか，大学教員に関する情報も十分出さなければならない。大学は国民のシンクタンクであり，大学教員は自分の研究を国民に公開し，社会に貢献すべきなのであるから，この点もおろそかにはできないはずだ。

大学Webサイトの課題

企業サイトのコンセプトは3段階で発展しつつある。第1段階は，単なる紙の替わりとしての「（一方的）告知メディア」である。当初，インターネットの普及段階はこのレベルであった。第2段階は，「コミュニケーションの窓口」である。現在，多くの企業サイトはこの段階である。そして，一部の先端的な企業が

第3段階である「関係者の交流のプラットフォーム」として活用しつつある。残念ながら、ほとんどの大学サイトは「告知メディア」の域に留まっている。

一方、社会的には新たな潮流、いわゆる「Web2.0」〔◯2.3〕の世界が始まっている。「ウィキペディア」〔◯2.6〕から「SNS」〔◯6.7〕、「ブログ」に至るまで、情報の提供側と受け取る側の垣根がなくなる「主客融合」の時代に入りつつある。この潮流が大学サイトにとってどのような影響と可能性をもたらすのか、その点の検討が今後の大きな課題であるといえよう。また「ポッドキャスティング」〔◯2.8〕等は「ポストeラーニング」を拓く可能性があり、この中継点としてのサイト機能についても検討する必要が出てきている。

このように、大学サイトのコンセプトとターゲットは「変容と多様化」しつつある。また、サイトを通じて大学の「中身」や「姿勢」などを透かして見ることができるのである。つまり、大学のサイトは、大学の活動を映し出す「鏡」であり、かつ大学改革を育む「器」なのだ。したがって、サイトのあり方を再確認すべきときであり、そしてそれは大学の活動自体を再度見直すことにほかならない。サイトを大学改革のバロメータとして考えるべきであろう。課題は多いとはいえ、大学サイトは努力を傾注するのに足る大学評価メディアなのである。

[注]
*1 http://www.mext.go.jp/b_menu/houdou/17/12/05121903/001.htm

[参考文献]
[1] 妹尾堅一郎ほか（2002）「日本の四年制大学のWebサイト全数調査」、『大学行政管理学会誌』6, pp. 83-96.
[2] 妹尾堅一郎ほか（2002）「大学Webサイト全調査（1）──5年目の総括報告」、『2002PCカンファレンス論文集』CIEC, pp. 244-245.
[3] 妹尾堅一郎ほか（2002）「大学Webサイト全調査（2）──大学Webサイトの現状から見る大学の一側面」、『2002PCカンファレンス論文集』CIEC, pp. 246-247.
[4] 妹尾堅一郎（2003～2006）「Webサイト調査」、『大学ランキング（2004年版～2007年版）』朝日新聞社.
[5] 妹尾堅一郎（2004）「Webサイトで大学が透けて見える」、『Between』201（2004年1・2月号）、進研アド, pp. 11-13.

6.11

[山口久幸]

大学におけるPC必携と諸課題

　本節では，大学における情報教育環境の変化，とりわけPC必携化の概略について述べる。また，これらの変化のなかで，既存の教育機会だけに留まらないさまざまな場面で教育・学習・サポートの場がつくられている事例，ここではとくに先輩たちが後輩たちへ教えかつ学ぶことを通じて，新たな学習機会を創出している事例を紹介したい。

キーワード 大学におけるPC必携化，先輩から後輩へ，情報倫理教育

従来の大学における情報教育環境

　大学における情報教育，とくにその初期においては学生のコンピュータスキルを習得させるための教育が求められており，各大学はそのための条件整備としてコンピュータ教室の設置・拡充，PCの貸与など，さまざまな努力を重ねてきた。

　コンピュータ利用環境を整えるにあたり，学生1人につき端末1台が理想的ではあるが，予算措置などの面において自ずから限界があることは言をまたない。

　そこで，私学を中心に学生個人に学習用のPCを所有させ，持ち込みを指示する事例が出てきた。しかしながら，個人所有のPCは当然に機種・スペック・OSが不統一になるため，運用してみると実際の学習場面で足並みがそろわなくなることも多く，また保守にかかる労力・コストが増大するなど，さまざまな問題が顕在化してきた。こうした問題に対して，スペック・機種をも指定することで解決を図る大学もある一方，学生への費用負荷の問題も鑑みて個人所有PCの持ち込み指示をあきらめ，コンピュータ教室の拡充へ回帰する大学も少なくなかった。

国公立大学におけるPC必携化

　ここでいうPC必携化とは，ネットワークインフラ，学習インフラの整備を前提に，学生自身が購入して持ち込んだ専用PCを活用して情報教育をすすめようとする試みを指す。私学でのこうした動きについては先に触れたが，近年，必携

化に踏み切る国公立大学が出現し拡大しているように見える。

　当然のことながら国公立大学においては高額の費用負担を強いるPCの個人保有を推奨することには障害が多い。しかし，大学におけるコンピュータ利用環境の不足とともに，学生のPC保有の実情も教育機会の不均等を生み出す要因になっているとして問題視する声もあがっていた。例えば，東京学芸大学におけるPC必携化の検討過程において，1999年から継続して実施された学生へのアンケート調査結果によれば，2000年度の約6割から2002年度には約7割と学部4年次のPC保有率増加が著しく認められるなか，しかし毎年学生たちからは「端末が足りない，最新の機種が欲しい」，「宿題を出されてもできる環境がない」，「自宅でも同じ環境が欲しい」といった声が継続して寄せられており，自前のPCがないからスキルが身につかないという事態は改善すべきという問題意識が必携化に踏み切るうえでひとつの動機となっている。かくして，1998年度には高知大学，2000年度に愛知教育大学，2003年度に鳥取大学，前述の東京学芸大学など，機種指定・スペック指定を伴うPC持ち込みを指示する国立大学が出現した。

　国立大学法人化を契機に，この動きは加速する。法人化にあたって，多くの旧国立大学が「国際化」，「情報化」をキーワードに掲げたのは周知の事実であるが，具体的なツールとして当然求められたのがコンピュータであり，利用環境の整備である。「情報化」はもちろんのこと，「国際化」についても大半の大学が語学学習コンテンツを整備してコンピュータ上で処理学習するスタイルを導入し，埼玉大学や東京工業大学など学生のPC持ち込みを指示もしくは推奨する大学が増加している。

　さらに，「特色ある大学教育支援プログラム（特色GP）」，「現代的教育ニーズ取組支援プログラム（現代GP）」といった文部科学省による財政支援を受けた取組みのなかで同時に情報インフラ，コンテンツの整備をすすめる大学も見受けられる。こうした総合的な条件整備のなかで必携化をすすめている大学として，金沢大学の取組みはひとつの典型であろうと思われる[1], [2]。

さまざまなかかわりに支えられる情報教育環境

　これまで見てきたように，大学におけるインフラ整備を伴って，学内においては当然のこと，自宅学習においても学生1人にコンピュータ1台の時代が到来し

ているといって差し支えないだろう．新入学生は，教科「情報」を履修し，さまざまなコンピュータ利用教育・学習を体験し，自分専用のPCをもって入学してくる．一方で，学生個々のPC活用環境・スキルには格差が存在し，あるいは拡大している．こうした学生を迎える大学の情報教育環境は，既存の教育機会だけではないさまざまな人のかかわりがあって初めて維持し得るものとなっている．

例えば，必携化をすすめる少なくない大学で「ピア・サポート」などと呼ばれる組織が存在する．これは個人保有のPCに大学が推奨するOS，アプリケーションなどの環境を構築し維持するためのメンテナンス部隊，同時に使い方に関する相談窓口としても機能しており，大学がアルバイトとして契約した学生によって組織されていることが多い．大学によっては独立したNPOや，学生が運営する会社組織としてサポート部隊が存在するケースもあり，またこれらの組織と直接・間接に大学生協がかかわっている例も少なくない．

大学生協は，全国の200を超える大学にある生協法人であり，それぞれの大学でコンピュータ販売を含む事業を営んでいる．先にあげた金沢大学をはじめとする少なくない大学では，大学生協が大学のパートナーとして必携PCの販売，当然ながら修理や大学指定仕様維持のためのメンテナンスも担っている．

大学生協は必携化が進展する以前から，大学での学習用をうたったPCを提案し，2007年度新学期現在，大学指定ではない生協推薦も含めて全国で約4万台を供給している．必携PCの提供にあたって大学からパートナーとして指名されたのもこうした実績あってのことだが，より重要なのは，従来から先輩学生から新入生へ体験に基づくアドバイスをする場づくり・組織化に長けている点ではないだろうか．

先輩から後輩へ

ここでは大学生協の事例を取り上げるが，その取組みのエッセンスは生協のない大学でも活かせるはずである．ぜひとも参考にされたい．

ほとんどの大学生協が，PC購入者に対して「初心者講習会」，「PC講座」を実施している．形態は大学ごとさまざまではあるが，特筆すべきはほとんどの場合先輩学生が企画し講師を務めている点にある．

ここで取り上げられる内容は，スキル面ではタッチタイピング，レポート作成

の基礎やネット接続に始まって，プレゼンテーションスキル，フォトレタッチにまで及ぶ。ここに集まる新入学生の多くはいわゆる初心者，自分のスキルに不安をもつ学生であることにも注目したい。彼らは先輩学生の体験に基づいて学び，習得する。先輩たちは毎年受講者の反応を見ながら内容に工夫を凝らし，補習まで実施し，なかには新学期だけでなく年間を通じた講習会へと発展している例もある。それ自体が大学のリテラシー教育場面で大きな悩みとなっているコンピュータスキル格差の緩和に貢献しているといえるかもしれない。

近年では，情報倫理〔● 4.9〕やウイルス対策，フィッシング詐欺問題など，ネット社会規範，ネット社会における自己防衛〔● 4.8〕といったことも講習会の内容に盛り込まれるようになってきた。こうした内容もまた大学教育を補完するものとして注目してもいいのではないだろうか。

また，先輩学生たち自身が集団で企画をし，自ら学習し内容を練り上げるプロセスは先輩学生自身にとっても貴重な学習体験であり，一種の職業体験ともいえる。教えることを通じて後輩たちとコミュニケートすることもまた同様であろう。これを大学における新たな学習機会の創出と捉えるのはうがちすぎだろうか。

こうした取組みについて，学生自身がPCカンファレンス（CIEC，全国大学生活協同組合連合会共催）をはじめとした学会でもその成果を報告し始めており，また実際に独立した組織の誕生や起業にいたるケースも出現している。あるいは，こうした動きそのものが現在の大学におけるコンピュータ活用教育の現状を象徴しているといえるのかもしれず，今まさに取組みの中心にいる学生たちが新たな可能性を提示してくれるのかもしれない。

図1

[参考文献]
[1] 山口久幸（2005）「PC必携化時代の教育/教育環境を考える」，『コンピュータ＆エデュケーション』19, CIEC, pp. 63-64.
[2] 内赤尊記（2006）「大学の中で広がる自発的な学びあい――変遷する「情報教育」進展する「教育の情報化」の中で」，『コンピュータ＆エデュケーション』21, CIEC, pp. 68-70.

7 外国語教育・学習におけるコンピュータ利用

　外国語教育の分野では，早くから「コンピュータ支援による言語学習」(Computer-assisted Language Learning，以下CALL) が専門領域として確立し，さまざまな理論的研究と教育実践が行われてきた。本章では，前半において外国語教育にICTを導入することの意義，学習モデルとの関連性を考察し，CALL環境構築・運用および教材コンテンツ制作にかかわる実用面の解説を試みる。また，後半においては外国語教育現場からのICT活用に関する事例紹介を行う。

［上村隆一］

〔●…も見よ〕

7.1

[吉田晴世]

外国語教育・学習モデル

外国語教育にICTを使う意義とはいったい何なのだろう。教育機器としての有能性は至るところで述べられ，数々の実践結果からも証明されている。では，学習者にとってICTによる学習プロセスから得ることができるメリットとは何であろうか。潜在記憶に結び付く偶発学習と，自律学習への橋渡しという2点から考えてみたい。

キーワード 偶発学習，自律学習，ゲーム，ドリル

認知プロセスに基づく学習モデル─偶発学習から潜在記憶へ

あることがらを身に付けようとして行動や経験をした結果，それが身に付く場合を意図的学習という。それに対して，あることがらを身に付けようとして行動や経験をした結果，身に付けようとしたことがらとは別なことがらまで身に付いてしまう場合を偶発的学習という。テレビのコマーシャルソングを覚えてしまうことのように，身に付けようという意図なしに行動や経験をした結果，あることがらが身に付いている場合もある。しかし教育現場においては，教育目的に沿った学習が成立していなくてはいけない。つまり，学習者が意識しない偶発的学習であるにしても，教員にとっては，教育目的を達成するために，計画的に取り入れた意図的学習でなくてはならないのである。

語彙学習を例にあげてみよう。意図的語彙学習は，学習者によって語彙が計画的・意図的に学習されることであり，偶発的語彙学習は他の活動を行っている間に副産物として語彙が学習されることと定義される(Hatch and Brown, 1995)[1]。この偶発的学習は，最近とくに重要視されており，とりわけ語彙学習においては，辞書や教科書を用いた学習だけでなく，日常生活の中で学習することが重要である。

それでは，刺激を記憶するようあらかじめ教示するタイプの意図的学習と，刺激を記憶するようには教示しないタイプの偶発的学習ではどちらが有効であろうか。短時間の保持であるなら，意図的学習によって，限定された語彙を記憶する

ことは可能であるが，そのことによって学習された単語は容易に忘却されてしまう。意図的学習では単純なリハーサルにより記憶が形成されるが，長期的には記憶再生の効率は非意図的な偶発学習のほうが優位である。

　ここでは，語彙学習における偶発学習を取り上げて，ICTを用いることの効果について考えてみたい。PCは，とくに間欠繰返しと想起の機会が多く求められる語彙学習の法則を「プラクティス」に移行する非常に効果的な手段となる。

　PCゲームは，語彙学習の効果的な源泉「語彙学習は偶発的に生じうる」になりうる。例えば，もぐら叩き（もぐらの部分が英単語），英単語シューティングゲーム，問題解決型ゲーム，覚えにくい熟語はレバーを引くとさまざまな組合わせの熟語が表示されるスロットマシンで楽しく学習できるようなもの，すごろく，神経衰弱，音と絵のマッチングなどがあげられる。ゲーム形式で語源を学ぶことで，結果的に英単語の知識が身に付くというソフトもある。ゲームをしているという遊びの要素が，単語を覚えなければならないという精神的な圧迫感を和らげ，知らず知らずに語彙の受容的な獲得に結び付いている。

　古典的なタイピング練習用ソフト〔● 4.2〕は，単語の綴りが自然に身に付いていく仕組みになっている。タッチタイピング〔● 4.2〕は，打鍵の無意識化を意味し，入力すべき文字に対応するキーの位置や指の役割分担を思い浮かべることなく，即座に指が動くようになることである。また，頻出語や語尾は一連の指の動きとして塊として記憶されるようになる。頻出する単語や慣用句については指がその流れを覚えるようになる。この視覚（画面上に提示される単語の綴り）と指の動きという身体の動作を伴う語彙学習は，五感に働きかける有効な学習法で，長期記憶に結び付くものであると思われる。

　Web上には豊富な世界のニュースソースがリアルタイムで提供されている。その多くはテキスト形式の文字情報のみによる提供ではなく，マルチメディア対応で，見出しや強調などを含む新聞や雑誌の版組み・レイアウト・フォントなどの視覚的体裁を保持していることが多い。Webニュースを教材として利用し，リーディングやリスニング学習をする際に，音声・映像情報とともにターゲット語彙が含まれている前後の文脈を容易に参照することができる環境が整えられているということが重要である。ここでは，リーディングやリスニングが直接の学習項目であり，語彙項目を直接の学習目標にしているのではないが，豊富な教材

に継続的に触れ続けることで，意図せずとも語彙力が養われるのである。言語を構成する語彙項目は，本来それぞれが単体で独自に存在するのではなく，他の語彙項目や文法構造，意味概念，音声情報，スキーマ〔● 1.1〕などの他の多くの異なる情報と複雑に絡み合ったネットワークを構成している。

自律学習

自律学習とは，Little（1995）によると，学習者が学習過程を内省し，語学力の進歩を自己評価し，必要であれば自分の学習ストラテジーを調整していくことという学習に対する自己コントロールである[2]。つまり，自己の学習過程をモニターし，自己の学習を管理していく能力であり，その能力には，自己評価や学習ストラテジーに深いかかわりがある。

中でも，外国語学習の第1の目標は当該言語でのコミュニケーション能力の獲得であるから，教室で教員が一方的にその言語についての知識を押し付けても何の役にも立たない。また，第2言語の習得は母語のそれとは異なり個人差が大きく，リズム・進度・ストラテジーは多様である。したがって，学習者中心の教育原理〔● 1.3〕が他の教科よりも重要となってくるのである。

自律学習によって獲得された知識は，自らの行動に基づいたものであるため，それを柔軟に応用したりすることができる。また，常に学習をしているため，環境が変化してもそれに適応していくこともできる。自律学習とICTは相性がよいといえる。個人の学力に応じた授業，個人のリズムでの学習，きめ細かな双方向授業などが実現可能となる。言い換えると，自律学習型ICT にしないと，学習者が自分のペースで，自分の納得のいくまで学習できるというICTの一番の利点を活かせない。

例えば，ドリル学習を例にあげてみよう。英語のスキル習得には，継続して繰り返す必要があり，ドリル型の学習は避けては通れないものである。自律学習におけるドリル学習の長所としては以下があげられる。

1) 学習作業の適切な順序づけが可能で，学習を分割しながら徐々に理解を深めていくことにより，難しい学習作業を比較的容易に学習させられる。
2) 文字だけでなく，音声や映像の活用が可能で，ゲーム性を取り入れることで付随的に繰返し学習が行えるので，学習の定着化が図れる。

3) 自己ペースによる学習が可能で，一定の学習量を確保できるため，継続学習が容易で，精神的な重圧にならない。

その一方，期待ほどには効果が出ない場合がある。その主たる要因に，動機づけ，教材の難易度，学習期間があげられる。動機づけについては，PCやマルチメディアを導入した指導というだけで学生が英語の学習に積極的になるといった期待は幻想にすぎない。誰でもPCがもてる今日では，教員による不断の動機づけが不可欠である。教材の難易度については，例えば，学生の能力レベルと教材の難易度の間に大差があると効果は期待できない。各人のレベルに合った教材を使わせることが必須である。そして，学習期間については，母語の場合と違い，日常生活で触れる機会が限られているので，外国語の習得には必然的にある程度の総学習時間が必要とされる。

教員はこれらの要因を熟知し，動機づけを高めさせ，中・長期的な計画を立て，学習者の能力に応じた教材を提供するような配慮をすべきである。

[参考文献]
[1] Hatch, E. & Brown, C. (1995) *Vocabulary, semantics, and language education.* Cambridge: Cambridge University Press.
[2] Little, D. (1995) *Learner autonomy 1: Definitions, issues and problems.* Dublin: Authentik.

[ブックガイド]
- 赤堀侃司ほか (2006)『ブレンディッドラーニングの戦略――eラーニングを活用した人材育成』東京電機大学出版局．人材育成を合理的かつ効果的に成功させる秘訣を紹介しながら解説している．
- Woollard, J. (2007) *Teaching and learning using ICT in secondary schools.* Exeter: Learning Matters. 教室にICTを導入する際，教師が対応できる新技術を紹介している．

7.2

[野澤和典]

CALL環境の構築と運用の実際

LLからCALLへ――情報教育と外国語教育の融合，スタンドアロンCALLからネットワークCALLへ――LANの役割，CALLシステムとe-Learning――モバイル学習環境の導入という3つの視点から，LLからCALLラボへの歴史的な変遷を概観し，CALL環境の構築と運用を簡潔に紹介する。

キーワード LL，CALL，LAN，e-Learning，m-Learning

LLからCALLへ――情報教育と外国語教育の融合

「磁気テープを用いた記録装置は，外国語教育に最適のツールとして1930年代より利用され…これが今日LL（Language Laboratory）と呼ばれている語学教育用システムである。…LLの本格的な導入は，…1950年代より始まり，その後，中学校や高等学校へと徐々に導入が…。」[1]から明白なように，1980年代までのCommunicative Approachを中心とした言語教授・学習法の変遷とともに，個別学習と集団学習の併用といった学習形態の変化が生じ，アナログ機器システムとプログラム学習に基づく外国語教育・学習の全盛時代が長く続いた。

しかし，1970年代までの大型コンピュータ利用のCAI（Computer Assisted Instruction），1980年代のPC（Personal Computer）の普及に伴うPC単独使用でのCALLシステムが開発され，さらにハードウェアの技術革新により，1990年代初期からCL（Computer Laboratory）が設置され，マルチメディアの利用が可能となり，中期以降のインターネットの爆発的な普及とともに，情報リテラシー教育利用も可能で，アナログ機器とデジタル機器の融合されたシステムとしてCALLラボ（Computer Assisted Language Learning Laboratory）[2]やメディア・ラボ（Media Laboratory）[3]が設置された。

次第にPC周辺機器類の低価格・高性能化と普及が進み，ブロードバンドの整備や発達により，内外のネットワーク接続環境の大幅な改善とともに，すべてがデ

ジタル機器へと更新され，ペア・ワークやプロジェクト学習も念頭に入れたCALLラボや，教室での対面教育とe-Learningを組み合わせたBlended Learning[5]〔● 6.5〕や多地点間を結んだ遠隔教育・学習も可能な情報語学演習室やマルチメディア・ラボなどと呼ばれるCALLラボに更新されつつある。最近は，学習者の情報リテラシーのレベルも上がり，CALLラボをフルに使ったCALL授業が定着しつつある。また，限られた教室環境を有効に使う視点から，従来のスクール型（図1）からグループ討議や共同作業を考慮した半円型，U字型，島型（はなびら型）（図2），平行四辺形型などの多様なレイアウトのCALLラボ[4]が設置されつつある。

図1　立命館大学の例

図2　クイーンズランド工科大学の例

スタンドアロンCALLからネットワークCALLへ ── LANの役割

　CALLラボの形態は，当初PCを他のPCと接続せずに，ワープロなどの基本ソフトウェアやFDないしCD-ROMにプリインストールされたソフトウェアを利用するスタンドアロン（stand-alone）CALLであった。学習教材として，英文ワープロなどを使っての作文指導も行われたが，多くの市販ソフトウェアは，一般的なあるいは特定分野の語彙力を高めるもの，文法の再学習と強化をするもの，速読などの読解演習を中心とするものなどがあって，学習成果の記録はFDなどに保存されるタイプが多かった。

　しかし，限定された範囲でのネットワーク上でソフトウェアやハードウェアを利用するイントラネット接続環境からインターネット接続のスター型LAN（Local Area Network）の拡充に伴い，教室内サーバーを介して各PCを他のPCと接続したネットワークCALLが普及していった。

　その結果，大容量化を続ける記憶媒体のひとつであるDVDを使うマルチメディア教材の単独使用に加え，教室内サーバーを介して共有できるマルチメディア教材やインターネット上にある膨大な情報資源，実用的な4技能の訓練ができる各種語学教材，専門分野とe-Learningを結び付けたESP（English for Specific Purposes）教材や異文化理解教材などの豊富なコンテンツを利用できるようになった。さらに，近年は無線LANも普及しつつあり，次第に有線LANとの併用型CALLラボ，あるいは無線LAN単独利用の新CALLラボが構築されていくであろう。

CALLシステムとe-Learning ── モバイル学習環境の導入

　現在のCALLシステムは，教室環境に合わせた台数と配置でLAN接続のCLとAVシステムが統合されたCALLラボのスタイルが多い。学生卓に，インターネット接続PCに，ヘッドセットやCCDカメラなどの周辺機器が付属し，さらに学生卓2台に1台の共有モニターがあるのが一般的である。教員卓には，学生卓と同様の機器類に加え，各種AV機器が設置され，映像や音声をプロジェクタ・スクリーンや共有モニターや学生モニターへ容易に出力でき，教員卓の画面も同様に出力できる。高機能な最新機器類をフルに使いこなすのは相当の事前訓練と実

践経験がないと難しい。

　こういったCALLラボを使った外国語授業は頻繁に行われているが，授業外での学習も重要であり，自学自習を中心とするe-Learning環境を整え，商用のものから独自開発のものまでさまざまなe-Learning教材が存在し，活用されている。また，MoodleのようなCMS（Course Management System）〔● 6.4〕なども総合的な学習サイトとして利用されている。

　「CALLにおける中心的な機器がPCであることは間違いないが，「情報機器を活用した外国語教育」と広くとらえれば，情報端末と呼ばれるモバイル/携帯端末や電子手帳の活用もCALLの1つとして考えることができる」[6]とあるように，CALLラボとe-Learning，そしてm-Learning〔● 2.7, 2.8, 6.8〕を加え，モバイル機器との融合が進行しつつある[7]。今後はユビキタス環境〔● 3.4〕の充実・普及に伴い，より便利な学習環境が構築されていくであろう。

[参考文献]
[1] 竹内理，三根浩編（1994）『情報化社会と外国語教育』成美堂．
[2] 野澤和典（1993）「CAI/CAL/CALL/CALLLとは何か」，北尾謙治監修，野澤和典ほか編『コンピュータ利用の外国語教育』英潮社，pp. 2-10．
[3] 町田隆也ほか（1991）『コンピュータ利用の英語教育——CALLラボの開発とそのアプローチ』メディアミックス．
[4] 境一三（2003）「CALL教室のレイアウトについて——LaboratoryからCo-Learning Spaceへ」野澤和典ほか編著『最新外国語CALLの研究と実践』CIEC外国語教育研究部会，pp. 1-32．
[5] 杉山伸也（2005）『ブレンデッド・ラーニング——対面授業とe-learningの融合』http://www.econ.keio.ac.jp/staff/sugiyama/shijokyo20050907.pdf
[6] 竹蓋幸生，水光雅則編（2005）『これからの英語教育——CALLを活かした指導システムの構築』岩波書店．
[7] 菊池俊一（2007）「m-learningにおける携帯電話使用の可能性」，『名古屋外国語大学外国語学部紀要』32, pp. 55-85．

[ブックガイド]
■ Donaldson, R. P. & Haggstrom, M. A. (Eds.), (2006) *Changing language education through CALL*, Routledge.

7.3 外国語学習デジタルコンテンツの制作

[上村隆一]

　外国語学習向けのデジタルコンテンツ制作は，教材の用途，利用環境および学習者のレベルによって，素材の選択から入力・編集・出力に至る過程が異なる．本節では，まず一般的なデジタル教材コンテンツ作成の手順を概説した後，前節で述べたCALL環境の変遷に従って，各環境に最適化した教材とは何か，利点と問題点をあげながら解説する．

キーワード エンコード方式，メディア統合，教材開発ツール，著作権問題

外国語教材向けデジタルコンテンツ作成の手順

　一般的にデジタル教材コンテンツの制作は，次のような手順に従って行う．
（1）教材のテーマ，構成，分量などの決定
（2）素材（画像，音声，テキストデータ）の収集または入力
（3）各素材の編集，エンコード（圧縮・ファイル変換など）
（4）コンテンツ統合（デジタルデータの制御，表示の一元化）
（5）メディア出力（ディスク書込みまたは配信・ファイルサーバー登録）

　（1）については，学習内容，学習者のレベルによって，相当に選択の幅が広くなりうるが，4技能のどこに焦点を当てるかによっても，（2）以下の作業工程に大きな差が生じるので，慎重に設計しておく必要がある．

　（2）については，著作権問題に十分な注意を払いながら，出版物および電子データ（Web上のオンラインテキストを含む）を収集し，実際に抜粋，加工して使用する範囲を検討することになる．

　（3）については，編集時における音声品質，テキストエンコーディングの精度が重要な意味をもつ．外国語学習に特化した教材の場合，前者はリスニング用教材において，後者は読解用教材において，それぞれ学習効果を高めるうえで不可欠な要素となるからである．また，アナログの動画・音声素材を特定のファイル形式（例えば，Windows Media, Flash Video, QuickTime, MP3など）に変換・

圧縮（以下エンコード）する際には，まずデジタルデータとして取り込む段階で，非圧縮ファイル（例えば動画はAVIまたはDV，音声はWAVまたはAIFF形式）を作成し，大容量の記憶媒体に保存しておくことが必要である。

当初からデジタル録画・録音した素材をエンコードする場合も，上記のような特定のファイル形式と互換性のあるMPEG2/4, Linear PCMなどのフォーマットで別途に保存しておくことが望ましい。いずれのエンコード方式を採用するとしても，いったん圧縮されたデータは画像・音声情報の一部が失われており，原画像・音声の品質を復元することはできない。加えて，特定のエンコード形式で変換された画像・音声データどうしは互換性をもたない（あるいは保証しない）ことが多く，実際にPC上（または携帯端末）で再生する環境に合わせて，それぞれ別個にエンコードせざるを得ないのである[1]。

（4）は，異なる種類の画像・音声・テキストデータを共通の操作環境で再生するために，レイアウト表示制御言語およびタイムライン制御言語などを使ってメディアの統合を図る工程を指している。

（5）に関しては，後述する学習環境の違いによって，出力方法および媒体が大きく異なる。とくに，情報通信ネットワークを利用するか否かにより，大容量の記憶媒体を必要とするかどうかが決定されるので，磁気ディスク，光ディスクなどの固定媒体からフラッシュメモリー，仮想記憶など多様な出力メディアが想定される。

次に，前節で紹介したそれぞれのCALL環境ごとに教材コンテンツの特徴（利点と問題点）を列挙し，具体的な事例もふまえて解説を試みる。

a. スタンドアロンCALL向けコンテンツ（**DVD, CD-ROMなどを利用**）

【利点】
- 個人情報（学習履歴など）の漏洩は皆無
- 再生中のコマ落ち，音声の遅れなどは少ない

【問題点】
- パソコン単体の性能に依存（CPU速度，記憶容量，周辺装置など）
- 特定のOS，アプリケーションに特化しがち

【解説】
　スタンドアロンCALL教材作成ツールとしてAppleのHyperCardを紹介し

よう。HyperCardは1980年代後半，個人的な情報整理手段，可視化されたアイデアの表現手段として登場した。強力なオーサリング言語であるHyperTalkを内蔵，しかも，ハードウェアに標準で無料添付されていた。すべての実行プログラムとデータが同一ファイルに格納され，グラフィック表示を前提として，視覚効果のルーチンも標準的に備えていたため，ハードウェア性能への依存度が極めて高くなった。そのうえ，Macintoshに特化したアプリケーションであったため，その後のWindowsの普及に対応できず，後述するネットワークCALLコンテンツに取って代わられることになった。まさに，スタンドアロンCALLの限界を象徴する例といえる。

b. ネットワークCALL向けコンテンツ（Webキャスト，LMS，CMS利用）
【利点】
- 多くの学習者によるコンテンツ共有，同時利用が可能
- グループ学習，学習者間のコミュニケーションが容易
- パソコン単体の性能（とくに記憶容量）に依存せず
- 特定のOS,アプリケーションに束縛されない利用環境を構築できる

【問題点】
- 個人情報の漏洩，外部からのコンテンツ破壊，棄損の危険性あり
- ネットワークの帯域幅，アクセス状態により，再生中のコマ落ち，音声の遅れ等が発生する

【解説】
　このタイプのコンテンツは，当初大型計算機（メインフレーム）の主記憶にすべてが格納され，ダミー端末（CPUを内蔵しない画面出力表示装置）を介して閲覧し，単にコマンドまたは要求データをするものが大部分であった。

　米国イリノイ大学で開発されたPLATOの語学教育向けコンテンツはまさにそうした一極集中型のシステム上で構築されたものであった[2]。

　これに対して，現在ネットワークCALL向けコンテンツの大部分はWeb教材であり，インターネットおよびイントラネット環境の急速な普及によって短期間に「主流」となった。Web教材は，基本的にはタグ付きテキストであり，リンクさせる画像，音声などはそれぞれ別個のファイルとして取り扱われる。

c. モバイルCALL向けコンテンツ（携帯端末，MP3プレーヤー利用）

【利点】
- PCを必要としない
- 「いつでもどこでも」学習可能
- 再生用アプリをすべて内蔵
- 無線通信によって直接教材ダウンロードが可能（一部の端末）

【問題点】
- データ容量はまだ小さい
- 専用端末ではないことが多いので，操作性が外国語学習に最適化されていない（特定区間のリピート再生，再生速度の制御，テキスト・音声の同期など）

【解説】

　近年，携帯電話〔◉ 2.7〕は社会人のみならず，大学生から小学生の間にまで急速に普及してきた。その変化に対応して，ノートPCやPDAなど専用の携帯学習端末を使わず，携帯電話を汎用の外国語学習端末として活用する試みがさかんに行われるようになってきた。携帯電話は本来の通話機能よりもWebサイト閲覧，メール送受信用端末としての機能が利用目的の主体となっている。ただし，PCに比べて動画・音声の再生にはまだ制約が多く，教材開発向けツールも乏しいので，現状ではテキスト主体の教材利用に留まっている。ようやく，アニメーション制作用ソフトの一部が携帯電話に特化した教材開発ツールを提供するようになり，今後動画を主体とした携帯電話向け語学教材の開発が本格化することが期待される。

[参考文献]
[1] 野澤和典，上村隆一，吉田晴世編著（2003）『最新外国語CALLの研究と実践』，CIEC外国語教育研究部会，pp. 149-156.
[2] 上村隆一（1991）「Communicative CALLをめざして」，『西南女学院短期大学研究紀要』38，pp. 47-59.

[ブックガイド]
■ Wikipedia「ハイパーカード」の項（最も簡潔に特徴・開発履歴等を解説している）http://ja.wikipedia.org/wiki/HyperCard

7.4

[松田 憲]

2Dアバター・チャット・システムを利用したコミュニケーション活動の活性化（事例1）

　ここで紹介する教材例は，対話が発生する場面・状況を仮想的にPC上の2D画面の教材の中に構成し，この場面の中に学習者がアバターとして入り込み，場面が示唆する内容の対話を行うものである。

キーワード　アバター・チャット，場面シラバス，メタバース，イマーシブ・ラーニング

英語教育とチャット・システム

　英語教育にチャット・システムを取り入れる研究や実践は数多い。チャットはリアルタイムで進行し，文字のみの交換であるテキスト・チャットから，音声を使ったボイス・チャット，さらにビデオ画像と音声を使った簡易なテレビ会議システムがある。これらはいずれも，双方向のリアルタイム・コミュニケーションを実現するツールであるため，外国語での言語コミュニケーション活動を活性化させる可能性をもち，教育ツールとしても有効である。同期型だけでなく，時間差をおいた非同期型のコミュニケーションにまで視野を広げれば，電子メールや掲示板システムも，こうした言語コミュニケーション活動活性化のツールといえる。

　チャットは，同時間帯に参加者が会話をするため，時差の大きい地域間での利用に困難さがある。また，テキストベースのチャットの場合は，キーボードからの入力スピードが，参加者間である程度均一でないと，会話についていくことに困難さがある。しかし，なによりも生きた会話表現を学べること，また敏速な応答力もきたえられるという特徴がある。ここでは，その中のチャット・システムの新しい利用のあり方を考える。

アバター・チャット・システムの新たな可能性

　従来のチャット・システムでは，話題ごとにチャットルームを開設し，参加者

は自分の関心のある話題のチャットルームに入って，その部屋に同時間帯に参加しているメンバーと対話を進めるというものが多い。言語教育学的な観点から見れば，それぞれの話題に関連した表現を学び，使うという意味で，トピック・シラバスというシラバス・デザインを活用した学習モデルになるだろう。この考えをさらに発展させると，ネットワークに接続したサーバー上に仮想的に大学キャンパスや講義室を構築し，学習者がネットワーク接続された各自のPC上からアバター（分身）としてその仮想画面の中に入り込み，ウォークスルーしながら出会う人々とリアルタイムの会話や議論を進めるというシステムが考えられる。

　3Dをベースにしたチャット・システムは，これまでも多くの開発・研究がされてはいるが[1]，世界中で利用者が爆発的に拡大している3Dのオンライン仮想空間を実現したものに，「セカンドライフ」[2]〔● 3.3〕がある。こうした3Dの仮想空間（メタバースと呼ばれている）が，教育学習環境としても有効であるとの考えから，最近は遠隔教育の長年の実績をもつ大学などが，セカンドライフの教育ツールとしての利用を進めている。北米の大学や図書館が，連携してセカンドライフ内にキャンパスや教室などを次々と構築して，仮想空間上でセミナーを開催し，従来のWebベースのみの遠隔教育よりも一歩進んだ学習（Immersive Learning）の可能性が議論されている。

　こうした学習環境に，例えば英語を共通語として本格的に「没入」（immerse）して議論するためには，高いレベルの言語コミュニケーション能力が求められる。ここで使われているImmersive Learningという用語は，今後の学習論の重要なキーワードになると思われるが，現在の学校教育のネットワーク環境，そして投資できるコストなどの観点から，またセカンドライフ内の一部の非教育的コンテンツのため，各学校がいきなりこうした仮想教育空間に参加することには困難さがある。そこで，ここでは導入の容易さということで，仮想現実感に欠けるという欠点はあるが，2Dアバター・チャット・システムをthePalace[3]というソフトウェアで実現する方法について紹介したい。

thePalaceを使った2Dチャット・システム

　今回の教材のデザイン　　　thePalaceには，UNIX版，Windows版，Mac版があり，それぞれにServerソフトとClientソフトがあるが，今回は最もユーザー

が多いと思われるWindows版での動作例を紹介する．ここに紹介する試作教材は，いきなり世界に飛び出て，3Dの仮想キャンパスで授業を受けたり，議論をしたりする前に，アバター・チャットのルールやマナーを学び，文字ベースのみではあるが，積極的に英語で発言するための，いわば「リテラシー教育」として利用できるシステムをねらっている．

この2Dのシステムは，北米のいくつかの大学を訪問し，そのキャンパスで交わす会話を体験しようとするものである．学習者は基本的に4名で1つのグループをつくって，この4名が場面ごとの状況に合わせて発話を行うことで相互のコミュニケーションを活性化させることをねらいにしている．場面の提示がいわばヒントとなって，その場面に合わせた会話を成立させるための「共同の学び」を進めようとするものであるが，英語での発話にあまり習熟していない場合，グループ内で会話のきっかけをつくる質問を投げかけ，また会話の流れをコントロールできるTAないしALTが，随時グループに参加することを想定している．また，授業では，事前に場面に応じた語彙や予備知識をスキーマとして与えたり，学習者自身に調べさせたりする活動と組み合わせることも重要である．

ストーリーの展開とコミュニケーション活動　今回のチャット・システムを使った教材例では，空港からチェックイン，機内での場面，海外大学キャンパス（今回はカナダのUBCを例にしている）に移動，講義の受講などへと進む構成となっているが，必要に応じて場面の追加は自由である．アバターは，自分の写真などに張り替えることも可能である．また教材のストーリーに合わせて，それぞれの場面に必要なチャットルームを作成して，マウスのクリック場所に沿ってアバターが移動する擬似的なウォークスルーを実現している．このシステムを使うことで，参加学生はグループに分かれて訪問先を選択し，それぞれの場面で情報や知識を交換する際に交わされる英語表現に留意しながら，コミュニケーション活動を活性化するのがねらいである．thePalaceでは，音声データの組込みが可能であるので，機内の放送を聞き取らせて，その内容について話し合わせることも有効である．また，ログをファイルで保存することができるので，チャットの内容を記録して，あとで表現をクラス全体でレビューすることも可能である．

UBCに到着後は，キャンパスを移動して，宿舎である学生寮に入り，寮内の個室，居間，自炊の設備を確認，また講義を聴く場面（図1）などを配置してい

る。こうした場面に応じた会話を促すことで，4名の中でのコミュニケーションが活性化される。チャットでは，発言スペースや発言時間の制約で，深い学問的な議論が難しいが，上級者（熟練者やチューター）のグループへの参加により，コミュニケーション内容のレベルの引上げは可能であり，これは教育発達心理学の領域では，ヴィゴツキーの「発達の最近接領域」〔● 1.3〕と呼ばれて，協同学習（共同の学び）の理論的な背景のひとつになっている。

図1

　今回の試作教材では，講義例は短いものではあるが，画面の Lecture というボタンをクリックすると音声で講義の一部が流れるので，これを聞いて参加者が議論するような仕掛けがデザインされている。このように教材の準備によっては，コンテント・ベースの議論が可能であり，アバター・チャット・システムは外国語学習におけるコミュニケーション活動活性化のツールになると思われる。

[参考文献]
[1] 鈴木右文（2001）「大学間双方向遠隔英語授業の試みと諸問題」，『言語文化論究』14，九州大学大学院言語文化研究院，pp. 169-183.
　　参照URL：http://www.3d-ies.com/report/pdf/project/project2.pdf
[2] セカンドライフ（Second Life）およびロゴは，Linden Research, Inc.Copyright 2007 の登録商標．参照URL，http://secondlife.com/
[3] thePalaceの参照URLは，http://www.thepalace.com/index.html

[ブックガイド]
■山内豊（2001）『IT時代のマルチメディア英語授業入門』研究社．
■佐伯，藤田，佐藤（2004）『学びあう共同体』東京大学出版会．

7.5 学びを豊かにするICT環境をどう構築するか
（事例2）

［水野邦太郎］

大半の日本人は日常生活で英語を使う必要に迫られる場面がほとんどない。英語の使用価値が低い日本で，英語を学ぶことに対する動機も意欲も異なる生徒たちをテストの点数という画一的な価値観のもとで無理やり勉強させても，生徒たちはますます英語を学ぶことから逃走していくだけである。21世紀の日本の英語教育が進むべき方向は，学校教育の「教科」としての「英語科固有の文化的・教育的価値」をつくりあげていくことであり，「英語を媒介とする学びの共同体」を築いていくことである。そのような理念を具現化していく上で，ICTがいかに利用できるか，大学での実践を紹介する。

キーワード 学びの共同体，協調学習，電子掲示板，真正性，足場かけ，再吟味

学びを共有する「学びの共同体」づくりを目指した英語教育

ことばは意味の媒体としてのメディアであると同時に，人と人をつなぐ媒介としてのメディアでもある。したがって，言語的実践として展開される英語の授業は英語を媒介とした認知的活動であり，他者との関係を紡ぎ上げる社会的活動でもある。そこで，筆者は「英語を学ぶ・使う」という実践の背後に多くの「仲間」が存在し，多様な人々が差異によって響き合う「学びの共同体（未知の世界と出会い，他者と出会い，自らの存在と出会い対話する対話的実践を遂行するコミュニティ）[1]」〔→1.1〕を「教室」という場に築いていけるように授業をデザインしてきた。そして，そのような「学びの共同体」を「拡張」させるために「インターネット」を利用して授業のホームページを3つ立ち上げ(http://125.100.132.218/)，クラスや大学の壁を超えてひとり一人の学びが交じり合う「インタラクティブな学びの環境」を創出してきた。以下，具体的にどのような「学びの共同体」を「教室」という場と「インターネット」上に築いてきたか，これまで取り組んできた3つの授業実践を紹介したい。

「出会い」と「対話」のあるライティングの授業

　高校までのライティングは，与えられた日本語（一文レベル）を英訳する練習がほとんどである。学生は，読み手を考えずにただ文法やボキャブラリーを極力間違えないように気をつけて文を組み立てる。そして教師は完璧なセンテンスになるように添削するだけである。このような「読者不在のライティング」ではなく，ひとり一人が自分の考えや気持ちを自由かつ率直に表現することができ，多くの読者によって読まれ「生の反応」が得られる「出会い」と「対話」のあるライティング環境をつくることが，大学レベルのライティングの授業では求められる。そこで，「教室」ではクラスメイトとペアを組んで書いたエッセイを交換して読み合い，英語でコメントや質問をして知識・考え・感情を共有し，コミュニケーションを通してクラスメイトから多くのことを学び合う場を教室に築いてきた。

　一方，1998年にInteractive Writing Community（IWC）というホームページを立ち上げ，さまざまなトピックの電子掲示板を設置し，エッセイを投稿できる環境をつくってきた。IWCにすぐに他大学の教師と学生が参加し，IWCは互いにエッセイを読み合いコメントを書き合う「コミュニケーションの場」となった。これまで，慶応大学（SFC，日吉キャンパス），上智大学，早稲田大学，京都大学，立命館大学，中部大学など国内から8の大学が参加し，海外から米国，ドイツ，韓国，インド，ブラジル，アラビア，トルコをはじめ10の大学が参加し，学生たちは「国際英語」として英語を使いながら「異文化間コミュニケーション」を実践している。そして，英語を「人と人との絆を結ぶ言葉」として使用し「本モノの（authenticな）表現活動」を実践しながら「自分の英語が生きて働いている」ことを肌で感じとっている。

TOEFLの「ライティング・セクション」で高得点を目指す授業

　2000年10月よりTOEFLがコンピュータ方式に変わり，ライティングが必修となった。そこで，将来，英語圏の大学・大学院に留学を志す学生たち（TOEFL ITPのスコアが520〜550）がライティング・セクションで高得点をあげ，留学中に課せられるレポートにも対応できることを目標に2001年から慶応大学と上智大学でインターネットを媒介にして"Writing for the TOEFL test"

という授業を実践してきた。ライティング・セクションの採点は0.5点きざみで0～6点の幅があり，2人の採点者による平均点で付けられる。授業でも同じ採点方法をとり，筆者と米国で英語教師をしている米国人の友人の平均点が電子掲示版を媒介にして表示されるシステムをつくった。

学期の前半は「ETSの採点者が高得点を与える良いエッセイとはどのようなものか」，「高得点のエッセイを書けるようになるには，どのような段取りが必要か」という主題を講義と演習で学んでいく。学期の後半は，ホームページを活かしながら毎週テストを行い，実践を重ねていく。Web上で「数字」という形で学期を通じて「学んでいることがどう生きて働いているか」を互いに見ることができるのは，授業に参加し努力を続けるうえでの大きなモティベーションとなっている。自分のスコアより高いエッセイを足場かけ（scaffolding）にして，書き方のヒントを得て次回のエッセイで「真似」る。自分より低いスコアのエッセイを読むことも，自らのエッセイを客観的に振り返るよい機会となる。このような「省察（reflection）」と「反省」を行う場としてホームページが活かされている。学期始めのスコアの平均点は3.0前後で，毎学期，学期末までに9割の学生が5.0以上のスコアに到達している。

読み合い語り合う読書活動を取り入れた多読の授業

IWCやTOEFLライティングにおける「アウトプット」の授業と平行して，語彙や表現力を増やすための「インプット」を行う多読の授業を1999年から実践してきた。学生たちは，この多読授業のために設置されたReading Library（2000冊）から好きな本を選んで1週間に1冊のペースで読んでいく。そして，読書という営みを1人で読んで終わりという自己完結的なものとして終わらせるのではなく，読んだ本について「教室」でグループをつくり語り合いながら，母語で「話す・聞く」という活動を連動させて「要約力」，「コメント力・質問力」といった「コミュニケーション力」を養っている。

さらに，読み終えたらその本の紹介・書評（Reaction Report）を書き，それを各本専用の電子掲示板に投稿できるInteractive Reading Community（IRC）というサイトを構築してきた。IRCに投稿されたReaction Reportは，慶応大学，上智大学をはじめ，他大学で多読の授業を受けている学生たちの「本選び」とし

て活用されてきた。またReaction Reportを媒介にして互いにコメントを書き合い「本を媒介にした仲間づくり」を実践している。 学生たちはIRCへの参加を通して多量の英語によるインプットを補給しながら読書を楽しみ，読書能力をつちかっていきながらTOEICやTOEFLのスコアアップも図っている。

活動的で協同的で反省的な学びを支援するコンピュータ

　大学におけるライティングの授業と多読の授業の特徴を，CSCL（Computer Support for Collaborative Learning）〔● 1.3〕の研究で使われる3つのことば，「authenticity（真正性）」,「scaffolding（足場かけ）」,「reflection（再吟味）」の考え方を足がかりに紹介した。また，「まねる盗む力」,「段取り力」,「コメント力」という斉藤[2]が提唱している「21世紀を生きるための3つの力」とリンクさせながら，授業に参加して学んでいることが単なる試験対策に終わることなく，生涯にわたって役に立つ知力を身に付けられるよう授業がデザインされていることを示した。

　授業で使われている3つのサイトは，あくまでも学生たちの「学びの3つの次元にわたる対話的実践」を促進するための道具であり，「学び合う共同体」の形成を支援するための道具である。そして，教師の役割は，ひとり一人の3つの次元にわたる「出会い」と「対話」が，お互いに重層的に響き合うように授業をデザインすることにある。今後，これら3つの授業をさらにインターネットをフルに活用して世界中の教育機関とネットワークを結び，「学びの共同体」をグローバルに拡張させていき，「協調的な学習環境」を充実させていきたいと思っている。

[参考文献]
［1］佐藤学（1995）「学びの対話的実践へ」，佐伯胖，藤田英典，佐藤学編『学びへの誘い』東京大学出版会, pp. 49-91.
［2］斎藤孝（2001）『子どもに伝えたい「三つの力」』日本放送出版協会.
[ブックガイド]
■佐伯胖（1995）『「学ぶ」ということの意味』岩波書店．「学校」で「どうして勉強するのか」という疑問を持ち，その問いに悩み苦しんだことのある人がこの本を読むと，「なぜそのような疑問が生じたのか」が見えてくる。

7.6 多言語Web教材「長崎・言葉のちゃんぽん村」
（事例3）

[三枝裕美]

　長崎外国語大学・短期大学では多言語Web教材「長崎・言葉のちゃんぽん村」を開発，公開している。授業の補完を目的とした第1部では教科書全部をWeb化し，第2部は日英仏独西中韓を相互対照した7カ国語講座を設けている。制作は主にFlashを用い，インタラクティブに学べるようにしている。またPodcastでも配信している。

キーワード　多言語，Web教材，Flashビデオ，Podcast

はじめに

　長崎外国語大学・短期大学ではWeb教材「長崎・言葉のちゃんぽん村」を開発，公開している。どうして多言語教材を発信しているのかというと，お互いに相手のことばがわかるとその国と戦争をしようとは思わないはずで，その意味でことばの果たす役割は大きく，平和の地長崎から多言語を発信する意義がある。

構成

　構成は2部からなり，第1部は独立した各言語の詳細なWeb教材で，授業の補完を目的として教科書全部をWeb化し，自習・復習に役立てている。フランス語・スペイン語・中国語の3カ国語がある。この利用対象は本学学生を主としている。第2部は日英仏独西中韓7カ国語のミニミニ講座で，単語編と会話編からなる。こちらは学生に留まらず，一般の方向けの自習教材と位置づけている（図1参照）。URLはhttp://www.nagasaki-gaigo.ac.jp/chanpon/chanpon.html）。

フランス語・スペイン語・中国語のWeb教材

　フランス語Web教材「Web En Paroles」　初級フランス語教科書『アン・パロール』（阿南婦美代，Emmanuel Rigaud，Buruno Jactat著，早美出版社）

図1 「長崎・言葉のちゃんぽん村」表紙
（注）表紙のちゃんぽんのお皿から外に出ているのが第1部で，お皿の中が第2部。

をインターネットでも利用できるよう，著者（本学教員）と出版社の了承のもとに戸口民也氏（本学教員）が版を製作し，2004年から長崎外国語大学フランス語コースのホームページに掲載しているもの。URLは下記のとおりで，ちゃんぽん村からはここにリンクを張っている。

http://www.nagasaki-gaigo.ac.jp/nufs/c_french/WebEnParoles/index.htm

スペイン語Web教材「ABRIENDOSE_CAMINO」 Hilario Kopp氏（元本学教員，現在は非常勤講師）の教科書を氏がパソコン学習用に少し手を入れて書き直し，音声を著者と本学教員で録音し，Web化は筆者が担当し，Adobe社のオーサリングツールであるFlashで作成した。絵を拡大したり，ヒント情報を出したり，テキストを隠したり出したり，一文ずつ聞くこともできれば全文を聞くこともできるといったように，インタラクティブな仕上げになっている。本学のスペイン語では「ABRIENDOSE_CAMINO」が共通教材となっているので，授業の予習・復習に使われているようである。URLは下記のとおりで，ちゃんぽん村からはここにリンクを張っている。

http://www.nagasaki-gaigo.ac.jp/ABRIENDOSE_CAMINO/ABRIENDOSE_CAMINO.html

中国語Web教材「パンダと学ぶ中国語」 中国語は「パンダと学ぶ中国語」で，1996年から開設している筆者のWeb教材である。URLはhttp://saiguca.com/ で，ちゃんぽん村からはここにリンクを張っている。

入門編，初級編，旅行会話編，漢詩編，単語編，おまけ，Podcast〔● 2.8〕からなる。とくに中国語の場合音節が400余りもあるので，紙のテキストとCDで学ぶのは至難の技だが，パソコンでは任意の音節をクリックするだけでいいし，テストも聞こえてくる音の音節をクリックすると即座に正誤判定がなされる。学生が最も真剣に取り組むのがこの音節表である。

ほとんどをAdobe社のDirectorとFlashで作成してあるので，いろいろな仕掛けがしてあって楽しく学べるようになっている。アニメーションやクイズ形式のドリル，発音・パンダ・食べ物のムービーやQuicTimeVR，中国の省のジグソーパズルなど，遊び心満載でつくってあるので，学生に好評である。

2006年度のアンケートでは（1）何度も音声が聴ける，（2）絵があってわかりやすい，（3）クイズが楽しい，（4）いつでも勉強できる，といった点が評価されていた。この結果は制作者の意図と合致しており，目的は達せられているといえる。

なお，単語編以外はPodcastでも配信している。Podcast利用の利点は，iPodなどに転送すればパソコンのないところでも聴くことができることである。

日英仏独西中韓の相互対照による7カ国語講座

日英仏独西中韓7カ国語のミニミニ講座で，単語編と会話編があり，本学のネイティブ教員と留学生が翻訳・録音・出演している。一般の方向けの自習教材でもある。これもPodcast配信している。

単語編　「あいさつ」，「数字」，「人体」，「色」，「季節」，「時間」，「曜日」，「月」，「味」，「何月何日？」，「昨日今日明日」，「星座」の12項目からなる。各言語でこの単語をどのように言うのか，一目瞭然となっている。あいさつをとってみると「おはよう」，「こんにちは」，「こんばんは」を全部言い分ける言語もあれば，2つだけのものもあり，全く同じ言語もあってなかなかおもしろい。もちろん押すと音が出る。多言語というとき，それぞれが独立しているのではなく，まったく同じ表現を他の言語ではどのようにいうのか，比較対照できるところがミソで，できたら全言語に触れてもらいたいというのが制作者側の希望である。

制作にFlashを用いているのでちょっとしたお遊びもできる。身体の各部分の名称のおまけに福笑いがあって，目なら目を押すとその言語での目の音が出るの

で，遊びながら学習できる仕組みになっている。

会話編　会話編には現在「はじめまして」,「喫茶店で」,「タクシー」,「ホテル」の4項目がある。今後さらに増やしていく計画である。ロールプレイも用意してあるので，相手と対話する気分が味わえる。全言語同じ会話なので，ぜひ比較して欲しい。会話編はFlashビデオを用いている。ビデオの進行と同時に下部にスクリプトが表示され，最後まで達すると全スクリプトが表示されてコントローラを自在に動かしながら学習できるようになっている。Flash8からビデオの読込み時にWebサーバーからのプログレッシブダウンロード（ダウンロードしながら再生できる配信方法）を選べるようになったので，ストリーミング配信が可能になった。

また，会話編はVideo Podcastでも配信しているので，動画再生できるiPodで見ることができる。パソコンを起動することなく，あの小さな画面でビデオが見られるのは画期的である。

［参考文献］
［1］　清原文代 (2006)「ポッドキャストで中国語」,『漢字文献情報処理研究』7，pp. 100-109.
［2］　"Podcast now!"管理人JJ (2006)『はじめる！楽しむ！ポッドキャスティング！』毎日コミュニケーションズ．
［3］　保坂庸介 (2002)『FlashMX400symbol TemplateBook』翔泳社．

［ブックガイド］
■ まつむらまきお，たなかまり (2006)『おしえて!! FLASH 8 Flash 8スーパー・エンターテイメント・チュートリアル』毎日コミュニケーションズ．Flashについての一番楽しくてわかりやすい解説書。
■ 東京外国語大学「TUFS言語モジュール」http://www.coelang.tufs.ac.jp/modules/index.html
　17言語のWeb教材。多言語とその内容の豊富さは圧巻。
■ 大阪府立大学「大阪府立大学外国語学習Podcast」http://www.las.osakafu-u.ac.jp/podcast-lang/travel/index.html
　英語・ドイツ語・フランス語・中国語・韓国語のPodcast。

7.7 外国人への日本語教育（事例4）

[徳永あかね]

　日本語は東アジアを中心に世界100カ国以上の国々で学ばれており，その学習者数はさらに増えつつある。しかしそれゆえに，コンピュータを教育現場に取り入れるのに必要な教室環境や教師のコンピュータリテラシーもさまざまである。ここではどの教師でも比較的授業のなかに取り入れやすい，既存の学習支援サイトを利用した自律学習について紹介する。

キーワード 日本語OS，学習支援サイト，授業支援サイト，自律学習

日本語学習者とICT

　Information and Communication Technology（情報通信技術;以下，ICT）はアニメやファッションといった日本のポップカルチャーを世界中に伝え，日本への興味を駆り立て，新たな日本語学習動機を生む役割を果たしている。その一方で，日本語の学習内容の変化を促しつつある。日本語学習者は，メールをはじめ，新しいコミュニケーション形態での日本語運用力や日本語Operating System（以下，日本語OS）でのコンピュータ操作が日常生活の中で求められるようになってきた。

　変化を促されているのは学習者ばかりではない。日本語を教える教師にもICTを利用した授業やそれをできる人材育成が求められ始めている。ここでは，主に日本国内におけるコンピュータ利用を概観し，日本語学習環境に活かせる身近な実践例を紹介する。

日本語教育現場におけるコンピュータ利用

　国内の日本語教育現場におけるコンピュータ利用は，1970年代後半にCAI（Computer Assisted Instruction）〔● 3.2〕教材として漢字などの文字学習や文法の穴埋め練習をする形から始まった。その後，1980年代に入り先駆的な研究者

によってCAIソフト開発がいくつか試みられていたが，当時，国内の日本語教育現場でのコンピュータ利用はまだ一般的ではなかった。しかし，日本社会にコンピュータが普及するに従い，1990年代半ばから後半にかけては日本語教育の分野でもコンピュータを利用した授業が広がりをみせてきた。さらにICTの発達により，個々で存在していたCAI教材，日本語学習者，日本語教師がネットワークでつながり，国内外のさまざまなサイトから情報が発信され，共有されるようになってきた。こうしたサイトは，日本語学習を支援するものと日本語教師やその授業を支援するものとに大別される。

日本語教育に関連するサイト

日本語学習を支援するサイト　このサイトがつくられた背景は多種多様である。研究者が開発した本格的なもの，教師が自分の学習者のために開いた自主教材，学習者自ら開発したもの，あるいは出版会社が日本語の教科書の自習サイトとして開いたものなどが見られる。こうした自律学習を手助けするものに加え，登録したメンバーから送られた作文を別の登録メンバーが添削する，といった協働学習を促すサイトもある。

日本語教師やその授業を支援するサイト　日本語教師を支援するものとして，教材づくりの素材を提供したり（①），素材に加え，登録したメンバー同士で授業のアイディアを出し合えるもの（②）などがある。サイト以外にも，ブログやメーリングリストによって情報交換の場を提供している。使用言語は日本語ばかりでなく，英語を共通言語とし，日本語教育に興味をもつ世界各国の人々たちへ情報交換の場を提供しているものもある（③）。ここでは紙幅の関係上，それぞれひとつずつ例を示すに留める。

　① リソース型生活日本語 〈http://www.ajalt.org/resource/〉
　② みんなの教材サイト 〈http://momiji.jpf.go.jp/kyozai/〉
　③ SenseiOnline 〈http://www.sabotenweb.com/bookmarks/language.html〉

授業への活用：学習サイトを使った自律学習　膨大な数のサイトのリストを学習者に渡しただけでは，どのサイトが自分の学習に必要なのかを見極めるのは困難である。まして，授業として取り入れる場合には，教師には十分な準備と学習者への指導が求められよう。さらに，将来，学習者がこの授業で経験したことを

表1　日本語学習を支援するサイト例

	ページタイトル	アドレス (2007年11月現在のアドレス)	開発者・管理者
1	聴解：日本の生活「私の年中行事」	http://www.geocities.co.jp/mizumat43/jcall/try_NEW_3.html	水町伊佐男 (広島大学)
2	オンデマンド・ネットワーク型日本語音声教育システム	http://sp.cis.iwate-u.ac.jp/sp/lesson/j/indexj.html	三輪讓二 (岩手大学)
3	ちまたの日本語 'real World' Japanese	http://www.ajalt.org/rwj/	AJALT
4	日本の歌 (Japanese Songs)	http://tisc.isc.u-toyama.ac.jp/	濱田美和 (富山大学)
5	Rikai（読み仮名サイト）	http://www.rikai.com/perl/Home.pl	Todd David Rucick
6	リーディングチュウ太	http://language.tiu.ac.jp/	川村よし子 (東京国際大学)
7	さくぶんorgプロジェクト	http://www.sakubun.org/	得丸智子 (日本女体育大学)
8	Japanese-nihongo.com	http://www.japanese-nihongo.com/lesson/index.html	北嶋千鶴子 (有)ノースアイランド
9	げんきな自習室（『初級日本語げんき』オンライン）	http://genki.japantimes.co.jp/self/self.html	The Japan Times
10	オンライン日本語テスト	http://test.u-biq.org/japanese.html	U-piq
11	すしテスト	http://momo.jpf.go.jp/sushi/	国際交流基金
12	日本語学習支援サイト「留学生のためのコンピュータ用語集」	http://tisc.isc.u-toyama.ac.jp/computing/	富山大学留学生センター
13	Keiko Schneider's Bookmarks	http://www.sabotenweb.com/bookmarks/langua	シュナイダー惠子 (Saboten Web Design)

もとに，継続してICTを利用した日本語学習を続けていけることを目指したい。

　手順はまず，教師がWordなどを使って，学習者に適したサイトを吟味，分類し，インターネット上のページにリンクできるようなファイルをつくっておくことから始まる（図1）。可能であれば各学生が直接，ページにアクセスできる共有フォルダを準備することが望ましいが，なければ各ページをプリントアウトし

たものでもかまわない。

　初日に授業の目的や授業での約束を確認し，それぞれ技能別に分けたサイトの使い方，どのような学習ができるのかをひととおり紹介する。そのうえで，各自に学習計画を立てさせ，それをもとにしてどのように学習を進めていくか，到達目標は何か，最終的な評価はどのような方法で行うかを学習者と教師とで個別に合意した上で学習を開始することが大切である。

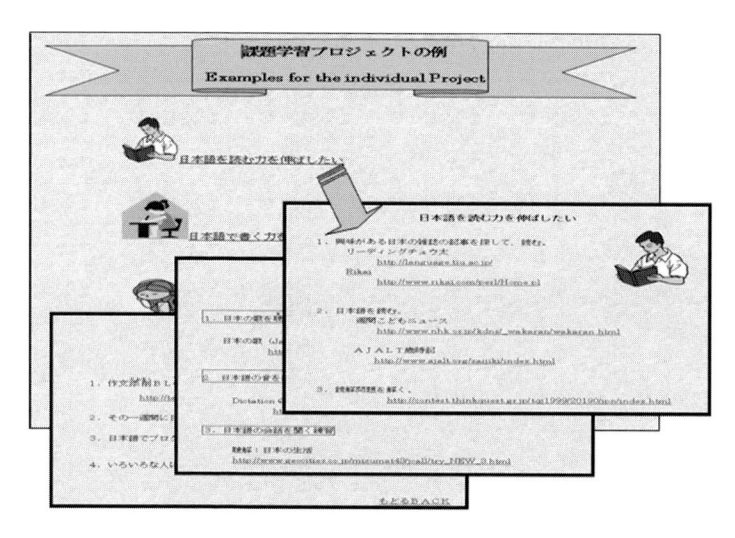

図1　学習者へ提示する画面例

[参考文献]
[1]　川村よし子 (2004)「ネットワーク社会における読解教育」,『小出記念日本語教育研究会論文集』12, pp. 116-135.
[2]　経済産業省「日本コンテンツの国際展開にむけて」文化外交の推進に関する懇談会（第3回）2005年1月27日開催．経済産業省提出資料. http://www.kantei.go.jp/jp/singi/bunka/dai3/3siryou7.pdf
[3]　島田徳子，古川嘉子，久保田美子，麦谷真理子 (2004)「日本語教師のためのCSCL環境『みんなの教材ソフト』の開発と評価——利用者の視点を重視したサイト開発と運用の実際」,『日本語国際センター紀要』14, pp. 13-32.

[ブックガイド]
■池田伸子 (2003)『CALL導入と開発と実践——日本語教育でのコンピュータの活用』くろしお出版.
■水町伊佐男 (2006)『コンピュータが支援する日本語の学習と教育——日本語CALL教材・システムの開発と利用』溪水社.

8

各分野におけるコンピュータ利用

　近年,各分野におけるコンピュータ利用は急速な変化・発展の途上にある。とくに,世界的な規模で研究・教育にかかわる情報伝達技術（ICT）の有り様が大転換を遂げつつある中で,ICT活用の教育的な意義と役割は日ごとに重要度を増している。こうした各分野（数学教育,化学教育,科学教育,理数教育,法学教育,経済学教育,会計教育,ビジネス教育,芸術教育など）におけるICT活用の特徴的な動向や内容を紹介し,その意義と役割や今後の展望と課題などについて概説する。

〔小林昭三・高橋敬隆〕

〔❶…も見よ〕

8.1 数学教育におけるコンピュータ利用

[鈴木治郎]

電卓の登場以来，数学利用を支援するツールの適用場面は広がったのに，数学や科学に対する無関心や無批判も広がってしまった観がある。ここでは伝統的学問の流れとの接点において，コンピュータによる数学ツールを活かす視点を据えることで，数学教育への活用を展望する。

キーワード 数式処理，数値リテラシー，視覚化，対話性，プログラミング，モデリング

総論：実社会におけるコンピュータ利用

数学教育におけるコンピュータ利用は電卓の導入以来長い歴史がある。さらに最近では無料で，しかもコンピュータのプラットフォームに依存することなく利用可能な高度なツール（プログラミング，視覚化，数式処理など）が容易に利用可能となった。このため，実生活における数学の活用を視野に入れれば，コンピュータ利用を前提とした数学教育の構想がすでに必要となっており，学校教育の場だけ通用する「エデンの園」的数学の発想がもはや通用しないことが現実なのである。そこで，コンピュータ利用の数学ツールの存在を前提とした，私たちの文化を適切に発展させるための数学リテラシーを形成すべきという考え方をとるほうが実社会にとって生産的な発想であろう。

しかし，残念ながら数式処理等のツール利用を前提として，旧来の手計算をどれだけこなせれば数学が身に付くかという定量的な研究成果はほとんどない。数学を応用できると同時に深い理解を身に付ける教育の実現に向かうためにも，そうした研究成果の蓄積を期待したい。

以下では，数学ツールの現状と可能性を以下にあげる視点に基づき順に論じていく。なお，本稿で具体名を紹介している数学ツールはいずれも頒布手数料を除き無料利用できるものばかりである。

（1）コンピュータ上で数を扱うための数値リテラシー

(2) 対話性に基づく論理的思考のトレーニング
(3) 視覚化と対話性に基づく探索的利用
(4) ベクトル演算と応用の架け橋
(5) 数式処理の現在
(6) プログラミング教育再考とモデリング

数値リテラシー

コンピュータは数値を有限の桁数により扱う機械装置である.そのため,私たちが頭の中で無限に続くと想像できる数の性質とにギャップが生じる.例えば計算$1 \div 9 \times 9$をコンピュータに計算させた場合,計算利用するツールに応じて結果は1, 0.9999999, 0.9999998などが得られる.そしてこの現象は初等教育での算数の疑問「なぜ$1 = 0.999999\ldots$なのか」とは本質的に異なる.なぜなら,この算数の疑問は,「無限に続く数」を数として認めるための数学的要請に加えて,私たちの採用している10進数表記に依存するからである.代わりに3進法に基づけば,「なぜ$1/2 = 0.111111\ldots$と表せるのか」という問題が議論される.

話をコンピュータ上の数値に戻そう.コンピュータは数値を有限桁の数として扱う装置ゆえに,数値計算には誤差が付きまとう.このため,コンピュータ利用による計算が正確であるというためには,扱う対象に応じた計算に信頼性をもたせる工夫が必要になる.だからこそ,人間が数値計算にコンピュータを用いる際には(推測可能な限りにおいて)計算結果を予想し,誤った方法で計算させていないのか見通しをもたなくてはならない.そうした推測を行う方法のひとつが概算である.概算能力を養うために畑村は,暗算では上位桁から行う習慣を付けたほうがよいと提案している[1].

対話性に基づく論理的思考のトレーニング

コンピュータを通じて計算する際には,私たちが教育を受けてきた「自然な順序」ばかりでなく,「奇妙な順序」も採用すると,数式をことばで考える援助となる.例えば逆ポーランド記法で計算入力を扱う電卓では,$3+4\times 5$を3, 4, 5, ×, +の順序で入力する.この順序は,実は私たちがことばで「3に,4と5を掛けたものを加える」とする「自然な順序」に対応している.このようなコンピュータ

利用の対話的特性を通じれば，少し癖のあるくらいのほうが，私たちの論理的思考の訓練の手助けをする装置として機能する．

　また，パソコンの生んだ新たな計算文化である表計算も，その表による一覧性を活かす目的に用いれば，関数・数列や漸化式の教育にも活用できる[2]．

グラフ化／視覚化のツールと対話性

　研究者向けのグラフ化ツールでは，最終成果物としてのグラフ作成に重点が置かれている．しかし教育目的には，グラフに伴う視覚情報を通じて数学的理解を助けるための数式等へのフィードバック機能が重要になる．

　例えば，MacOSX10.3以降に付属（MacOS9までも付属）しているGrapherというツールがある．Grapherでは関数の数式を与えるだけで2次元および3次元のグラフを直ちに作成できるだけでなく，マウスドラッグ操作を通じて，グラフ上の任意の個所を拡大・縮小する操作も自在かつ即時にできる．さらに，3次元グラフでは視点の移動もできる．こうした視角化ツールのもとでは，例えば$y = x \sin(1/x)$のグラフの$x=0$の近くでの様子が自在に観察できる．このような操作性のもとでなら，関数のグラフ化を通じて，その性質に関する探索的な学習方法を提供できる．

　幾何学的な図形においても有益な視覚化ツールが登場している．例えばシンデレラでは，円や直線のような図形に対して「接する」，「円の中心を通る」などの関係性をマウスドラッグで容易に設定できる[3]．しかも，その性質を設定した図形に対して関係性を保ったまま，直線などの図形要素ごとにマウスドラッグで拡大・回転などの変形を行い，図形の変化を観察できる．こうしたことも，学習者自身が操作することの対話性に基づき，探索的に図形の性質を調べていく助けとなっていく．

ベクトル演算とその応用

　統計的データ処理やコンピュータグラフィックスなどベクトル演算の活用場面はコンピュータ自身に対しても多くある．ところが，数学としてベクトルの学習を進める際には，具体例としては長さ3から5程度のものしか扱わない．単純計算とはいえ，その手間がはなはだしく大きいからである．コンピュータ利用のも

とでなら，例えば統計解析ソフトウェアRにおいて，ベクトル演算を通常の代数計算のように処理できる[4]。この特徴により統計数学を，すべて通常の数式に沿って容易に再現できて，ブラックボックス的な統計パッケージ利用教育でない学習手段の提供が可能になる。その適用は何も統計学に限らない。

数式処理ツール

かつてMacsymaという高性能ワークステーション向けのソフトウェアであったものが，オープンソースとなってMaximaという名で利用できる[5]。数式処理ソフト〔● 8.4〕は微積分などの数学に関する記号操作を扱えるため，数式のままに計算が可能なツールである。これを用いれば，学習者は自分自身で練習問題の解答をいつでも容易に確かめられる。論理的思考のトレーニングで述べた，対話性を活かした自学自習ツールとして機能するのである。

プログラミング教育かモデリング教育か

計算機教育すなわち数値計算プログラミング教育であった名残りを，高校数学で取り上げられているプログラミング〔● 4.3〕の学習では引きずっている。一方で，日常生活に目を転じれば，身の回りの物事をコンピュータの助けを借りて効率的に処理するという課題に私たちはすでに毎日直面している。そのような身の回りの課題の解決には，コンピュータであれば簡単に処理できる問題とそうでない問題とを峻別するアルゴリズム〔● 4.4〕的考え方や，その処理の手間を推量するための計算量評価の考え方が有効である。その実現には数学教育からプログラミング教育を分離したほうが，コンピュータ利用に関する適切な態度を養えるだろう。

[参考文献]
[1] 畑村洋太郎 (2004)『直観でわかる数学』岩波書店．
[2] 鈴木治郎 (2002)『Excelで楽しむ数論』ピアソンエデュケーション．
[3] 阿原一志 (2004)『シンデレラで学ぶ平面幾何』シュプリンガージャパン．
[4] 舟尾暢男 (2005)『データ解析環境「R」』工学社．
[5] 横田博史 (2006)『はじめてのMaxima』工学社．

8.2 化学教育における計算機の利用

[中村 彰]

化学と計算機の関わりについて概観し，先進的な化学教育の実践をしてきた米国化学会の化学教育部会を援用し，今後の化学教育と計算機との関わり方の方向性を示す。

キーワード 固有値問題，原子軌道，分子軌道，データベース，人工知能，構造推定，最適化実験の動画像，化学のセンス

化学と計算機のかかわり

化学と計算―固有値問題から最適化まで 化学の分野で最も計算機を多用するのは，分子軌道計算や分子力場計算など化学的性質を予想する分野，核磁気共鳴に代表される電磁エネルギーの吸収や放出を観測する分析機器の分野であろう。これらの分野では，日本人を含む多くのノーベル賞受賞者が寄与している[1]。

これらの化学の場面で用いられている計算手法は，線形代数学の固有値問題と呼ばれるものと，多数の変数を変化させてある観測量の極値を与えるような変数の組を見つけ出すことを目的とする最適化の手法である。他方，化学を日常的に実践するうえで用いられているのは，実験や観察で得られた数値データの記録や整理の目的である。これらの多くは一般的な表計算で行える[*1]。とくに，各種の表計算に組み込まれた関数には互換性と共通性が高く，至便性が向上している。

無数の化合物の整理―計算機の初期の画期的な応用 化合物の総数は，1940年，1970年，2000年と時を経て，30万，300万，3,000万と増加してきた。実は，化合物の総数は今も昔もさほど変わらない。識別し確認・同定できる方法が進化し続けているだけである。人工知能の考え方に基づく最も著名な計算機活用事例は，1968年に発表された質量分析計のデータから既知の化合物を推定させるものであった[*2]。現在では質量分析以外のさまざまな分光データから化合物を精度よく特定できるデータベースが多数存在している。

化合物の構造の文字列標記―WISWESSER Line NotationからSMILESまで
化合物のデータベースから類似の構造をもつものを検索する要求は自然であ

る。そのための効率的な方法は，化合物を簡単な文字列で表現できることで，1949年に始まる。有機化合物の構造表記は，その命名法とともに進化発展してきた。複雑な有機化合物の構造を計算機に認識させることの成功例としてSMILES（Simplified Molecular Input Line Entry System）がある[*3]。計算機が文字列を素早く識別しその構造式を1対1で認識できる事実は，化学反応（化合物の変化の過程）を文字列で表現できることと同値でもある。古典的には化合物の物性を網羅してきたBeilteinが，現在ではCrossFire Beilsteinとして生まれ変わり，1,000万を超える化学反応が系統的に電子的に収録されている[2]。

分子の化学構造と描画と表示―MDLの教育用具　分子構造の描画やタンパク質や核酸などの巨大分子の3D表示などは有益な教育用具であり，学習者にとっても有益な道具である。これらには各種の考え方や方法論が存在し，その数だけこの種の道具が存在する。その中で，PCが産声を上げた頃の1978年に大学教員と新進の学位取得者の3人で設立した化学情報学（Chemoinformatics）の会社であるMDL（Molecular Design Limited）が教育用に無償で提供している（www.mdli.com/jp/index.jsp）。Chime（チャイム）は，巨大分子をBrowser画面でマウスを用いて自在に表示させるplug-inである。分子構造の描画にはDRAWがある。また，各種のOSでPDB（Protein Data Bank）の分子を表示できるものに，RasMol，VMDなどがあり，無償で教育に活用できる。

化学の資料を提供している組織―米国化学会のJCE Software　世界中の教育研究機関が化学教育のための資料を提供している（www.chem.ucla.edu/VL/Academic.html）。日本化学会にはK12から高等教育機関や一般社会を対象とした化学教育協議会があり，月刊誌「化学と教育」を編纂している（edu.chemistry.or.jp/chemedu/kakyo.html）。同様の組織に米国化学会の化学教育部会がある。1924年創刊のJournal of Chemical Education（JCE:www. JCE.DivCHEM.org）は，歴代7代の編集者を持つ風変わりな組織体である[3]。1996年から編集者であるJohn W. Mooreは，計算機を利用した化学教育を提唱し，SERAPHIM（大天使）と呼ばれた計画を推進し，JCE Softwareの出版を行った。当時は，表計算を用いた多様な作品，DOSの力作，また，Classic MacのGUIの力作などの教育用具が収集・蓄積・公開・提供された。中には，JCEの論文で言及された高度な応用計算機ソフトウェアもSERAPHIMのために完成度の高いものへの改良

を編集者から依頼されたものもあった。

化学とICTとの相性

　10年前のわが国のK12の化学教育の水準を議論するときに常に話題になったことに「国際科学オリンピック（olympiads.win.tue.nl）」の「化学部門（1968年開始）」への日本の生徒の参加問題があった。化学オリンピックの問題は，知識より生徒にとって初出の課題に対する「化学の考え方（センス）」が問われるものが多い。わが国では，オリンピックへの出場と上位入賞のための計画が1999年から取り組まれ，2003年のギリシャ大会から参加できる体制になっている。

　理科の中の化学——'y'で終わる学問と's'で終わる学問　's'で終わる学問には，mathematics, physics, mechanics, genetics, economicsやmetaphysics, logicsなどがある。他方，'y'で終わる学問には，chemistry, biology, geology, physiology, taxonomyやmorphology, meteorologyなどがある。これら2つの学問の方法論は互いに対極的な関係にある。前者はある程度の体系化が進んだところから学問の対象を探す立場であり，後者はさまざまな現象や事象を観察しつつその体系化を試みようとする傾向が強い。一般的に体系化は論理的整合性に裏づけられるものである。's'で終わる学問に比べて'y'で終わる学問では予測に対する的中率が低い。現象の記録や集積から体系化を目指している学問の宿命でもある。化学は数学や論理学に見られる強固な論理的体系化を持っている分野ではない。現象や事象を正確に観察することが方法論の端緒となる。科学である以上，'y'で終わる学問にも合理的な推論が保証されるための体系的な「核」は内包している。物理化学や理論化学といわれる分野は's'で終わる学問に類似する部分も多い。しかし，化学の多くの部分は'y'の学問であることに変わりはない。

　化学の「センス」の涵養と向上とICT　化学の考え方（センス）の涵養が化学教育の大きな目的であるならば，あらゆる方法論と手段を教育用具（Educational Tool）として捉えることは意義がある。

　化学のセンスのひとつに「現象を説明できる」ことがある。適切な説明は確度の高い予測につながる。酸と塩基の中和点近傍の水素イオン濃度の変化の急激さは，強酸－強塩基，強酸－弱塩基，弱酸－強塩基，弱酸－弱塩基の4分類の中和現象を実験で確認し，適当な表計算ソフトウェアで理論式からグラフを描かせ理

解を深めることができる。SERAPHIMプロジェクトが立ち上がった頃は，PCの教育現場への普及／浸透の時期と重なり，多数の教育用Appletが公開された。今日では沈静化しSERAPHIMもない。MacintoshなどのGUIの優れたものも現存しているが，CPU（MPU）の変更により互換性が低下して激減している[*4]。

実験映像を収録したビデオがJ. Chem. Ed.から多数提供されている。危険な実験や教科書に記述されている現象などの実験／実証映像である。

結論

さまざまな化学現象を統一的に理解し説明できる「化学的センス」を身に付けることが化学教育の目的である。かつてのDisplayの前で数式で予想される合理的な考え方の補助用具としての計算機利用から，明らかに現象や日常／周辺の化学の確認／理解にICTを活用する方向に変異し，本来の'y'の学問に回帰している。

2〜3分のMP4形式の動画で，教員が現象や実験を収録する能力が今後の化学教育とICT利用を結び付ける「鍵」となることが予想される。

[注]

* [*1] Spreadsheetと呼ばれているもので，営利市販品（MicrosoftのExcel，MacintoshのNumbers），教育機関に優しいOpenOffice.org系の各種のOSに対応したもの（OpenOffice, NeoOffice, StarOffice）のものがある．
* [*2] Edward FeigenbaumとJoshua Lederbergが初のExpert SystemであるDENDRALを発表；同じ年，Douglas EngelbertがMouseを発表している．
* [*3] www.daylight.com/に各種説明資料が掲載されている．例えば，ストリキニーネ（O=C1C[C@H]2OCC=C3CN4CC[C@@]56[C@H]4C[C@H]3[C@H]2[C@H]6N1c7ccccc75），コカイン（COC(=O)[C@H]1[C@@H]2CC[C@H](C[C@@H]1OC(=O)c3ccccc3)N2C）などに共通する類似の構造がSMILESの文字列表現から抽出できる．なお，SMILES以外のLine Notationがいくつもある．
* [*4] 例えば，AppleのHPで「ダウンロード」Siteに科学＆数学の作品があるが，化学分野で生き残っているのは，「塩化ナトリウムの結晶化」，「物質の三態3D」，「原子衝撃」，「箱の排気と吸着」，「分子の表面吸着」など2002年と2003年につくられたシミュレーションだけである．

[参考文献]

[1] 福井謙一（1981）「Frontier Orbital Theory」，田中耕一（2002）「質量分析計の効率的イオン化法」．
[2] http://www.chem.ucla.edu/VL/Academic.html
[3] レーダー記事（1999）「75周年を迎えた米国化学会のJournal of Chemical Education」，『化学と教育』42(2)，pp. 101-103．

8.3 科学教育におけるICT活用

[小林昭三]

科学教育におけるコンピュータ利用は，次の主な2種類の利用法に分類できる。

(1) 科学現象に対するコンピュータ・シミュレーション機能や視聴覚的な動画映像などのマルチメディア機能をバーチャル体験的に活用するICT利用法。

(2) 科学実験や現象を探る過程の中にコンピュータ分析機能の活用を位置づけて，実験とリアルタイム（準リアルタイム）に連動させるリアル体験的なICT利用法。

本節では，このような2つの利用法について，それぞれの独自な発展状況や，相互に融合させる利用法などにおける現状と課題を具体的事例に基づいて概説する。

キーワード シミュレーター，センサーシステム，リアルタイムICT活用，運動分析ソフト，Webコンテンツ，科学概念の形成

コンピュータ・シミュレーションやマルチメディア機能の活用

授業中に実験や観察を実際には実施することが困難な科学的現象については，そのコンピュータ・シミュレーションや，事前における本格的な測定装置や観測装置による実験・観測の動画映像などによる視聴覚的動画記録を活用して，それらを擬似体験するようなICT利用法を効果的に取り込んだ教育がある。とくに，実体験が不可能な超ミクロや超マクロな世界についての教育では，こうした擬似的体験をもたらすICT・マルチメディア活用による教育が重要な役割を担う。

例えば，天文分野では4次元デジタル宇宙立体ドームシアターにおいて，インタラクティブ4次元デジタル宇宙ビューワー「Mitaka」というコンピュータ・シミュレーターソフトが開発された。これを用いて宇宙の誕生（ビッグバンとその後の銀河の形成）や太陽系の誕生などの宇宙進化の時間的な過程を3次元シミュレーション映像としてバーチャルに体験ができる。地球から宇宙の大規模構造までの莫大なスケールをインタラクティブに自由に移動しながら，天文学の最新の観測データや理論的モデルをリアルタイムに視点を変えて観察できる。さらに，天文学者が行っている最新のコンピュータ・シミュレーションを科学的に忠実に映像化した迫力ある立体ムービーコンテンツを鑑賞することができる。これは

「4次元デジタル宇宙映像配給システムの構築」プロジェクトとして国立天文台の研究者によって研究開発されたものである[1]。また，手ごろなブルーバックス版として太陽系の運行・天体現象を3次元でシミュレーション表現する「太陽系シミュレーター」[2]というソフトウェアもある。「理科ねっとわーく」[3]においても類似したシミュレーション表現が利用できる。

ごく日常的な身近な世界の場合にでも，パソコン・シミュレーションを活用することで，静止する座標系から慣性運動する座標系や回転運動をする座標系へと観測者の座標系を自由に変化させることができる。観測者の座標系を自転する地球の座標系から，太陽中心の座標系や，月や火星などの適当な天体の座標系から観測する世界に思いのままに観測者の座標系を変化させることができる。さらに，これを3次元的な見え方として表示することで，任意の観測座標系や現象表示方式などを思いのままに変化させることをインタラクティブに実現できる。

さらに，実際には観測や体験が困難な世界（超高速，または超低速な運動をする世界，危険性のある反応や現象，巨視的な時間・空間的現象，ナノメーターの世界や微視的世界，人体とその内部やさまざまな生物界，電磁気的な場の変化など）を，ICT活用により動的に視覚化して擬似体験できる。こうした教育的なシミュレーション教材や動画映像は，いつでもどこでも使えるようWeb資源化されている。

この10年間ほどに，こうした小中高向けのデジタルWeb資源は本格的に製作・収集され，「理科ねっとわーく」と呼ばれる「科学技術・理科教育のためのデジタル教材提供システム」[3]が構築されている。そのWebコンテンツの人気投票では次のような「授業の中では実施が困難な実験・観察集」が1位となった。すなわち，「ほ乳類の受精と発生の仕組み，温暖前線や寒冷前線の様子，弦や気柱の振動，危険物の化学反応」などが含まれている。地震や津波の発生の様子をコンピュータ上で再現するシミュレーションとその実物動画映像記録の利用なども，貴重なデジタル教材となっている。こうした生物や天文・気象や地学分野において，シミュレーションや実物デジタル動画教材はかなり早い時期から集積・整備されていた。他方では，実際の実験・観察に重きが置かれる物理分野や化学分野においては，基本法則や基本原理を学習する場面はバーチャルよりリアルな体験が優先され，Webコンテンツとして効果的なICT活用法やデジタル教材の

集積は遅れ気味だった[3]。そのような中で，次に概説する「リアルタイムでのICT利用」法の蓄積が期待されてきていた。

さらに，シミュレーション教材は単独に用いるのではなく，科学や理科に関する実験や観察などの実体験と融合させて利用することで，より効果的な教育法となることが実証されてきている[3]。例えば，リアルな電気回路と回路シミュレーター，リアルな波動実験と波動シミュレーター，実際の光学実験と光学シミュレーター，といった融合的なICT利用法である。実際の化学実験と融合させたパソコン上で動かせる分子の立体画像，生物世界の実体験と融合させたパソコン上で動かせるタンパク質分子の立体像の利用，等々。つまり，「シミュレーションや動画映像」のみではリアル世界を実感し難いので，現実の実験・観察とバーチャルな映像とをうまく融合させるような教育利用法により，その学習効果はより高まることが知られている。

リアルタイム（準リアルタイム）でのICT利用

最も実体験が重視される科学（理科）教育分野においては，バーチャル体験のみにかたよらないような配慮から，実際の実験や観測による測定データを収集・分析するツールとしてのICT利用法が注目される。実験結果をリアルタイムでグラフ化したり視覚化したりして分析・解析できるからである。ここで，各種センサーや運動分析ソフトの役割は，科学研究における測定器，電子顕微鏡や天体望遠鏡などが果たす役割のようなもので，科学教育において実験や観測をリアルタイムで詳細に分析・解析・提示する眼や手や頭脳の働きを高度化する道具である。

① 運動現象のデジタルカメラ動画映像をパソコンで分析・解析する[4],[5]。
② 各種センサーをリアルタイムに使って科学現象を表示・分析する[5],[6]。

例えば，自由落下運動のような目にもとまらない高速な運動は，体験的な分析・理解が困難なために「運動法則概念の形成」は困難だった。しかし，現在では自由落下運動でもデジタル動画カメラで記録してコンピュータに取り込み，運動分析ソフトで位置，速度，加速度の時間変化を手軽に分析・表示できる[4],[5]。

また，距離センサーや力センサーなどを使えば，物理実験の詳細をリアルタイムで表示・分析・解析することができる[6]。力センサーは力を視覚化して「作用・反作用の法則」を感動的に検証する授業に極めて効果的であった。熱力学分

野や電磁気学分野，化学分野，生物分野，地学分野，環境教育分野，他のさまざまな分野においても多様なセンサーシステムが活用できる[6]。

運動分析ソフトを活用する具体例として，Video Point[4]やLoggerPro[5]の活用を取り上げよう。これらはデジタルカメラで撮影した動画をコマ送りしながらマウスでクリックして着目する物体の位置座標を取得するソフトである。取得した位置座標の時間的な変化を解析することによって，運動体の「位置」，「速度」，「加速度」などの時間変化を即座に（準リアルタイムに）グラフ化して，動画と連動させて提示することができる。

デジタルカメラと動画解析ソフトを用いることによって，従来までは分析が困難だったようなさまざまな運動（力学台車の斜面上や携帯扇風機の推進力による運動，ホバーサッカーの運動，ドライアイス，ボールの自由落下・投上げ，電車や飛行機の運動，超軽量紙コップ・アルミコップの落下，…）の1次元や2次元的な分析が可能になる。とくに，LoggerProは各種センサーによる実験データの時間変化とその映像記録との時間的な同期提示を可能にした。GPSシステム，無線センサーシステム，動画同期システムを組み込んだものへと発展している。実験・観測データをその動画映像と同期させて記録し，必要時に何度でも解析データと動画とを連動させて，最も見やすいスピードの動きとして提示する。こうした運動分析ソフトや各種センサー活用は科学概念の形成に画期的な役割を果たしうる。

[参考文献]
[1] 国立天文台4次元デジタル宇宙プロジェクト（略称；4D2U）『4D2U立体ドームシアター』http://4d2u.nao.ac.jp/dome/
[2] SSSP（ソーラーシステム・シミュレーター・プロジェクト）(2003)，『太陽系シミュレーター』講談社ブルーバックス．類似したシミュレーターは『パソコンで見る動く分子，流れの科学，動くタンパク』（講談社ブルーバックス）を参照．
[3] 科学技術振興機構（JST）『科学技術・理科教育のためのデジタル教材提供システム・理科ねっとわーく』http://www.rikanet.jst.go.jp/
[4] 「VideoPoint」；米国のLenox Softworks社製の動画データを解析・分析・表示するソフト。http://www.lsw.com/videopoint/
[5] 「LoggerPro 3」；米国のvernier 社製で各種センサーや動画データを解析・分析・表示するソフト。http://www.vernier.com/soft/lp.html
[6] 米国のPASCO社製のPASPORT USB SensorシステムとDataStudioという解析・分析・表示するソフト。http://www.pasco.com/datastudio/

8.4 理数教育における数式処理ソフトの活用

[興治文子]

コンピュータの普及にともなって、理数科目の教育のあり方も変化してゆきます。具体的なソフトの活用例と問題点を紹介し、これからの学校現場でのコンピュータを活用した教育方法を検討します。

キーワード 表計算ソフト，Mathematica，Maxima

コンピュータの普及と理数教育

1995年11月のWindows 95日本語版発売日に多くの人が購入のために行列をつくり話題になったことは記憶に新しいが、高性能なコンピュータの低価格化に伴いコンピュータ活用が社会に広く普及したことで、理数教育も大きな変革をとげた。文部科学省は、各教科で先生や子どもたちがITを活用することも教育のひとつの指針として示している[1]。例えば高等学校段階では、次のようである。

(1) 関数のグラフ表示の活用（数学）

グラフ作成ソフトウェアによって関数グラフを描画することで関数の性質を視覚的に理解すること。

(2) 「探究活動」や「課題研究」におけるコンピュータの活用（理科の各教科）

仮説の設定、実験の計画、実験による検証、実験データの分析・解釈、法則性の発見など、探究活動の家庭で適宜コンピュータなどの活用を図るようにさせる。解決すべき課題についての情報の検索、計測・制御、結果の集計・処理などに適宜コンピュータなどを活用させる。

実際に教育の現場でどのようにコンピュータが活用するのか、数式処理ソフトの活用例を紹介する。

表計算ソフトの活用例

表計算ソフトでは、セルと呼ばれるマス目に数値を記入し、表を作成したり簡

単にグラフを作成したりすることができる。また，複数セルの合計や平均なども簡単に計算できるため，成績処理などにも最適である。

　科学実験でExcelを用いる場合は，得られた実験データを表にまとめ，実験データをもとにさらに計算を行ったり，理論値と比較する表につくり直すなど，実験のレポートをまとめるときの解析ソフトとしても使用できる。計算は，ソフトに組み込まれている「関数」を用いることで，入力する式を簡潔化することもできる。また，実験結果からグラフを作成したあとに「近似曲線」のオプションを追加することで，線形近似，対数近似など，目的に応じた近似曲線を求めることができる。

　このように利点も多いのだが，簡単にグラフを作成することができるため，方眼紙を用いてグラフを書かせると逆に描けなくなってしまったり，作成されるグラフは，方眼紙ほど細かい補助線が入っていないために，グラフの値を読み取る能力が伸ばせないといった問題点もある。

　数学や理科の教科教育にExcelを用いる場合は，多数の出版物があり，授業の参考になる[2]。大学ではプログラミングの導入教育としても，命令文を覚えないでもニュートン法やモンテカルロ法などの計算ができるので効果的である。

数式処理ソフトの活用例

　数式処理ソフトと一般的に呼ばれているのは，Mathematica[3]，Maple，Maximaなど，xやyなどの未知数を含んだ数式をそのまま処理できるソフトのことである。多少のコマンドを覚える必要はあるが，因数分解や微分，積分が数式のまま計算できるため，フォートランやCといったプログラミング言語を用いた数値計算よりも直感的に何を計算しているかがわかりやすい。

Mathematica　　「地上（$y=0$[m]）から初速度v_0[m/s]で物体を鉛直上方に投げ上げる。このとき，Mathematicaを用いて，①最高点に達するまでの時間，②最高点の高さ，③地上に再び戻ってくるまでの時間を求めよ」という問題の例を図1に示す。

　図1では，Solveというコマンドを使って，数式から解を導出している様子がよくわかる。教育でこのようなソフトを使用する際に重要なことは，Mathematicaなどのソフトを使うとすべての問題を自動的に解いてくれるわけ

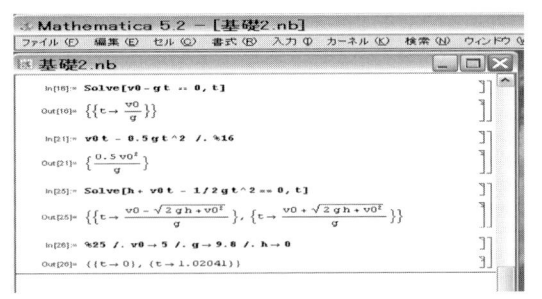

図1 Mathematicaを用いた鉛直投上げの問題の解法の一例

ではなく，解きたい式は自分で考え，入力しなければいけないことを生徒に認識させることにある。数値計算でも同じことがいえるが，コンピュータは入力されたことを計算し，答えを導出してくれるが，入力するのも出力された答えを判断するのもコンピュータを使用する側であるので，背後にある数学や理科の学問をきちんと理解したうえで利用しなければ意味がない。

Mathematicaでは，多様なグラフ描画が可能であり，アニメーションや音の出力も可能であるため，実験では扱いにくい波や音の現象を数式と対比させながら視覚的に理解させるのに有効である。

（i）多様なグラフ描画とアニメーション機能

データや数式をグラフ化するときに，表計算ソフトでは数式をデータ化し，2次元グラフを描画するのが主だったのに対し，Mathematicaではデータからも数式からも直接，2次元，3次元グラフの作成ができる。例えば，物理の電磁気の分野では，2つの点電荷間の電位を数式で定義し，電位の大きさや電位の向きをグラフ化することで視覚的に概念を生徒に理解させることができる。電位の大きさを記述するときには，等電位線の本数を選択したり，色を付けることができるのが大きな魅力のひとつである。電位の向きのグラフでは，矢印を表示し，わかりやすいグラフを作成することができる。グラフ作成ツールにはアニメーション機能も付いているため，力学のばね振り子での質点の運動を，質点が上下に運動しているようすの図と，横軸に時間，縦軸に位置（あるいは速度）を取ったグラフを左右に並べて表示することで，質点が振動する様子と数式，グラフまで総合的に学習させることもできる。

（ii）音声の出力

Mathematicaのもうひとつの効果的な機能は，音の出力である。音が音波として表されることは，中学校理科の範囲であるが，高校の物理でも現行の指導要領の下では数式として出てこない。そこで，Mathematicaを用いて正弦波の式を入力し，実際の波形を表示しながら音階を出力すると，実感として理解できるようである。ただ，音の分野では実際にオシロスコープや計測器としてのコンピュータを利用して実験できるため，実験で体感させたのちに，実際の人の声や楽器の波形と，ソフトを用いて出力した音を比較するなど，応用的な活用のほうがよいかもしれない。というのは，子どもの学習段階に応じて活用しなければ，原理はわからなくても結果が出てくるため，学習単元の本質が逆につかみにくくなってしまうかもしれないからである。

Maxima

　Mathematicaの具体例を随分あげたが，教育現場で使用する際の最大の問題はライセンス料が高価であることである。最近発売されたブルーバックスの「はじめての数式処理ソフト」では，CD-ROMが付属品として付いており，Maximaで数値計算をし，gnuplotで計算結果をグラフ化するようにできるようになっている[4]。どちらも本来はフリーソフトだが，本ではインストールの方法から量子力学や超ひも理論の小話を例にコマンドが紹介されているので，まずは具体的に使ってみたい人にはお勧めである。

　ここにあげたソフト以外にも，さまざまな数式処理ソフトがあり，それぞれに長所，短所があるため，使い勝手のよいソフトを探っていただきたい。授業では，教員による演示も効果的だが，時間と環境が許すのであれば，生徒自身が数式処理ソフトを利用し問題を解くことで，理数科目を異なった切り口から理解するきっかけになるであろう。数式処理ソフト自体をいかに活用できるかといった技巧的なことではなく，あくまでも手段として活用し，その先にある物理現象を理解することが目的であることに留意したい。

[参考文献]

[1] 『文部科学省』http://www.mext.go.jp/
[2] 山本将史監修，新田英雄著（2003）『Excelで学ぶ基礎物理学』オーム社など．
[3] MathematicaはWolfram Research, Inc.の商標です．
　　　http://www.wolfram.com/
[4] 竹内薫（2007）『はじめての数式処理ソフト』講談社．

8.5

[指宿 信]

法律学とコンピュータ
法学教育の観点から

法学教育とコンピュータのかかわりを，3つの観点（教育メディア，教育ツール，教育研究対象）から紹介する．インターネット時代，ネットにかかわる法現象が日常的になったため3つ目が重要だが，ここでは，法科大学院（ロー・スクール）の始まりが，ツールやメディアの形態，供給，環境などあらゆる面で変革を引き起こしていることを強調する．

キーワード 法律学，サイバー法，法情報学，情報法，リーガル・リサーチ

法律学におけるコンピュータとのかかわり：草創期

法律学におけるコンピュータの利用は，第1に，そのメディアとしての利用が着目され実用化された．すなわち，文字情報である法律や判例といった情報を，コンピュータを用いて管理供給しようというものである．だが，こうした情報の集積物（データベース）が高価であったため，長く大学教育で利用されることはなかった．法学教育の教材は，法律については「六法」と呼ばれる法令集を手元に置くことで，判例については図書館にある判例集を見たり，判例の抜粋版を購入することで提供されてきた．

第2は，教育ツールとしてのコンピュータの利用であるが，一部の熱心な教員の取組みを例外として法学部ではほとんど顧みられることはなかった[1]．その理由は，一部の限られた領域を除いて計算処理が基本的に要求されない分野であり，PCが学生にも教員にも普及していなかったことが大きい．

第3は，コンピュータ利用に関連して生じる問題が法律とかかわることから，「情報法」などといわれる新しい領域が生まれた．だが，担当する人材の乏しさや必要性に関する無理解などから，そうした科目が設置される例は多くなかった．ネット以前の時代，わが国の法学教育は基本的にコンピュータとはほぼ無縁であ

ったといってよい。

インターネット時代におけるコンピュータ利用：展開期

　90年代中葉，インターネットの到来は，こうした状況を大きく変えることになった。教員にもPCが普及し，複数の大学でネットやPCを利用した教育に取り組むケースが現れ，法律雑誌でもその活用が論じられるようになった[2]。ネット時代の法律問題も社会的関心事となり，伝統的な科目の中でそうしたテーマが扱われたり，「サイバー法」といった科目が設置されたりする例も現れた[3]。もっとも，その変化の速度は他の学問領域に比べると相対的に遅く，わが国の法律学の保守性を示している[4]。

　インターネット上にも，法律や判例，官報，政府情報など，法学教育の教材となる「法情報」が提供されることが次第に増え，学生教員において研究や学習のためにネットを利用することが普及した。そこで，「法情報学」と呼ばれる領域が形成され始め，法律学における情報の生成や提供そして管理のあり方に関する研究が急速に進められるようになった[5]。

法科大学院時代における変化とインパクト：転換期

　だが，教育という観点から見た場合に最も大きなインパクトをもたらしたのは，2004年の法科大学院のスタートであろう[6]。

　第1に，教育ツールとして，Webベースの教育プラットフォーム（有料のものがほとんど）が多くの大学院で採用されるようになった。第2に，そうしたプラットフォーム上に教材となる判例や論文などの教育メディアが続々とデジタル情報として収録された。第3は，法律家として必要な情報収集技術の修得が中教審によって義務づけられたため，「リーガル・リサーチ」，「法情報調査」といった科目が開講され，それらの科目では紙媒体の情報調査だけでなくコンピュータを活用した調査スキルの教育が必須になった[7]。

　こうした変化を加速させた要因として，①これらのコストを法科大学院がカバーするための政府による資本投資，②ネット上の法情報の増大，③商業資本による法情報分野への一斉参入，④それに伴うデジタル情報商品の爆発的増加，をあげることができる。

他方，そもそも実務法曹において，わが国の場合にはコンピュータやITを活用するという考え方が普及していなかった[8]。しかし，今後は上記のような教育を法科大学院で受けた学生が法曹に巣立っていくため，法曹界におけるIT常識も今とは異なるものとなっていくだろうし，そうでなければ21世紀における法律家像を創造していくことはできない[9]。

課題

今日，解決が求められている課題は次のようなものと考える。第1は人的問題で，教員のスキル向上や支援要員の確保である。第2は，商業ベースだけではなく，教育的観点からの取組みや実践的な情報交換の場の確保である。第3は，上記のインパクトをほとんど受けていない法学部（学士養成）に関する改革である。

第1については，法情報を専門とするプロフェッションの育成が喫緊の課題である。大学における法学教育の支援者としてだけでなく，実務法曹の情報管理面の支援者や，市民に対する法情報提供の案内者（司法支援を行う「法テラス」のスタッフなど）の配置のため，専門職の養成が望まれる[10]。

第2に関しては，法律学は伝統的に大教室で理論を教授する方式が圧倒的で，教育方法を討議する土壌に乏しかった。今日，法科大学院に関してさまざまな教授法が熱心に検討されている。その延長に，コンピュータ利用についても議論できるようなフォーラムを設けていくことが望まれよう。

第3に関しては，多くの国で導入されているが，学士（法学）とは別の学位を同時に修得させるような（デュアル・ディグリー・プログラム），学部教育の変革が必要と考える。とりわけ，法学と情報技術を組み合わせた学位構成は，グローバル時代の今日，わが国において必須だろう[11]。また，そうした学位保持者は，第1の課題を満たす人材ともなりうるはずだ。

［参考文献］
［1］夏井高人 (1999)「法情報学小史」,『明治大学図書館紀要・図書の譜』3 p. 183. 栗田隆 (1995)「講義形式の民法入門ソフト制作」,『関西大学法学研究所研究叢書』11.
［2］指宿信 (1999)「法学系情報教育のいくつかの試み――法学教育におけるコンピュータならびにインターネットの活用について」,『コンピュータ＆エデュケーション』6 p. 23. 加賀山茂・松浦好治編 (1999)『法情報学――ネットワーク時代の法学入門』（初版）

有斐閣.
[3] 指宿信 (1998)「インターネットと法学教育——リテラシーを越えて」,『法学周辺（立教法学会)』25, p. 52.
[4] 鹿児島大学法情報研究会 (1996)「法学研究者におけるインターネット利用に関するアンケート調査結果報告」,『法学論集（鹿児島大学)』31 (2), p. 132. Nottage, L. R., Ibusuki, M. (2002) IT and Transformations in Legal Practice and Education in Japan and Australia. *UTS Law Review*, 4, pp. 31-54（Available at SSRN: http://ssrn.com/abstract=837048).「情報技術と法学教育に関する実態調査報告」,『法律時報』74 (3)(2002), p. 58.
[5] 夏井高人 (1997)「法情報学の枠組み」,『明治大学情報科学センター年報』10, p. 1.
[6] 「特集・新しい時代を迎える情報技術と法学教育」,『法律時報』74 (3)(2002) 所収の各論および,『大学教育と情報』13 (4)(2005) 所収の各論稿参照.
[7] 「特集・法情報検索教育と法科大学院」,『法律時報』75 (3)(2003). 指宿信 (2004)「法情報検索教育のいま——シラバスから見たわが国の法情報検索教育とその課題」,『現代の図書館』42 (4), p. 230.
[8] 「特集・情報技術と司法制度改革——正義へのユビキタス・アクセスとIT革命」,『法律時報』76 (3)(2004).
[9] 指宿信 (2004)「法情報環境の変容と弁護士の役割——IT化の方向性をめぐって」,『自由と正義』55 (10), p. 36, 指宿・注8「特集」はしがき.
[10] 「特集・法情報へのアクセス拠点としての図書館」,『現代の図書館』42 (4)(2004).
[11] Ibusuki, M. (2001) When I grow too old to dream : What can we expect of IT in our future educational system?. In T. Ginsburg, L. Nottage & H. Sono (Ed.), *The Multiple World of Japanese Law*: *Disjunctions and Conjunctions*, pp. 187-191.

[ブックガイド]
- 伊藤博文 (1997)『法律学のためのコンピュータ』日本評論社.
- 夏井高人 (1997)『ネットワーク社会の文化と法』日本評論社.
- 指宿, 米丸 (2000)『法律学のためのインターネット2000』日本評論社.
- 指宿編 (2000)『サイバースペース法』日本評論社.
- 指宿, 米丸編 (2005)『インターネット法情報ガイド』日本評論社.
- 指宿ほか監修, いしかわ, 村井, 藤井 (2008)『リーガル・リサーチ』(第3版) 日本評論社.
- 加賀山茂, 松浦好治編 (2006)『法情報学：ネットワーク時代の法学入門』(第2版補訂版) 有斐閣.

8.6 経済学教育と数式処理システム

[浅利一郎・山下隆之]

　経済学は，数学を分析用具として採用することで，近代理論を確立させてきた．今日では，数式処理システムを援用することで，経済学の学習と研究を効率的に進めることが可能となっている．

キーワード　経済学，数式処理，微分法，微分方程式

経済学とは？

　経済学（economics）は，われわれ人間の欲望を満たす有形無形の財の生産と消費にかかわる秩序を研究対象としている．人間の欲望が多種多様で無限であるのに対して，利用できる財やサービスの量が相対的に希少であることから，経済問題が発生する．研究手法の観点から，経済学は理論と歴史と政策の3つの部門に分けられることが多い．本節では，経済学の理論分析における数式処理システムの利用について取り上げる．

経済学における数学の役割

　経済学がひとつの科学として成立したのは，18世紀後半であり，それはちょうど資本主義経済の出現の時期と一致する（古典派経済学）．しかし，経済学と数学との出会いは，それよりも少し早い．

　数学の分野では17世紀の終わりに微積分が発見され，その手法をいろいろな知識分野に適用する試みが行われた．不確実性の下での意思決定を考察していた数学者ダニエル・ベルヌーイは，1738年に限界効用（marginal utility）を発見した．この発見は数学者達の関心を引いたが，その重要性が経済学者に理解されるまでには130年以上の時間を要した．

　1870年代になって，メンガー，ジェボンズ，ワルラスの3人の経済学者が，価格構成の精巧な理論を打ち立てたとき，限界効用が再発見された（限界革命）．

ジェボンズは，微積分を巧みに利用して限界効用に関する種々の命題を導き出した。ワルラスは，限界効用理論の基礎の上に，一般均衡理論として知られる市場均衡の連立方程式モデルを展開した。

数学を分析用具として採用することによって，急激な変化が生じた。相互依存の諸要因を叙述するのに数学が適していることがひとたび理解されると，経済学における数学の利用に弾みがついた。こうして近代理論が確立され，現在のミクロ経済学やマクロ経済学へと発展してきたのである。

数式処理システム

数式処理システム（computer algebra system）〔● 8.4〕は，コンピュータを用い，数式を記号的に代数処理するソフトウェアである。一般的なコンピュータの計算が数値として処理する（場合によっては数値的な近似値を求める）のに対して，数式処理システムでは，代数学的な処理が可能な範囲は，代数処理を行う。商業的なシステムとしてはMathematicaやMapleなどがあり，フリーソフトウェアとしてはMaximaなどが開発されている。

経済学教育における展開例（1）：消費者均衡

数式処理システムを用いると，経済学教育とりわけ経済理論の教育において避けて通ることができない数学的方法を効率的に導入することができる[1]。例えば，消費者の行動は，与えられた予算制約の下で消費における満足（効用）を最大にする消費計画を選択する行動として定式化される[2]。

$$\max \quad U(x_1, x_2) = x_1^a x_2^{1-a}$$
$$\text{s.t.} \quad p_1 x_1 + p_2 x_2 = m$$

制約つき極値問題の解法としては，ラグランジュ（Lagrange）の未定乗数法が利用される。効用関数を対数コブ−ダグラス型とすると，Mathematicaでは次のように処理される。

```
u[x1_, x2_, a_] := a * Log[x1] + (1 - a) * Log[x2];
L = u[x1, x2, a] + λ * (m - p1 x1 - p2 x2);
foc = {D[L, x1] == 0, D[L, x2] == 0, D[L, λ] == 0};
sol = Solve[foc, {x1, x2, λ}][[1]]
```

図1　Mathematicaの入力例

$$\left\{\lambda \to \frac{1}{m}, x1 \to \frac{am}{p1}, x2 \to \frac{m-am}{p2}\right\}$$

図2　Mathematicaの出力例

経済学教育における展開例（2）：効用関数

最近の数式処理ソフトは，代数処理に加え，数値的な演算やグラフ描画機能も備えている。図的理解は，経済学教育において有効であるから，数式処理システムをその目的のために利用することもできる。

```
u[x1_, x2_, a_] := a * Log[x1] + (1 - a) * Log[x2];
Plot3D[u[x1, x2, 0.5], {x1, 0, 10}, {x2, 0, 10}]
```

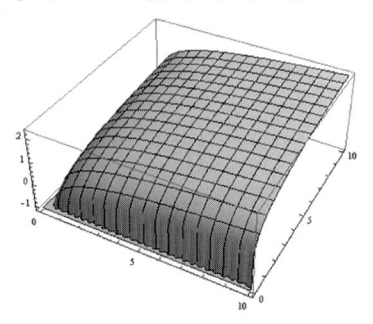

図3　効用関数の描画

経済学教育における展開例（3）：経済成長理論

経済成長に関する考察は古典派経済学の誕生前から行われていたが，1930年代に数学モデルによる経済成長理論が登場した。成長理論では諸変数の時間的経路を分析しなければならないから，微分方程式（differential equation）や力学

系 (dynamical system) に関する知識が必要となる。次の式は，ソロー・モデル（新古典派成長モデルとも呼ばれる）の労働者1人当たり資本量 (k) の変化を示す基本方程式である[3]。

$$\frac{dk}{dt} = sk^{\alpha} - \delta k, \quad 0 < \alpha < 1$$

数式処理システムを使うと，微分方程式の解を得ることができる。

```
a = 1/2;
DSolve[k'[t] == s*k[t]^a - δ*k[t], k[t], t]
```

図4　Matehmaticaの入力例

$$\left\{\left\{k[t] \to \frac{e^{-t\delta}\left(e^{\frac{1}{2}\delta C[1]} + e^{\frac{t\delta}{2}}s\right)^2}{\delta^2}\right\}\right\}$$

図5　Mathematicaの出力例

[参考文献]
[1] 浅利一郎，山下隆之ほか (1997)『はじめよう経済学のための*Mathematica*』日本評論社．
[2] 浅利一郎，山下隆之 (2003)『はじめよう経済数学』日本評論社．
[3] Solow, R. (1956) A Contribution to the Theory of Economic Growth, *Quarterly Journal of Economics*. 70, pp. 65-94.

[ハンドブック]
- http://www.wolfram.co.jp/solutions/finance/resources.ja.html/
- http://maxima.sourceforge.net/

8.7 会計教育におけるコンピュータ利用

［大鹿智基］

本節では，大学学部生および大学院生への会計教育におけるコンピュータ利用事例を紹介することを通じて，小・中・高等学校において学ぶべき基礎学力のあり方を明らかにする。会計教育の段階ごとに，必要とされるコンピュータ・スキルが異なるため，学部基礎教育（1～2年次の基礎科目），学部専門教育（3～4年次の専門教育演習（ゼミ）科目），および大学院専門教育（研究者養成のための指導）に分けて論じる。

キーワード 会計，複式簿記，表計算ソフトウェア，ビジネス・ゲーム，統計パッケージ

学部基礎教育におけるコンピュータ利用

商学部，経済学部，経営学部など，社会における財・用役の流れやその周囲を取り巻くシステム・制度を研究対象とする学問領域においては，そこに参加する個人・団体などの活動を定量的に測定・分析する必要が生じる。とりわけ，資本主義経済下において，多数の資本拠出者より資金を調達し，その資金を用いて営業活動を行う企業については，資本拠出者に対する説明責任という観点からも，会計システムが生成する財務報告のもつ意義は大きい。そのため，上述した学部においては，基礎科目として会計関連の科目が設置されている場合が多い。

実務上，企業が財務諸表を作成する場合には，経理用ソフトウェアを用いる場合がほとんどであり，会計の仕組みに関する理解がなくとも財務諸表作成に必要なデータ入力が行えるようになっている。しかしながら，会計の本質を理解しておくことは，システムをブラックボックス化せずに可視化することに通じ，経理部門の上級担当者になった場合に，誤謬や不正を見抜く能力を備えることを意味する。また，会計情報の有する重要性が増大し，経済社会に与えるインパクトが大きくなる現在の企業社会においては，会計システムへの理解なくして経営活動を行うことは，もはや不可能であるといえる。それゆえ，学部基礎教育においては，会計システムの本質の理解に重点が置かれ，コンピュータを利用する余

地がないようにも見られる。

しかし、会計の本質は、ひとつの事象を複数の角度から表現することにあり、それが複式簿記と呼ばれる。例えば、手元の現金が100万円増加する事象が発生したとしても、金融機関からの借り入れによる場合と、商品の販売による場合とでは、企業の財政状態および経営成績に与える意義が異なる。前者は、現金（資産）と借入金（負債）がともに増加しており、企業の正味財産（純資産）に影響を与えていない。一方で後者は、同様に現金が増加しているが、それは売上（収益）の発生によるものであり、企業の正味財産も増加している。このように、企業活動による取引を2つ以上の要素に分解し、それぞれを借方要素・貸方要素に分類・集計するという手順が複式簿記の基本である。この場合、集計作業は形式的なプロセスであり、表計算ソフトウェアを利用して理解を促進することが可能であろう。

学部専門教育におけるコンピュータ利用

学部において会計を研究課題とする場合、財務諸表の作成方法や表示方法に対する制度に関する事項（財務会計）の研究を行うイメージがある。しかし、他のすべての情報と同様に、財務諸表を通じて発信される会計情報も、株式投資家をはじめとする利害関係者に対して有用でなければ、発信する意義が失われてしまう。株式投資家にとって有用な会計情報とは、自身が所有する、または所有しようとする企業の価値を推定するために必要な情報である。

一方、企業価値を高めるために利用される会計情報もある。これらは企業内部で用いられる情報であり、それを研究対象とする分野を管理会計と呼ぶ。ここでは、大きな収益を生む可能性のある新製品のために研究開発費をかけるべきか、それともリスクの小さい既存製品の販売を続けるか、などといった経営者の意思決定に有用な情報が提供される。財務会計情報と管理会計情報は独立したものではなく、管理会計情報に基づく経営者の意思決定の結果として生じた損益や財政状態が財務会計情報として発信され、その財務会計情報を基にさらなる企業価値向上を目指して管理会計情報を作成する、というサイクルを有している。すなわち、企業価値向上のための経営意思決定に資する情報が管理会計情報であり、その結果を報告する情報が財務会計情報であるといえる。

経営者の意思決定が財務諸表に与える影響を体験的に理解するために，ビジネス・ゲームを用いることが多い。ビジネス・ゲームは，企業の経営活動をシミュレートするために，企業価値に対する重要な決定要因のみを抽出し，現実を簡素化・単純化した架空経済をつくり出し，複数の参加者が企業価値向上を目指して競い合うゲームである。筆者が担当する専門教育科目演習（ゼミ）では，早稲田大学商学部に設置されている複数の会計ゼミが利用してきたビジネス・ゲームを利用している。そこでは，製造業を営む企業の経営者として，設備投資・生産・販売・営業・財務活動に関する意思決定を行い，その意思決定内容と，審判団が設定する外部環境要因とを勘案した財務諸表を作成する。そして，作成された財務諸表を基に，次期の経営意思決定を行う。これらの作業を通じ，経営者としての自らの意思決定が財務諸表に与える影響を理解するとともに，財務会計情報と管理会計情報との体系的な関連とを体感することが可能になる。

　合理的な意思決定を行うためには，それぞれの意思決定が財務諸表に与える影響の期待値を知ることが肝要である。その際，表計算ソフトウェアを利用し，意思決定項目と財務諸表項目とを関連づけたうえで，意思決定項目の数値を変化させるシミュレーション作業を行うことを通じ，複数の意思決定候補の中から最善の意思決定を導き出すことが可能になる。

大学院専門教育におけるコンピュータ利用

　会計を専門とする研究者を養成する場面においては，科学的な理論・データを用いた研究を遂行するための技術を指導する必要がある。会計諸制度を研究対象とする場合，結論の導出に際しては，概念フレームワークとの合致，既存諸制度との整合性などが重視され，コンピュータ利用の技術が必要とされる場面は少ない。一方，公表された会計情報が，株式投資家をはじめとする情報利用者にとって有用であるかを検証（実証分析）しようとすれば，株式市場の動向から分析対象とする会計情報への反応を統計的に抽出する技術が要求される。

　表計算ソフトウェアを用いても基礎的な統計量を算出することは可能であるが，大量のデータ（例えば，東京証券取引所第一部および第二部に上場している2,000社を超える企業の10年分の会計数値）を取り扱う場合には，統計パッケージを利用することが，汎用性の面からも優れている。したがって，実証分析を行

う研究者養成に際しては、統計パッケージに対する指導が必要となる。とりわけ、CUIによる操作が必要となる統計パッケージを利用する場合には、GUIに慣れている学生に対する丁寧な指導が必要となる。

　統計パッケージの利用に際しては、経理用ソフトウェアを利用する場合と同様、単なる操作技術の習得にとどまらず、その本質を理解しておく必要がある。そのため、高等学校や大学学部における基礎教養として、統計分析の基礎とともに、表計算ソフトウェアを利用した簡単な実習を行っておくことが後の理解を助けることになろう。

［ブックガイド］
- 新井清光，加古宜士補訂（2004）『現代会計学 第7版』中央経済社.
- 石塚博司（2005）『会計情報の現代的役割』白桃書房.
- 石塚博司ほか（1985）『意思決定の財務情報分析』国元書房.
- 大塚宗春，辻正雄（1999）『管理会計の基礎』税務経理協会.
- 加古宜士（2004）『財務会計概論 第4版』中央経済社.
- 須田一幸（2000）『財務会計の機能』白桃書房.

8.8 ビジネス教育とコンピュータ統計

[前野譲二]

　ビジネス教育では，実務上の要請からも学生に実用的な統計を学習させる必要がある。インターネットから入手可能なデータベースが多数整備されており，コンピュータそのものやフリーソフトウェアの数値計算ソフトウェアの普及と相まって，コンピュータを活用した統計教育をさまざまな場面で導入しやすくなっている。このように，日常的に自らデータを収集し，加工，分析させることを通じて，教育の質を大きく向上することが可能である。

キーワード 統計，コンピュータ，データベース，フリーソフトウェア

ビジネス教育とは

　財やサービスの生産から消費者へ販売されるまでの流通過程，またそれに関連したロジスティクス（物流），保険，広告，マーケティング，金融，会計，法律などの分野が，一般的に「ビジネス教育」の対象である。このように対象となる分野の幅が広い一方で，それぞれの分野の専門性は高い。また，ビジネス教育は実学的側面がきわめて強いのが特徴である。

ビジネス教育と統計学

　こういったビジネス教育において，統計が重要であることは論をまたない。日々のビジネスにおける意思決定の結果は，不可避的に不確実性の影響を受ける。この不確実性を少しでも減じるためには，意思決定を行う前に情報収集を行い，これを分析するしかない。分析にあたって，統計は最も体系的な手段を与えてくれる。

　コンピュータとインターネットがこれだけ普及した現在，ITを活用した情報収集とその分析はもはやリテラシーであると考えてよい。ビジネス教育の観点から考えると，コンピュータと無縁の情報収集・分析というものは考えづらい。

　以前なら新聞やその縮刷版に頼るしかなかった現在・過去の会社情報などが，

データベース化されてインターネットからアクセスが可能になっている。日々の株価もリアルタイムかつ無償で調べることが可能である。政府が公表しているデータはほぼすべてがインターネット経由で入手することができる。アンケート調査をWebで行うことも可能で，Webによるアンケート調査を請け負う専門の会社も存在する。

このように，他の学問分野と比較しても，正確で豊富なデータが容易に入手可能な環境がすでに整っているか，整いつつあるのが現状である。したがって，以前なら観念的，理論的でしかなかった教育課程でふんだんに実例を持ち込むことが可能になっており，学生に自らデータの収集と分析を行わせることも容易になっている。

このような，ビジネス教育においてコンピュータを利用した統計分析の導入を考えるとき，考慮すべき項目が3点あるように思われる。

統計教育におけるコンピュータの利用

1つは，道具としてのコンピュータの利用の是非である。かねてから「統計パッケージ有害論」ともいうべき議論は根強くある。統計自体の数理を学び，手計算で解析させることを放棄してはならないという意見である。原理の理解が重要であることはいうまでもないことであるが，少なくともビジネス教育では計算の技術そのものではなく，統計計算の目的こそが重要である。つまり，計算結果がもつビジネスに対する含意こそビジネス教育で重視されるべきである。

つまり，ビジネス教育における統計計算のIT化により，人間が本来注力すべきことがどのようなものか考え直す機会を得た，とも考えられるのである。コンピュータを導入することで，データの収集や生データの吟味，計算結果の解釈とモデル化といったことに，より多くの時間を割くことが可能になったと考えるべきだろう。統計の原理を学び，これを実際のデータに当てはめ，結果を解釈してモデルと現実の乖離を分析し，必要に応じてシミュレーションなども行い，モデルを修正してこれを理論化するといった，本来ビジネス教育が目指しているプロセスは，コンピュータを導入することによって大きく前進するのである。

ソフトウェアの選定

次に考慮すべき点として，ソフトウェアがあげられる。統計ソフトウェアは非常に高価で，一般ユーザーには手が出ないような価格のものがほとんどであった。現在はR，Octave，Maximaなど無償で利用することができる数値計算用のソフトウェアが利用可能である。いずれも世界中の数学者や統計学者が計算の妥当性を検証しており，バージョンアップが速いために統計学分野における最新の研究成果を取り入れているものもあり，市販ソフトウェアよりも機能が優れている場合すらある。

安価なコンピュータが普及していることもあって，学生が自宅で自学自習する環境を構築するのも容易である。道具は必要に応じて選べばよいものではあるが，多くの学生は複数のツールを使い分けることができるような柔軟さをもっていない場合も多いので，こういった「学習環境の構築しやすさ」も考慮すべきであると考えられる。

カリキュラム：何を教えるべきか

最後に考慮すべき点は，幅の広い統計手法〔⊙ 1.12〕のうち，どのようなものを教育するかということである。記述統計のような，誰でも勉強しなければならない基本中の基本である記述統計や基本的なグラフ，正規分布やt分布などの分布，統計的仮説検定などはひととおり取り上げるべきであるとして，ビジネスで必要とされる統計手法はほかにも数多くある。前述のとおり，ビジネスではさまざまなシーンを想定することが可能であり，それぞれに専門的な分析が必要であるためである。

多くの場合，分析手法として多変量解析が用いられるが，これには回帰分析，判別分析，主成分分析，因子分析，数量化，クラスター分析などがあり，検定や推定に利用される手法や分布，またデータや計算結果の可視化手法も多種多様である。これらすべてを，あらかじめ学習させるのは現実的ではないし，またそれだけの時間を取ることも難しいであろう。

したがって，統計の基礎を教えるコースを設けるほか，それぞれの学生の専門分野に応じて専門教育の中で，必要に応じてその分野で利用される統計的な分析

手法を教育することが望ましい。

教育の転換

従来，いわゆる文系のレポートや卒業論文では，さまざまな書籍からの文章をつぎはぎした「フランケンシュタイン」のようなものが散見された。自ら情報を収集して分析を加えさせれば，そもそも，正しい理解なしに分析などできないし，分析ができればそれは少なくとも他人とは異なる，オリジナルなものにならざるをえない。そして，そこに個性による違いが生まれるはずである。

すべてのビジネス教育に統計を適用することはできないが，幅広くコンピュータ統計を導入することによって，多くの場面で形式的な学習から，より本質的な理解を必要とする学習へと転換を図ることができるものと考えられる。

[参考文献]
[1] 山田剛史，杉澤武俊，村井潤一郎 (2008)『Rによるやさしい統計学』オーム社．
[2] 朝野熙彦編 (2008)『Rによるマーケティング・シミュレーション』同友館．
[3] 長畑秀和，大橋和正 (2008)『Rで学ぶ経営工学の手法』共立出版．
[4] 椿広計 (2006)『ビジネスへの統計モデルアプローチ』朝倉書店．

8.9 芸術教育におけるコンピュータ利用

[四方義昭]

コンピュータグラフィクス・アニメーション，ディジタル写真，ディジタル映像・音楽等のコンピュータを使用した芸術作品の制作教育について，使用するソフトウェアや制作手法を示しながら具体的な教育手法を明らかにする。

キーワード コンピュータアート，グラフィクス，ディジタル映像，コンピュータ音楽，ディジタル写真，インスタレーション

コンピュータを使用した芸術

本節では，コンピュータアート，メディアアート，ディジタルアートなどと称される，コンピュータを使用した芸術作品の制作教育について概観する。この分野の作品には，コンピュータグラフィクス，コンピュータアニメーション，ディジタル映像，ディジタル写真，ディジタル音楽などが含まれる。いずれの作品についても制作・編集を行うためにはある程度高性能なコンピュータと専用の制作ソフトウェアが必要であり，その演習教育のためには受講学生の数だけのコンピュータ（ソフトウェアを含む）を設置する必要があり，高額な投資が必要となる。

コンピュータグラフィクス

コンピュータを利用した代表的な芸術としてコンピュータグラフィクス（CG）があげられる。CGの教育形態としては，2次元，3次元に区分された科目として演習させることが多いが，実際の制作ではそれらの混合やアニメーション，また実写との合成などが行われている。2次元CG制作用のソフトウェアは大まかにビットマップ系（ピクセル単位で描画する）とドロー系（関数曲線で図を描いてゆく）に分類される。3次元CG制作のためには各種のソフトが準備されており，モデリング，（形状作成），アニメーション（動画作成），レンダリング（照明・描画）の機能を備えている。

2次元CG制作についてはDTP（Disk Top Publishing）用のアプリケーション

ソフトなどを使用して，ポスターやカレンダーなどのDTPに必要とされる平面構成，タイポグラフィー，ロゴデザイン，色彩設計の基本をふまえて，画像処理（画像加工，色調補正など）などのグラフィック作成機能を学習する方法が用いられている。

　3次元CG制作では，まずCG製作用ソフトウェアを使用したモデリング演習を通して制作演習を行う。モデリングとはキャラクタなどの3次元物体を生成することであり，球，立方体など，モデル生成のための最小単位の3次元形状（プリミティブと呼ぶ）を積み木のように組み合わせてコンピュータの中に3次元立体生成する。生成した立体をポリゴンと呼ばれる多角形の集合体に変換し，このポリゴンを変形することによって滑らかな曲面をもつ3次元物体に近づける。その物体に質感を設定し，カメラ・照明を設定してシーンをディスプレイ画面に投影する（レンダリングと呼ばれる）ことによって3次元CG作品が完成する。これらの制作手法を実践したうえで，各自の創意や演習で提示されるテーマに沿って作品を制作する。このようなCGの教育においてはソフトウェアのオペレーションのみならず，本来作品がもつべき創造的な芸術的価値の評価が重要となる。

CGアニメーション

　3次元CG作品を動画ファイルに出力したものがCGアニメーションである。アニメーションはフレームと呼ばれる静止画を1秒間に数十という速度で順次切り替えて表示し，あたかも画像が動いているかのように見せる。これらのフレームを生成する際の3次元物体の位置や傾き，カメラの位置や傾きなどは主にキーフレームと呼ばれる指定された時刻のフレームに設定し，フレーム間の動きはコンピュータが自動生成する。また，力学モデルを用いたアニメーションでは，キーフレームではなく実際に物理シミュレーションプログラムを実行することによって動作を得る。この場合，クリエータは力学の基本を理解し，求める動作が得られるようにパラメータを与える必要がある。例えば，水流や煙などのシミュレーションモデルがアプリケーションに備わっている。

　CGアニメーションの制作では，まず表現するコンセプトを決め，それに基づいたシナリオ，ストーリーの作成を行う。次に，ムービーとして作成する各ショットに対して，通常1枚の絵を描き各ショットの構図や画面構成を決めていく。

次に専用のコンピュータソフトを用いてモデリングを行う。この作業でも3次元CG作成の場合と同様に立体モデルをポリゴン分割して，ポイント編集などで変形していく。さらに材質，反射率，テクスチャなどの質感設定を行い，具体的な動きを付けて行く。アニメーションが付け終わったら，全シーンのレンダリング（3次元シーンを2次元の映像に変換すること）を行う。高性能なワークステーションを使用しても1フレームあたり約10時間のレンダリング時間を必要とするため，1ショット（数秒から十数秒）の制作には通常数週間を必要とする。これらの一連の作業を通して演習することにより，アニメータとしての実力を涵養していく。

ディジタル写真

近年，プロフェッショナルな現場でもアナログのフィルム撮影カメラから大容量のメモリ（記録）媒体を備えた高解像度のディジタルカメラへと移行しつつある。ディジタルカメラも露光やフォーカス，ISOなどについてはアナログカメラと同様の機能がプログラムによって組み込まれている。ディジタル写真教育では，レンズの特性や画面の構図などの基本的な学習とともに，ディジタル画像の編集について学習する。まず，ディジタル写真をコンピュータソフトの画像合成や色調補正などの技術を使って再編集（レタッチ）することを学ぶ。例えば，色調補正の機能を使ってコントラスト，色相，フォーカス，明暗などを修正したり，余計なノイズを消去する。また，アルファチャネルという技術を使って，必要な部分だけ切り取る処理や別々に撮った写真を合成するなどの手法を学習する。

モーションキャプチャ

人間や動物など有機的な動きをする生命体のアニメーションは，求める動きをキーフレームで表現することは非常に難しい。また，それが3Dアニメーションとなると熟練した者でも困難な作業である。そこで，人間などの主要関節に取り付けたマーカーの動きを読み取って，CGソフトにアニメーションデータとして取り込む方法が考えられ，これをモーションキャプチャ〔● 1.5〕と呼ぶ。モーションキャプチャには光学式と磁気式それにポテンシオメータを使った機械式がある。制作演習では，まず設定したテーマに基づいて絵コンテを作成し，絵コンテ

に沿った動きを実演し，それをキャプチャする．その後，キャプチャノイズを修正し，モーションを編集・加工してムービーデータを取り出す．

ディジタル映像

コンピュータを用いてディジタルビデオカメラなどで撮影した映像をノンリニア編集することによってディジタルムービーを制作することを学ぶ．ノンリニア編集は，2台以上のデッキを使いテープからテープへ映像をコピーするリニア編集に比べ，編集箇所を自由に選択でき，映像データを即座に追加・削除・修正・並べ替えることができる利点がある．この映像編集にはコンピュータの編集専用ソフトを用い，映像素材の取り込み，シナリオ・構成表に基づく素材編集，トランジション・映像加工，フリーの効果音などオーディオファイルの取り込みなども行う．その後，タイトルとエンディングのクレジットを制作し，ディジタルビデオテープに書き出し，DVD等の記録媒体にダビングして完成する．

コンピュータ音楽

コンピュータを核として構成されるDAW（Digital Audio Workstation）を使用して音楽を制作する．DAW上のシークエンサーを使って，従来からあるスタイルの音楽制作を行うほか，MAX/MSPを使用して音楽的な思考そのものをプログラミングすることもある．シークエンサーを使用する場合は，楽譜データを数値化して記述するMIDI（Musical Instrument Digital Interface）トラックと楽器の演奏を録音したオーディオトラックが混在した状態で音楽制作を進めていく．メインメロディ・パートはボーカルや楽器演奏を録音してオーディオトラックとし，その他のパートはMIDIトラックとして制作することが多い．最終的にはすべてのトラックをオーディオトラックに変換し，トラックごとの調整を経て，ミキシング・マスタリングをして作品を仕上げる．MAX/MSPを使用する場合は，センサーなどの外部機器とリンクしたりして，DAW入出力の多様化を図ることができるので，従来の音楽概念を拡張した表現様式を試みる作品制作を行う．

[参考文献]
[1] 輿水大和ほか（2000）『コンピュータグラフィクスがわかる』技術評論社．
[2] 大島篤ほか『CG&映像しくみ事典』ワークコーポレーション．

9 社会人教育における授業法

　専門職教育やリカレント教育などが加速中だ。さらに生涯学習の進展もある。すなわち教育は，全人生を対象としたものになりつつある。これを，一生涯勉強し続けるのかと否定的にとるか，それとも気づきと学びの楽しみを味わえると肯定的にとるべきか……，その違いこそが日本の「民度」を示すだろう。しかしながら研修などの場では，相変わらず一方的な講義がはびこっている。教育＝知識付与，知識＝仕事力という旧来型の教育観が大勢を占めているのだ。知を交換しつつ新たな知を生み出すといったワクワク感のある営みを育むにはどうすればよいのか。「知識伝授」に替わる「学習支援」と「互学互習」による「学びの場と機会の提供」が求められている。

〔妹尾堅一郎〕

〔◯…も見よ〕

9.1 「知識伝授」モデルの特質と限界

[妹尾堅一郎]

われわれになじみのある授業法の筆頭は何といっても「講義」である。このモデルの背景には「知識伝授」モデルがある。本節では，このモデルの特質とその限界について紹介する。

キーワード 知識伝授，知識獲得，講義，互学互習，メディア環境

知識伝授型モデルの概要

従来，教育の基盤となっていた教育モデルは知識伝授型である。このモデルは「確かめられ・体系立てられた・知識を・知っている人から・知らない人へ・順序立てて・教える」ことを基本としているといえるであろう。すなわち，知識をもつ者からもたざる者への知識移転である。

知識をもつ側ともたざる側との関係は「教える・教わる」であり，主人公は教える側となる。例えば，現在「教室形式」と呼ばれる席の配置は，まさにこのモデルを具現化する環境としてつくられたものにほかならない。

そして，その世界観は「知は伝達可能である」あるいは「知は教わることによって身につく」というものだ。

知識伝授モデルは19世紀以降の工業社会に必要とされ，進展したものである。その頃，西欧列強や日本では富国強兵を進めるために，より多くの国民に「読み・書き・算盤」を教え，近代国家として必要な知識を与えることが必要だったのである。当時，体系化されつつあった"科学知識"や"社会知識"を一般国民に大量かつ効果的・効率的に移転していくのに知識伝授モデルとそれに基づく講義は最適な形式であった。

工業社会では「マス」という概念が基本となる。例えば，マスプロダクションやマスマーケティングと同様にマスエデュケーションが主流となる。役に立つ国民をいかに効果的・効率的に"生産"あるいは"消費"するかが，その関心事で

ある。そのとき，製造業の基本概念である"標準化，単位化，体系化"が教育においても重要となる。"単位"は大学教育の基本であり，また"標準化"は学習指導要領にいまだ体現されているのはそのためであるといえよう。

ただし，知識伝授あるいは知識習得を促進する授業形態は，必ずしも"一方的な講義形式"だけではない点に注意されたい。講義の仕方の工夫もあれば（例えば，インタラクティブな質疑を挟み込むとか，事前課題と議論によるウォーミングアップをセットするなど），あるいはほかにも「エディトリアルメソッド」〔●9.2〕，「モデルセッション」などといった「知識を習得しつつ考え，考えつつ知識を習得する」といった授業方法がある。また，ケースメソッドにおいても，ケース討論を行う準備として，既存の体系的な知識の習得を促進するやり方もある。

知識伝授型モデルの限界

さて，この知識伝授型の教育には限界がある。

第1の限界は，知識移転である以上，知識を移転される側（教わる人）が知識を移転する側（教える人）を超えることはできない，という点だ。

教える側の知識の6割以上を修得できればC，7割以上であればB，そして8割以上であればA，というのが試験評価の基本である。これをつきつめれば，知識伝授は知の縮小再生産になりかねないリスクを抱えている。

第2は，このモデルでは"確かめられ，かつ体系化された知"を効果的・効率的に移転することを前提としている。一方，実践の世界においては，知は必ずしも確からしくなく，かつ体系的になっていない。いや，むしろ不確かで非体系的な知のほうが意味をもつ場合も多く，実務家はそれらを積極的に取り込みながら，実践を進めることが求められるのである。そういった実践を適切に行える能力の育成においては，不確かで非体系的な知を活用する術を修得させなければならない。そのとき，知識伝授型モデルは必ずしも適切ではないだろう。

第3に，知識伝授は，その本質からいって，新たな知識を生み出すことはできない。既存の知識の効率的移転が重要であるから，それ自体に新たな知を創発する仕掛けは組み込まれていないからだ。いやむしろ，知識伝授型モデルにおいては，ときとして創造的・創発的な発想や知は，効率的な知識移転のノイズとされてしまうことすらある。しかし知の世界は，従来からの知識を文明・文化として

継承していく一方で，常に新たな知を生み出すことも求められている．

　第4に，このモデルの背後にある世界観は「知は伝達可能である」，「知は教わることによって身につく」というものである．しかしながら，教える立場からの「伝授」は，必ずしも教わるほうの「習得」につながらない．知は結局は，自ら気づき，学ぶといった自学自習が基本となるとすれば，伝授による知識獲得は必ずしも適切でないかもしれない．

　第5に，知識伝授は，その知識を使う場面を想定されずになされてしまいやすい点である．また，講義に典型的なように，通常知識伝授の授業は「体系化された知識を順序だてて教える」といった階段を上がる形で知識習得をさせようとする．これを「インプット先行型の知識伝授」〔● 9.2〕と呼ぼう．しかし，知識習得を促すには他のやり方もある．イシュー（論点や問題）を提示して，それに対処するためにどのような知識習得をすればよいのか，あるいはタスク（課題）を与え，それを遂行あるいは達成するためにはどうすればよいのか，それを問うことをきっかけとして知識を習得させるのである．このように，イシューやタスクに対処するための知識を（たとえ最初は断片的であっても）次々と自学自習させることを進める形式を「アウトプット駆動型の知識習得」〔● 9.2〕と呼ぼう．これは「息を吐くことを覚えれば，自然と吸うことができる」ということと同様である．この実践的な観点から見れば，知識をもてばいつか役立つはずだという考え方は批判の対象となるだろう．

知識伝授型モデルとIT環境

　現在，教育のほとんどは「知識伝授型の講義」と「教室形式」を前提にした旧式のものである．もし，教育学習モデルが変容するならば，教育環境自体もそれに沿ったものにしなければならない．新しい酒には新しい革袋を用意する必要がある．残念ながら，この問題を論じたものはほとんどない．例えば，知識伝授を行う「講義形式」，学習支援を行う「セミナー形式」，互学互習〔● 9.4〕を行う「ワークショップ形式」などを自由に行き来できる教室の設え，しかも，ITメディアを埋め込んだ教室をはじめとする教育環境のあり方を論じることが今後ますます重要になってくるだろう．

[参考文献]

[1] 妹尾堅一郎 (2001)「フロンティア学習のプラットフォーム」,『三田評論』2001年3月号, 慶應大学出版会, pp. 26-35.

[2] 妹尾堅一郎 (2003)「互学互修モデルの可能性――先端的専門職教育における「学び合い・教え合い」」,『コンピュータ&エデュケーション』15, CIEC, pp. 24-30.

[3] 妹尾堅一郎 (2006)「「知識伝授」で先端実践領域の先端人財を育成できるか――「互学互修」モデルによる専門職育成と知の創出」,『コンピュータ&エデュケーション』21, CIEC, pp. 114-120.

9.2

[妹尾堅一郎]

「講義」の可能性と限界
知識伝授・知識習得型の授業法

われわれが大学等高等教育において最も親しんでいる授業形態は，何といっても「講義」である．本節では，この「講義」という授業形態に関する工夫の可能性と限界とを紹介する．

キーワード 講義，知識伝授，知識習得，知識獲得，授業法

講義と知識獲得の授業法

講義は，「知識伝授」〔● 9.1〕，すなわち「確かめられ・体系立てられた・知識を・知っている人から・知らない人へ・順序立てて・教える」ことが基本である．その世界観は「知は伝達可能である」，「知は教わることによって身につく」というものだ．ただし，「知識伝授」とは知識を伝え・授けるわけだから，その知識を受け取る側からみれば，それは「知識獲得」あるいは「知識習得」となる．

しかしながら，知識獲得・習得[*1]を促進する授業形態は必ずしも一方的な講義形式だけではない．

第1に，講義を一方通行的で終えない工夫がある．例えば，受講生との相互質疑を行いつつ講義を進めるとか，事前課題と議論によるウォーミングアップをセットするなどである．あるいは，ドリルなどを工夫して講義の合間あるいは最後に組み入れる工夫がある[*2]．

第2は，「エディトリアルメソッド」などの「知識を習得しつつ考え，考えつつ知識を習得する」といった授業方法への展開である．つまり，講義をその中心に位置づけるものの，受身の知識習得よりもむしろ積極的な知識獲得を促す工夫を施して授業を行うやり方である[*3]．

第3は，「知識伝授モデル」とは言い難い授業法においても，知識習得をせざるをえない状況をセットする場合である．例えば，「ケースメソッド」における

ケース討論を行う準備として学習者は既存の体系的な知識の習得をしなければならない。これも知識習得を促進する側面があるともいえるだろう。

講義の問題と課題

講義という授業法の問題は，単に「知識伝授」への批判だけではない（それについては「9.1節「知識伝授」モデルの特質と限界」を参照されたい）。

第1にわれわれが対処すべき問題は「ライブの講義」の意味についてである。従来のように知識が教員個人に帰属する部分が大きかった時代には，講義はまさに「知識伝授」としての意味があり，いかに講義ノートを取るかが重要であった。しかし，今や，通常の体系化された知識であれば書籍やインターネットをはじめ多様なメディアで提供されている。つまり「教科書を読めばわかる」知識であれば，それをあえてライブな講義を通じて取得する必然性はなくなってきているのだ。放送やインターネット，あるいはポッドキャスティングなどのメディアを介して知識が伝達されるとき，ライブの講義を受ける意味あるいはその効能と効率性について，根本的に再考しなければならない。ライブであるがゆえに気づきや学びが促進されるとはどういうことか，あるいはライブとメディアの相互補完性あるいは相乗関係性はどうありうるのか等々について，教員は真剣に考えなければならないのである。

第2は，「問題解決シンドローム（症候群）」の受講生が増加している問題である。一方的な講義を受け身で受講し続けることにより，「教わりたがる」傾向をもち，「知識は与えられるものだ」という態度の学生，社会人が多くなっている。この問題解決症候群は次の3つの症状から成り立つ。

1. 問題は与えられるものである。
2. 与えられた問題には必ず唯一の答えがある。
3. その唯一の正解は誰かが知っているし，場合によっては教えてくれる。

つまりこれは典型的な「受験勉強の思考」である。

もちろん，現実にそのようなことなど，ほとんどありえない。しかし，小さいときからこの思考方法に慣れ親しんでいるために，現代の学生の多くは，自らテーマや問題を設定することができず，正解といわれるものがないと不安であり，それを教えてもらわないと達成感を得られなくなっている。

さらに，学生のみならず社会人の多くがこの症候群にかかっている。社会人研修の場でも「問題を与えられる」ことを受け身で待ち，さらに「答えを教わりたがる」「知識をもらいたがる」社会人が少なくないのである。

第3は，上記と表裏一体だが，知識を得たことに満足し，そこから先を「考えない」学生・社会人の増加である。「学びて思わざれば，則ち罔し」。いかにすれば知識を得るのみならず，それを使って考えるようにさせられるか。従来の講義型授業だけではなく，テストが知識取得確認である限りでは「考える」態度の醸成は難しい（最近の試験はマルバツ式あるいは選択肢問題が主流である）。

そこで，これらの問題の対処にあたり，「教える」から「学ばせる」への転換を，また「教える・教わる」から「学ぶ・援ける」，「教え合い・学び合う」への転換を議論すべきなのである。

知識伝授・習得のアプローチ

ところで，知識伝授・習得については，大きく2つのアプローチがある。

第1は，「体系的・階段型アプローチ」である。すなわち階段を上るように，体系的な知識をひとつひとつ順序だてて教えていくやり方である。1章を理解しないと2章が理解できない，あるいは前章の知識を前提として次章の知識を習得する仕組みになっているわけだ。つまり，知の体系とその習得方法が一致するように構成されているものである。理系の学問や法学といった「制度化」された体系的学問（の基礎）を習得する場合は，このアプローチが通常である。しかし，必ずしもすべての学問がこのようになっているわけではない[*4]。

第2は，「論点駆動型アプローチ」である。これは現実のイシュー（論点）を起点として，それを検討するために必要な知識を獲得するように促すやり方である[*5]。すなわち学問の体系的習得を先行させるのではなく，現実の問題とその解決を志向するアプローチである。例えば，最近の欧米の医学教育では，従来のように身体の部位を覚えることから始める授業法（体系的・階段型アプローチ）ではなく，実際にここで血を吐いて倒れている人がいたら，その人をどう救えばよいかというケースから始めるようになったと聞く。そのために何を調べ，どのように怪我人に具体的に対処すればよいのかを検討することを通じて，必要性を起点として知の体系を習得していく授業法（論点駆動型アプローチ）をとるので

ある。いわば，息を吸うのではなく，息を吐くことによって自ずと息を吸わせるやり方といえるだろう。

このアプローチの立場にたてば，授業法は単に講義だけではなく，ワークショップ，ケースメソッド，ロールプレイ等々多様であることが見えてくるはずである。

[注]
* *1 ここで，知識習得とは受身に知識を教わること，知識獲得とは能動的に知識を得ることとする。
* *2 ここでドリルとは，授業などによって知識獲得を試みたとき，その知識がしっかり理解できているか，あるいは記憶されているかなどを確かめるための小テストを呼ぶ。
* *3 ここでエディトリアルメソッドとは，筆者が開発した知識獲得促進の授業形態で，受講生（グループ）を「編集者（チーム）」役としつつ，講義と質疑を「取材」とみなし，最後に取材に基づく「記事」（およびそのプレゼンテーション）を競わせることによって授業を行う授業法である。
* *4 例えば，法学においては，憲法から民法，民法から産業財産権関連法などへと続くように構成されることが多い。一方，経営学においては，戦略論，組織・人事管理論，マーケティング論，財務論のどこから始めるかは考え方による。
* *5 例えば，経済学で，限界効用，需要曲線，供給曲線，価格の均衡点といった従来のミクロ経済学の段階的な理論修得ではなく，なぜガソリンの値段が急上昇するのか，なぜバイオ燃料を増やすとパンの値段まで値上がりしているのか，といった現実問題を起点として経済学的知識（と思考）を習得させようとするものも増えている。

[参考文献]
[1] 妹尾堅一郎（2002）『考える力をつけるための「読む」技術——情報の解読と解釈』ダイヤモンド社.

9.3 「学習支援型」モデルの授業法

[妹尾堅一郎]

　本節では,「知識伝授型」モデルという「教える側」からの知識移転に対し,「学ぶ側」からの知識獲得・習得を主体にした「学習支援モデル」を概観し,その特徴などについて紹介する。

キーワード 学習支援，知識伝授，知識獲得・習得，学習者中心主義，授業法

学習者を主体にした学習モデルへ

　伝統的な教育モデルは知識伝授型,すなわち「確かめられ・体系立てられた・知識を・知っている人から・知らない人へ・順序立てて・教える」という,知識をもつ者（教員）からもたざる者（学生）への知識移転である。知識をもつ側ともたざる側との関係は「教える・教わる」であり,ある意味,主人公は教える側である。

　これに対して,知識をこれから得ようとする側を主人公に置き換えれば,知識は伝授されるものというより,獲得あるいは習得すべきものとなる。一方,教員は,その獲得・習得を支援する者となる。あるいは教員ならずとも同級生も含み関連する人々はすべて広義の支援者とみなせるだろう。さらにいえば,学習者の気づきや学びに資するならば,たとえ「反面教師」であっても支援者の範囲に入る。吉川英治ならずとも「我以外皆我師」である。

　要するに,学ぶ者（学生,社会人）とそれを援ける者（教員,同級生など）という関係,つまり「学ぶ・支援する」という関係性がこのモデルの基本となる。これは,学ぶ主体を重視し,それを援けていくという「学習者中心主義（learner centered, learner oriented view）〔◯ 1.3〕に基づくものだ。これは,現在「知識伝授型」に替わるモデルとして注目され,具体的な授業の試みは本ハンドブックの随所に見られる（例えば,「1.3節 学習者中心主義」）。

学習支援モデルの特徴

　学習支援モデルの特徴は，以下のように整理できるであろう。
　第1は，学習側が主体となるので，学ぶ側の論理と都合とを援ける側が最大限の配慮をするという点があげられよう。これは，教える側の論理と都合に教わる側が従う傾向となる知識伝授型モデルで生じやすい「落ちこぼれ」などの問題を減少できる可能性がある。しかし同時に，学ぶ側の勝手で援ける側が振り回されるリスクも現実にはありえるだろう。消費者主権や「お客様は神様です」の考え方が，現実には極端な「クレーマー」や「モンスターカスタマー」を生みだしかねないのと同様である。
　第2に，学習自体の質・量がともに，学習者の意欲と支援者の支援技術や支援環境に大きく左右される点があげられよう。つまり，学ぶ者と援ける者との相互作用は，それぞれの意欲，それまでに習得している知識やスキル，学ぶ技術・援ける技術の範囲内に留まりかねないという制約を受けてしまうのだ。
　第3は，このモデルでも既存の知識体系の学習が最も得意とする点である[*1]。たしかに，学習支援モデルは「確からしく，体系的な知」を必ずしも前提にしているわけではない。とはいえ，知識伝授のように「確かめられ・体系立てられた・知識を・知っている人から・知らない人へ・順序立てて・教える」ことにはならないまでも，「確かめられ・体系立てられた・知識を・知らない人が・順序立てて・学ぶこと」が前提とするとき，このモデルが一番効果的・効率的であるだろう。また，援ける側にも「確かめられ・体系立てられた・知識を・知らない人が・順序立てて・学ぶ」ことについて，「体系的に・順序立てたやり方で・援ける」ことが最も求められやすい。例えば，古典的なインストラクショナル・デザイン〔◯ 4.6〕は，この効果的・効率的手だてを提供しようとするものだとみなすことができるのである。つまり，知識伝授型と学習支援型のモデルは正反対の位置を占めているが，実は，同じ「知識伝授・知識習得」の表裏ともいえるのである。
　第4に，学習支援型モデルは必ずしも新たな知を生むことにはならない。既存の知識習得が主となった場合，このモデルの中に，知の創出を導き出す内的な論理が組み込まれているわけではないからだ。つまり，知識習得の支援は，必ずし

も新たな知識や知見の創出支援になるとは限らないのである。

学習支援モデル実践の難しさとそれを超える授業法

このモデルでは「確からしく，体系的な知」を必ずしも前提にしているわけではないが，学習とは，知識の獲得・習得のみならず，その行為に付随した，あるいはそれを通じたさまざまな気づきや学びをもたらすものであり，それらがきわめて重要となる。学習支援には，知識獲得・習得支援と知に関する気づきや学びの誘導の両面があるからである。そのとき，学習支援モデルの実践の難しさを2つ指摘し，それを超える授業法について示唆をしてみよう。

第1の難しさは，「確からしく，体系的な知」であれば，多様な学習支援形態をとることは比較的容易であるが，一方「不確かで，非体系的な知」あるいは「流動的で断片的な知」に関しては，それらを活用する術(すべ)を修得させ難い，という点である。とくに，社会人教育，実務家育成といった場合，この「不確かで，非体系的な知」をいかに意味あるものとしてとらえうるか，という力を育成することが肝要であるが，その点についての「学習支援」の仕方をデザインすることは容易ではない[*2]。

たしかに講義〔◉ 9.2〕や通常のeラーニングにおいては，これらは難しいが，できないことはない。社会人教育に使われる授業法のいくつかは，その点に配慮した授業法とその運用がある。例えば，ケースメソッドにおいて，ケース討論を行う準備として，既存の体系的な知識の獲得・習得を促進するとともに，ケース討論自体の中から多くの気づきや学びを得られるように教員側は誘導できる。あるいは，ワークショップやセッション形式の授業，あるいはプロジェクトメソッドによる授業などでは，この知識の獲得・習得とそれに付随する断片的・流動的な知への気づきや学びが促進されるようになる。つまり，「知識を獲得・習得しつつ考え，考えつつ知識を獲得・習得する」といった授業として成立させうるのは，実は教員側の誘導と配慮にかかわる部分が大きいのである。

第2に，本人にとって意味ある「気づきや学び」自体を援け難い点があげられる。体系的な知識を習得する場合は，学習内容自体が明確なので援けることは比較的容易である。しかし，知識体系とは別に本人にとって意味ある「気づきや学び」は内容も多様であり，それを獲得・習得するタイミングは突然現れることが

少なくない。援ける側はそれを具体的に仕掛けることは難しい。

ただし，それを誘導することは可能である。「偶発性」を誘導する「場と機会」を提供するのである。すなわち「誘発的環境」の構築がポイントとなる。要するに，学習支援といったとき，知識獲得・習得を体系的に順序立てて学習支援するのか（デザインアプローチ），それとも偶発的な気づきや学びを支援するのか（誘導的アプローチ）という2つの側面があるといえるであろう。どちらが良いかという議論ではなく，両者の濃淡をどうつけることが適切か，それが実践的な課題である。

[注]
* 1 このモデルのメディア環境は，知識獲得・習得の自学自習については急速に整備されつつあるといえるだろう。とくに，放送からオンラインによるeラーニングまで，あるいは近年のケータイからポッドキャスティングに至るモバイル環境も，大いに自学自習に資するものである。
* 2 この点については，「9.4節「互学互習」モデルの概要と可能性」も参照されたい。

[参考文献]
[1] 妹尾堅一郎（2003）「互学互修モデルの可能性——先端的専門職教育における「学び合い・教え合い」」，『コンピュータ＆エデュケーション』15，CIEC，pp. 24-30.
[2] 妹尾堅一郎（2006）「「知識伝授」で先端実践領域の先端人財を育成できるか——「互学互修」モデルによる専門職育成と知の創出」，『コンピュータ＆エデュケーション』21，CIEC，pp. 114-120.

9.4 「互学互習」モデルの概要と可能性

[妹尾堅一郎]

　学生教育はもとより，社会人対象，とくに企業などのマネージャー研修においても「知識があれば仕事ができる」という世界観がいまだに根強く，そうすると人財育成も「知識を与える教育を行えばよい」と短絡しがちとなる。しかし，実践的な人財育成において「従来の知識伝授型教育を行えばよいのだろうか」──この疑問への答えは「否」である。人を"知識の貯金箱"に見なしても，実践力は開発されないからだ。

　従来の「確かめられ・体系立てられた・知識を・知っている人から・知らない人へ・順序立てて・教える」といったことを基本とする「知識伝授」型モデルや，その典型的な授業形態である「講義」という授業形式は，とくに先端実践領域における先端人財育成においては限界がある。それを超えるひとつとして「互学互習」型モデルを軸とした教授法がある。そこでは，各分野の実務家が自らがもつ知識や知見をお互いに交換し，「議論を通じた気づきと学び」を積極的に促す"場と機会"が提供される。本節では，互学互習モデルの概要とその可能性について紹介する[*1]。

キーワード 互学互習，自学自習，社会人教育，知識伝授，ワークショップ，授業法

互学互習モデルの概要

　お互いがもっている知識と経験を活かし合う"学びの場と機会"を提供する互学互習モデルの前提には，「自学自習」というコンセプトがある。これは，人は教わったときに知を習得するのではなく，「自ら学んだときに初めて知を修めることができる」あるいは「知は自ら獲得するものである」という世界観に基づくものである。自学自習する人々が，相互に関係しながら「学び合い，教え合う」場合，これを「互学互習」と呼ぶ。このコンセプトこそが，今後の社会人教育において中核をなすはずだ。とくに，先端的な専門領域では，各分野の実務家がもつ最新の知を「学び合い・教え合う」ことが有効になるだろう。

　このモデルは，先輩が後輩に教えながら一緒に学んでいくという「半学半教」とも密接に関係している。これを実践する形態を西洋ではラーニング・コミュニ

ティ（学びの共同体）〔● 1.1〕，日本では塾と呼ぶのである。

　また，工業社会＝知識伝授型モデルと対比的な図式化をするならば，情報社会＝互学互習モデルと位置づけられるのではあるまいか。体系的な知識の普及がまず必要だった工業社会においては，知識伝授型〔● 9.1〕が主流となったのに対し，ネットワークを通じた知識の流通基盤がある情報社会では，知識伝授そのものより，むしろ先端的な知見の獲得や知識そのものの活用，そして何より知の創出に力点が置かれるだろう。そのため，先端的な新しい知の創造に寄与しうる教育モデルが求められるともいえるのである。

互学互習モデルの可能性

　では「互学互習」の特徴はどのようなものであろうか。

　第1に，「互学互習」では，多様な知識が交流し，多様な知識修得が促される。異分野の専門家が集まり（場の設定），共通の論点に関する議論をするようにすれば（機会の設定），自ずと互いの知識と知見の交換やぶつかり合いが触発される。ただし，そのときの知識は体系的なものが順序立てて出てくるわけではない。論点に応じて，専門家の経験に応じた知識がいわばアドホックに場に提供されるのである。しかしながら，問題意識のある自学自習者は自然と気づきと学びを各自で行うことになる。すなわち，体系的に順序立ってはいないが，自分が今・ここで必要とする関連知や知見を即応的・即時的に入手するのである。教わるという受け身ではなく，いわば取りにいく能動的な行動が促進されているといえるだろう。

　第2に，さらに論点を多角的に検討することにより，単に知識と知見の交換に終わることなく，それを通じて，新たな知の創出を促すことが期待できる。とくに「不確かで，非体系的な知識」が参加者の新たな気づきや学びを導くだけでなく，融合領域自体に意味のある知見が生まれる可能性が高くなる。それゆえ，「コラボレーション」が誘導され，気づきや学びを通じて知見が生まれるという"偶発"が起こりうる。

　ただし，コラボレーションとは単に複数の人間が共同作業をすることではない。お互いがかかわり合いながら新しいものを創造していくことである。既存のリソースを単に組み合わせただけでは"コラボレーション"でなく，それは"タイア

ップ"にすぎない。そこから新たな能力が生み出されたり，導き出されなければ，すなわち"創発"がなければコラボレーションとは呼べないのだ。そのとき，気づき合い，学び合いを誘発する互学互習モデルが創発の起点になりうるのである。さらに，社会人の場合はとくに，単に周りから知識を得るのではなく，自らの知識と経験に基づき，自分は何を寄与・貢献できるかを強調することが求められる。その貢献意欲によってコラボレーションが進むのである。

第3に，このモデルでは，受講生同士だけでなく，教員と受講生の間にも互学互習が始まる点が特徴となる。教員の役割は，従来の「教える」（知識伝授型）〔◯9.1〕でもなく，また「援ける」（学習支援型）〔◯9.3〕でもない。一方で，「教え合う・学び合う」当事者としての役割を担い，他方でその状況を設定・運営する互学互習状況のプロデューサと位置づけられるであろう（これについては「9.5節「互学互習」における講師の役割」を参照されたい）。

互学互習モデルの課題

互学互習モデルにITをどのように活用すればよいのか。

たしかに，知識伝授型ではITの活用が積極的に進められ，より効果的・効率的な教育学習が展開されつつある。例えば，eラーニングやポッドキャスティング〔◯2.8〕では単に知識を習得したい人にはそれなりの効能があるだろう。「確かめられ・体系立てられた・知識を・知っている人から・知らない人へ・順序だてて・教える」といったことを基本とする知識伝授型モデルのほうが，インストラクショナル・デザイン〔◯4.6〕をはじめとした"コンテンツ設計"がしやすいからだ。

それに比べ，この互学互習モデルを前提としたメディア活用環境はまだ進展が遅れている。互学互習は，ワークショップなどの形態をとることが多いのでコンテンツをつくることはあまり意味がない。また，ネットワーク活用についても，ウェブカメラを活用した多地点の同時遠隔TV的なものがありえるが，その効果は現在のところ対面的なセッションには及ばない。むしろ，リアルなセッションとメーリングリストによる議論を活発化した「ハイブリッド」型が効率的・効果的な場合も多い。つまり，ワークショップなどをより効果的・効率的に行うような"環境"や"支援ツール"について工夫を凝らすほうが先行するだろう（例え

ば，9.11節で紹介する「コラジェクタ」などである）。

　一方，最近は「Web2.0」〔● 2.3〕の進展がめざましい。SNS〔● 6.7〕からウィキペディア〔● 2.6〕に至る「主客融合」によるウェブの活用は，「互学互習」と通底するものがある。互学互習モデルにどうメディアが活用できるのか。その挑戦的な課題に取り組む機会が到来したといえるのである。

[注]
* 1　ただし，互学互習モデルが知識伝授型や学習支援型の否定を意味するわけではない。例えば，関連知識を修得してもらったり（知識伝授），また，自ら学んでいく人を援ける必要もある（学習支援型）。

[参考文献]
[1]　妹尾堅一郎（2001）「フロンティア学習のプラットフォーム」,『三田評論』2001年3月号，慶應大学出版会, pp. 26-35.
[2]　妹尾堅一郎（2003）「互学互修モデルの可能性 —— 先端的専門職教育における「学び合い・教え合い」」,『コンピュータ＆エデュケーション』15, CIEC, pp. 24-30.
[3]　妹尾堅一郎（2006）「「知識伝授」で先端実践領域の先端人財を育成できるか ——「互学互修」モデルによる専門職育成と知の創出」,『コンピュータ＆エデュケーション』21, CIEC, pp. 114-120.

9.5 「互学互習」における講師の役割

[妹尾堅一郎]

　「互学互習」とは，自学自習する人々が相互に関係しながら「学び合い，教え合う」ことをいう．知識の一方通行ではなく，各分野の実務家がもつ知識と知見をお互いに交換し，「議論を通じた気づきと学び」を積極的に促すのである．
　では，実際に効果的・効率的な互学互習を実践するにはどうしたらよいのだろうか．このモデルを実践的するには，多様な自学自習者が集まる「場」を設定し，かつ，それらの人々のもつ経験や知識を動員して，対処すべき課題に取り組むような「機会」を設定するといった，従来の教えることとはまったく異なる講師の役割が重要である．
　本節では，この互学互習モデルにかかわる講師の役割を紹介する．

> **キーワード**　互学互習，講師の役割，社会人教育，場と機会，授業法

互学互習モデルにおける講師の役割

　「互学互習」を軸とした授業においては，講師の役割は，従来の「教える」（知識伝授型）〔◯9.1〕でもなく，また「援ける」（学習支援型）〔◯9.3〕でもない．互学互習型教育の実践を重ねるうちに，次の5つの役割が確認されている．
　互学互習"環境"のプロデューサ　つまり，学習環境を設定・運営する「学びの場の創出者」である．ただし，「学びの場」と称して人を集めただけの「場」を設定しても，そこで自然と互学互習が創出されるわけでもないし，効果的な学びや気づきが発生するわけでもない．単なるおしゃべりだけに終始することは珍しくない（それらを「居酒屋の議論」と呼ぶ．もちろん，その中から"忘れがたい話"や"思わぬヒント"を得ることを否定するものではないが）．
　互学互習"状況"のファシリテータ〔◯9.9〕　そこで，「学びの機会の創出者」が必要となる．「場」を活かして議論が効果的・効率的に行われ，参加する各人が，それぞれの経験と知識を動員しながら，自学自習を相互に行うといった「学び合い・教え合う」状況を導いていくこと，すなわち，そういった「機会」をフ

ァシリテートする役割が必要となる。これが講師の重要な役割になるのである。この「機会の創出」には「適切な（ワクワクする）テーマの設定」（イシューセッティング）と「議論が停滞したり混乱したりしたときの支援的な介入」（ファシリテーション）が基本となる。

互学互習"学習"のアンカー　さらに，「学びの確認者」の役割が求められる。議論が終了したときに，単に良かった・悪かったというコメントや結論を述べるだけでは，学びの確認にはならない。それまでの議論全体を適切に整理して，全体として何が学べ，何が課題としてあげられるかを適切にコメントすること，議論全体をどうすればもっと効果的・効率的であったと評価すること，どのような学習がさらになされなければならないか，などの指導ができなければならない。

ちなみに，受講生に質問を投げかけるといった"インタラクティブ"な授業を行えば，それが互学互習であると勘違いに出会うことがある。また，議論を活発にすればそれが互学互習であると思ってしまう勘違いもある。そうではない。互学互習では「場の創出」，「機会の設定」，「学びの支援」などの役割をすべて兼ね備えなければ不十分なのである。

さて，これら3つの講師としての役割とは別に，さらに2つの役割が期待される。

互学互習のラーナー　つまり，「一研究学徒」が期待される。受講生同士の間だけでなく，講師と受講生の間にも学び合いが始まるからだ。従来の教員の役目は，繰り返し述べたように「確かめられ・体系化された・知識を・順序立てて・受講生へ・教える」という「知識伝授者」であった。しかし，先端実践領域のような「確かめられ，体系化された知」が存在しきれていない領域では，この役目はあり得ない。先端実践領域の現場については専門職である受講生のほうが，知識や知見をもっていることがはるかに多いからである。よって，そこにおける講師は，より学び上手な一学徒として参画することになる。本来，本物の講師であるならば，研究学徒としてより適切な質問を，その分野の専門家である受講生と交わすことが可能であるはずなのだ。

学術的リサーチャー　前述の互学互習ラーナーという役割は次に「学術知の創出者」の役割を導く。つまり，単に一学徒で終わることなく，クラスで行われる議論とそこから生み出される知見を研究者の立場で整理し，そこから学術知を

紡ぎ出すわけである。こういった役割を，実務家である専門職の受講生に期待することは難しい。要するに，議論を適切に発展させ，そこに創出された知見を活用して学問的な知見に昇華させるのが，教員＝研究者としての役割なのである。これは，個々の専門家がもっている個人的知見，ならびにそれらのぶつかり合いによって生じる新しい実践的知見を，学術的なものにしていくものである。すなわち，「個人知（プライベートナレッジ）」を「公共知（パブリックナレッジ）」に仕立て上げる営みである，といえるであろう。あるいは，「個人知」が相互に関係し合うことにより，新たな知見を生み，それを学術的手続きによって「公共知」として紡ぎ上げるともいえるかもしれない。

　いずれにせよ，新しい酒（先端実践領域の先端人財育成）のためには，新しい革袋ならぬ醸造法（新しい教育方法論）が用意されなければならないのである。

[参考文献]
[1]　妹尾堅一郎（2006）「「知識伝授」で先端実践領域の先端人財を育成できるか ——「互学互修」モデルによる専門職育成と知の創出」，『コンピュータ＆エデュケーション』21，CIEC，pp. 114-120.

9.6

[妹尾堅一郎]

プロジェクト型授業のメディア環境

「9.7節プロジェクト型授業と支援者の役割」で述べるように，電子メール（以下メール）やWebサイト（以下サイト）などのネットワーク環境が発達したおかげで，学生にプロジェクトを行わせ，それを教員や外部社会人などが支援する「学習コミュニティ」を形成することが容易になりつつある．本節では，このプロジェクト型授業による学習コミュニティにおけるメディア環境のあり方について紹介する．

キーワード メディア環境，学習コミュニティ，プロジェクト型授業，支援者

プロジェクト型授業のメディア

メディアを「学生，教員，SA[*1]，社会人等多様な人々が共に学びあう学習コミュニティにおいて情報を伝達・交流するのに用いられる媒体」と定義しよう．すると，プロジェクトサイト，授業サイト，メール，携帯電話，ブログ，SNS，チャット，ガイドブック（先輩学生達によって執筆される手引書），さらに授業，ミーティングなどが，プロジェクト型授業におけるメディアとしてあげられる．なかでも重要なのがサイトとメールである．

授業サイトを立ち上げ，連絡事項の掲示やプロジェクト進行上の注意などを適宜提供する．また，プロジェクト班ごとにサイト（以下PJサイト）を立ち上げさせ，調査プロセスや集めた資料などを掲載させる．企画書，活動ログ，調査結果などを順次更新していく．つまり，調査の進行状況を，他の班やスタッフなどに向けてガラス張りにする．教師，学生チュータ，社会人サポータといった「学習支援スタッフ（以下スタッフ）」もこのサイトを見ながら進度を把握し，メールなどによる指導・支援を適宜行う．つまり，リアルとサイバーをミックスしたハイブリッド型授業として，メディア環境を活用した学習コミュニティを形成するのである．

一方，プロジェクトごとのメーリングリスト（以下ML）を設定し，スタッフは

各班のMLに参加して状況を把握し，適宜，指導・支援，そして議論を行う[*2]．

メールとサイトの意味の多様性

プロジェクト型授業を進展させると，メールやサイトの意味の多様性に気づく．それを意識的に活用することが，授業をより効果的・効率的に行うコツとなる．

メールの意味の多様化　メールのもつ基本的な機能は「情報伝達」である．また，メールは$1：N$の同時送信が可能であるので，班員やスタッフが情報を共有できる（情報共有化ツール）．次に，受け取ったメールへの返答もこれまたすべての関係者に同報できる．この繰り返しによって，$N：N$の議論が可能となる（議論の場の提供ツール）．さらに，非同期・非同所であってもこの議論が進展させられる（バーチャル会議可能化ツール）．

また，メールを活用した議論は，班内だけでなく他班やスタッフなども交えて行うことを可能にする（学習コミュニティ拡充ツール）．メールを活用した議論が盛んになるとログの蓄積量も自然と増加する．それを読み返すと，新たな気づきや学びが進展できる（プロジェクト省察の支援ツール）．

PJサイトの意味の多様化　PJサイトは，第一義的には「学生にプロジェクトの進度報告をさせるメディア」である．しかし，それだけに留まらない．PJサイトにはプロジェクトの企画書，調査収集した資料，ミーティングログとそれらに関する考察などが載せられ（情報の共有キャビネット），他の班員の集めた資料や考察も適宜把握できる（情報共有・状況把握の支援ツール）．

また，常にネット上に公開されているので，支援スタッフも適宜参照しながら支援・指導できる（プロジェクトの可視化ツール，支援の効率的・効果的促進ツール）．

さらに，授業で複数のPJサイトが同時に立ち上がり，それらが徐々に情報量を増していくと，互いの班の進度状況を把握できる（ベンチマーク支援ツール，競争促進ツール）．メールと同様に，次第に蓄積された情報をあとで省察する資源となる（省察リソース）．そして，近年ではブログを活用し，他班などとの議論の場として活用するケースもある（情報交流のプラットフォーム）．

メディア同士の相互関係性　これらのメディアを活用して，学生同士はもとより学生は支援スタッフとコラボレーションを行う．これによって，各班の学習

コミュニティの基盤は整備される。もちろん，授業サイトや授業自体が連動し，授業全体の学習コミュニティ基盤となることはいうまでもない。

また，授業やプロジェクトミーティング（同期・同所メディア）とメール（非同期・非同所メディア）を相互に関連づけ，さらにチャットやケータイ（同期・非同所メディア）などを加えると，メディアの相互関連は高まり，より効率的・効果的な学習環境が整備される。

さらに，メディアの相互関係性を進展させたり，メディアに蓄積された情報が再び議論の場にもち込まれれば，新たな省察や気づき，学びが触発される。結果，検討や考察のレベルが高まる。つまり，メディアを通じたフィードバックが，徐々にプロジェクトの質を向上させていく可能性が高まるのである。

メディア環境のメタデザイン

メディア環境を授業前に詳細にデザインすべきか。筆者の経験によれば，それは「否」である。事前に「計画的」にメディア環境を細かくデザインすると，学生の状況や指導・支援の状況の変化，つまりはプロジェクトの進度状況に応じた臨機応変な展開やメディアの思わぬ用途開発，そしてコミュニティの自律的発展は生まれにくい。学習者志向，プロジェクト志向のコンセプトを死守する一方で，メディア環境とその活用についてはデザインをせずに自然体にまかせることが重要だ。メディア環境を粗々にセットすれば，学習コミュニティの進展に伴ってメディア環境もいわば自己組織的に進展していくものなのである。

いずれにせよ，このようにメディア環境を活用したプロジェクト型授業を進展させることは，「デジタルメディアを活用した学習者志向の学習環境の構築と運用，ならびにプロジェクト型授業運営法の開発」と位置づけられるであろう。

いずれにせよ，「IT環境を活用したコラボレーション型授業」は，学生同士の連絡や議論を活発にし，教員や社会人サポータが授業時間以外に適宜関与できる体制をつくることを可能にする。そのために，大きなシステム開発は必要ない。既存のメディアの使い方を工夫し，その組み合わせを工夫するだけでよい。そのとき，メディア環境は「教室」を開放し，学習コミュニティを拡充しうるのである。

[注]
*1 Student Assistants：先輩学生の授業アシスタント
*2 スタッフを積極的にMLの議論に巻き込んだ班ほどプロジェクトの進行が効果的・効率的に進むことが，経験的に確認されている．

[参考文献]
[1] 妹尾堅一郎ほか（2003）「学習コミュニティを支えるメディア環境──「社会調査法」の6年間に見る学習環境の変容」(2004年度CIEC学会賞・論文賞論文)，『コンピュータ＆エデュケーション』13，CIEC，pp. 123-131.
[2] 妹尾堅一郎ほか（2003）「学習コミュニティにおける「支援者」の役割──慶應SFC「社会調査法」におけるコラボレーションの実際」(2004年度CIEC学会賞・論文賞論文)，『コンピュータ＆エデュケーション』14，CIEC，pp. 62-70.
[3] 妹尾堅一郎ほか（1998）「メディアを活用したプロジェクト型学習環境の構築と運用」，『コンピュータ＆エデュケーション』4，CIEC，pp. 64-74.

9.7 プロジェクト型授業と支援者の役割

[妹尾堅一郎]

電子メール（以下メール）やWebサイト（以下サイト）などのネットワーク環境が発達したおかげで，学生が行うプロジェクトを教員や外部社会人などが支援する「学習コミュニティ」を形成することが容易になりつつある。これは，「教える，援ける」学習支援型教育学習モデルの試みともいえる。本節では，プロジェクト型授業による学習コミュニティ形成の概要と，そこにおける支援者の役割について紹介する（プロジェクトのメディア環境については9.6節を参照されたい）。

キーワード プロジェクト型授業，学習支援型モデル，学習コミュニティ，支援者，社会人の授業関与

プロジェクト型授業の概要

プロジェクト型授業は，学生とそれを支援する人々とが「学習コミュニティ」を形成したとき，その最大の効果を発揮しうる。教師が知識を学生に教える「知識伝授型」の教育ではなく，学生が自ら知識を獲得し，それを活用する方法論を習得することに主眼を置く。教師から学生への講義は最小限に留め，グループ（班）による調査プロジェクトを徹底的に実践させる。それを担当教員・SAチュータ，さらに社会人サポータ・先輩受講生といった「学習支援スタッフ」（以下，支援者）が気づき・学び・考えるプロジェクトを支援・指導していく[*1]。

この学習コミュニティを可能とするのがメディア環境の活用である。班ごとにプロジェクトの進行状況や成果物（例えば調査データなど）をサイトにアップし，それを常に更新することにより，班同士が相互に研究を高めていくようにする。同時に支援者たちは，このサイトをモニターし，メールあるいはリアルな授業の場で指導・支援を適宜行う。

学習の支援者：SAのチュータ化と社会人のサポータ化

通常SAは授業を事務的に補佐する役目であるが，プロジェクト型授業では，

学生の視点を常にモニターしたいこと，また，多人数をきめ細かく指導することが必要なことなどから，授業の企画・運営管理にまでSAに参画してもらうことが有効である。さらに，「チュータ（個別指導者）」として各班に組み入れ，いわば「監督者」であるとともに，「メンター」として位置づけるとよい[*2]。

一方，「サポータ」として社会人に授業関与してもらうこともありえる[*3]。メディア環境を活用すれば，学生の指導・支援をしてもらうことが可能であるからだ。この場合，支援者が自分の個性に応じ，また学生の状況に応じ，そしてプロジェクトの進展に応じ，適切と思われることを自ら判断して行ってほしい，と教員から依頼するとよい。

なお，「学習指導・支援者のネットワーク」が拡充するにつれ，教員は「チームティーチングのディレクタ」であるとともに「学習コミュニティのプロデューサ」の役目が強くなる。

学習コミュニティ形成における支援者の役割

さて，このようなプロジェクト型授業を行うと，学生の協働学習を促進するのに秀でる「優れた支援者」が現れる。誉めたりすかしたり，時には叱ったりしながら，学生をうまく「のせて」，気づきと学びに満ちあふれたプロジェクトを進展させる人である。事例を丹念に調べると優れた支援者には，例えば次のタイプが見い出せる[*4]。

優れた支援者は，状況に応じながら役割を替えつつ支援を行う　ある事例では，プロジェクト開始当初，学生たちがメーリングリスト（以下ML）を使った意見交換がうまくできなかった。支援者は「気付いたことをメールに投げよう」とML活用について助言した（アドバイザー）。次に，自分の意見を投稿することはできるが，他人のメールへの返信はできない段階になると，支援者はメールを使う意味と効果を解説し，MLがプロジェクトにどう役立つかを学生たちに訴え（エヴァンジェリスト），さらに自分がやってみせて「まねばせ」ようとした（お手本）。さらに，学生がMLで議論ができるようになると，支援者議論の内容にまで踏み込み，議論を活性化させようとした（ファシリテータ）。終盤には，それまでの「プロセスコンサルタント」を脱し，支援者は主として調査内容に関する情報を提供に徹した（知識提供者あるいはコンテンツコンサルタント）。

このように,優れた支援者は常に固定した役割を果たすのではなく,学生の状況変化に応じて役割を替えながら支援を行うのである。

　優れた支援者は,一時点において同時に複数の役割を担う　ある事例では,立ち上げ当初に支援者は5つの役割を担った。第1に,支援者はメールを通じて,「一緒に頑張ろう」というメールを学生に送ったり,適宜励ましをMLに投げ込んだ（モチベーションコントローラー）。第2に,この支援者は調査テーマに関連する事項について詳しいことから,その知識をメールで次々と学生へ提供した（知識提供者）。第3に,学生が調べてきた資料を読んだうえで,自らの考察をフィードバックした（お手本）。第4に,学生が収集した資料のおもしろさを指摘し,議論を展開するよう促したり,議論の仕方に関してもアドバイスした（ファシリテータ）。最後に,この支援者は,学生が授業で経過報告をするのに際し,プレゼンテーションの注意点を伝授している（アドバイザー）。

　このように,優れた支援者は,学生の状況に応じて変幻自在,複数の役割を同時に担うのである。

　以上のように,支援者は,適宜,多様な役割を担い,かつその役割を時と場合に応じて替えながら,他の支援者とコラボレーションを行いつつ学生を支援してくれるのである[*5]。

[注]
- *1　経験的に学生5名前後を1チームに編成し,SA1〜2名・社会人1〜2名が支援する体制が効果的・効率的である。
- *2　SAは,過去の当該授業で優秀だった先輩受講生から選び,その経験を生かしてもらって学生の身近な指導・支援を積極的に行うように指導する。
- *3　社会人サポータの選定基準は,第1に学生の気づきや学びに共感を示し,支援する意志の強いこと,第2にプロジェクトの方法論の基礎を修得していること。第3にサイトやメールを通じて学生とコラボレーションできるメディア・リテラシーをもっていることなどである。
- *4　これらの知見は「この知見に従えばすべての支援はうまくいく」とか「優れた支援者は必ずこれらを行っている」というように一般化すべきもの,すなわち検証を前提とする仮説ではない。あくまで事例を通じて得られたものとして,今後,実践を学習探索的に行う場合の起点とすべきものである。
- *5　このほかに「優れた支援者は別の支援者を支援する」などの知見がある。詳しくは参考文献2を参照されたい。

[参考文献]
[1] 妹尾堅一郎ほか（2003）「学習コミュニティを支えるメディア環境——「社会調査法」の6年間に見る学習環境の変容」(2004年度CIEC学会賞・論文賞論文)，『コンピュータ＆エデュケーション』13，CIEC，pp. 123-131.
[2] 妹尾堅一郎ほか（2003）「学習コミュニティにおける「支援者」の役割——慶應SFC「社会調査法」におけるコラボレーションの実際」(2004年度CIEC学会賞・論文賞論文)，『コンピュータ＆エデュケーション』14，CIEC，pp. 62-70.
[3] 妹尾，藤本，橋爪（1998）「メディアを活用したプロジェクト型学習環境の構築と運用」，『コンピュータ＆エデュケーション』4，CIEC，pp. 64-74.

9.8 オンデマンド・ティーチングとプログラムド・ティーチング

[妹尾堅一郎]

伝授する知識内容やスキル，またその構成についてあらかじめデザインし，それを着実に実施する従来型の学習指導を「プログラムド・ティーチング」と呼び，それに対し，セッションなどにおいて臨機応変，即時・即応・即興的に行う学習指導を「オンデマンド・ティーチング」と呼ぶ。本節では両者を対比的に紹介する。

キーワード 互学互習，オンデマンド・ティーチング，プログラムド・ティーチング，プロセス・コンサルテーション，コンテンツ・コンサルテーション

プログラムド・ティーチング

　従来型の知識伝授型〔◯ 9.1〕の教授法，とくに講義においては，伝授する知識やスキルについて，またその構成についてあらかじめしっかり決めておくことが常識とされていた。そして，それを着実に実施するために，講師は格別の努力を払うことは当然であった。つまり，「事前の詳細な授業設計とその計画的な円滑実施」はよいことであり，とくに「知識伝授」型の教育学習観に基づく講義形式の授業では「講義ノート」の準備など，疑いもないことであるとされてきた。こういったやり方を「プログラムド・ティーチング」と呼ぶことにしよう[*1]。

　ただし，この予定調和的なプログラムド・ティーチングには限界がある点に注意すべきである。プログラムド・ティーチングでは，受講生の状況や指導・支援の状況の変化，つまりはプロジェクトの進度状況に応じた「臨機応変」的展開などを導き難い点があげられる。つまり，プログラムされた知識伝授を行うことは，時として，状況に即した「即応的な学びの即興的な展開」の推進をはばみかねないのである。そして，学習者の「自立的な学びと気づき」や「学習コミュニティの自律的発展」を阻害するリスクを生みかねない。つまり，ライブ感のあふれる「互学互習」，「学びや気づき」を生みにくいのである。

オンデマンド・ティーチング

　一方,「互学互習」〔◯9.4〕型の授業セッションでは,基本的に講師が行うのは知識伝授などのティーチングではなく,ファシリテーション〔◯9.9〕である。このやり方は,とくに実践的な社会人教育において,受講生の状況に即した気づきと学びを喚起するのに効果的である。その際,講師は「学びと気づきの場と機会の提供」を行う役割を担うものとなる。そこで"内容を教えたり,助言する"ことを主体とした「コンテンツ・コンサルテーション」ではなく"考え方の筋道を指導する"「プロセス・コンサルテーション」を主軸として行うことが求められる。そのため,知識の付与は最小限にとどめることになる。ただし,いくら即応的な学びを促進するといっても,セッションの進め方自体は,「場当たり的」ではなく「方法論的」に進める点には注意すべきである。

　このように意図したセッションにおいて,ファシリテータとしてプロセスを指導するべき講師であるとはいえ,時として,場面に応じて,内容として何かを"教え"なければならない場面が生じることがある。例えば,セッションを進める方法論に関すること(プロセス),あるいはセッションの内容(コンテンツ)について,である。

　これは,議論のプロセス自体について介入することとは異なり,受講生の議論にあえて"内容面"において介入を行うことを意味する。つまりプロセス・コンサルテーションであるにもかかわらず"即応的に内容を教える"ことになるのである。これを「オンデマンド・ティーチング」と呼ぶことにしよう。

　オンデマンド・ティーチングには2つの異なるモードがある。

　①不足対処(オンニード)モード:セッションの状況を見ている講師が,「受講生の議論ではこの部分を見落としているな」,「あの視点での議論が欠けているぞ」と気づいたとき,つまり議論の「不足(ニード)」に対処すべく即応的に教える場合である。単に問題を指摘するにとどめる場合も,その場で必要と思われる知識の内容自体をあえて教える場合もある。

　②要求対処(オンリクエスト)モード:受講生が議論に行き詰まり,講師に教えてほしい事項が生じ,受講生が講師に助けを求めてきたとき,つまり,受講生の何らかの「要求(リクエスト)」に対応し教える場合である。

ただし，いずれのモードにせよ，漫然と対応をしてはいけない。すぐに教えることを極力避け，できるだけ"気づかせる・考えさせる・学ばせる"あるいは"調べさせる"ことが肝要である。

オンデマンド・ティーチングで促進する互学互習

唯一の正解のない世界，例えば実践的なビジネスの世界において，先端的な事業領域などを探索学習し，そこで構想を形成することは，従来の知識伝授的なやり方ではとても対応できない。

一方，探索学習を行う互学互習型セッションを主体とした研修においては，異なる分野の社会人同士が特定の問題や事例をテーマに，お互いの知識や知見を徹底的にぶつけ合う。講師はこの"場と機会"をセットし，それを効果的・効率的に指導，運営することが求められる。

最初はグループごとに，次いでクラス全体でセッションを行う。分野も違うマネジャーたちは，視点・視座・視野も異なり，論理すら違う場合もあるので，最初はかみ合わない。だが，それを繰り返すうちに，さまざまな学びや気づきが生まれてくる。自分の理解の浅さに気がついて冷汗をかくこともあれば，議論から斬新なアイデアが出ることもある。そこから新しい学びが生まれ，知見が紡ぎ出されるのだ。

どんな論点が飛び出すかわからない。そこで講師の役割が重要になる。解答を教えるのではなく，「今はこういう観点で議論しているが，別の観点もあるのではないか？」と問いかけ，「新たな知の創出」へと導いていく。

しかしながら，内容的な知識を講師の側から提供できるならば，それを積極的に活用しない手はない。ただし，それはあくまで受講生が"自ら調べ，探索し，学び，考え，判断する"ことを支援するためにおいてのみである。つまり，議論の"材料"として講師の知識が付与される，という意味づけが重要なのである。

このことは，講師側ができるだけ該当分野について議論を進めるうえで効果的な知識をもっていることが，実はプロセス・コンサルテーションをより有効に行うのに役立つ，という逆説をも意味する。探索学習，互学互習などを進めるにあたり，受講生と共に学び合う一人として講師は，実は有効な該当分野の知識を常に獲得していなければならないのである。このとき，プロセス・コンサルテーシ

ョンとコンテンツ・コンサルテーションの関係は単純に対立するものではなく，「図と地」の関係であるといえるかもしれない．

[注]
*1 例えば，伝統的なインストラクショナルデザインは，それをいかに効果的・効率的に行うかを追求しているといえるだろう．また，eラーニングのほとんども知識伝授を基本としているのでプログラムド・ティーチングの典型となる．

[参考文献]
[1] 妹尾堅一郎 (2003)「「互学互修」モデルの可能性——先端的専門職教育における「学び合い・教え合い」」，『コンピュータ&エデュケーション』15，CIEC，pp. 24-30.
[2] 妹尾堅一郎 (2006)「「知識伝授」で先端実践領域の先端人財を育成できるか——「互学互修」モデルによる専門職育成と知の創出」，『コンピュータ&エデュケーション』21，CIEC，pp. 114-120.
[3] 「プロジェクトメソッドによる先端技術活用ビジネスプロデュース研修」調査研究報告書，平成18年度産業技術競争力強化人材育成委託事業（技術経営人材育成プログラム導入促進事業），特定非営利活動法人産学連携推進機構（2006年）．

9.9 コーチングとファシリテーション

[長岡 健]

マネジメント活動における「コーチング」と「ファシリテーション」は2つの側面をもっている。第1に，個人や組織の主体的・自律的活動を引き出す経営管理の方法である。そして同時に，「仕事の中での学び」を支援するための，新たな人材育成の方法でもある。

キーワード 動機付け，知的生産性向上，ワークプレイスラーニング，学習環境デザイン

主体的・自律的行動を促すリーダーシップへの注目

近年，リーダーシップ研究において，「部下の主体的・自律的行動をいかに引き出すか」が重要視されている。ここでは，その代表的な方法である「コーチング」と「ファシリテーション」を取り上げ，それぞれの特徴を紹介したうえで，「実務家の学習」との関係を解説する。

部下指導・育成の方法としてのコーチング

「コーチング」にはさまざまな定義が存在するが，一般に「クライアント（コーチングされる側）が本来もっている力や可能性が最大限に発揮できるようになるために，質問を中心としたコミュニケーションを通じて取るべき行動を一緒に探すことで，クライアント自身の気づき，意思決定，実践，学びを支援すること」[1]と理解することができる。また，コーチングには，専門職としてのコーチが顧客であるクライアントに行う場合と，組織内の上司と部下の関係において行う場合があるが，日本では後者の意味，つまり部下指導・育成の方法として理解されることが多い。

部下指導・育成の技法としてのコーチングの特徴は，「部下を命令や指示に対して素早く・正確に対応させること」ではなく，「部下の主体的・自律的行動を引き出すこと」に重点を置いていることにある。そして，主体的・自律的行動を

導くための「動機づけ」をとくに重視する。具体的には，「部下の意見を"傾聴"し，それに共感する」，「部下のやる気を引き出すような質問をする」などのスキルを活用しながら，業務における部下自身の気づき，意思決定，実践，学びの支援を行い，主体的・自律的行動を引き出していく。

1980年代以降，このような意味でのコーチングが注目を集めた背景には，「ピラミッド型組織から自律型組織へ」という動きを見い出すことができる。ピラミッド型組織では課題や目標は上司が決定し，部下は与えられた課題・目標を早く・正確に達成することが求められていた。しかし，経営環境が激しく変化する時代になると，部下自らが現場の状況を的確に判断し，達成すべき課題や目標を主体的に決め，自律的に行動することが求められるようになる。その結果，後者のような組織（自律型組織）においては，部下を管理統制するだけでなく，主体性・自律性をもつ人材を育成すること自体が，リーダーシップに不可欠な一側面と認識されるようになった。

知的生産性向上の方法としてのファシリテーション

主体的・自律的行動を重視するリーダーシップの進展に伴い，2000年以降，「ファシリテーション」という方法が注目を集めるようになった。ファシリテーションとは一般に「集団による問題解決，アイディア創造，合意形成，教育・学習，変革，自己表現・成長といった知識創造活動を支援していく働き」[2]を意味する。ビジネスの現場では会議運営やプロジェクトマネジメントに活用されることが多く，参加メンバーの主体的なコミットメントを引き出し，知的生産性を向上させるための方法と認識されている。

その第1の特徴として，支援の対象が個人ではなく，集団活動である点があげられる。コーチングが個人に注目し，その主体的・自律的活動を促進しようとするのに対し，ファシリテーションは，各メンバーの関係性に注目し，組織や集団全体の主体的・自律的活動を促進しようとするものである。

また，第2の特徴として，会議やプロジェクトの内容には関与せず，もっぱら「進め方（プロセス）」への関与を通じて生産性向上に貢献しようとする点があげられる。「参加メンバーが議論しやすい環境や雰囲気をつくり出す」，「参加メンバーの意見をわかりやすく図解し，議論の内容を整理する」，「第3者的立場から

合意形成に導く」などのスキルを活用しながら，あくまでも参加メンバー自身による問題解決や創造的議論を実現することがファシリテーションのねらいである。

さらに，問題解決という活動と，個人・組織の学習という活動の相互構成的な関係を強調している点を特徴としてあげることができる。つまり，会議やプロジェクトの結果だけをファシリテーションの成果とするのではなく，活動にかかわった個人や組織全体の学習をも成果と考える。これは，ファシリテーションが人材育成の方法としての可能性を有していることを意味する。

仕事の中での学びを支援する方法という意味づけ

コーチングやファシリテーションといった方法は，部下指導・管理や組織・集団の生産性向上を主な目的として進展してきた。一方，従来の人材育成は研修・セミナーにおける知識修得が中心であった。つまり，「仕事」と「学習」は別物であると考えられてきた。

しかし近年，OFF-JTとOJT，さらには，日常的な仕事の進め方や人事制度までも含めた，トータルな意味での「企業内人材育成」を推進し，知的生産性向上を実現しようとする考え方が広まっている。これを「ワークプレイスラーニング」[1]と呼ぶ。ワークプレイスラーニングでは，フォーマルな教育プログラムだけでなく，インフォーマルな場における学習（実践知・経験知の獲得）をも念頭においており，とくに「仕事の中での学び」の重要性が認識されている。ワークプレイスラーニングへの注目が高まる中，コーチングやファシリテーションは，部下指導・管理や組織・集団の生産性向上のための方法としてだけでなく，「仕事の中での学び」を支援する新たな人材育成の方法として理解されるようになった。

学習科学における概念との関連

これまで，コーチングやファシリテーションは主に経営学の分野で研究が進められ，「知識創造論」や「ナレッジマネジメント」との関連で語られることが多かった。その一方，「仕事の中での学び」に関する学習科学の概念がビジネスの現場に紹介されることは少なかった。

しかし，現場での学習に関する「学習環境デザイン研究」〔● 1.6〕には，コーチングやファシリテーションを通じた人材育成を進めるうえで有効な多くの研究

成果を見い出すことができる。例えば，「認知的徒弟制」[3]をはじめとする熟達化研究は，「仕事上で一人前になっていくプロセス」を理解するためのモデルを示している。また，「正統的周辺参加論」[4]〔◉ 1.1, 1.2〕は「組織（集団）活動の中での学び」について理解を深めるための諸概念を提示している。さらに，画一的な学習プログラムから脱却し，学習者個々人の状況に対応した学習支援を進めようとする「学習者中心主義」〔◉ 1.3〕の概念には，コーチングやファシリテーションが目指す主体的・自律的な学習活動との深い関連を見い出すことができる。

今後，人材育成方法としてのコーチングやファシリテーションの可能性を探求していくためには，学習環境デザイン研究を中心とした学習科学との連携を深め，その研究成果をビジネスの現場に積極的に紹介していくことが求められるだろう。

[参考文献]
［1］中原淳編著，荒木淳子ほか（2006）『企業内人材育成入門――人を育てる心理・教育学の基本理論を学ぶ』ダイヤモンド社．
［2］堀公俊（2004）『ファシリテーション入門』日本経済新聞社．
［3］Collins, A. J, et al. (1989) Cognitive apprenticeship: Teaching the crafts of reading, writing, and mathematics,. In Resnick, L. B.(Ed.), *Knowing, Learning and Instruction: Essays in Honor of Robert Glaser*, pp. 453-494.
［4］ジーン・レイヴ，エティエンヌ・ウェンガー著，佐伯胖訳（1993）『状況に埋め込まれた学習――正統的周辺参加』産業図書．

[ブックガイド]
■本間正人，松瀬理保（2006）『コーチング入門』日本経済新聞社．
■ローラ・ウィットワースほか著，CTIジャパン訳（2002）『コーチング・バイブル』東洋経済新報社．
■堀公俊（2003）『問題解決ファシリテーター』東洋経済新報社．
■ロジャー・シュワーツ著，寺村真美，松浦良高訳（2005）『ファシリテーター完全教本』日本経済新聞社．

9.10

[妹尾堅一郎]

授業法と知の獲得・習得
「学びのピラミッド」に込められた知見

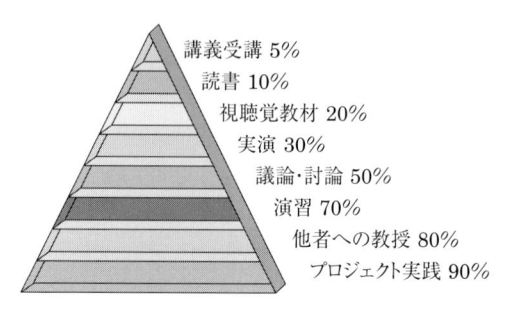

「ラーニングピラミッド（学びのピラミッド）」は，さまざまな授業法がそれぞれ10年後にどれだけ学習内容を定着しうるかを表したものとされる。科学的な根拠についての議論もあると聞くが，経験則的には実感として理解しうるものだろう。本節では，学習とその効果の学術的議論に踏み込まず，このピラミッドの解説を通じて授業法に関する諸側面について紹介する[*1]。

キーワード ラーニングピラミッド，学びのピラミッド，授業法，学習の定着

講義受講（Lecture） 5％

　大学や社会人研修で最も多用される講義は，知識伝授型授業法の典型である。「確かめられ・体系立てられた・知識を・知っている人から・知らない人へ・順序立てて・教える」こと，すなわち，知識をもつ者からもたざる者への知識移転だ。しかしその狙いとは異なり，講義を聴くだけでは，実際の知識の定着はわずか5％程度に留まるとされる。もちろん，講義にも，理解しやすいものや印象に残る知的興奮を誘う名講義から，眠気を誘う独りよがりの講義までさまざまである。また，受講側にも知的好奇心に基づく受講から，出席点のみが目的の受講ま

講義受講 5％
読書 10％
視聴覚教材 20％
実演 30％
議論・討論 50％
演習 70％
他者への教授 80％
プロジェクト実践 90％

図1　学びのピラミッド

であるので，それらの違いで5%は前後するだろう．

読書（Reading） 10%

　書籍などの文献を読むことは，講義に比べると倍の知識定着があるという．下線を引いたり，読み返したり，わからなければほかを調べたりできるからである．ただし，講義と同様に，理解しやすい本であるかという文献側の問題と，理解力や予備知識をもっているのかという読者側の問題によって，10%は大きく前後する可能性がある．

　ちなみに，欧米の大学院のようにアサイメント（課題読書）が大量にある場合は，自分のペースで読むことは難しい．しかしながら，とにかく読む，目を通して重要そうなところを熟読するなどをしていくうちに，次第に斜め読みで重要点をつかめるようになる．一方，日本の研究会などに多いとされる輪読式に古典を徹底して読み込んでいくやり方も，文献を批判的に読む解読力・解釈力を高めることになる．いずれの方法にせよ，読む力が落ちているといわれる現在，解読・解釈力の育成は重要かつ急務である．

視聴覚教材による学習（Audio visual） 20%

　講義や書籍において，図表，画像・映像，音像など，視聴覚に訴える工夫を凝らせば，その理解と知識の定着は高まる．講義におけるプロジェクターとプレゼンテーションソフトを使用するのはその意味で効果的でありえる．ただし，プレゼンテーションソフトの使い方，活かし方などに関する適切なノウハウを習得している（あるいはその訓練を受けている）教員は，残念ながら多くはないといわれている．

実演（Demonstration） 30%

　他人の実演を見ることは，聞いたり読んだりすることだけより，より具体的なイメージを描きやすい．社会人の人財育成において，新人を先輩や上司に同行させ，実際の現場での顧客対応などを見せることなどはこの効果を狙っている．また，その際に，単なる「やり方」を見せるだけに留まらず，個別具体的な状況下で「判断」を見せることになる点に注目したい．それが判断力などを養うことに

なる。「できる上司の下でできる部下が育つ」のは，この効果にほかならない。オフィスワークにおいても，上司などの個別具体的な状況対応を身近に学ぶ機会としてとらえているかどうかが，その者の学習力と相まって効果を上下させることになる。

議論・討議（Discussion） 50％

議論をするとなると，あらかじめ調べるなど準備をしっかりせざるをえない。また，反論などを想定すれば，深く考えておかざるをえない。そこで知の定着が進展するのだ。しかし，それらがおざなりであっては，議論・討議は中途半端なものとなり，「議論したつもり」の「ごっこ」にしかならない。その点の指導がきわめて重要である。

また，教員にとっては，単に議論が盛り上がればよし，としてはならない。それでは「居酒屋談義」と何ら変わりがないからだ。教員は，議論を通じて何を学ぶべきかを整理し，学術的に意味づけ，次にどのような学習を展開すべきか，さらには自分自身の課題を考えさせる等々の多様な指導ができなければならない。

演習（Practice by doing） 70％

学習者が実際に自分でやってみることである。他人の実演を見るより倍以上の効果があるとされる。ロールプレイなどもこの範疇に入れてよいだろう。ただし，議論・討議と同様に，ただやらせただけでは効果は不十分だ。教員としてはその演習を評価・指導できなければならない。「やらせてみて，誉めてやる」ことも重要ではあるが[*2]，教員側から具体的な指摘をするのに加え，受講生自身がどのような学びや気づきをしたかなど，演習を自己評価する振り返り（省察）を行わせることが，演習の効果を左右する指導として重要である。

他人への教授（Teaching others） 80％

自分の学んだことを他の者に教えさせることにより，学びを深め，その定着を図ることである。「わかったつもり」だけでは他人に教えることは難しい。しっかり「わかった」まで至るように準備し，そのうえで実際に教えてみるとさらに「わかったつもり」でしかなかったことに気づくことも少なくない。この反復に

よって知は自身のうちに定着されていく。福沢諭吉の言葉で言えば「半学半教」である。つまり「教えることが学ぶこと」なのである。実際に，大学の研究会などにおいて，上級生に下級生の指導をさせると，上級生のほうに学習効果が大きく出ることはよくある。また，社会人においてメンター制をとる場合，後輩の教育を通じて先輩自身が育つことも狙いのひとつである。ただし，ただ他人に教えただけでは効果は不十分である。教えつつ，その経験を省察して，自らの気づきと学びの源泉にするように指導することが重要である。

プロジェクトの実践（Real Project） 90％

実際のプロジェクトを行い，その失敗と成功から学ぶことが最も効果のある学習方法となる。人財育成の基本は「OJT（On the Job Training）」，すなわち仕事を通じた育成が一番であるとよくいわれるのは，この効果を指していることにほかならない。ただし，これについても，ただ実践しただけではダメで，失敗にせよ，成功にせよ，自らの経験を自らの気づきと学びを源泉にすることがきわめて重要となる。失敗から何を素直に学ぶか，あるいは成功においても謙虚に何を学ぶか。その指導が長期的に人の学習能力を高め，知の体得を導くのである。

以上のピラミッドを見ていくとわかることがある。それは，ほかから教わった知の獲得・習得（知識移転）に比し，自らの行為とその体験を基にした気づきと学びによる知の獲得・習得（経験的学習）のほうが，より効果的であるということである。われわれの経験則はそれを示しているのである。

［注］
- ＊1　Webサイトなどを見れば，ラーニングピラミッドにはいくつかのバージョンがあることがわかる。ここで紹介するものは，筆者が2003年に美馬のゆり氏から教わったものを筆者がその年に修正したものである。
- ＊2　第二次世界大戦時の海軍元帥・連合艦隊長官山本五十六の残した「やってみせ　言って聞かせて　させてみせ　ほめてやらねば　人は動かじ」という名言を，このラーニングピラミッドと対照してみると，彼がなぜ海軍随一の人育ての名人であったといわれたかがわかるであろう。

［参考文献］
- [1]　妹尾堅一郎（2002）『考える力をつけるための「読む」技術——情報の解読と解釈』ダイヤモンド社．

9.11

[妹尾堅一郎・桑畑幸博]

「目に見える議論」を生む「場と機会」を提供する
コラジェクタ活用による議論の可視化

　どうすれば，会議や研修において，より生産的な議論を効果的・効率的に展開できるだろうか。そのコツは，議論をできるだけ"可視化"することだ。そこでぜひ知っておきたいのが"コラジェクタ"というやり方だ。本節ではその概要を紹介する。

キーワード コラジェクタ，議論の可視化

議論を可視化するコラジェクタ[*1]とは

　「コラジェクタ」とは「プロジェクタを活用したコラボレーション」という意味の造語である。つまり，IT活用を通じて「通常は空気中に消えてしまう議論の論旨・論点・論脈を可視化・保持することにより『目に見える議論』を実現させる場と機会の提供」をするものだ[1]。

　具体的には，次のステップを踏む一連のプロセスを指す。

1. パソコンとプロジェクタを用意する。
2. パソコンのプレゼンテーションソフトを使い，会議のログ取り（記録）をしたり，図形を活用して議論を整理したりする。
3. その画面をプロジェクタで映し出す。
4. 会議の参加者はその画面を共に見ながら議論する。
5. 編集画面を使いながら，議論をさらに展開する。ログを整理したり，議論を図解したりする（その図形を動かしてみるなどすると，さらに議論が触発されるだろう）。
6. 適宜，議論を整理して，論点を明確にしたり，新しい軸を発見したりすることにより，創発的な議論を行う。
7. 整理したものを最終的にみんなで確認すれば，そのまま議事録となる（少なくともその材料はある程度構成されている）。

このように議論内容の可視化を行うことを通じて「目に見える議論」を行うことにより，発言意図・内容の曲解・誤解や，それに伴う議論のすれ違い，あるいは脱線が極小化できる。また，論旨・論点・論脈が単に文字だけでなくビジュアルに図解され，議論が整理された状態で参加メンバーに理解・共有されるため，次の議論展開が明快になる。また，議論のアウトプットとしてビジュアルな議事録や企画書もその場で作成でき，かつ質も高まるといったメリットがある[2]。

コラジェクタの運用のポイント

　コラジェクタは，「プロジェクタで投影されたプレゼンテーションソフトなどの編集画面を参加者が一緒に見ながら議論する」点では，企業などでの会議はもとより，教育の現場（例えば大学のゼミなど）においてもきわめて有効な「ツール」となる。一般的なパソコンとスクリーンがあれば簡単にできるので，すでに筆者達は10年以上も前から，企業，大学を問わず，セッションや研究会などに活用している。現在は，雑誌，書籍，放送大学などを通じた普及の影響もあり[3]，会議に活用している企業なども増えていると聞く。

　しかし，コラジェクタを活用すれば，誰でも「効果的・効率的・創造的議論」ができるというわけではない。それはITをはじめすべての「ツール」と同じで，重要なのは機能に関する「知識量」ではなく，機能を理解したうえで実際に使いこなす「運用能力」であるからだ。その運用のポイントは次の3点である。

1. 論旨の共有化（発言の趣旨・要点を抽出し，それを可視化して議論の参加者間に共有できるようにすること）。
2. 議論の構造化（論旨間の関係性を図解することにより参加者の理解を深め，かつ共有化できるようにすること）。
3. 概念の再構成（図解から新たな概念的枠組みを抽出するなど，今までにない論点を見い出すなど，それを基に議論をさらに展開できるようにすること）。

コラジェクタを活用した議論の参加者の役割

　コラジェクタを活用した議論を行う際，参加者は次のような役割を分担する。
　議論の参加者（コラボレータ）　　まず，参加者全員が，コラボレーション（創造的な協働）を行うことを自覚し，投影された画面を活用しながら，自分の意見

や関連情報を議論の素材として積極的に提出するようにする。

議論の推進役（ファシリテータ）　議論全体を舵取りする推進役である。主たる役目は単なる議論の司会進行役ではなく，議論全体の流れを俯瞰しつつ，議論を批判の応酬に終始することなく（多少の応酬はあってもよい，それを無理に止めてはかえって議論が白けてしまう），創造的な議論が生まれるように先導することにある。そのためには次の2点が重要となる。

第1は，議論の素材の共有化である。これが議論の質を左右する。共有化がしっかりできれば議論活性化の基盤ができるからである。そのためのポイントは「議論の素材を出し尽くせるか」「それらを効果的・効率的に整理できるか」の2点である。ブレーンストーミングのようにお互いの意見をひととおり出し尽くせるように誘導できれば，「可視化」〔◎ 4.5〕を通じて素材の段階から議論のプロセスを共有することができるので，お互いが，なぜ，そのような意見や発想になるのかを理解し合いうるのである。あとは適切に議論を舵取りすればよい。

第2は，効率的な議論を阻害する要因の除去である。「言い間違い，聞き間違い」，「受け取り違い，すれ違い」，「議論の後戻り，繰り返し，重複，先走り」などを減少・回避させる工夫をすることである。そのためには，出てくる意見などを時に言い換えたり，聞き直したりしながら参加者の意図を「より正確・より適切な表現」に導くようにする。このとき，次に述べるように，出てきた意見を可視化（ビジュアライズ）することが効果的である。

議論の表現役（ビジュアライザー）　パソコンを使って，議論を可視化する担当である。単に意見などを箇条書きするだけでなく，できるだけオブジェクト化することがコツとなる。箇条書きではあとで再構成しにくいのに比べ，入れ替えたりするのが容易だからである。また，実際にパソコンを打ちながら議論を可視化するので，いわば「日本語の同時通訳」となる。重要なのはパソコンの操作スキルではなく（速記にあらず），議論の本質（論旨と論点）の把握力である[*2]。

パソコンを使っているので，議論の経緯を図解として残せるので，前に描いた図解をあとで見て何か思いつくとか，何度でもコピーして再構成して見ることができる。また，バージョンアップや別バージョンづくりも容易である。

議論の可視化から，思考の可視化と創造的思考訓練へ

　コラジェクタを用いた「議論の可視化」は同時に「思考の可視化」でもある。
[パソコンの活用]
- 色や形を工夫して図解することにより，思考の構造・プロセスが認知される。
- 手書きでは不可能なデータの再利用が行えるので，何度でも目に見える形で思考を再構成できる。

[「図解」の活用と実践]
- 図解により，思考の構造を概念的枠組みとして形成できる。
- 図解表現のために必要なコンセプトやキーワードの抽出が促進され，思考力が開発される。

[意味探索的思考法の実践]
- 多様なものの見方で図解することにより「軸」を見い出す能力が開発される。
- 図解するための俯瞰的視座・視野・視点を意図的に変える思考力が開発される。

　さらに，コラジェクタは「創造的思考訓練」にもなる。例えば，議論の内容を図解・再構成することにより，新たな発見や発想が誘発されやすくなる。つまり，最も創造的思考が要求されるコンセプトワークに活用できる「実践的ツール」であると同時に，それを活用する実践体験を通じて，個々人のコンセプトワーク力自体を伸ばしうる「学習ツール」としても位置づけられるのである。

[注]
*1　「コラジェクタ」は商標登録である。
*2　ただ，これにも間違いをその場で訂正できるなどの意味がある。プロジェクタで表示しながら速記的に議事を記録（ログとり）することを「ログジェクタ」と呼ぶ。

[参考文献]
[1] 妹尾堅一郎（2001）「IT環境におけるコラボレーション能力の開発――コラジェクタTMによる議論の可視化」，『PCカンファレンス予稿集』CIEC，pp. 126-127．
[2] 桑畑幸博，妹尾堅一郎（2002）「コラジェクタによるコンセプトワーク能力開発」，『PCカンファレンス予稿集』CIEC，pp. 276-277．
[3] 妹尾堅一郎「議論を視覚化する会議の新技術"コラジェクタ"の全貌」，『週刊ダイヤモンド』2002.1.19号．（『情報活用術』新潮OH!文庫，新潮社，2002に収録）．
[4] 放送大学『問題解決の発想と表現』（'04〜08）第14回総合事例（印刷教材では第14章）．

9.12

[伊澤久美・妹尾堅一郎]

社会人教育研修における
アドミニストレーション実務

　大学では，いわゆる"事務方"と呼ばれる大学職員が大学の経営・運営を司る「アドミニストレーション」の研究と教育が始まっている[*1]。財務からマーケティングまで多様な職能が対象とされているが，教務（学務），中でもカリキュラム編成や授業現場の運営といった"教育自体"に関する業務については，その必要性，使命，役割，あるいは具体的業務内容や方法論について議論がなされているとは言い難い。理由として，これらの業務が教員の専決事項であると見なされていることがあげられるであろう。時間割の編成作業はするが，事務方という「非教員」が教員に対して「口出し」できない領域なのである。

　これに対して，社会人教育研修を行う企業の人材育成担当部門や研修・セミナー会社は，いわば"事務方"である。研修内容や講師決定から研修現場の運営まで，その多くを「非教員」である"事務局"が決める。しかし，大学と同様にアドミニストレーションの研究やそれに従事する人の育成はほとんどなされているわけではない。

　そこで本節では，この類の議論の先駆けとして「社会人教育研修におけるアドミニストレーション」実務の一端をご紹介する（企画内容などのアドミニストレータのかかわりについては除く）[*2]。

> **キーワード**　社会人教育研修，アドミニストレーション，学びの場と機会，プログラム・マネジメント，オペレーション・マネジメント，クラス・アテンダンス，オペレーション・アシスタンス

社会人教育研修におけるアドミニストレーション

　社会人教育研修におけるアドミニストレーションは，一般の学生教育のそれとは大きく異なる。前述のように，教育内容や研修方法まで講師に注文をつけるだけではない。例えば，社会人対象の授業では評判が悪ければ，その授業自体の存続がすぐに検討されるといったことである。いわば「教育サービス」の様相が濃く，その要求水準が高く，評価もきわめて厳しいのだ。

　そして一般的に，社会人の学習意欲は学生に比し格段と高い（予算と時間の効

果・効率性への高い関心)。しかしその一方で，業務の合間をぬって授業へ出席するのが精一杯で，予習・復習の時間を確保することが難しい（学習制約条件の厳しさ）。

そこで社会人教育におけるアドミニストレーションで重要なのは，下記となる。
(1) 受講生が「学ぶ」ことに集中できる環境を創出し，円滑に運営すること。
(2) 教員が「学ばせる」ことに集中できる環境を創出し，円滑に運営すること。
(3) 授業運営に関する「事務手続き」などについて受講生の負担を最小限にすること。
(4) 上記(1)～(3)について，予算面，管理面などのムダ・ムリ・ムラをなくした，より効果的・効率的な授業運営を行うこと。

アドミニストレーション実務

企画内容が決まった後のアドミニストレーション業務は，受講者登録や施設・設備の管理から出欠・評価結果の管理まで多様である。その実務を，授業準備（募集前，受講者決定から受講前まで），授業実施（当日，実施中），授業フォローアップ（授業後）の3プロセスに分けて項目建てをすると以下のとおりとなる。

(A) 授業準備におけるアドミニストレーション
- 企画立案，計画策定（実施概要と予算策定）
- スケジュールなどの調整
  〉講師候補の日程確保（確認と詳細調整）
  〉教室の確保（実施可能枠の検討と調整）
  〉スタッフの日程確保（印刷物・Web制作担当，システム設定担当，講師調整担当，現場担当，広報・営業担当などの詳細調整）
- 事業経費のコスト調整と管理
  〉講師謝金，教室借料
  〉教材・印刷費，教材の著作権使用料
  〉スタッフ人件費
  〉郵送・通信費，消耗品費など
- 掲載・配布・送付などの各種資料の作成・準備
  〉受講生・講師の「学び」のためのガイドラインの作成
  〉講師手配（依頼書などの作成・送付・受領，シラバス作成依頼（事前課題の内容，ゲスト講師の有無も含む），講師プロフィールの確認・校正，謝金振込みに関する書類の取交わし，個人情報保護方針の確認書の取交わし）

〉募集要項，Webコンテンツなどプロモーション用データの作成・確認
　　〉受講生用誓約書の作成・確認
　　〉受講料請求・領収業務（確認と発行・受領）
　　〉教科書・参考書などの教材手配
　● 受講生の募集とプロモーション
　　〉外部への案内
　　〉既存受講生，修了生ML（メーリングリスト）などへの案内送付
　● 申込者および受講生情報の取りまとめ
　　〉選考業務（申込み受付，選考，選考結果の通知）
　　〉キャンセル，申込み情報変更への対応
　　〉受講履歴の整理・管理
　　〉個人情報保護に即した管理・運営の徹底
　● 受講生・講師・事務局間のMLの設置・運営
　● 配布・提示資料の受領，印刷・コピー
　● 事前課題の連絡（講師伺い，原稿作成，資料送付，MLへの連絡，リマインドなど）
　● 開催案内（初回時は，とくに服装，持ち物，懇親会などの案内を付記）
（B）授業実施におけるアドミニストレーション
　● 交通機関・天候災害トラブルなどの状況確認
　● 教室環境の整備（機材・ネットワーク，配布・提示資料，空調，照明，その他備品，破損・追加備品などの確認）
　● 受講生・講師の遅刻の確認
　● 出欠・レポート提出状況などの確認
　● 配布・提示資料の講師確認（追加・不足資料，配布タイミングなど）
　● 机上札，名札などの確認
　● ゼミ・リーダーとの打合せ（授業開始・終了時の挨拶，実施メモ作成者決定など）
　● 授業進捗のタイムマネジメント
　● 実施記録（ビデオ，音声，写真，授業メモなど）
　● 飲食に関する情報提供（食事処の案内，ゴミなど）
　● 懇親会など，交流による学びの場と機会の設定・提供
　● 次回事前課題の確認（内容，提出形式，締切り）
　● 撤収（教室の原状復帰）
　● 修了書手配，授与前の講師サイン確認
（C）授業後のフォローアップにおけるアドミニストレーション
　● 欠席者への資料・データ送付
　● 参考資料などの用意・送付
　● 受講・修了履歴の管理（欠席の多い受講生へのフォローアップ）
　● 受講後アンケートの作成・集計

- ●修了生アルムナイの形成と維持
- ●修了生のキャリアプロファイルの作成・管理・メンテナンス
- ●実施報告（報告書，実施記録物など）

アドミニストレータの機能

アドミニストレータの機能は何か。研修内容の検討などを除く実務に関しては，経験に基づくと4つあるといえる。

(1) プログラム・マネジメント：主に企画・準備の段階でコース設計からプロモーションまでを実施する機能である。

(2) オペレーション・マネジメント：主に授業開始前から実施後まで，受講生や講師，スタッフ，スケジュール，コストなどの全体的な管理業務を担当する機能である。

(3) クラス・アテンダンス：授業中，主に授業現場に常駐し，講師を補助しながらクラス運営に関する定型的支援業務を担当する機能である。

(4) オペレーション・アシスタンス：上記の3つの役割を担当するスタッフを補助・補佐する機能である。

実際には，機能ごとに専任スタッフが置けるわけではなく，1人ですべてをカバーする場合さえある。しかし今後は，各機能における専門性の研究と専門職の育成が進められるだろう[*3]。

なお，今後は，社会人教育のアドミニストレーションの方法論，アドミニストレータのロールモデル，育成方法論などの検討が課題となる。

[注]
- [*1] 桜美林大学大学院大学アドミニストレーション専攻などに加え，大学行政管理学会や私立大学連盟などの機関でも大学アドミニストレータの育成が行われている。
- [*2] 本節で紹介する知見は，筆者たちが企画・運営をはじめさまざまな支援を実施してきた計1,000コマを超える教育研修アドミニストレーションの経験に基づくものである。例えば，「日本弁理士会知財ビジネスアカデミー」（IPBA）1では，その設立から本節執筆時点まで3年間にわたり，担当講師延べ約50名が，受講生延べ約700名に対して行う44講座のアドミニストレーションを行った。
- [*3] 専門職の分化と専門職化については，妹尾堅一郎「知財人財イノベーションへの4つの流れ——知財専門人財の融合化，広域化，分化・専門職化，流動化」，『日本知財学会誌』4(3)，pp. 12-20，白桃書房，に詳しい。

10

社会とコンピュータ利用教育

　社会のすみずみまで浸透しているインターネットやコンピュータは，これまでの社会のあり方に影響を与えつつある。これらは，従来からあったメディア，コンテンツ，教育，政治などとの軋轢を生む一方で，新しい可能性を生み出すツールとなっているのである。本章では，最前線で活躍する専門家が，最新の事例を基に，ネット社会の諸相を描き出している。

〔筒井洋一〕

〔◯…も見よ〕

10.1

[会津 泉]

世界情報社会サミット（WSIS）とインターネットガバナンス

情報化の進展が先進国により多くの富をもたらし，途上国は取り残されるという，「デジタル・デバイド」への懸念が高まる中，国連でも情報社会をテーマにした初めての会合（世界情報社会サミット）が開催された．そこでは，情報社会をどう形成していくかという国際的な政策課題が問われることとなったのである．

キーワード 世界情報社会サミット（WSIS），インターネットガバナンス，市民社会，マルチステークホルダー（MSH）

世界情報社会サミットとは？

世界情報社会サミット（World Summit on the Information Society：WSIS）は，文字どおり「情報社会」をメインテーマに，2003年と2005年の2度にわたって国連主催で開かれた各国政府首脳を交えたハイレベルの国際会議である．

2003年12月のWSISジュネーブ会合では，いま出現しつつある情報社会について国際社会としてどう考え，行動するのかを討議し，「基本宣言」と「行動計画」を採択した．「情報通信の恩恵を地球上のすべての人に」を基本理念とし，人権を重視し，途上国が情報社会の発展から取り残されないこと，インフラ整備，知識・情報へのアクセス確保，人材育成の推進，文化的多様性などがうたわれた．

情報社会を主要テーマとした会合はそれまでにも存在したが，国連全加盟国による大規模な会合は初めてで，背景に情報化の進展が先進国により多くの富をもたらし，途上国は取り残されるという，「デジタル・デバイド」〔● 10.2〕への懸念が強くあった．同時に，情報通信技術（ICT）の普及は途上国にも利益をもたらすというポジティブな期待が高まり，全地球的に情報社会をどう形成していくのかが政策課題として認知されたといえる．

「情報社会」への国際社会の取組み

国際社会が「情報社会」に取り組んできた主な流れを表1にまとめた。

表1　国際社会における「情報社会」への取組み

年	内容
1993	クリントン＝ゴア米国新政権、「全米情報インフラ(NII)」を提唱
1994	ITU第1回世界電気通信開発会議(ブエノスアイレス)、ゴア副大統領、「グローバル情報インフラ(GII)」提唱 金泳三韓国大統領、APEC首脳会議で「アジア太平洋情報通信(APII)」提唱
1995	EU「情報社会」構想を提唱、「G7 GII閣僚会議」(ブラッセル)開催
1996	「情報社会と開発」会議(ヨハネスブルグ)、途上国政府(30カ国)・先進10カ国(G7、EUなど)など参加
2000	G8九州・沖縄サミット、「IT憲章」採択、「DOTフォース」設置
2001	DOTフォース「ジェノバ行動計画」、国連ICTタスクフォース設置
2002	DOTフォース、カナナスキスサミット(カナダ)で「実施計画」発表
2003	第1回世界情報社会サミット(WSIS)(ジュネーブ)
2004	インターネットガバナンス・ワーキンググループ(WGIG)活動
2005	第2回世界情報社会サミット(WSIS)(チュニス)
2006	第1回インターネットガバナンス・フォーラム(IGF)(アテネ)
2007	第2回インターネットガバナンス・フォーラム(IGF)(リオデジャネイロ)

1990年代前半、インターネットの登場を背景に、米国は「情報インフラの構築」の重要性を提唱した。94年、「世界電気通信開発会議」で、ゴア副大統領が途上国でも通信事業の自由化を促進し、情報通信技術を導入すれば新しい経済発展が可能になると述べ、「グローバル情報インフラ（GII）」を提唱した。米国主導での「グローバリゼーション」を懸念する欧州連合（EU）は、94年に「情報社会」構想を打ち出し、技術・ビジネス一辺倒ではなく社会全体の利益を考えるべきだと、「情報社会」の重要性を提唱した。

95年、先進7カ国とEUによる「G7 GIIサミット」がブラッセルで開かれ、96年には途上国中心に「情報社会と開発」会合がヨハネスブルグで開かれ、国際社会による情報社会をめぐる政策的な議論が進められた。

2000年に日本で開かれたG8九州・沖縄サミットは、IT化の推進による「ニューエコノミー」を称揚する一方、途上国への配慮から「デジタルオポチュニテ

ィ・タスクフォース（DOTフォース）」を設置し，取組みを進めると打ち出した。

しかし，先進国主導の動きは途上国側からの反発を招き，2001年秋，国連は「ICTタスクフォース」を設置した。9.11同時テロの影響もあり，先進国による途上国のIT化支援プロジェクトは，規模も数も相当増加した。

WSIS，インターネットガバナンスで紛糾

WSISは，2001年12月の国連総会で開催が決定され，全加盟国政府および国際機関に加えて，産業界と市民社会にも積極的な参加が呼びかけられた。

2002年7月から始まった準備会合では，産業界や市民社会の参加のあり方が問題になった。政府以外に発言権を与えるべきでないとする途上国側と，企業に加えて，表現の自由や人権，途上国支援などに取り組むNGO，市民団体に門戸を開こうとする先進国側とで意見の相違が目立った。2003年1月の東京での準備会合では，台湾NGOの参加に中国政府が強硬な反対を表明し，紛糾した。

しかし，WSISで最も鋭く対立したのは「インターネットガバナンス」問題であった。インターネットが米国政府の資金を受けて発展してきた歴史的な経緯から，ドメイン名，IPアドレスなどの国際管理組織であるICANN（Internet Corporation for Assigned Names and Numbers）への米国の支配力が強すぎると，中国，ブラジル，インドなど，主に途上国側から強い批判が出た。背景には，米国が9.11以後，イラク侵攻に踏み切ったことへの反発などが存在していた。

途上国側は，米国中心のインターネットの管理体制は，国連傘下の国際組織，例えばITUに移行すべきだと主張した。米国などは，インターネットは民間主導だからこそ短期間に急激に発展できたもので，民間主導の組織ICANNに問題はなく，政府は最小限の関与に留まるべきだと主張した。

インターネットが広く普及し，経済はもちろん，文化や社会全体の発展に欠かせないツールであることが広く認識され，それだけに特定の国の支配を受けることへの反発，危機感は根強く存在した。情報社会全体のガバナンスのあり方について，政府中心か民間主導かという，路線の違いもあった。

IGFの設置

結局，WSISジュネーブ会合では決着が付かず，国連事務総長指名によるワー

キンググループ(WGIG)を立ち上げ，チュニス会合までに問題点を整理し，再交渉することになった。ジュネーブサミット「基本宣言」では，インターネットガバナンスについて，「政府・民間企業・市民社会のすべての利害当事者(ステークホルダー)の参加が重要」だと認め，「マルチステークホルダー(MSH)方式」の採用が呼びかけられた。WGIGの構成もMSH方式で，全体の三分の一の委員が市民社会から指名され，その後の議論のスタイルを特徴づけていった。

WGIGは2005年7月に報告書を発表し，ICANN体制の問題点を指摘しつつ，解決策は4案併記とし，結論を絞らなかった。インターネットガバナンス問題についての対話の場として，5年時限でMSH方式による「インターネットガバナンス・フォーラム(IGF)」が提案され，チュニス会合で合意に至った。

IGFは，WSISでの唯一の，形のある成果物で，今後の情報社会のあり方について国際社会が何を最重視しているかが端的にされたといえる。

IGFと今後

IGFの第1回会合は2006年にアテネで開催され，「開発のためのインターネットガバナンス」を全体テーマに，「オープン，多様性，セキュリティ，アクセス」の4テーマによる分科会が開かれた。2007年には，第2回会合がリオデジャネイロで開かれた。ネット上の人権問題，子供をどう保護するか，セキュリティ問題やIPv4アドレス枯渇など，実務的な議論が深められた。インターネットが情報社会の中核に存在することは，国際社会ではほぼ共通の認識となったが，それだけに今後も新たな課題についての討議が続くだろう。

[ブックガイド]
- 会津泉(2003)『インターネットガバナンス――理念と実践』NTT出版.
- 国際協力事業団国際協力総合研修所(2001)『国際協力の変革を求めて――情報通信技術の活用を目指して』. http://www.jica.go.jp/branch/ific/jigyo/report/field/pdf/2001_06.pdf
- 国際社会経済研究所監修，原田泉，山内康英編著(2007)『ネット戦争――サイバー空間の国際秩序』NTT出版.

10.2 デジタル・デバイドと国際社会

[浜田忠久]

デジタル・デバイドはICTの活用機会，活用能力の有無により社会的，経済的格差が広がるという問題であるが，多様で複雑な様相を示す。その歴史的な文脈を理解した上で，解決策を議論しなければならない。

キーワード 情報コミュニケーション技術（ICT），情報格差，知的財産，地球公共財

デジタル・デバイドとは？

デジタル・デバイドは日本語では「情報格差」と訳されることが多い。その「格差」は単に情報にアクセスできるか否か，ある技術を使えるか否かだけでなく，それによって社会的，経済的格差を広げる分水嶺（divide）の役割を果たすという意味を含んでいる[1]。すなわち，デジタル・デバイドとは，情報コミュニケーション・メディアへのアクセス手段をもたない，あるいはICTの活用能力をもたない，という手段や能力の格差の問題だけではないのである。

ところが，デジタル・デバイドに関する多くの調査研究は，情報格差が社会的，経済的格差を広げるということを所与のものと仮定し，情報格差の存在を確認するに留まっている。情報格差が原因となって格差が広がっていることを，詳細な分析と十分な検証によって解析する必要がある。

さて，デジタル・デバイドということばが使われるようになったのは，1990年代の半ば以降，米国クリントン政権の報告書においてであるが，同様の問題は古くから議論されている。1970年代にはすでに，先進国と開発途上国の間のICTの不均衡の問題が検討されたり，マスメディアを通じた国際的情報流通の不均衡の現状とあるべき姿を示した「新世界情報コミュニケーション秩序」（NWICO）をめぐって激しく議論されていた。デジタル・デバイドはインターネットの普及とともに起こった問題ではなく，情報化社会の南北問題として，情報メディアの発達とともに存在してきたのである。

グローバルなデジタル・デバイド

デジタル・デバイドが論じる情報格差には，国内における格差と，国家間に存在するグローバルな格差の2つの論点がある。国内格差は，野宿者や移民等の社会的弱者に関わる現代の不平等の一側面である。本節では，グローバルな情報格差に焦点をあてて論じることにする。

まず，インターネット普及率の側面からみたデジタル・デバイドの現状について特筆すべき点を，現時点において最も信頼できる国ごとの推計である，国連統計局（UNSD）および国際電気通信連合（ITU）によるミレニアム指標データベース[2]から抜粋する*1。

- インターネット普及率が1％未満の国がまだ約30カ国ある。
- G8諸国（カナダ，フランス，ドイツ，イタリア，日本，ロシア，英国および米国）の2人に1人がインターネットを使用するが，アフリカでは100人に5人以下しか使用していない。
- 世界人口の13％を占めるG8諸国に，世界のインターネット利用者（11億3100万人）の40％以上（4億7400万人）がいる。

このように，先進国と途上国の間にきわめて大きな情報格差があることがわかる。

さらに，現在のインターネット経済は，先進国に有利な構造となっている。TCP/IPは水平分散ネットワークを実現したが，現実のインターネットはヒエラルキー構造をもっている。米国のインターネット・バックボーンを担うプロバイダを頂点として，国際回線を通じて各国の1次プロバイダ，2次プロバイダ，3次プロバイダ等を経由して末端ユーザーにつながる。お金の流れはその逆に，末端ユーザーが使用料を自身のアクセス・プロバイダに支払い，さらにそのプロバイダが上位のプロバイダに使用料を支払い，と順次経由していく。ここで国際回線の使用料は，米国のインターネット・バックボーンに遠い側が100％負担するという構造になっている。

その結果，アジア太平洋地域のプロバイダから米国のプロバイダに国際回線使用料として年間50億ドルが支払われ，同様にアフリカ地域のプロバイダから米国のプロバイダに年間5億ドルが支払われている。開発途上国が豊かな米国にインターネット回線使用料を払い続けている現実がここにある。

アクセス格差の規定要因を探る

　デジタル・デバイドは，技術革新におけるRogersの普及曲線にあてはめて，現在はまだインターネット導入初期の途上国も，いずれは先進国並みにICTが普及する，つまり時間が解決する，という議論がある（Rogers自身は，「社会システム内の社会構造が，ある程度イノベーションの帰結の平等・不平等を左右する」[3]と述べている）。しかし，Norris[4]は，代替層化S字曲線モデルを唱え，デジタル・デバイドは到達すべき目標がどんどん変化し，技術変革によって常に新しい不平等が出現するという事実を指摘した。途上国では新技術をつくり出すことは難しく，最先端技術は常に先進国が活用する現状がある。途上国は追いつこうと努力するが，追いついたと思ったときには技術そのものが変化し，いつまで経っても先進国に追いつくことができないのである。

　また，Norrisは，ICTの活用度やアクセスの格差の規定要因として多くの研究者があげている下記の要因について，ニューメディアの普及とTVや電話などの古いメディアの普及との両方に，いずれも強く関連することを示した。
- 経済発展度（1人あたりのGDP）
- 情報通信市場の競争力
- 技術研究開発への投資のレベル
- 成人の読み書きの能力等の教育水準で示される人的資本指標
- 民主化度

最後の民主化度については，民主化が進んでいない国では特に通信やメディアなどの料金が高いという特徴がある。

おわりに

　以上を鑑みると，デデジタル・デバイドは多種多様な問題の集積から成り立つ非常に複雑な問題であるが，しかし，古くて新しい問題であることが浮き彫りになる。インターネットはメディアの中で特別な存在ではない。目の前にある単純な事実だけで物事を判断するのではなく，各国の置かれた立場と歴史的な文脈の中でその問題を捉えていくことにより，解決の糸口が見えてくる可能性もある。

　さらに，情報リテラシーについての配慮も重要である。Castells[5]が「先進諸

国は情報の生成，処理，伝達が生産力と権力の源となるような社会組織の形成に向けて動いている」と論じたように，先進国では，その政治経済社会システムにおいて，高度なICTを駆使する能力が要求されるようになっているにもかかわらず，ほとんどの開発途上国では，識字率は20％前後である。しかも，多くの国で女性の識字率は男性よりもずっと低い。情報リテラシー以前に，あまりに不均衡な背景が先進国と途上国には存在する。

20世紀後半に先進国は徐々にICTを駆使して知識集約的な製品とサービスの輸出を増加させる一方で，多くの開発途上国は市場価値が減少した一次産品の輸出に依存している。格差の拡大が懸念される事態はますます深刻になってきている。ICTを人類の共有資源としての地球公共財と認識して[6]，また貧困から抜け出すための梯子として機能させるために[7]，ICTのもつ可能性が，すべての国の人びとに平等に作用するような世の中をつくっていかなければならない。

[注]
*1 なお，これに限らず，インターネット利用者に関する統計はすべて推計値である点は，念頭に入れておく必要がある。

[参考文献]
[1] 浜田忠久，小野田美都江（2003）『インターネットと市民——NPO/NGOの時代に向けて』丸善．
[2] United Nations Statistics Division, Millennium Development Goals Indicators, http://mdgs.un.org/unsd/mdg/
[3] Rogers, E. M. (1962, 2003) *Diffusion of innovations*. New York, Free Press（エベレット・ロジャーズ著，三藤利雄訳（2007）『イノベーションの普及』翔泳社．
[4] Norris, P. (2001) *Digital Divide : Civic engagement, information poverty, and the Internet worldwide*. Cambridge University Press.
[5] Castells, M. (2000) The Rise of the network society. *The Information Age : Economy, Society and Culture*, 1, 2nd ed., Oxford, Blackwell.
[6] 小野田美都江（2000）「持続可能な市民社会とデジタルデバイド」『自治研』42(6), pp. 42-48.
[7] Servon, L. J. (2002) *Bridging the Digital Divide : Technology, community and public policy*. Oxford, Blackwell.

10.3

[石川淳哉]

対話装置としてのWWWの実践

　1990年代半ばから急速に発展してきたWWWやSNSは，単なる便利なツールではなく，相手と自分との相互理解を促進させる対話のツールである．授業に導入されたそれらが，学生をどのように変えていったのかを語りたい．

キーワード　広告表現技法，遠隔教育，産学協同，対話，BLOG，SNS，意思と創造性

21世紀，WWWの役割

　ダライ・ラマ14世がこういっている．
　「20世紀は，物質の発明の世紀でした．21世紀は対話の発明の世紀にしなければなりません．」(2003年来日講演会)
　賢人がいう'対話'とは，自分の考えをきちんと伝え，また相手の考えをきちんと受け入れる．そしてお互いの差違はどこにあるのか，それが解決可能なのかを見つけ出し相互努力し，解決していく場のことであり，20世紀の終わりに現れたインターネットは，その可能性を秘めているという．
　21世紀に生きる私たちが，1990年代半ば以後，あっという間に世界中に広がったインターネットとWWWを教育利用するにあたっては，ダライ・ラマが示す'対話'領域にまで昇華させなければならない．それを可能にするためには，人類が獲得した知識やそれに辿り着く方法を後世に遺し，つなげるのが「教育」であれば，「教育者」の役割は，果てしなく大きいのである．

教育の現場，WWWの実践

　僕の日常の顔は，東京を中心に，企業や国家の経済活動の一翼を担う「広告制作」，「コミュニケーションコンサルティング」というプロフェッションである．
　二つ目の顔は，2005年にスタートしたピースアートプロジェクト「retired weapons」のプロデューサーである．デザインが平和の気づきになればと思って

始めたのが，このプロジェクトである．武器の先から花がポンッと出ているビジュアルは，今では世界中にゆっくりと着実に広がっている．2007年には，3都市（ミラノ，ベルリン，ロンドン）で開催されたアートイベント（Milano Salone, Designmai Youngsters 2007, TENT LONDON）から招待を受けて出品し，ヨーロッパ諸国で大きな反響を得た．

最後の顔が教育者．2004年から京都精華大学の非常勤講師を務めている．2007年までは「広告表現技法」，現在は「クリエイティブの可能性」というタイトルの講義だ．2007年から，受講生を（財）大学コンソーシアム京都加盟50大学にも広げた．受講生250人のうち，半分は精華大生で，もう半分は他大学生（同志社，立命館，龍谷，京都女子，同志社女子大学など）であった．年間30週の通年講義を土曜日10回（前後期とも5回ずつ）に振り分けて集中講義を行った．前期は，ゲストを招いて世界の広告トレンドとその成功事例を紹介し，後期は，クライアント企業担当者も加わって，学生が実際のサービス広告の企画運営とデザインを担当した．学生の履修条件はたったひとつ．自宅でインターネット環境を用意できること．受講生の共通点は，京都の大学生ということだけで，文系や芸術系，学年や学部も違う．学園祭や試験や授業カリキュラムの日程もバラバラで，まとまりがない．講義を開始するにあたって，僕は早速大きな壁に直面することになる．250人の受講生の顔がわからないし，顔と名前も一致しないのだ．そして，彼らは将来何になりたいのか？また，何に興味があるのか？僕にはさっぱりわからない．講師と受講生とが同じ教室にいながらも，お互いのことを知らないことはおかしい．そういう現状を前にして，東京と京都という距離が実際の距離よりも果てしなく遠く感じたものだ．そこで，僕は，授業を学生にとってよりよいものにし，授業での一体感を実現するために大学側に相談し，授業用SNS〔● 6.7〕を構築してもらった（図1参照）．

当初，受講生の多くは，授業では自分が匿名であることに埋没し，自分の最終目標を語ることをためらい，「とりあえず」という逃げのことばでしか自分を語れなかった．SNSでは，実名でもって，目標を明確にした発言を求められたことに，最初，受講生はとまどいを隠せなかった．彼らは，携帯メールとニックネームだけでとりとめもないことを語るmixiに慣れすぎて，真剣勝負の議論や対話をする経験が少ない．そのため，SNS上で，自らのプロフィールさえ魅力的

図1

図2

に書くことができないのであった．プロフィール文は，自分を見つめ直し，表現上の演出を駆使して初めて魅力的になるのである．就職活動の一次面接ぐらいは軽く突破する魅力的なプロフィールづくりのために，僕は受講生全員のプロフィールを徹底的に添削した．僕の本業の合間や寝る間を惜しんで2週間ぐらい費やしたが，ブラッシュアップされたプロフィールがそろった頃の彼らは，もうかつての彼らではなかった．彼らは，自分に対する確かな自信を持ち始め，同時にその自信をバネにして，他大学の多くの友達を獲得していった．彼らは，日記とコミュニティと一斉同報のお知らせ機能を駆使して関心を共有し，互いに刺激しあった．今さらながらに，授業を振り返ってみると，SNSの役割の大きさに愕然とする．もしSNSがなかったなら，受講生同士がお互いのことを知らないままだったら，僕が目指した'対話'の入り口に立つことは決してできなかったであろう．

さて，ここでオンラインでの具体的なツールの紹介にはいる．学外への情報発信には，図2のようなブログ付きのWebサイトを利用した．

それは以下のメニューバー構成になっている．

【TOP】のブログでは，僕を含めた講師陣と受講生の意見の「場の共有」を図った．受講生は，次回のゲスト講師に関する事前調査や授業後の講師とのやりとりを書き込んだ．また，選ばれたインターンシップ生がインターンシップ期間中に書くデイリーレポートは，インターン先での気づきや驚きを伝えた．一般の方からも励ましのコメントが入る．授業と社会とがこのブログでつながった．

【授業の紹介】では，授業報告レポートとその中での彼らの気づきをまとめる役割を受講生自身に運営させた．授業レポートの作成を前提に受講させてみると，彼らの受講態度が一気に積極的になった．「こんなオモシロイ授業を他の人にも

紹介したい」と自ら気づきを外部に展開する勇気とスキルを獲得した。

【インターン】は，インターン生と受け入れ企業との'対話'の場。インターン生自身がどの方向を望み，何の経験を得たいのか，明解なビジョンづくりをし，自らのプロポーザルで企業の専任者を口説く。ことばの重要性を学習する場となった。

【課題作品】では，前期授業での最終課題を国際広告祭さながらのコンクール形式で評価し，優秀作品をWWWに公開している。動画，音楽，造形物，テキスト形式，あらゆるフォーマットに対応するアーカイブが大活躍した。

今年の授業で最も記憶に残っているのが，携帯動画を使った広告作品（30秒以内での携帯動画CM）をYouTubeにリアルタイムでアップロードするというチャレンジだった。ゲスト講師であったグーグル・ジャパン（広告プランニングシニアマネージャー）の高広伯彦氏が試したこの手法は，意外性があり，そのいくつかは作品的にも大変優れていた。企画・撮影時間がたった30分で，6名グループごとに，計50本の映像作品がアップされたときには，さすがの僕も背筋がぞくっとした。広告の経験のない学生であっても，その場所が与えられ，広告する意思をもっていれば，一気に大きなエネルギーとなるのである。

意思と創造性を育む

当初は，単なることばのやりとりにすぎなかったWebやSNSを使ったオンラインでの議論も，彼らのことばは，講師，クライアント，インターン先企業，受講生などとの間で，相手に理解してもらおうという意思をもった'対話'へと変化してきた。講義という'対話'プロジェクトで僕が伝えたいことは，「WWWの時代，インフラももちろん大切なのだが，最も大切なのは，伝えようとする意思と創造性だ」ということである。広告プロデューサーである僕が，非常勤講師として産学連携授業を担当する使命は，「'対話'の実現のための意思と創造性を少しずつ感じ始める受講生を育てること」だと思っている。

[参考文献]
[1] ダライ・ラマ14世テンジン・ギャツォ（2004）『ダライ・ラマ慈悲の力』春秋社．
[2] 藤原正彦（2005）『国家の品格』新潮社．
[3] ジェームズ・スロウィッキー（2006）『みんなの意見は案外ただしい』角川書店．
[4] マルコム・グラッドウェル（2000）『ティッピング・ポイント――いかにして「小さな変化」が「大きな変化」を生み出すか』飛鳥新社．

10.4 ネットと放送「融合論」の錯誤

[坂本 衛]

インターネット企業による放送局買収の動きをきっかけに，日本では一時ネットと放送の融合論が沸騰した．しかし，それはインターネットと放送という異なるメディアの成り立ちや特性，産業構造やビジネスモデルのあり方，ハードウェアの使い勝手などの違いを考慮しない，幼稚で非現実的な「机上の空論」だった．融合論が登場した背景を探り，その欠陥を指摘して，今後に役立てよう．

キーワード インターネット，放送，通信と放送の融合，ライブドア，楽天

本稿では，一時世上を騒がせたインターネットと放送の「融合論」について，まずそれが登場した背景を探り，次にその欠陥を指摘し，最後に社会とコンピュータ利用教育の観点から欠かせない考え方をまとめる．

ネット企業の「キャッチフレーズ」

日本で「通信と放送」が融合するという議論が始まったのは，新しい話ではない．例えば筆者は，1995年2月のEL特別シンポジウム「マルチメディア時代の放送ビジネス」講演で，「『通信と放送の融合』はどこへいったら見つかるか．探したら，あった．郵政省という役所に」と述べ，通信と放送を所管する官庁では，両者の融合を企図する組織改編や人事シフトが始まったと指摘した[1]．

当時の郵政省（現・総務省）の構想は，NTTの光ファイバー構想に基づいて2010年までに光ファイバー全国網を張りめぐらし，通信・放送・コンピュータの融合により多様な双方向サービスを可能とするというものである．当時，インターネットの今日のような隆盛はまったく想定外だったが，無線を使っていた放送の光ファイバーによる有線放送化は明確に意識されていたといえる．掲げた期限までの実現可能性には，何のリアリティもなかったが．

その後，国内における光ファイバー網整備は遅々として進まず，上記の郵政省の動きからほぼ10年後の2004年9月末でも加入世帯は約200万に留まった．し

かし，2005年頃にはインターネット企業が膨張し，インターネットが代表する「通信」とテレビが代表する「放送」が融合するという議論が出現した。

これは，ライブドアや楽天などインターネット企業が，その規模や実力と比べて破格の資金調達力をもち，規制に守られ護送船団方式に安住して株主対策を怠ってきた放送局の支配を狙って，企業買収に乗り出したからである。

これらネット企業は，もとは年商200～300億円程度の中小企業にすぎないが，超低金利（カネ余り）を背景として，積極的な企業買収による売上高の急拡大，それに伴う株式分割，創業者らが大半の株式を握って市場に出さない株価対策，メディアへの露出などの手段を駆使して自社株の人気をあおり，企業の身の丈とかけ離れた株式の高価格を維持し得た。

彼らが中古車販売，通販，消費者金融，ネット証券といった企業を手当たり次第に買収したのは，ITブームに乗って上場を果たし巨大資本を手にしたものの，それを本業であるネット事業だけに投入しても，配当につながる十分な経常利益を上げることができなかったからだ。しかし，ブランド名を冠した寄せ集めの企業集団を構築すればそれが可能で，一時的にはグループ株式の時価総額が数千億～1兆円という規模を実現できた。そこで，もち株を担保に外資系金融機関から資金を借り入れ，放送局の株式を買いあさった。このとき「通信（インターネット）と放送（テレビ）の融合」をキャッチフレーズに掲げたわけである[2]。

ネットと放送の違いを無視する暴論

これらネット企業のリーダーの主張を紹介しておこう。当時ライブドア社長だった堀江貴文は「インターネットとは，その通信，放送のすべてを包括する概念ですから，将来，通信や放送を飲み込んでいくのは宿命といっていい」と述べている[3]。楽天社長の三木谷浩史も「同じパソコンの画面で見ているのに，ネット（経由）で見るのと地上波（のテレビ経由）で見るのは，何が違うのか。（放送と通信を）分けている意味がない。いずれ融合するのでしょう」と語っている[4]。わずらわしいからこれ以上例はあげないが，新聞雑誌の論説や記事の多くもこうした検証抜きの融合論を掲げていたことは記憶に新しい。

これらインターネット（以下ネット）と放送の単純な融合論は，次のような理由から誤りである。

第1に，インターネットと放送という異なるメディア特性への理解が欠如している。そもそもネットはコンピュータ間で情報の双方向のやり取りを目的とするが，放送は音声と映像を家庭に一方的に送ることを目的とする。異なる目的のため最適化されたシステムだから，ネットは有線（電話や専用の通信回線）で，放送は無線なのだ。前者は情報量の少ないテキスト・低画質画像・データを，後者は情報量の多い高画質画像と音声を中心に流す。ネットがもたらす情報はテキスト主体で本・雑誌・新聞など紙媒体に近く，一覧性，論理性，専門性，記録性に優れるが，放送がもたらす情報は速報性，迫真性，簡便性に優れる。ネットは草の根的なコンピュータ網が世界規模で接続し，ネットワーク参加者ならば誰でも情報発信できるが，放送は国や国に準じた機関が制度設計に関与し，専門企業が番組をつくって情報発信する。法制度も規制のあり方も大きく異なる。

　第2に，メディアの成り立ちが違えば，産業構造も違う。ネットの情報は数億以上の個人，企業，その他団体が担うが，放送を担うのは少数の放送局や専門業者である。ネットはコンテンツ制作者と回線業者が異なるが，放送は放送局がコンテンツをつくると同時に装置産業として電波を出す。ネットは同時にアクセスする者の数が少ない（Googleやamazonなど一部特殊なサイトを除けば，せいぜい数万人）が，放送はケタ違いに多い（関東地区視聴率10％で約400万世帯）から，ビジネスモデルも異なる。ネットは広告によるビジネスモデルが成り立ちにくいが，放送のうち地上放送では十分成り立つ。ネットは回線料月額数千円と有料サイト閲覧料がかかる。テレビは無線ならば回線料は不要で，商業放送ならば視聴料もタダ，公共放送NHKでも月世帯平均の受信料は2,000円以下と安い。

　第3に，メディアが異なるからハードウェアも異なる。ネットは情報を机上の個人用コンピュータで見るが，放送は居間に置いたテレビで家族みんなが見る。パソコンは情報を加工する複雑な汎用機だが，テレビは単純な専用機である。使い勝手がまるで違い，パソコンを使うことができない幼児や老人でも，テレビを楽しむことができる。

　以上のような違い[5]をいっさい考慮せず，「放送は通信の一種だから」とか「どちらも同じ表示装置で見るから」ネットと放送が将来融合するというのは，極めて幼稚で乱暴な議論だ。実際，放送局買収を仕掛けたネット企業が局に示した事業提携案は「人気ドラマに登場したTシャツをネット販売する」といった類

の情けないものばかりだった。その後，買収が頓挫するとともに「通信と放送の融合論」が影をひそめてしまったのは，当然の帰結である。

ソフトウェアやユーザーの視点が不可欠

　さて，ネットと放送の「融合論」は，なぜ一時大いにもてはやされ，とりわけ放送界に小さくない衝撃と混乱をもたらし得たのだろうか。

　第1の理由は，通信や放送界をはじめ学界も含めた各方面に，ハードウエア至上，技術至上主義的な考え方が根強く，ネットと放送の「表示装置が同じ（共通である）」という事実に引きずられた者が多かったからだろう。逆にいえば，表示装置に表示される中身（コンテンツ），使われ方，機能といったソフトウェアの違いを軽視する，メディアの本質に無知な者が多かったともいえる。

　第2の理由は，株式時価総額を比べるとネット企業のほうがテレビ局よりも大きく資金調達力があるなど，カネの問題ばかりが全面に出て，健全な企業経営のあり方，企業の社会的な使命，産業の役割といった問題があまり顧みられなかったからである。

　第3の理由は，ネットや放送の将来像は，実際に資金を投じてそれを使う大衆が何を求めてどう動くかに大きくかかわるのに，ユーザーや視聴者という存在を考慮しない者が少なくないからだろう。放送界でいえば，地上デジタル放送への完全移行という国策は2011年7月の期限までには実現不可能だが，ほとんど誰もそう指摘しないのは，この議論に視聴者が不在だからだ。

　以上は，社会とコンピュータ利用教育を考える際にも障害となる問題であり，ネットと放送の「融合論」から私たちが汲み取るべき教訓であろう。何より必要なのは，マスコミ報道や発表に踊らされず，自らの頭で考える姿勢である。

[参考文献]
[1]　坂本衛『すべてを疑え!! MAMO's Site』http://www.aa.alpha-net.ne.jp/mamos/digital/yuusei.html
[2]　坂本衛 (2005)「"ネットと放送の融合"という幻想」,『GALAC』第97号.
[3]　「堀江貴文インタビュー」,『文藝春秋』5月号（2005）.
[4]　「三木谷浩史インタビュー」,『読売新聞』4月13日付朝刊 (2005).
[5]　さらに詳しくは，坂本衛『すべてを疑え!! MAMO's Site』http://www.aa.alpha-net.ne.jp/mamos/tv/yuugou.html#chigai

10.5

[筒井洋一]

市民メディアの発展と市民の情報発信の高まり

　従来，情報発信はマスメディアに独占されていた。しかし，技術の発達，マスメディアに対する不満，市民の情報発信への関心の高まりを背景にして，これまで情報の受け手であったエンドユーザーである市民がデジタル機器を活用して，多様なメディア表現活動を行ってきている。こうした活動の発展理由とその社会的意味について考えてみる。

キーワード パブリック・アクセス，オルタナティブ，情報発信，多様性，公益性

市民メディアとは？

　われわれが社会の動きを知る場合，マスメディアから情報を得る。それは，不特定多数に対する情報発信機能をマスメディアが独占しているためである。しかし，技術の発達，マスメディアに対する不満，市民の情報発信への関心の高まりを背景にして，これまで情報の受け手であった市民が簡便なデジタル機器を活用し，大学，学校，サークル，地域，NPOなどを拠点にしたメディア表現活動を行ってきている。これを市民メディアという。

　市民メディアの活動形態は，CATVのパブリック・アクセス番組からインターネット放送，ビデオ上映，携帯電話のサービス，電子掲示板までさまざまであり，その活動目的も，自己表現活動，明確なアドボカシー（政策提言）的活動，地域起こしやメディア・リテラシー〔→4.7〕の育成を目指すものまで多様である。

市民メディアの発展理由

　1990年代半ば以後，市民メディアが一気に発展してきたが，その理由の第1は，デジタル技術や撮影機材，Webサービスなどが低廉化，簡便化してきたことである。かつて動画や音声の発信のためには，プロ用撮影・編集機材が必要であり，不特定多数への発信は，事実上，マスメディア以外には不可能であった。それが1990年代半ばから，軽量化，簡便化されたビデオ・写真撮影・編集機材

が安価になり，インターネットも商用化されて，個人ユーザーでも安価に情報発信できるようになった。21世紀になると，ブログ，ポッドキャスティング〔◐ 2.8〕，SNS，動画共有，ストリーミングなどの無料サービスが拡大したことで，市民が自由に動画，音声，写真，文字を発信する環境が整ってきたのである。

第2は，マスメディアの行き詰まりとそれに対する市民の不満の蓄積である。ベトナム戦争当時には，現場取材に基づいて，米国政府の説明が戦場の悲惨な現実を反映していないと批判した米国のマスメディアも，湾岸戦争，9.11事件，イラク戦争では，政府への抵抗精神を失ってきている。それに不安や不満を抱く市民の声が次第に大きくなってきたのである。

第3は，市民の情報発信への関心の高まりである。安価なビデオ機材が登場することで，個人の身近な話題に留まらず，従来はマスメディアの独壇場であった国際報道や時事ニュースにおいても市民の情報発信に対する意欲が高まってきた。

9.11事件後の米国メディアが，アフガニスタンやイラクに対する好戦的な世論を喚起したのに対して，米国各地の市民活動家がインターネットを通じて連携して，戦争反対の声を上げた（例：「Democracy Now!」，「The Independent Media Center」）。また，必ずしもジャーナリズムに限らず，身近な情報や意見を気軽に情報発信するブログやSNSというサービスも生まれてきた。

2007年にはブログ・SNSの国内ユーザーが2,000万人を超えた。これは，従来のライター，作家，文化人などのプロの表現者とは異なる，エンドユーザーレベルでの表現者の広がりを反映し，なかには，プロに匹敵する，あるいはプロと異なる有能な表現者も出現してきた。さらに，YouTubeやGoogle Videoなどの動画共有サイトや携帯電話〔◐ 2.7〕からのSNSユーザーも爆発的に伸びており，市民レベルの情報発信の裾野は確実に広がっているのである。

以上のような3つの要因が絡み合いながら，エンドユーザーである市民の表現活動や市民メディアが発展しているのである。

媒介項としてのメディア関係者

市民メディアは，テレビ，新聞，ラジオなどのマスメディア中心の時代から，ビデオ，携帯電話，デジタルカメラ，インターネットなどのパーソナルメディアの産物ではある。しかも，多くの場合，より明確な意図をもって，大学，学校，サー

クル，地域のNPOなどを拠点にしたメディア表現活動を行う点で独自性がある。

市民メディアの活動には，マスメディアの現状に疑問をもって，市民メディアに対する可能性を信じるメディア関係者が加わっている場合が多い。ローカル民放局，CATV，コミュニティーFM，マスメディア出身のジャーナリストなどが，技術面，運営面，構成面などで支援し，こうした組織や人材が触媒として市民メディアの発展を支えているのである。

例えば，1990年代半ばから活動を始めているビデオジャーナリストの神保哲生や野中章弘などがその先駆者であり，阪神淡路大震災直後に外国人向けコミュニティーFM局「FMわぃわぃ」，熊本県山江村の「住民ディレクター」活動，日本最初のNPO放送局である京都三条ラジオカフェなどが代表例である。

日本の現況──市民メディア全国交流集会を事例として

市民メディアはいくつかに分類できるが，ここでは多様な市民メディア活動が全国的な動きへと発展している「市民メディア全国交流集会」を紹介する。

市民メディアの活動は，ある地域を基盤にしたり，在日外国人や障害者などのマイノリティーの文化や，インターネットを通じたオルタナティブな言論を広げようとするなど多様であるが，同時にマスメディアでは取り上げない題材を取り上げたり，マスメディアとは異なる視点で活動している。21世紀になって，それまで各地でばらばらで活動していた団体や個人が自らの活動や作品を全国に紹介したいという機運が高まっていたのである。

2004年，名古屋で市民のメディアアクセス環境の改善に取り組む団体が呼びかけ人となって，コミュニティーFM，CATV，ビデオ，地域メディア関係者が全国に呼びかけて，第1回「市民メディア全国交流集会」が名古屋で開催され，200名以上の参加者が集まった。予想以上に多くの参加者があったことが，次回の開催を可能にした。参加者の中には，日本最初のパブリック・アクセス番組を設けた鳥取県米子市の中海テレビ関係者もいた。彼らは，CATVや地域メディア団体を中心にして，第2回大会を米子で開催し，400名以上の参加者を集めた。

続いて，第3回は，元地方放送局ディレクターの岸本晃が提唱した住民ディレクター活動の拠点である熊本県山江村で200名程度の参加で開催された。そこでは，山村の高齢者たちが，日々の生活を飾らない視点で語りかけるテレビ番組を

制作しており，そのひたむきさに参加者が大いに勇気づけられた。その中で全国組織を発足させて，市民メディア環境を改善し，マスメディアへのさまざまな提言を行っていく活動へと乗り出すことになった。

第4回は，横浜市民メディア連絡会が中心となって横浜で約500名が参加して開催された。最先端のインターネット技術を駆使して運営された集会では，43の講演会・ワークショップ・シンポジウムなどが開催され，全国の活動が急速に広がっていることを実感したのだった。集会の場で，市民メディア全国交流協議会が設立され，放送法改正を憂慮するパブリックコメントを採択し，市民による公共的な目的のためにマスメディアが貢献することを求めた。

第5回は，台風の到来で開催が危ぶまれたが，札幌市で300人の参加者によって開催された。北海道初の集会として，夕張再生，アイヌ文化の継承，環境と観光問題などの道内各地の活動と連携しながら，多様な企画が目白押しであった。2008年洞爺湖で開催されるG8サミットに向けた市民メディアの活動も報告されたり，インターネットコンテンツ配信に対する規制強化の問題点も検討されたりといった国内外のメディア問題へと対応が広がってきた。

これらの取組みは，当初は市民メディア関係者同士の交流を目的にスタートしたものの，交流協議会の誕生をきっかけに，市民社会にふさわしいメディアアクセス環境の実現に向けた市民メディア同士のネットワークが生まれつつある。

今後は，こうした動きが単に市民メディア関係者の動きに留まらず，マスメディアを含めた広い意味でのメディアと市民との関係を問い直す動きへとつながることが肝心である。そのためには，情報発信が容易になったことが，単なる発信者のユーザーベースを広げるに留まらず，放送・通信制度，発信方式，コンテンツの質などへの関心を高める必要があるのである。

［ブックガイド］
- 浜田忠久，小野田美都江 (2003)『インターネットと市民――NPO/NGOの時代に向けて』丸善．
- 津田正夫・平塚千尋編 (2006)『新版パブリック・アクセスを学ぶ人のために』世界思想社．
- 梅田望夫 (2006)『ウェブ進化論――本当の大変化はこれから始まる』筑摩書房．
- 松本恭幸 (2007)「基盤広げる日本の市民メディア――全国交流集会の取り組みから」,『新聞研究』No.676.

10.6 政治活動へのインターネット利用

[湯淺墾道]

インターネットの普及に伴って，政治活動へのインターネット利用に対する関心が高まっている．すでに海外では活発に利用されているが，わが国ではようやく始まったばかりである．しかし利用を拡大するにあたっては，技術的な問題を検討するに留まらず，法制度や政治活動のあり方をも問う必要がある．

キーワード 電子投票，公職選挙法，選挙運動，仮想空間

政治活動とは？

政治活動とは，政党その他の政治団体がその政策の普及宣伝，党勢拡張，政治啓発等を行うことをいう．選挙運動とは特定の候補者の当選または特定の政党への投票の獲得を目的として行われるもので，政治活動と選挙運動とは厳密には同義ではない．ここでは，選挙運動を含めた広義の政治活動全般におけるインターネットなどの利用の歴史，方法および問題点について概観してみることにしたい．

政治活動におけるネット利用の歴史と方向

パソコン通信が普及し始めた1980年代末から政治活動におけるネットワークの利用の可能性が指摘され，実際に一部の政治家が電子メールなどを活用するようになった．インターネットの商用利用が解禁された1995年以降，ホームページを開設する議員や政党も現れてきたが，日本で本格的に利用されるようになったのは2000年以降であり，2003年衆議院議員選挙では6割以上の候補者がホームページを開設していた[1]．政治活動におけるインターネットの利用については，3つの次元があると考えられる．

第1は，従来の政治活動や選挙活動にインターネットなどを利用することによって，議員・候補者・政党が従来のメディアに比べて低費用で個別性の高い情報を提供できるようになり，従来，政治活動において利用されてきたメディアとは

異なって情報の受け手と送り手の間の双方向のコミュニケーションが可能となることである。インターネットが選挙運動で効果的に活用された顕著な事例として，2002年の韓国第16代大統領選挙があげられる。また米国では，個人からの政治献金の獲得にホームページが広く利用されている。

　第2は，インターネットによって不在者投票や遠隔投票が簡単にできるようになり，有権者の利便性が向上すると同時に，選挙のコスト削減が可能になることである。1997年，当時ミール宇宙ステーションに滞在中であった米国のデビッド・ウォルフ宇宙飛行士が，テキサス州の特例法の規定によって電子メールで投票したのが初のインターネット投票の例であるが，日本では，2002年に「地方公共団体の議会の議員及び長の選挙に係る電磁的記録式投票機を用いて行う投票方法等の特例に関する法律」が施行され，地方自治体が条例を定めて電子投票で選挙を実施することが可能となった。しかし，実際に実施された電子投票では電子投票機器にトラブルが発生し，可児市市議会議員選挙（2003年7月20日）のトラブルは選挙無効を求める訴訟にまで発展して，選挙無効・再選挙が確定した。このような経緯もあり，2007年の参議院議員選挙に電子投票を導入する動きもあったものの，結局見送られている。また，自治体の政策の立案・形成にあたって電子会議室等を利用して住民同士が議論・討論を行ったり，従来は技術的に困難であるとされてきた直接民主主義的な意思決定を行ったりすることもできるようになる。例えば神奈川県藤沢市では，1997年から市民電子会議室を運営しているが，インターネットを活用した新しい市民提案制度として位置づけられている[2]。近年各地の自治体で住民参加のまちづくり・政策形成を目指して自治基本条例が制定されるようになってきており，インターネットの利用による参加・提案制度を採用する自治体が増える可能性があるが，住民によって選出される議員により構成される議会の意義・役割も問われてくることになる。

　第3は，サイバースペース上の新しいコミュニティをベースにしたまったく新しい政治形態の形成である。店舗，大学，美術館，リゾート施設などが並ぶ巨大な仮想空間である「Second Life」〔● 3.3〕に事務所を開設する国会議員も現れている。もっとも，このような仮想空間における政治参加が現実の政治をどのように動かすことができるのかは，そもそも仮想空間が現実政治に影響を与えてよいのかも含め，今後の検討課題であるといえる。

公職選挙法の壁

　日本における政治活動へのインターネットの利用の大きな障害になっているのは，公職選挙法による規制である。公職選挙法は，選挙運動の公正を確保するために，国または地方公共団体が費用を負担する選挙公営制度を規定する一方で，選挙運動の期間（129条），選挙運動を行う者（135条～137条の3），選挙運動の方法（138条～178条の3），費用（179～200条）などについて詳細な制限を加えている。とくに，ホームページが「文書図画」にあたると解されるため，選挙運動期間中に候補者がホームページの更新を行ったりブログに書き込みをしたりすると，法で規定する以外の文書図画の頒布・掲示の禁止（142条）の違反となる。また，候補者以外の一般の有権者の場合も署名運動の禁止（138条の2）に触れる可能性があり，「落選運動」は人気投票の禁止（138条の3）に違反する可能性がある。

　もっとも，選挙運動期間中であっても政党の政治活動は許容されるため，政党のホームページは選挙運動期間中にも頻繁に更新されており，事実上の法の抜け穴となっている。インターネット上では，候補者の政見放送が「YouTube」等の動画投稿サイトに投稿されるなど，既存の規制（とくに選挙運動の規制）が想定しなかった選挙運動の技術的手段が今後も次々に創出されると思われ，公職選挙の規定の拡大解釈・類推解釈によってこれらの技術的手段の利用を制限するという対応には限界が近づいている。このような法的規制のほかに，パソコン等の情報通信機器を買うことができない人や操作できない人が排除され，情報の格差が社会的な格差を生み出すデジタル・デバイド〔◎10.2〕の問題も無視できない。

政治活動における利用の将来

　政治活動におけるインターネットの利用は今後ますます活発になると思われるが，バラ色の将来ばかりではなく，実際にネット特有の問題点も発生している。
　インターネットの特性のひとつに匿名による情報発信が容易である点があげられるが，情報発信者が匿名であることが，ネット上の掲示板やブログにおいて右翼的・国家主義的な発言やマスメディアへの批判を行う「ネット右翼」を生んでいる可能性がある。これまでマスメディアが黙殺しがちであった世論がネットと

いう媒体を得て表出可能になったという見方がある一方で，匿名という特性が政治団体，市民団体，報道機関などに対して圧力をかける行為を助長し，不愉快な言説や負担の増加は排除しようとする無責任な衆愚政治を招く可能性も否定できない。後者の問題は，現代大衆社会において責任のある政治参加を大衆に期待しうるのかという点で，直接民主主義の実現可能性に対する疑問も生み出している。

　また，政治活動におけるインターネットの利用は，有権者同士の票の交換という新しい現象も生み出している。異なる選挙区の有権者同士がインターネット上で投票先の交換を約束しあうサイト上で，それぞれの選挙区の特定候補者または政党に投票することを約束するという「Vote-Pairing」が米国や英国では生まれており，ブッシュ候補とゴア候補が大激戦を演じた2000年の米国大統領選挙では相当数の有権者によって利用された[3]。このような行為は，インターネットの利用によって選挙区という垣根を越えて地理的に隣接していない有権者が自己の政治的意思と同質な政治的意見をもつ他者との紐帯を強化しようとするものなのか，それとも票の買収に似た悪質な行為なのか，評価が分かれている。

　このように，政治活動へのインターネットの利用は，単に技術的な発展に留まらず，政治や選挙運動のあり方自体にも再考をうながすものとなっている。

[参考文献]
[1] 山本竜大 (2005)「2003年衆議院議員選挙における候補者ホームページとその政策・公約に関する分析」，『選挙学会紀要』5.
[2] 金子郁容，藤沢市市民電子会議室運営委員会 (2004)『eデモクラシーへの挑戦――藤沢市民電子会議室の歩み』岩波書店.
[3] 湯淺墾道 (2007)「アメリカにおけるインターネット上の選挙運動の一断面――Vote-Pairing規制をめぐって」，『九州国際大学法学論集』14 (1).

[ブックガイド]
■イアン・バッジ著，杉田敦・上田道明・大西弘子・松田哲訳 (2000)『直接民主制の挑戦』新曜社．直接民主主義と代表制民主主義との関係・相違点を再考し，電子ネットワークの発展による直接民主主義政治の可能性について議論する．
■岩崎正洋 (2005)『eデモクラシー』日本経済評論社．情報通信技術と民主主義との関係を電子政府，ガバナンス，情報倫理などの観点から検討している．
■Shane, M. P. (Ed.) (2004) *Democracy Online*. New York and London: Routledge. 政治とインターネットとのかかわりを，技術，セキュリティ，コミュニティ，法制度などさまざまな側面から検討している．

10.7

［表 智之］

マンガの新しい広がり
紙からケータイへ

マンガはもともと紙媒体で読むものであったが，近年，電子データ化されたマンガをパーソナルコンピュータや携帯電話で読む形が普及しつつあり，特に携帯電話で読むマンガ「ケータイマンガ」は目覚ましい成長をとげている。携帯電話の小さな画面でマンガを楽しむ人々は，何に引き付けられているのだろうか。

キーワード 携帯電話（ケータイ），電子コミック，雑誌メディア，韓国

携帯電話〔⊃ 2.7〕で読むマンガ「ケータイマンガ」は，ここ数年で急激な成長をとげているが，今後どのような方向に向い，紙媒体とどのような関係になっていくのだろうか。韓国の事例も参照しながら考えてみたい。

生活の隙間を満たすケータイマンガ

2005年から2006年にかけて，ケータイマンガの年間総売上げは23億円から82億円へ，実に3倍以上の急成長をとげた[1]。この急成長の要因について，①中身＝コンテンツ，②器＝メディアのシステム，③受け手＝消費者の生活意識，の3つの側面から考えてみよう。

まず①について。ケータイマンガの商品展開は，旧作の再録を中心としている。描きおろしの新作も徐々に増えているが，販売サイトのダウンロード数ランキングにはやはり，かつての紙媒体でのベストセラー作品が並ぶ[2]。ケータイマンガならではの強力なコンテンツは今のところほぼないといっていい。

次に②について。ケータイマンガの歴史は2003年11月，いわゆる「パケット定額制」の成立とともに始まる[3]。一定のまとまった額を払うことで追加料金なしで無制限にダウンロードできるこのシステムは，ケータイマンガを気軽に楽しむために必要不可欠なものだったといえる。

最後に③について。2007年10月のアンケート調査では，ケータイマンガを読

む場所・時間は，就寝前（43.8％），休日に自宅で（35.5％），出勤・通学途中（20.5％）の3つが代表的なようだ（複数回答のため合計は100％を超える）[4]。布団の中でケータイマンガを読み，枕元にケータイを置いて眠る，というスタイルが想像される。どこにでももち運べる，いや，どこにでももち運んで文字どおり「携帯」することが当然となっているメディアならではの消費様態であろう。

すなわちケータイマンガの魅力は，時と場所を選ばぬ気軽さ，生活の隙間にするすると入り込んでくる親密さにこそあると考えられる。生活のあらゆる場面に密着しているケータイの特性と，中断も再開も自分のペースで自在にできるマンガの特性があいまって，ケータイマンガは極めて気軽なビジュアルコンテンツとなり得たのである。

ケータイマンガは雑誌の役割を担えるか

この気軽さという特性により，ケータイマンガは紙媒体でいう雑誌の役割を担う可能性をもっている。日本のマンガ出版は1995年をピークに縮小傾向に転じているが，とくに雑誌の凋落は著しく，年々減少を続けている。雑誌中心から単行本中心となった現在の市場構造は，マンガ出版の先行きに暗い影を落とし，ケータイマンガの急成長は，先細るマンガ出版のカンフル剤として期待されるようになった。

当初，ケータイマンガを含めた電子書籍は出版界において，非常に懐疑的に捉えられていた。電子書籍の普及は一時的には出版界を潤すが，紙媒体の衰退をも促進し，長期的にはマイナスなのではないか，というのである。また逆に，これはマンガについてだが，電子書籍はマンガのもち味を失った粗悪な代替メディアで，ほとんど普及しないだろうとあなどられてもいた。例えば，マンガの面白さは個々のコマだけでなく，ページ全体の印象によるところも大きい。コマごとの表示を基本とする電子書籍ではマンガの魅力が半減する，というのである。つまりは，電子書籍を紙媒体の対立物と捉える見方が一般的であったのだが，ケータイマンガにおいてはむしろ，紙媒体と相補的な役割を果たしつつあるのである。

例えば講談社が展開する描きおろし作品のサイト「MiChao!（ミチャオ）」の場合，①新作をエピソード単位でケータイ向けにダウンロード販売，②同じものをPC向けサイトで無料公開，③エピソードがまとまったら単行本化して紙媒体

と電子書籍の両方で販売，というルーティンがつくられている[5]。①，②がちょうど，紙媒体でいう雑誌連載の役割にあたる。ふだんは手軽に読み捨てで楽しみ，お気に入りの作品だけまとまった形で手元に置く，という消費スタイルである。

雑誌と単行本とはメディアとしての性質が大きく異なる。単行本が，主体的な選択により所有される能動的メディアなのに対して，雑誌は，偶然や惰性によって出会い，読み捨てられて消えていく受動的メディアである。雑誌にはそれゆえ，隠れた名作や自分だけのお気に入りとの思わぬ出会いがしばしばひそんでおり，読者のマンガ体験の幅を広げるとともに，多様な人材を育てていくことにもなり，マンガ界に活力を与えていく。マンガ雑誌が退潮を続ける今，ケータイマンガが新たに，作品と読者の豊かな出会いの場になるのではないか，と期待されているのである。

Webが雑誌化した韓国のケース

電子媒体が雑誌の役割を担うようになった先行例が，実は韓国にある。韓国では，ケータイでなくパーソナルコンピュータで読むマンガ，「オンラインマンガ」が盛んであり，マンガ界の中核はすでに紙媒体から電子媒体に移行している。1997年のアジア通貨危機のあおりを食らって1990年代末にはほとんどのマンガ雑誌が廃刊となり[6]，オンラインマンガが台頭してきたのである。

中でも，インターネットサイトに掲載される「Webコミック」は，Webならではの表現形式を発明しており，興味深い。「スクロールマンガ」と呼ばれる手法で，縦長の絵巻物とでもいおうか，物語のシーンを縦に配置していき，読者はWebブラウザを下にスクロールさせながら読み進めていく。2003年に大ヒットを記録したカン・プルの『純情漫画』など，人気作は単行本化され，紙媒体でもベストセラーとなっている。

2006年のデータによれば，韓国のオンラインマンガのジャンル別シェアでは「純情」ものが27.1％でトップ，続いて「アクション」ものが21.8％を，「アダルト」ものが16.1％を占めているという[7]。スクロールマンガは，起伏に富んだ長大なストーリーを描くのに適しており，スクロールマンガの発明が韓国のオンラインマンガの幅を大きく広げたといえる。ポータルサイトが複数のオンラインマンガをちょうど雑誌のように連載していることも韓国の特徴で，長編スクロ

ールマンガの続きを多くの読者が心待ちにしている。読者の閲覧は無料だが，サイトに掲載された広告から収益が上がる仕掛けになっており，メディアビジネスのひとつとしてすでに定着しているのである。

ケータイマンガの浸透力

韓国のWebコミックのように独自の表現形式を生み出してはいないものの，日本のケータイマンガも同じような雑誌的メディアとして定着していくきざしをみせている。空気のように遍在することを身上としてきた日本のマンガが，生活のあらゆる隙間に入り込むケータイというメディアと出会うことで，今後より強力な浸透力をもつことになるだろう。日本においてマンガは，読者の欲望をビビッドに反映し，時代の空気を呼吸し続けてきた。ゆえにマンガは，とくにマンガ雑誌は第一級の社会史資料たり得るのだが，将来においてはケータイマンガが，人々の心の襞をよりきめ細かく捉えた新たな社会史資料となるのかもしれない。

[参考文献]
[1] インプレスR&D インターネットメディア総合研究所 (2007)『電子コミックビジネス調査報告書2007』同, p. 5.
[2] インプレスR&D インターネットメディア総合研究所 (2007)『電子コミックビジネス調査報告書2007』同, pp. 16-19.
[3] 長岡義幸 (2006)「俄然注目を集める携帯マンガの未来」,『月刊 創』36 (6), p. 104.
[4] インプレスR&D インターネットメディア総合研究所 (2007)『電子コミックビジネス調査報告書2007』同, p. 212.
[5] 長岡義幸 (2007)「携帯中心に進化を遂げる電子コミック市場」,『月刊 創』37 (5), p. 60.
[6] 関口シュン, 秋田孝宏編著 (2005)『アジアMANGAサミット』子どもの未来社, pp. 140-141.
[7] インプレスR&D インターネットメディア総合研究所 (2007)『電子コミックビジネス調査報告書2007』同, p. 149.

[ブックガイド]
■ 本文中に引用した『電子コミックビジネス調査報告書』には他に2006年版があり，2003年から2005年については『電子書籍ビジネス調査報告書』が同じ版元から刊行されている。また，紙媒体を中心としたマンガ産業の構造については，中野晴行 (2004)『マンガ産業論』筑摩書房が，日本におけるマンガの社会的位置については，吉村和真, 田中聡ほか (2007)『差別と向き合うマンガたち』臨川書店が参考になる。

10.8 ビジュアルリテラシー教育のために

[安田 浩]

現代社会における映像情報大量流通の環境下では，従来教育の基本である，「読み・書き・そろばん」を，「見る・描く・インターネット」に発展させる「ビジュアルリテラシー教育」が必要である．そのためには，万人が容易に映像創生・編集可能なハードウェア・ソフトウェアの開発が不可欠である．その具体策として開発されたDigital Movie Directorを紹介しながら，その意義について説明する．

キーワード ビジュアルリテラシー，画像創生，アニメ自動制作，画像ビッグバン，画像教育

社会的環境とビジュアルリテラシー教育の必要性

わが国では「e-Japan」戦略などにより世界で最も安価で速いユビキタス・ブロードバンド環境を達成した．この結果，ユビキタス・ブロードバンド基盤の成熟時代を迎え，Webコンテンツを中心とする映像文化が浸透し，映像情報が日常生活にあふれており，漫画・アニメーション・絵文字などによるコミュニケーションも盛んになりつつある．このように，ユビキタス・ブロードバンド環境下における画像情報大量流通が進行する中では，従来の教育の基本である，「読み・書き・そろばん」を，「見る・描く・インターネット」に発展させる必要があると考えている．画像・とくに動画像（アニメーションを含む）による発信は，歴史的には鳥獣戯画や版画・浮世絵を代表とし，現代の漫画・アニメに見るように，古来より日本人が世界に誇れる発信手段である．また「百聞は一見にしかず」ともいわれるように，画像情報は，情報取得・理解の最強の手段であり，情報大爆発下でのコミュニケーション手段としては最も頼りにすべき手段と考えられる．

さらには，世界各国で日常生活のあらゆる情報への対応を可能とするマルチリテラシーが求められている．マルチリテラシーのひとつが，先に述べた「見る・描く」＝「ビジュアルリテラシー」であり，中でも今後のユビキタス・ブロードバンド環境下では最も重要なリテラシーとなると考えられる．

しかし，このような環境変化が顕著になりつつある今日にありながら，日常生

活にあふれる映像情報に対して，理解や創生にかかわるビジュアルリテラシー教育への有効な手だてが十分なされていないのが実状である．その結果，テレビやネットに流れる映像情報に対して，視聴者は無防備なままでテレビの情報に踊らされるという，社会的な問題も多数発生している状況である．

　世界ではすでにこの状況が問題視され，ビジュアルリテラシーのための有効な教育を実施しようとする動きが始っており，ニュージーランド，オーストラリア，英国では言語教育の指導項目の中に，ビジュアルリテラシーが含まれるようになってきている．

　わが国の学校教育においても，映像制作教育を教科学習の中に取り入れるようになり，小学校5年生の社会科，国語科，中学2年生の国語科，美術科の教科書で扱われるようになった．しかし，現状では実際にカメラを携え，撮影し，編集する実践には時間がかかり，とくに関心のある一部の先生方の実践に留まるため，広く有効なビジュアルリテラシー教育が行われているとはいい難い状況にある．

　その原因は，ビジュアルコンテンツ創生を支えるハードウェア・ソフトウェアがまだ万人が使えるコスト／パーフォマンスレベルにないことが主要要因である．誰もが画像を簡単に創生でき，喜んで映像創生を行うという環境づくりが急務なのである．

映像創生を容易化するツールの研究開発

　筆者らは，上記状況を鑑み，容易に映像情報を制作できるツールの研究開発を行っている．とくに「コンピュータ上において文字と映像を同等に扱うための技術開発」を大テーマとして研究活動を進めている．現在，映像創生は文章作成の100～1万倍程度の時間・コストを要するといわれている．この差を埋め，映像創生を容易化するツールを開発し，ひいては映像情報発信を容易化することは，情報通信分野の世界規模での一大革命になることはもちろんのこと，わが国国民すべてが簡単に映像（アニメ）コンテンツを創生し，発信できるという「ロングテール活性化」の意味でも，わが国が目指している「コンテンツ立国」の方向性に合致している．

　「文字と映像を同等に扱う」を実現するにあたって最も困難なのは「文章を書くだけで映像コンテンツを生成する」技術であり，例えば10行の文章を書くのに10分を要するとして，同一内容の映像コンテンツを文章執筆同様10～30分程

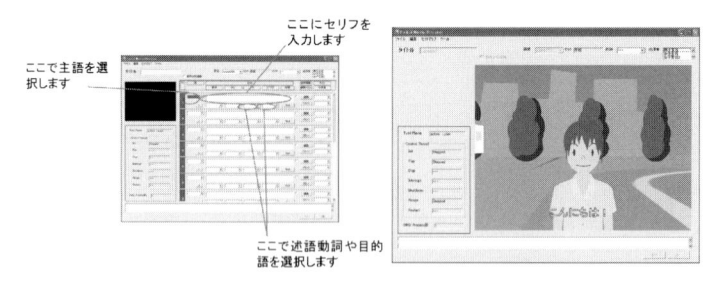

図1 DMD基本画面（左）と再生画面例（右）

度で制作できるようになることが理想である．これは一見無謀なテーマ設定と思われがちであるが，例えば「太郎と花子が海辺を歩いている」という一文を読めば私達の頭の中にその映像が思い浮かぶことを考えれば，少なくとも人間にとっては難しいことではなく，逆にこの人間（とくに映像制作者）の知恵をうまくシステムに組み込めれば不可能な話ではない．

筆者らは，この「文章入力により自動的に映像を生成する」システムを実現するためにDMD（Digital Movie Director）を研究開発しており，以下にDMDの概要を述べる．

簡単に入力するために→DMD基本インターフェース　DMDの基本インターフェース画面を図1（左）に示す．ユーザーは，S（主語），V（述語），O（目的語）を入力し，さらに台詞を入力すると，図1（右）のような映像が自動的に生成される．台詞欄に書かれた台詞内容はキャプションとして映像下段に表示されるとともに，音声合成技術によって自動的に読み上げられる．また，カメラワーク，BGM，効果音などを自動選択し，魅力ある映像を生成可能である．

より感動的な映画にするために　前項で述べたとおり，DMDでは，S（主語），V（述語），O（目的語），台詞を入力すると，動作，表情，カメラワーク，BGM，効果音等がコンピュータにより自動選択されて，映画が自動生成される．自動選択結果の映像に不満がある場合には，制作者が手動で変更することで，より高度なカメラワーク，動作などを創生して感動を深めることが可能となっている．

まとめ：ビジュアルリテラシー教育推進に向けて

DMDをビジュアルリテラシー教育ツール化するために，実証実験をムービー

塾の形で行っている（http://www.movie-school.org/）。すでに70回を超える開催を行って，1,200名以上の体験者を得ている。体験者の感想によれば，ほぼ全員が「楽しめた」，「映像創生の基本が学べた」とあり，この状況からDMDはビジュアルリテラシー教育に有力なツールとなると思われる。今後は下記の努力を行う予定である。

学校教育での利活用　現在，中学2年生，高校3年生の授業の中で「映像表現」が授業項目に含まれているが，現在，これを教育するためには，高度な専門知識，高価な機材など多くの障壁があり，「テレビCMなどの映像を見せ感想文を書かせる」などで留まっているのが現状である。DMDを用いることにより，生徒が容易に映像表現を学ぶことが可能となる。

Web文化の発展　次世代Web（Web2.0）の基本概念のひとつにCGM（Consumer Generated Media）〔● 2.3〕がある。現在Webは文字，写真が中心であるが，簡単にアニメ映像が生成できるDMDが普及すれば，映像による本格的なCGM時代の幕明けが期待できる。例えば，消費者が気に入った飲料，お菓子などについて消費者自身がCM映像をつくることができるようになり，これは現在の口コミ情報を超える大きな流れとして，産業構造まで変革をもたらす可能性がある。

地域内・地域間・国際・世代間コミュニケーション　DMDによって生成される映像はアニメ映像であり，それゆえ国籍，世代，地域を越えて訴える力をもっている。例えば，遠隔地間でDMD交流することにより「生きた」地理を学ぶこともでき，また，シニア世代と若年層がDMD交流することにより世代を超えてお互いを理解することができるようになる。

以上述べてきたように，DMDを活用することによりビジュアルリテラシーを高めるだけでなく，様々な形態のコミュニケーションを促進可能と考えている。

[参考文献]

[1] Yasuda, H. (2007) Digital content creation/distribution in a broadband-ubiquitous environment. *IEICE Trans. Info. & Syst.*, E90-D (1), 76-80

[2] Shen, J., Miyazaki, S., Aoki, T. & Yasuda, H. (2004) Intelligent Computer Moviemaker with the Capabilities of Cinematic Rule-based Reasoning (II), 『映像情報メディア学会誌』58 (7), pp. 974-981.

[3] 宮崎誠也，申金紅，青木輝勝，安田浩 (2004)「シナリオドリブンによるCGカメラワークの自動生成」, 『映像情報メディア学会誌』58 (7), pp. 966-973.

[4] http://www.movie-school.org/

索引

数字

1変量データ　47
2変量データ　47
3.5世代　81, 221
3D（Dimension）システム　97
3G方式　81

欧文

AICC　207
Apple　247
ARPANET（Advanced Research Project Agency NETwork）　195

Blackboad　206, 208
BlackList方式　147

CAI（Computer Assisted (Aided) Instruction）　95, 262
CAI/CAL（Computer Assisted/Aided Instruction/Learning）　200
CALL（Computer Assisted Language Learning）　200, 242
――ラボ　242
CBT（Computer Based Training）　95
CGM（Consumer Generated Media）　66, 387
CGアニメーション　301
Chime（チャイム）　273
CIEC　91, 121
Citizenship　170
CMS（Content Management System）　200
CMS（Course Management System）　96, 200, 204, 245
Copyleft　73
CPU（Central Processing Unit）　192
Cramerの連関係数　53
CrossFire Beilstein　273
CSCL（Computer Supported Collaborative Learning）　200, 216, 257
CSCW（Computer Support for Cooperative Work）　10

Cyber Learning Space　97, 98

DAW（Digital Audio Workstation）　303
Director　260
DMD（Digital Movie Director）　386
DNS（Domain Name System）　58
DRM（Digital Rights Management）　85
DTP（Desk Top Publishing）　300

e-Japan重点計画　161
e-Japan戦略　186
ESP（English for Specific Purposes）　244
Excel　281
eポートフォリオ　202
eラーニング（e-Learning）　93, 96, 106, 200, 208, 226, 243, 316, 320

FD（Faculty Development）　108
Flash　260
FMわぃわぃ　374
FSF（Free Software Foundation）　72

GNUによるコピーレフト　149
Google　61
――Apps　105
――Video　373
GPL（GNU General Public License）　73
Grapher　270

Hamman係数　52
Hot Potatoes　181
HTTPユーザーエージェント　104
HyperCard　247

ICANN（Internet Corporation for Assigned Names and Numbers）　358
ICT活用教育　96, 107
ID（Instructional Design）　110, 112, 119, 137
IEEE　207
Immersive Learning　251
IP（Internet Protocol）　195

――アドレス　57，197
iPod　84，103
IRC（Interactive Reading Community）　256
iTunes　84
――Store　84
"IT授業"実践ナビ　161
IT新改革戦略　187
IWC（Interactive Writing Community）　255

KJ法　133

LD　183
LL（Language Laboratory）　242
LMS（Learning Management System）　96，200，208
LoggerPro　279
LPP（Legitimate Peripheral Participation）　5

Maple　281，289
Mathematica　281，289
MAX/MSP　303
Maxima　271，281，289，298
MDL（Molecular Design Limited）　273
MiChao!（ミチャオ）　381
Mitaka　276
mixi　216，365
m-Learning　245
Moodle　181，206，208，209，245

NetCommons　188
NIMAS（National Instructional Materials Accessibility Standard）　184
NIME-glad　62
NSFNet（National Research Project Network）　195

Octave　298
OCW（Open Course Ware）　202
OER（Open Educational Resources）　202
OS（Operating System）　194
OSD（The Open Source Definition）　72
OSI（Open Source Initiative）　72
OSS（Open Source Software）　72

PCカンファレンス　235
PEN　129
PISA（Programme for International Student Assessment）　2，136

――調査　172
Podcast　260
p変量データ　47

QRコード　104

R　271，298
R.Wegerif　170
retired weapons　364
RSS（Rich Site Summary）　65
Russel-Rao係数　52

SaaS　105
Sakai　207
SAチュータ　330
SCORM（Shareable Content Object Reference Model）　202，210
SEO（検索エンジン最適化）　63
SERAPHIM　273
SMILES（Simplified Molecular Input Line Entry System）　273
SNS（Social Networking Service）　216，321，326，373
Story Centered Scenario　214

TELS（Technology Enhanced Learning in Science）　16
thePalace　251
TOEFL　255
TSS（Time Sharing System）　193

UGC（User Generated Cotent）　66
Universal Design　184

Video Point　279
VOD（ビデオ・オン・デマンド）　201
Vote-Pairing　379

WBT（Web Based Training/Test）　95，203
Web2.0　64，217，231，321
WebClass　208
WebCT　206，208
webMathematica　180
Web教材　248，258
Webコミック　382
WhiteList方式　147
WISE（Web-based Inquiry Science Environment）　16

索引　389

WSIS (World Summit on the Information Society) 356

XOOPS 181

YouTube 367, 373, 378

ZPD (Zone of Proximal Development) 4, 12, 15

あ

アージリス (C.Argyris) 35
愛知教育大学 233
アイデンティティ 8
アウトプット駆動型の知識習得 308
青山学院大学 (eLPCO) 110
アクセス 7
　──コントロール 218
足場かけ (scaffolding) 256
アドボカシー (政策提言) 372
アドミニストレーション 350
アナログ方式 80
アバター 98
　──・チャット 250
アプリケーションソフトウェア 194
アルゴリズム 128, 271
アルファチャネル 302

石川淳哉 364
イシュー (論点／問題) 308, 312
一斉授業 139, 213
意図的学習 238
イリノイ大学 198, 248
インストラクショナル・デザイン (ID) 109, 110, 112, 137, 215, 315, 320
インターネット 57
　──ガバナンス 358
　──放送の融合論 368
インプット先行型の知識伝授 308

ウィキペディア 66, 76, 321
ウィキメディア財団 77
ヴィゴツキー (L.S.Vygotsky) 4, 253
ウェンガー (E.Wenger) 4, 6, 36
宇治市住民基本台帳データ流出事件 150
打ち切り平均 48
梅田望夫 64
運動分析ソフト 278

エスノグラフィ 31
エディトリアルメソッド 307, 310
遠隔教育 93, 94, 106
遠隔授業 212
エンコード方式 247
演習 344

オープンソース 72
　──の定義 (OSD) 72
　──ライセンス 73
教え込み型の教育 21
落ちこぼれ 315
オブジェクト指向 125
オペレーション・アシスタンス 353
オペレーション・マネジメント 353
オライリー (T.O'Reilly) 64
音声認識システム 183
音声の出力 282
オンデマンド・ティーチング 335
オンデマンド型インターネット授業 205

か

会計 292
外国語教材向けデジタルコンテンツ 246
概算 269
化学 272
　──的センス 275
科学概念の形成 279
学習エージェントシステム 100, 109
学習環境 22
　──デザイナー 25
　──のデザイン 6, 22, 340
学習環境デザイン 6, 22, 340
　　活動 22
　　共同体 24
　　空間 23
学習支援 207
　──型 320, 322
　──スタッフ 330
　──モデル 315
学習指導要領 158, 165
学習者中心 5, 10, 12, 314, 341
　──の教育 240
学習者中心主義 (learner centered, learner oriented view) 5, 10, 12, 314, 341
　　学習者中心 12
　　共同体中心 12
　　知識中心 12

　　　　評価中心　12
学習ストラテジー　240
学習する組織　35
学習のカリキュラム　6
学習の定着　342
学生支援　224
　　──情報データベース　224
拡張された学習　5
学力不足　226
可視化　348
仮説　31
　　──検定　298
仮想空間　377
仮想現実環境　101
活動　22
金沢大学　233
カリキュラム適合性（curriculum fidelity）　44
間隔尺度　46
関係論（relationalism）　5
韓国　382
完全eラーニング　210
管理会計　293

キーボード　120
機会の設定　319
幾何学習ソフト　180, 270
幾何平均　48
記号論　142
記述統計　298
ギップス（C.V.Gipps）　44
教育GP　106
教育機会の不均等　233
教育支援　207
教育実践研究　30
教育のカリキュラム　6
教育の情報化　186
教育評価　38
教育用スクリプト言語　129
教員のライフストーリー研究　31
教科「情報」　162
教室形式　306
協調学習　15
協調フィルタリング技術　104
共同体　16, 24, 254, 318, 319
　　──中心　12
共同的メタ認知　27
京都三条ラジオカフェ　374
共分散　49

教務システム　201
議論・討議　344

空間　23
グーグル・ジャパン　367
偶発　319
　　──性　317
　　──的学習　238
熊本大学（教授システム学専攻）　110, 213
グラウンデッド・セオリー　31
クラス・アテンダンス　353
クラッカー　145
グラフ　281
　　──化　270
クリエイティブ・コモンズ　86, 149
グローバル情報インフラ（GII）　357
グローバルなデジタル・デバイド　361
クロスカリキュラム　174

慶應義塾大学　212
経済学　288
経済成長理論　290
芸術作品の制作教育　300
形成的評価（formative evaluation）　42, 43, 109
携帯電話　80, 220, 249, 326, 373, 380
携帯用ゲーム機　102
軽度発達障害　182
経理用ソフトウェア　292
ケースメソッド　307, 310, 313, 316
ケータイマンガ　380
ゲーム　239
検索　60
　　──エンジン最適化（SEO）　63
現代GP　106, 233

語彙学習　238
講義　310, 316
　　──受講　342
講師　322
公衆送信権　153
公職選挙法　378
高知大学　233
高等学校　159
行動主義心理学　3
行動主義的学習観　3
校内LAN　186
校務の情報化　187

効用関数　290
コース支援　207
コーチング　338
互学互習　308, 335
　——モデル　318
国際科学オリンピック　274
国立科学博物館　103
国立情報学研究所　188
国立天文台　277
固有値問題　272
コラジェクタ　321, 346
コラボレーション　319
コンヴィヴィアル　29
コンテンツ管理システム　202
コンピュータ　192
　——アート　300
　——音楽　303
　——協調学習支援システム（Computer Supported Collaborative Learning）　11
　——グラフィクス（CG）　300
　——・サイエンス・アンプラグド　128
　——・シミュレーション　276
　——利用教育　90, 91
　——ワーム　150

さ

最近接発達領域（ZPD）　4, 12, 15
最小値　48
最大値　48
埼玉大学　233
最適化　272
斎藤孝　257
サイバー法　285
最頻値　51
財務会計　293
坂村健　104
索引付け　60
算術平均　48

シークエンサー　303
支援技術（Assistive technology）　182
視覚化　270
自学自習　318
識字率　363
自己評価　240
システム管理支援　207
自然言語を用いたプログラミング　127
視聴覚教材による学習　343

実演　343
実践共同体　7, 35
実践ネットワーク　36
実践のコミュニティ　7, 35
質的研究手法（qualitative research method）　31
質的データ　50
質問　338
指導設計（ID）　118, 137
しみ込み型の学び　21
シミュレーションシステム　96
市民社会　359
市民電子会議室　377
市民メディア　372
　——全国交流集会　374
社会構成主義（Social Constructionism）　5
社会参加　172
社会人教育研修　350
尺度　46, 50
集計　51
集合知　66, 217
収集　60
住民ディレクター　374
授業研究　31
授業用SNS　365
順序尺度　50
順序統計量　48
小学校　158
状況的学習論　8, 34
状況論（Situationism）　4
省察（reflection）　28, 256, 344
消費者均衡　289
情報　175
　——A　163
　——科　160
　——格差　360
　——化社会　116
　——危機管理　148
　——基礎　159
　——教育　170
　——共有　226
　——検索　60
　——システム学　138
　——処理センター　196
　——通信倫理　148
　——とコンピュータ　159
　——法　284
　——モラル　148

――リテラシー　362
　――倫理　148，235
ショーン（D.A.Schön）　35
自律学習　240
自律型組織　339
シングル・ループ学習　35
信州大学　107，209
真正の評価（authentic assessment）　41
診断的評価（diagnostic evaluation）　42
シンデレラ（幾何学習ソフト）　180，270
神保哲生　374
信頼性（reliability）　44
進路学習　167

数学教育　268
数学リテラシー　268
数式処理システム　289
数式処理ソフト　281
数値リテラシー　269
図解　132
スカイプ　221
スキーマ　4，240
スクリヴァン（M.Scriven）　42
鈴木克明　139
スタンドアロン（stand-alone）CALL　244，247
ストックとしての知識　118

政治活動　376
正統的周辺参加（LPP）　5，341
制度化された支援　225
世界史B　171
世界情報社会サミット（WSIS）　356
セカンドライフ（Second Life）　97，98，251，377
セキュリティ　144，197
　――攻撃　146
　――対策　145
　――パッチ　146
　――ホール　145
妹尾堅一郎　214
選挙運動　377
センゲ（P.M.Senge）　35
線形関係　49
全国指導教材アクセシビリティ標準規格（NIMAS）　184
センサー　278
先輩から後輩へ　234

全文検索　60
専門職的発達（professional development）　30
専門的支援　226

総括的評価（summative evaluation）　42，44
相関係数　49
総合的な学習の時間　159，166，174
創造的・創発的な発想　307
相対評価　39
創発　320
組織学習（organizational learning）　34
組織的知識　34
　――創造　36
組織ルーチン　35
ソフトウェア　194
孫子の兵法　147

た

第1四分位　48
第3四分位　48
第三の波　116
大学Webサイト　228
大学改革　231
大学生協　234
大学設置基準　201
大学におけるPC必携　232
大学のユニバーサル化　225
体系的・階段型アプローチ　312
代表値　48
タイピング練習用ソフト　239
太陽系シミュレーター　277
対話　364
　――性　270
竹内弘高　36
多言語教材　258
立花隆　134
タッチタイピング　121，239
妥当性（validity）　44
他人への教授　344
ダブル・ループ学習　35
多変量解析　298
ダライ・ラマ14世　364
単純一致係数　52

チェーンメール　150
地球公共財　363
知識移転　306

知識獲得　310
知識習得　307, 310
知識創造論　340
知識中心　12
知識伝授　306, 310, 314, 334
　──型　319, 320, 322
千歳科学技術大学　210
チャット　326
　──・システム　250
中央値　48
中学校　159, 166
調和平均　48
著作権　149, 153
　──者　153
　──制限規定　154
　──法　152
著作者　153
　──人格権　153
著作物　152
著作隣接権　154
散らばり　48

つまづき　43

ティーチングマシン　20
ディープWeb　63
ディジタルカメラ　302
ディジタルムービー　303
ティム・ベル（T.Bell）　128
データベース　65
テキスト・チャット　250
デザイン　22
　──アプローチ　317
デジタル・デバイド　356, 360, 378
デジタル教材開発支援組織　198
デジタル著作権管理（DRM）　85
デジタル方式　80
デュギド（P.Duguid）　35
テレビ会議　201, 250
テレビ電話　221
電子掲示板　217
電子書籍　381
電子投票　377
伝統芸能　18
電話　56
動画　220
　──共有サイト　373

同期型　212
動機づけ　339
東京医科歯科大学　210
東京学芸大学　233
東京工業大学　233
東京大学　198
統計手法　298
統計パッケージ　294
　──有害論　297
到達度評価　40
読書　342
特色GP　233
特別支援教育　185
獨協大学　193, 198
鳥取大学　233
トフラー（A.Toffler）　116
ドメイン名　58, 197
ドラッカー（P.F.Drucker）　117
ドリトル　130
ドリル学習　240
ドロー系　300

な

長岡技術科学大学　98, 210
長崎・言葉のちゃんぽん村　258
長崎外国語大学・短期大学　258
なでしこ　131
ナレッジマネジメント　340

日常的支援　225
日本化学会　273
日本学生支援機構　225
日本語学習を支援するサイト　263
日本語教育　262
日本語教師やその授業を支援するサイト　263
日本史　175
ニューエコノミー　357
認知主義的学習観　3
認知心理学　3
認知的徒弟制　341
ニンテンドーDS　102

ネット・デイ　187
ネット右翼　378
ネットワークCALL　244, 248
ネットワークの管理　197
野口悠紀雄　118, 134

野中章弘　374
野中郁次郎　36
ノリス（P.Norris）　362
ノンリニア編集　303

は

ハイブリッド・ラーニング　214
パケット　57
発想支援　135
発達の最近接領域　253
場と機会　336
場の設定　319
パフォーマンス評価（performance assessment）　45
パブリック・アクセス　372
半学半教　318
反省　256

ピア・サポート　234
比較可能性（comparability）　44
ビジネス・ゲーム　294
ビジネス教育　296
ビジュアルリテラシー　384
美術　175
微積分　289
ビットマップ系　300
ビデオ会議　201
非同期型　212
微分方程式　290
評価中心　12
表計算　270，272，293
　――ソフト　280
標準化　307
標準偏差　48
ピラミッド型組織　339
比率尺度　46

ファイアウォール　146
ファシリテーション　215，335，339
ファシリテータ　322，348
フィンランド　2
ブートストラッピング　118
フェアプレイ（FirePlay）　85
普及曲線　362
複式簿記　293
複製権　153
ブザン（T.Buzan）　132
不正コピー　149

不足対処（オンニード）モード　335
ブラウン（J.S.Brown）　35
ブランスフォード（J.B.Bransford）　12
フリーウェア　72
フリーソフトウェア　72
ブルーム（B.S.Bloom）　42
フレーム　301
ブレーンストーミング　348
ブレンディッド・ラーニング（Blended Learning）　214，243
ブレンド型授業　209
ブロードキャスト　58
ブログ　65，68，217，326，373
　――炎上　68
プログラミング　124，271
プログラム　124
　――言語　194
　――・マネジメント　353
プログラムド・ティーチング　334
プロジェクト型授業　326，330
プロジェクトサイト　326
プロジェクトの実践　345
プロジェクトメソッド　316
分割表　52
分散　48
分散認知（distributed cognition）　15

ページランク　61
ベクトル演算　270

ボイス・チャット　250
法科大学院　285
法情報学　285
法テラス　286
法律学　284
ポートフォリオ評価（portforio assessment）　45
保護者　227
ポッドキャスティング（Podcasting）　85，231，320，373
ポピュラー・カルチャー　142
堀江貴文　369

ま

マーチ（J.G.March）　35
マインドマップ　133
マウス　122
マスコラボレーション　217

増田式　121
マスメディア　372
マッシュアップ　66
学びの共同体　16，24，254，318，319
学びのピラミッド　342
マルチキャスト　58
マルチステークホルダー（MSH）方式　359

三木谷浩史　369

名義尺度　50
メール　327
メタデータ　60
メタ認知　26
メディア・ラボ　242
メディア・リテラシー　140，372
メディアテクスト　141

モーションキャプチャ　18，302
目標に準拠した評価　39
モデリング　301
モデルセッション　307
モバイルCALL　249
モバイルFeliCa　82
モバイルSNS　83
モバイルラーニング　220
問題解決シンドローム（症候群）　311

や

ユーザビリティ　229
誘導的アプローチ　317
誘発的環境　317
ユビキタス　102，245
　——カレッジ　113

要求対処（オンリスク）モード　335
要約　47
予習教材　179

ら

ラーニング・コミュニティ　16，24，254，318，319
ラーニングピラミッド　342
ライブの講義　311
ランキング情報　60

リーガル・リサーチ　285
リービス（F.R.Leavis）　142
理科ねっとわーく　277
リソース　7
リトル（D.Little）　240
リフレクション（内省，省察）　28，256，344
リメディアル教育　205
量的データ　46

ルーブリック　45
ルビンの壺　178

レイヴ（J.Lave）　4，6
レタッチ　302
レン・マスターマン（L.Masterman）　141
レンダリング　301

ロールプレイ　313
ロングテール　66
論点駆動型アプローチ　312
論理的思考　269

わ

ワークショップ　313，316，320
ワークプレイスラーニング　340
わざ　18
ワトソン（J.B.Watson）　3

編集委員・執筆者一覧

（2008年4月現在）

編集委員

佐伯　胖	青山学院大学社会情報学部教授	［監修・1章］
鳥居隆司	椙山女学園大学文化情報学部教授	［2章］
矢部正之	信州大学全学教育機構教授	［3章］
大岩　元	帝京平成大学現代ライフ学部教授	［4章］
大橋真也	千葉県立東葛飾高等学校教諭	［5章］
立田ルミ	獨協大学経済学部教授	［6章］
上村隆一	北九州市立大学基盤教育センター教授	［7章］
小林昭三	新潟大学教育学部名誉教授	［8章］
高橋敬隆	早稲田大学商学学術院教授	［8章］
妹尾堅一郎	東京大学知的資産経営総括寄附講座特任教授	［9章］
筒井洋一	京都精華大学人文学部教授	［10章］
若林靖永	京都大学経営管理大学院教授	［編集総括］

執筆者

会津　泉	ハイパーネットワーク社会研究所副所長	［10.1］
浅利一郎	静岡大学人文学部教授	［8.6］
安藤明伸	宮城教育大学技術教育講座准教授	［2.7］
生田　茂	大妻女子大学社会情報学部教授	［5.2］
石川淳哉	株式会社ドリームデザインCEO	［10.3］
伊澤久美	NPO法人産学連携推進機構プロジェクトマネジャー	［9.12］
井上理穂子	国立情報学研究所アーキテクチャ科学研究系特任助教	［4.10］
指宿　信	立命館大学法科大学院教授	［8.5］
上村隆一	北九州市立大学基盤教育センター教授	［7.3］
大岩　元	帝京平成大学現代ライフ学部教授	［2.1，4.1〜4.3，4.5，4.6，4.8］
大木誠一	神戸国際大学附属高等学校教諭	［5.4］
大鹿智基	早稲田大学商学学術院准教授	［8.7］
大谷　尚	名古屋大学大学院教育発達科学研究科教授	［1.8］

大橋真也	千葉県立東葛飾高等学校教諭 [5.8]	
岡部成玄	北海道大学情報基盤センター教授 [6.3]	
興治文子	新潟大学教育学部准教授 [8.4]	
表　智之	京都国際マンガミュージアム研究員 [10.7]	
兼宗　進	一橋大学総合情報処理センター准教授 [4.4]	
亀井美穂子	椙山女学園大学文化情報学部准教授 [2.2]	
河村智洋	株式会社ミネルバ代表取締役社長 [6.8]	
北村士朗	熊本大学大学院社会文化科学研究科准教授 [6.6]	
甲　圭太	株式会社新潟放送技術局デジタル推進部部次長 [3.3]	
桑畑幸博	株式会社慶應学術事業会慶應丸の内シティキャンパス専任講師 [9.11]	
小林昭三	新潟大学教育学部名誉教授 [8.3]	
三枝裕美	長崎外国語大学外国語学部准教授 [7.6]	
斎藤俊則	日本教育大学院大学学校教育研究科専任講師 [4.7]	
佐伯　胖	青山学院大学社会情報学部教授 [1.1]	
坂本　衛	ジャーナリスト [10.4]	
四方義昭	尚美学園大学芸術情報学部教授 [8.9]	
志子田有光	東北学院大学工学部准教授 [2.5]	
鈴木治郎	信州大学全学教育機構教授 [3.4, 8.1]	
鈴木真理子	滋賀大学教育学部教授 [1.4]	
妹尾堅一郎	東京大学知的資産経営総括寄附講座特任教授 [6.10, 9.1～9.8, 9.10～9.12]	
ソーヤーりえこ	武蔵工業大学環境情報学部客員研究員 [1.2]	
高岡詠子	千歳科学技術大学総合光科学部准教授 [6.5]	
武藤佳恭	慶應義塾大学環境情報学部教授 [4.8]	
田代光輝	ニフティ株式会社サービスビジネス事業部 [2.4]	
橘　孝博	早稲田大学高等学院教諭 [5.1]	
辰島裕美	北陸学院大学講師 [5.3]	
立田ルミ	獨協大学経済学部教授 [6.1, 6.2]	
辰己丈夫	東京農工大学総合情報メディアセンター准教授 [4.9]	
田中耕治	京都大学大学院教育学研究科教授 [1.10, 1.11]	
棚橋二朗	北海道情報大学経営情報学部講師 [2.6]	
辻　靖彦	独立行政法人メディア教育開発センター研究開発部助教 [2.2]	

筒井洋一	京都精華大学人文学部教授	[10.5]
徳永あかね	神田外語大学留学生別科准教授	[7.7]
鳥居隆司	椙山女学園大学文化情報学部教授	[2.8]
長岡　健	産業能率大学情報マネジメント学部教授	[6.7, 9.9]
永野　直	千葉県立茂原高等学校教諭	[5.5]
中原　淳	東京大学大学総合教育研究センター准教授	[1.3]
中村　彰	秋田大学医学部教授	[8.2]
生田目康子	広島国際大学工学部教授	[6.4, 6.9]
野澤和典	立命館大学総合理工学院情報理工学部教授	[7.2]
浜田忠久	市民コンピュータコミュニケーション研究会（JCAFE）代表理事	[10.2]
福島健介	Roosevelt University客員教授	[5.7]
藤代裕之	NTTレゾナント株式会社	[2.3]
前野譲二	早稲田大学メディアネットワークセンター助教	[8.8]
松田　憲	立命館大学文学部教授	[7.4]
水野邦太郎	福岡県立大学人間社会学部准教授	[7.5]
美馬のゆり	公立はこだて未来大学システム情報科学部教授	[1.6, 1.7]
安田　順	青山学院大学ヒューマン・イノベーション研究センター客員研究員	[1.9]
安田　浩	東京電機大学未来科学部教授	[10.8]
宿久　洋	同志社大学文化情報学部教授	[1.12, 1.13]
矢部正之	信州大学全学教育機構教授	[3.1, 3.3, 3.5, 3.6]
山口久幸	芝浦工業大学消費生活協同組合	[6.11]
山下隆之	静岡大学人文学部教授	[8.6]
山本洋雄	信州大学名誉教授	[3.2]
湯淺墾道	九州国際大学法学部教授	[10.6]
吉田賢史	甲南高等学校・中学校教諭	[5.6]
吉田晴世	大阪教育大学教育学部教授	[7.1]
渡部信一	東北大学大学院教育情報学研究部教授	[1.5]

学びとコンピュータ ハンドブック

| 2008年8月1日　第1版1刷発行 | 監修者　佐伯　胖 |
| | 編　者　CIEC |

発行所　学校法人　東京電機大学
　　　　東京電機大学出版局
　　　　代表者　加藤康太郎

〒101-8457
東京都千代田区神田錦町2-2
振替口座　00160-5-71715
電話　(03)5280-3433（営業）
　　　(03)5280-3422（編集）

印刷　三立工芸㈱
製本　渡辺製本㈱
カバー装画・装丁
　　福田和雄（FUKUDA DESIGN）

© CIEC　2008

Printed in Japan

＊無断で転載することを禁じます。
＊落丁・乱丁本はお取替えいたします。

ISBN 978-4-501-54420-1　C3004